cona
ium
ER
NER
MARSER
SAMNITEN
KAMPANER
Luceria
Benevent
Ausculum
Capua
Venusia
APULER
Neapel
Via Appia
Brundisium
Tarent
MESSAPER
Paestum
LUKANER
Thurii
Kroton
BRUTTIER
Rhegium

W0298092

Nack · Wägner

Rom

Land und Volk der alten Römer

Ueberreuter

Neu bearbeitete Ausgabe

ISBN 3 8000 3131 0
J 960/3

Umschlag von Herbert Schiefer
Illustrationen von Georg M. Januszewski

Gesamtherstellung: Salzer - Ueberreuter, Wien
Printed in Austria

INHALT

Die Völker Italiens und ihre älteste Geschichte

Die schriftliche Überlieferung auf der Apenninenhalbinsel und damit der Eintritt dieses Landes in die Geschichte setzte Jahrhunderte später als in Griechenland ein.

Grabungsfunde aus fast ganz Italien weisen die ersten Spuren menschlichen Lebens in die ältere Steinzeit und deuten auf eine ziemlich einheitliche Bevölkerung. Erst die jüngere Steinzeit bietet ein bunteres Bild unterschiedlicher mediterraner Stämme.

Die wichtigsten Vertreter dieser vorindogermanischen Urbewohner und zugleich die ältesten, von denen wir Kunde haben, waren die *Ligurer*. Aus ihren von Norden weit nach Süden bis Latium greifenden Siedlungen, die sich aus Berichten antiker Schriftsteller und aus Ortsnamen erweisen lassen, wurden sie in historischer Zeit von Etruskern und Galliern zurückgedrängt auf einen engen Raum um den Golf von Genua und in den Seealpen, der heute noch nach ihnen den Namen Liguria bewahrt. Hier in diesem gebirgigen Paßgebiet hielten sie sich nach Verlust des fruchtgesegneten Vorfeldes bis zur Unterwerfung durch die Römer. Das unwirtliche Land gab auch bei harter Arbeit nur spärlichen Ertrag. Mann und Frau mühten sich als Holzfäller in den dichten Wäldern. Die Jagd mußte ergänzen, was der Boden an Feldfrucht vorenthielt. Ein ernstes Leben in armseligen Hütten und Höhlen der Gebirge erzog die bedürfnislosen Menschen zu kühnem Wagemut, den sie im Kampfe und bei gefahrvoller Seefahrt erwiesen.

Ligurer

In der Bronzezeit findet sich das *Pfahlbaudorf* als herrschende Siedlungsform. An den oberitalienischen Seen standen die Holzhütten auf Pfählen im Wasser oder in Moorerde, weiter südlich waren die Pfahldörfer auch auf festem Grund angelegt (die sogenannten *Terramaren*). Die Pfahlroste dienten zum Schutz gegen Überschwemmungen und gegen Angreifer. Die Ausgrabungen ließen einen durch das Achsenkreuz der Hauptwege bestimmten Plan der Terramaresiedlungen erkennen, und man vermutet in ihm das Vorbild für die römische Lagerordnung und die Roma quadrata, die älteste Siedlung auf dem Palatin.

In diese altmittelländische Welt der Apenninenhalbinsel flutete vor der Wende zum ersten Jahrtausend eine indogermanische Völkerwelle, die sich aus ihren nord- und mitteleuropäischen Sitzen von germanischer Nachbarschaft gelöst hatte. Man pflegt die indogermanischen Stämme zusammenfassend *Italiker* zu nennen.

Italiker Die Italiker siedelten zuerst in der Poebene, trieben Ackerbau und schufen eine neue Töpferkunst. Sie bestatteten nicht mehr ihre Leichen, sondern verbrannten sie. Zwei Gruppen indogermanischer Stämme fassen sie zusammen, die eine die *latino-faliskische,* die später als Urzelle des Römertums Weltgeltung erlangen sollte. Über weite Bereiche Italiens ausgebreitet, wurden die Latiner von Etruskern und Sabellern auf das kleine Gebiet rund um die Albanerberge und am Tiber zusammengedrängt. Die zweite Gruppe war die *oskisch-umbrische.* Die Osker dehnten sich von ihrem Kernland Samnium über Kampanien aus, wo Capua und Pompeji ihre Hauptsitze wurden, und schoben sich bis Apulien, Lucanien und ins Brutterland vor. Die stammverwandten Umbrer machten Iguvium zu Umbriens Mittelpunkt. Dies kann man wohl aus den sieben *iguvinischen Kupfertafeln* erschließen, die das bedeutendste umbrische Sprachdenkmal sind und Kultvorschriften enthalten. Die Umbrer brachte man in Verbindung mit dem Aufkommen eines neuen Kulturkreises, der *Villanóvakultur.* Diese ist nach einem Dorf bei Bologna benannt, wo ein für die Kenntnis dieser Periode äußerst aufschlußreiches Gräberfeld aufgedeckt wurde. Im Gegensatz zu den Terramaren haben die Villanovaleute nicht mehr die straffe, rechteckige Umwallung, sondern eine offene Siedlungsweise, die auch dort bestehen blieb, wo man auf Höhen seinen Wohnplatz wählte. Die Umbrer hatten ursprünglich große Teile von Mittel- und Norditalien besetzt, wurden aber durch Etrusker und Gallier auf das apenninische Bergland beschränkt, das nach ihnen den Namen Umbrien erhielt.

Zwischen Umbrien und Samnium saßen kleinere verwandte Stämme, die *Sabeller.* Zu ihnen gehörten die Sabeller im engeren Sinne, die Paeligner, Aequer, Sabiner und andere. Endlich zählten zu dieser Gruppe noch die Volsker, ein tapferer Stamm, im Liristal siedelnd. Ihre Hauptstadt war *Antium,* jetzt *Porto d'Anzio,* südlich von Rom.

Illyrier Die Italiker kamen in ihren Wohnsitzen nicht lange zur Ruhe. Hinter ihnen schoben sich ungefähr im 9. Jahrhundert die *Illyrier* nach, ebenfalls ein indogermanisches Volk. Die Illyrier wurden von den benachbarten Germanen zur Wanderung gedrängt und wichen vor diesen in zwei mächtigen Vorstößen gegen Südosten und Süden aus. Der eine wendete sich über den Plöckenpaß Italien zu und traf in der Poebene auf die Italiker. Die illyrischen Veneter wurden in dem Raume seßhaft, der heute noch nach ihnen den Namen trägt. Ein weiterer illyrischer Zweig, die sogenannten *»Messapier«,* kamen über die Adria nach Unteritalien und breiteten sich über Apulien und Kalabrien aus. Zeitlich fällt dieses große historische Ereignis mit der dorischen Einwanderung in Griechenland zusammen. Künftigen Jahrhunderten war es vorbehalten, zu entscheiden, ob den Latinern oder den Illyriern die Oberherrschaft im italienischen Raum zufallen sollte.

Griechen Noch einen dritten indogermanischen Volksstamm lockte die Apenninenhalbinsel an, die *Griechen.* Aber ihre Landnahme hatte andere Beweggründe.

Sie kamen als Kolonisten. Überbevölkerung des Mutterlandes, dessen Enge und karger Ertrag trieben sie zur Auswanderung. Die Kolonisation folgte dem Handel auf dem Fuße, der die nötigen Voraussetzungen, wie Kenntnis der fremden Stämme, der zum Ausbau günstigen Böden u. a., lieferte. Die Besetzung schob sich an der Westküste bis an das etruskische Gebiet heran; *Kyme* in Kampanien war die älteste Griechensiedlung in Italien (750). Von dort zog sich eine Kette griechischer Städte südwärts um die Spitze Italiens bis in den Golf von Tarent. Die Griechen suchten die Vorzugslage an den Schiffahrtsstraßen und Ausgangspunkten für weitreichende Absatzmärkte. Sie schnitten die Verbindung Etruriens von Kleinasien ab und sperrten auch die Straße von Messina. An der Besiedlung waren alle hellenischen Stämme beteiligt. Wenn man sich die Schiffahrt der damaligen Zeit vergegenwärtigt, die vorwiegend mit Rudern betrieben wurde, keinen Kompaß kannte und sich stets in Küstensicht halten mußte, so ist anzunehmen, daß die griechischen Kolonien des Festlandes früher gegründet wurden als die auf Sizilien. Die älteste Pflanzstadt auf Sizilien war *Naxos* südlich von Taormina (741), ebenso wie Kyme von Chalkis auf Euböa gegründet. Dann stießen die Griechen an der Ostküste Siziliens südwärts vor. *Katane (Catania)* und *Leontini (Lentini)* bezeichnen den Weg der Ionier. Die zweite Besiedlungswelle ging von den Doriern der Peloponnes aus. Das mächtige Korinth gründete 735 *Syrakus,* das zu großer Geltung gelangte und letztes Bollwerk

Großgriechenland — die Kolonien von Süditalien und Sizilien

der westlichen Kultur wurde, als die Punier eine griechische Kolonie nach der anderen in Schutt und Trümmer legten. Noch heute lassen die Ruinen der wuchtigen Stadtmauern des *Dionysios* die einstige trotzige Wehrhaftigkeit, Theater und Tempel das kulturelle Leben der größten Stadt der antiken griechischen Welt, der Rivalin Athens und Karthagos, ahnen. An der Südseite siedelten Dorier, besonders Kolonisten aus Rhodos und Mégara. Die Wacht im äußersten Westen gegen Karthago, das mit *Lilybaeum (Marsála)* die Westspitze Siziliens in Besitz hatte, hielt *Selinunt,* gegründet 629. Heute branden die Wellen des afrikanischen Meeres an das Ruinenfeld, das größte Europas, in einer verödeten Gegend voll feierlicher Tragik. Zweimal wurde sie von den Karthagern dem Erdboden gleichgemacht. Auch Erdbeben dürften den Ort heimgesucht haben, wie es heute noch die nebeneinander in gleicher Lage hingeworfenen Säulentrommeln eines Tempels erraten lassen. Acht Tempel leuchteten einst hinaus auf die See, unter denen der gewaltigste Tempel G nur im Olympieion zu Agrigent und in dem Artemistempel in Ephesos seine Ebenbilder fand. Das älteste dorische Heiligtum der Stadt ist der Tempel C, den man dem Anfang des 6. Jahrhunderts zuschreibt. Von den Metopen seiner Vorderseite wurden drei gefunden und nach Palermo ins Museum gebracht. Auch vom Tempel E, dem vollendetsten Beispiel der dorischen Architektur des 5. Jahrhunderts, sind vier Metopen in Palermo ausgestellt.

Im Westen, an den steilen Hängen des *Monte Barbaro,* lag *Segesta,* eine Siedlung der *Elymer,* eines geheimnisvollen Volkes unbekannter Herkunft. Dort steht ein dorischer Tempel, von griechischen Kaufleuten gebaut. Ein Kranz von Säulen, die noch nicht ausgekehlt sind, schlingt sich um den leeren Raum, den einst die Zella füllen sollte. Die Vertreibung der Griechen hat das Wachstum des Baues verhindert. Nun steht er dort in wunderbarem Zusammenklang von einsamer Landschaft und unvollendetem Menschenwerk, wie eine Grabstele einer versunkenen griechischen Welt, die aber so stark war, daß sie auch die Züge der den Griechen feindlichen Stadt prägte. Der Tempel findet in dem griechischen Theater am Abhang des Stadtberges seinen Widerhall. Von den gut erhaltenen Sitzreihen schweift der verzauberte Blick weit über das hügelige Gelände bis an den blauen Golf von Castellammare.

Die größte Stadt an der Südküste war *Akragas,* das römische *Agrigentum* (jetzt *Agrigento*), um 580 gegründet. Unter seinen Tempeln war das Olympieion, eines der größten religiösen Bauwerke der frühen hellenischen Welt. Der Umfang der vorgelegten Halbsäulen war derart, daß sich in ihre Kannelüren ein Mann stellen konnte. Als Mitträger des Architravs standen in den Säulenweiten riesige 7,65 m hohe männliche und weibliche Figuren. Deren Trümmer, die noch jetzt auf dem Ruinenfeld umherliegen, sind Zeugen des gigantischen Bauwillens. In Agrigento begegnet uns auch das besterhaltene Heiligtum Italiens im dorischen Stil, der Concordiatempel.

Die Etrusker

Unter den nach Italien einwandernden Völkern waren auch die *Etrusker,* von den Griechen *Tyrrhener* genannt. Ihre Heimat war Kleinasien, nahe der Küste. Sie trieben frühzeitig Tauschhandel zur See und vielfach auch Seeräuberei. So kamen sie im Kielwasser der häufig nach Westen segelnden Phöniker und Griechen im 8. Jahrhundert nach Italien, landeten an den Küsten des später nach ihnen benannten Tyrrhenischen Meeres und besiedelten wahrscheinlich zuerst *Tarquinii.* Die blühenden Fruchtebenen Kampaniens und noch mehr die reichen Erzschätze Umbriens ebenso wie die Sardiniens und Korsikas lockten sie an. Von der Küste drangen sie in das Binnenland vor und legten dort ihre Zwingburgen auf den Höhen an. Es bestand die Möglichkeit, daß die indogermanischen Einwanderer von den Neuankömmlingen wieder aus ihren Sitzen und ihrem Einfluß zurückgedrängt würden, zumal sich die Etrusker sogar Roms bemächtigten, in Kampanien ausbreiteten, dort Capua gründeten (um 600), sich in der Poebene festsetzten und Bologna, Modena, Mantua und andere zu Stützpunkten ausbauten. Aber die Italiker konnten ihre Stellung behaupten.

Im 7. Jahrhundert hatten die Etrusker neben ihrer militärischen Macht auch kulturelle Bedeutung gewonnen. Sie gingen von der Dorfsiedlung zur Anlage von Städten über. Die politische Führung lag in den Händen hervorragender Männer der Adelsfamilien, der *Lucumonen.* Der grundbesitzende Adel führte ein luxuriöses Leben, freute sich an Sportveranstaltungen und grausamen Gladiatorenkämpfen, die die Römer von Capua übernahmen und damit eine armselige Berühmtheit erlangten. Die Arbeit überließen die Etrusker Leibeigenen und Sklaven. Durch diese machten sie den Boden urbar, betrieben Landwirtschaft, beuteten die Eisenlager Elbas und die Kupferminen bei Volterra aus, entwässerten Sumpfgebiete und führten Landstraßen und Abzugsgräben durch Felsen und über Berge. Sie knüpften ein Netz von Handelsbeziehungen mit ihren italischen Nachbarn und anderen Völkern jenseits des Meeres und entwickelten einen regen Gewerbefleiß. Die Reste ihrer Sprache und ihre Ortsnamen sind noch immer nicht völlig gedeutet. Die tuskische Sprache ist in der Kaiserzeit ausgestorben.

Ein mächtiger Kulturaustausch zwischen den in Italien lebenden Völkern umfaßte alle Bezirke des geistigen Lebens, die Schrift, Sprache, Namengebung, Religion und Kunst. Ergebnis war die sprachliche, kulturelle und politische Einigung unter der Führung Roms und der lateinischen Sprache.

Die Voraussetzung für die rasche Ausbildung des geistigen Lebens Etruriens bildeten seine *Städte.* Sie zeigten fast alle die gleiche Anlage. Man mied niedrige Gegenden, auch die Lage am Meer, obwohl die Bewohner eifrige Seefahrer waren. Nur *Populonia* gegenüber dem erzreichen Elba erhob sich hart an der Küste auf steiler Höhe. Schlackenhügel im Umkreis bezeugen die einstige Tätigkeit der Schmelzöfen. Sonst suchten die Etrusker die Gipfel einzelnstehender Berge und breiteten darüber ihren viereckigen Stadtplan mit zwei sich rechtwinkelig schneidenden Hauptstraßen. Die Städte schlossen sich zu losen Städtebünden zusammen. Am berühmtesten war die *Dodekapolis,* der aus folgenden zwölf Städten bestehende etruskische Bundesstaat: *Tarquinii, Caere, Veii* (jetzt *Isola Farnese*), *Rusellae, Volsinii (Bolsena), Vetulonia, Clusium (Chiusi), Perusia (Perugia), Cortona, Arretium (Arezzo), Populonia* und *Volaterrae.* Eine Stadtgründung ging unter feierlichen Bräuchen vor sich, die die Römer später von den Etruskern übernahmen. Man zog mit einem von Stier und Kuh, Symbolen der Abwehr und Fruchtbarkeit, bespannten Pflug eine Furche und legte die Erdschollen nach der Stadtseite. Die Furche bezeichnete den Zug des Grabens, die Schollen den der künftigen Mauer. An den Stellen der Tore trug man den Pflug über die Strecke der Torbreite. Zu beiden Seiten der Mauer wurde ein Raum ausgespart (das *Pomérium*), der weder geackert noch besiedelt werden durfte, um Licht und Luft und unbehinderten Zugang zu den Befestigungen zu schaffen. Die Stadtmauern, in riesigen Blöcken mörtellos aufeinandergeschichtet, haben als ehrwürdige Zeugen eines gewaltigen Bauwillens und großen technischen Könnens vielenorts zweieinhalb Jahrtausende überdauert. Wir finden sie noch jetzt z. B. in Perugia, Fiesole und Volterra. Die Mauerumwallung dieser Stadt öffnet sich auf der Südseite mit einem Tor aus dem 4. Jahrhundert, dem *»Arco Etrusco«.* Auf dem Außenbogen ragen aus dem Travertinmauerwerk der Wölbung drei jetzt formlose Köpfe aus Peperin. Es ist unbekannt, ob diese Gottheiten darstellen oder ob sie an den Brauch erinnern, dem Feind den Kopf abzuschlagen und ihn als Trophäe am Stadttor öffentlich zu zeigen.

Besondere Könner waren die Etrusker im *Gewölbebau,* den in der Folge die Römer von ihnen übernahmen. Ursprünglich bestand die Wölbung aus Schichten, die von unten nach oben in einer rohen Linie zum Scheitelschluß aufstiegen und von einem waagrecht liegenden Schlußstein abgedeckt wurden. Später wurde die Rundung zwar auch aus stetig vorragenden Blöcken gebildet, aber durch einen Keilstein abgeschlossen. Und zuletzt gelangten sie zu einem Keilsteinbogen, bei dem die Lagerfugen der Wölbungssteine genau nach einem Mittelpunkt ausgerichtet sind. Man verwendete den Gewölbebau bei Gräbern, Toren, Brücken und Kanälen.

Die Etrusker wurden auch für den Bau der *Wohnhäuser* die Lehrmeister der Römer. Die Häuser bestanden aus einem steinernen Fundament und einem mit Schindeln, später mit Ziegeln gedeckten, hölzernen oder steinernen

Die Entwicklung des Gewölbebaues

Tor von Perugia

Geschoß. Eine wichtige Hilfe, um sich ein Bild von den einstigen Hausformen zu machen, bieten die vielenorts gefundenen *Aschenurnen* und *Grabkammern.* Denn nach einem alten, aus dem Orient stammenden Gebot sollten die Behausungen der Toten ähnlich den Wohnungen der Lebenden gestaltet werden. Die einfachen Urnen haben die Hüttenform und entsprechen der Capanna der Hirten mit einem einzigen Wohnraum. Auf eine umfangreiche Innenteilung läßt der tönerne Aschenschrein aus Chiusi schließen, der in der Mitte des weit ausladenden Walmdaches eine Öffnung *(compluvium)* zeigt, unter der der Hauptraum, das stützenlose *Atrium,* nach der Erfindung durch die Etrusker auch *Tuscanicum* genannt, gewesen sein muß. Die Aschenurnen sind aus Ton, Metall oder, wie in Volterra, aus dem in dieser Gegend wohlbekannten Alabaster. Sie sind mit eingeritzten Figuren geziert oder mit Tiergestalten oder Bändern bemalt. Eine besondere Art waren die in Chiusi entdeckten *Canopen,* bei denen der obere Teil des Gefäßes einen Menschenkopf, wohl den des Toten, nachbildet.

Gräber Die *Gräber* wurden in Felsen gehauen oder freistehend aus Stein errichtet und mit Erde hügelförmig bedeckt. Vielfach vereinigten die Etrusker die Grabkammern zu förmlichen Stadtanlagen *(Nekropolen),* die die Wohnviertel an Umfang übertrafen und die von geradlinigen Gräberstraßen durchzogen waren. So umfaßte z. B. die riesige Gräberstadt von Caere, nordwestlich von Rom (jetzt Cerveteri, aus Caere vetus), 270 Hektar. Das Begraben der Leichen stritt mit der Verbrennung um den Vorrang, je nachdem man der Meinung war, der Tote sei aus dem Bereich der Lebenden geschieden oder er habe durch seine Einkehr in das Totenreich an Macht gewonnen. In diesem Fall wollte man seinen Schutz erlangen, indem man sein Grab besonders schön ausstattete und ihm reiche Schätze mitgab. In Gräbern einfacher Leute lagen die Toten auf Felsenbahren ohne Särge hingestreckt, die Reichen betteten ihre Verstorbenen in Sarkophage aus Alabaster oder Marmor, durch Skulpturen oder Malereien ausgezeichnet. So schmücken farbenfunkelnde Fresken die Grabkammern von Tarquinii. Die Technik der Wandmalerei ist sicher griechischen Ursprungs, aber der Inhalt läßt das geliebte Leben der vornehmen etruskischen Gesellschaft in die Dunkelheit der Todesnacht nachfolgen und erzählt von Festlichkeiten und Jagden. Einen größeren Raum nehmen die schreckeinflößenden Ungeheuer ein, aber die Darstellung führt nicht wie bei den Griechen zur heroischen Überwindung des Ungestalteten und Fürchterlichen der Dämonen. Die Deckel der Sarkophage zierten manchmal liegende, lebensgroße Figuren.

Religion Die Etrusker haben ihre eigene *Religion* aus ihrer kleinasiatischen Heimat mitgebracht. Nach ihrer Einwanderung haben sie auf der Apenninenhalbinsel italische Gottesvorstellungen bereitwillig aufgenommen, und der immer stärker werdende Einfluß wies auch zur Einführung griechischer Gottheiten. An der Spitze der Himmlischen standen *Jupiter (Tinia), Juno (Uni)* und *Minerva (Menrva).* Diese Götterdreiheit verdrängte die ältere latinisch-sabinische Trias von *Jupiter, Mars* und *Quirinus.* Ein hervorstechender Zug ihrer Religion war ihr Höllenglauben. Mit düsteren, von Furcht gepeinigten Vorstellungen erfüllten sie das Totenreich. Ihre religiöse Angst stand in scharfem Gegensatz zu ihrem nimmersatten Daseinsgenuß. Aus Kleinasien haben sie das Symbol der göttlichen und nachher politischen Macht, das *Doppelbeil,* nach Etrurien eingeführt, das auch die Kreter verehrten.

Stark ausgebildet war bei den Etruskern das Verfahren, sich durch Ausforschung des Götterwillens und der Zukunft das Leben zu sichern und zweckdienlich zu handeln. Dazu verhalf eine von den Priestern geschaffene *disciplina Etrusca* und geübte Wissenschaft, die *disciplina Etrusca,* die dieses Volk als kleinasiatisches Erbe in die neue Heimat mitgebracht hat. In sklavischem Aberglauben beobachteten sie den Vogelflug *(augurium)*, das Fressen der heiligen Hühner, suchten nach krankhaften Veränderungen der edleren Eingeweide der Opfertiere, vor allem der Leber *(haruspicium)*, und spähten nach Blitzen, Wetter- und Sturmvorzeichen. Die Kunst der *Divination* (Weissagung) wurde in den Adelsfamilien durch Unterweisung vom Vater auf den Sohn vererbt.

Zur Beobachtung von Zeichen machte man eine Einteilung am Himmel und auf der Erde. Dieser abgegrenzte Schaubezirk war ursprünglich das *Templum.* Der Name lat. templum wird mit griech. temenos = abgegrenzter Raum und temnein = schneiden in Verbindung gebracht. Der etruskische Tempel ist in seinem Grundriß frei von griechischem Einfluß, aber in seinen Bauformen und dem Ornament von ihm abhängig. Im Gegensatz zu dem allseitig ausgerichteten und ringsum von einem Säulenkranz umgebenen hellenischen Tempel ist der etruskische nach der Frontseite orientiert. Eine Vorhalle mit Säulen in mehrfacher Reihung führt zum Eingang. Die Säulen gehören der tuskischen Ordnung an, sie sind glatt, haben eine Basis und dorische Kapitelle. Die Zella ist in drei nebeneinanderliegende Räume gegliedert und enthält die drei gewöhnlich tönernen Standbilder der Hauptgottheiten, die mittlere das Jupiters, die Seitenräume die der Juno und der Minerva. Im Gegensatz zur griechischen Tempelanlage, deren Kultraum ein entschieden betonter Langbau ist, ist die etruskische Zella mehr breit als tief. Die Wände blieben zunächst säulenlos, erst später begleitet eine Säulenreihe die Seitenwände, wogegen die Rückfront säulenfrei blieb. Ein Beispiel dafür war der prachtvolle, in *tuskischem* Stil von einem etruskischen Baumeister entworfene, unter Tarquinius Superbus vollendete Jupitertempel auf dem *Kapitol.* Der Tempel erhob sich auf einem Tuffquaderpodium, zu dem Treppen auf der Stirnseite hinaufführten. Die Zella war ein Ziegelbau, Architrav und Giebel bestanden aus Holz, buntfarbiger Terrakottazierat ließ den Tempel aufleuchten, das Giebelfeld und das Innere schmückten Bildwerke aus gebranntem Ton und Bronze.

Ein beliebter Ausfuhrartikel waren die *Töpferwaren.* Bei diesen wurden die Figuren aus schwarzem Hintergrund ausgespart und die Innenzeichnung durch schwarze Linien gegeben. Außer den wohl heimischen *Buccherovasen* mit schwarzglänzender, an Metallarbeiten erinnernder Oberfläche und Buckelverzierung (daher der Name) zeigen Vasenfunde, sicherlich auf Anregung eingeführter griechischer Kunsthandwerkserzeugnisse, denselben Wandel von den schwarzfigurigen Tonwaren zu rotfigurigen wie in Griechenland. Von ihnen führt der Weg weiter zu den *Terra-sigillata-Gefäßen* von hochroter, siegellackartiger Färbung. Besonders berühmt für diese Gattung war Arretium, der Hauptort sehr kostbarer Stücke mit kleinen, friesartig angeordneten Reliefﬁguren.

Großen Ruf erwarben sich die Etrusker durch ihre *Bronzearbeiten.* Die uns erhaltenen Waffen, Lampen, Fibeln, Spiegel, Opferkannen und andere Geräte beweisen die Meisterschaft in der Metalltechnik und Gravierung.

Plastiken Zwei Plastiken sind als Bronzearbeiten von besonderem Rang hervorzuheben, die »Chimära« und der »Redner«. Die *»Chimära«* wurde 1553 in Arezzo gefunden und von Cellini teilweise restauriert. Sie stellt einen Löwen dar, dessen Schwanz eine Schlange bildet, die nach einem Ziegenkopf schnappt, der aus dem Rücken des Löwen wächst. Der *»Redner«*, der sogenannte »Arringatore«, blickt mit ernstem, durchgeistigtem Gesicht hinaus in die Weite seiner Zuhörer und unterstützt die Rednergeste durch den erhobenen rechten Arm.

Bei der »Wölfin« herrscht Unklarheit, welcher Nation der Künstler zuzuweisen ist, ob er ein Grieche oder ein griechisch beeinflußter Etrusker war. Sicher ist nur, daß die Plastik aus der Zeit stammt, als etruskische Könige in Rom herrschten. Die saugenden Zwillinge sind eine unpassende und den gewaltigen Gesamteindruck verniedlichende Zutat aus der Zeit der Renaissance, ein Werk Anton Pollaiuolos.

Der *»Apollo von Veii«* ist eine lebensgroße Tonfigur, deren Scherben man 1916 in den Resten eines Heiligtums fand und mühselig zusammensetzte. Man vermutet in dem Künstler den Bildhauer *Volca,* dessen Name als erster aus dem alten Rom überliefert ist. Den kleinen Kopf umrahmen steife Zöpfe, über den Körper rieselt in Falten das Gewand, mit derben Beinen nimmt er den Weg, der wandernde Apollo, »il Apollo che cammina«, wie ihn die Italiener nennen. Er erinnert in seiner Gesamthaltung, in dem flachen, fleischlosen Gesicht mit dem steifen Lächeln stark an die griechischen Kuroi.

Die Etrusker erreichten ihre künstlerische Höhe zugleich mit der größten Ausbreitung ihrer politischen Macht. Mit dem 5. Jahrhundert setzte ihr Niedergang ein, ihre Herrschaft in Kampanien und Latium brach zusammen, die Poebene entrissen ihnen die Kelten. Mit dem 4. Jahrhundert wurden sie im eigenen Land bedrängt und verloren schließlich Freiheit und Volkstum an das übermächtige Rom.

Das archaische Rom 753—510 v. Chr.

Die Gründung Roms

Von den Ursprüngen Roms wissen wir nur wenig. Als unter griechischem Einfluß bei den Römern das erste geschichtliche Bewußtsein erwachte, genügte ihrem stolzen Selbstgefühl von der wachsenden Größe ihrer Macht nicht mehr das Bild einer schlichten, wirklichkeitsgetreuen Darstellung, sondern man knüpfte die Herkunft der auserwählten Stadt an das Walten der Götter und Heroen. Phantastisch-tendenziöse Ausschmückung der Gründung überwucherte die Sicht auf die wahre Geschichte. Nur mühsame kritische Forschung unter Verwertung der Ausgrabungsfunde konnte das täuschende Zierwerk von der unverfälschten historischen Tatsachenwelt scheiden. Dennoch dürfen wir an den Sagen nicht achtlos vorübergehen, weil sie die bedeutendsten Dichter und bildenden Künstler Roms in ihrem Schaffen befruchteten sowie jahrhundertelang von den Römern geglaubt wurden und auf ihr persönliches Denken und staatspolitisches Handeln großen Einfluß geübt haben.

Aus dem in Schutt und Asche versinkenden Troja flüchtete der Held *Äneas* mit seinem Sohne *Ascanius (Iulus)* und einer Schar Krieger nach Westen, landete in Latium und war der Eidam des dort herrschenden Königs *Latinus.* Sein Sohn Ascanius erbaute auf dem Albanerberg eine neue Stadt *Alba Longa,* die zum Bundesoberhaupt von dreißig neuen latinischen Städten und zur Mutter Roms wurde.

Dreihundert Jahre später, als *Numitor* die Stadt beherrschte, stieß ihn sein jüngerer Bruder *Amulius* vom Thron und zwang Numitors Tochter, *Rhea Silvia,* in den Dienst der Göttin Vesta zu treten und damit auf Heirat und Nachkommenschaft zu verzichten. Als die Vestalin einst durch den heiligen Hain zum Tiber ging, scheuchte sie ein riesiger Wolf in eine Grotte. Dort nahte ihr Mars und machte sie zu seinem Ehegemahl. Sie schenkte Zwillingen, *Romulus* und *Remus,* das Leben, büßte aber die Verletzung des Gesetzes der Vesta mit dem Tode. Auch die Kinder ließ Amulius in einer Wanne in den Tiber aussetzen. Diese blieb aber an einem Feigenbaum am Fuße des Palatinischen Hügels hängen. Auf Geheiß des göttlichen Vaters kam eine Wölfin und nährte die Hilflosen, bis der königliche Hirt *Faustulus* die Kinder fand und, ihre Abkunft ahnend, aufzog. Als sie herangewachsen waren, erfuhren sie das Geheimnis ihrer

Geburt, verhalfen ihrem Großvater wieder zu seiner Herrschaft und gründeten dort eine Stadt, wo die Wölfin sie aufgefunden hatte. Im Wettstreit der Brüder um die Herrschaft über die erstehende Stadt verlor Remus durch seinen Bruder das Leben, und Romulus gewann als erster König die Regierung.

Um die neue Siedlung zu bevölkern, errichtete Romulus eine Freistätte für Flüchtlinge aus allen Stämmen der Nachbarschaft, und da er Bürgerrecht und Landbesitz versprach, strömten immer mehr Verbannte und Abenteurer herbei. Jedoch den jungen Männern fehlten die Frauen; denn die Nachbarstämme verschmähten eine Verbindung mit Abenteurern. Da ließ Romulus Festspiele ankündigen. Damit lockte er Leute von nah und fern mit ihren Frauen und Kindern herbei. Als aber alle dem Gang der Spiele folgten, stürzten sich die jungen Römer unter die Zuschauer und raubten Frauen und Mädchen. Am meisten traf es den zahlreich erschienenen Stamm der Sabiner.

Um diesen Raub zu rächen, zog der Sabinerkönig *Titus Tatius* gegen Rom. Als aber die Kämpfenden aneinandergerieten, warfen sich die jungen Ehefrauen zwischen die Reihen und stifteten Frieden. Fortan bildeten beide Stämme eine Bürgerschaft, und Romulus herrschte gemeinsam mit Tatius über die Stadt in einem Doppelkönigtum, das aber nach dem Willen beider mit ihrem Tode wieder zu einer Einherrschaft führen sollte. Dies trat ein, als der Sabinerkönig von einer aufrührerischen Volksmenge erschlagen wurde. Seither regierte Romulus allein, bis er nach manchen Kriegstaten bei einer Heerschau unter Donner und Blitz zu den Göttern entrückt wurde. Als Gott *Quirinus* ging er in das Andenken und die Verehrung seines Volkes ein.

Der Name Rom

Dies ist in wenigen Strichen das Sagenbild der Ursprünge Roms. Der Name Roma wird auf das etruskische Geschlecht der Ruma zurückgeführt, das die aus Dorfgemeinden zusammengefaßte Siedlung zu einem städtischen Mittelpunkt erhob. Daneben findet sich auch die Ableitung von dem etruskischen Wort »rumon«, der Fluß, somit wäre Rom die Flußstadt. Das Datum seiner Gründung wurde von den römischen Historikern verschieden berechnet. Endlich setzte sich die Festlegung des römischen Gelehrten Varro auf den 21. April 753 als offiziellen Gründungstag durch. Diese Zeitbestimmung steht in keinem Gegensatz zu den archäologischen Ergebnissen, da die Bodenfunde nicht über das 8. Jahrhundert zurückreichen.

Vom Königtum zur Republik

Romulus gilt als Stifter und Ordner des bürgerlichen Staatswesens. Die Wiege der ersten Niederlassung stand auf dem Palatin. Daß man von den Hügeln, die aus dem morastigen Talgelände aufragten, wo sich die vielen Wasser auf dem Wege zum Tiber stauten, gerade den Palatin auswählte, erklärt sich wohl aus den geographischen Gegebenheiten. War doch dieser zentral gelegene Hügel mit seinen allseitig abschüssigen Flanken und seinem breiten Plateau zur Verteidigung sehr geeignet, und von ihm ließ sich der Tiber gerade an der Stelle, wo die Insel die Überquerung erleichterte, überwachen. Nach dem unregelmäßigen Viereck der Hochfläche des Hügels hieß die ursprüngliche Stadtanlage *Roma quadrata.*

Die latinische Ansiedlung auf dem Palatin erweiterte sich durch Einbeziehung der zweiten Kuppe, des *Germalus,* der *Velia,* des *Caelius* sowie der drei Erhebungen des *Esquilin,* des *Oppius, Cispius* und *Fatugal,* zur »Siebenhügelstadt« *(Septimontium).*

Die Sabiner besetzten die gesunden Höhen des *Quirinalis* und *Viminalis.* Die Kämpfe zwischen den benachbarten Latinern und Sabinern spiegeln die Sagen vom Raub der Sabinerinnen und von *Titus Tatius* wider. Das Doppelkönigtum deutet auf die schließlich erfolgte Vereinigung der streitenden Gemeinden. Beide befestigten den *Capitolinus* als gemeinsame Fluchtburg. Der Nachfolger des Romulus war der Sabiner *Numa Pompilius,* ein Priesterkönig, der Begründer der römischen Staatsreligion.

Die sieben Könige

Mit dem Namen des dritten Königs *Tullus Hostilius* verknüpft sich die Sage von der Unterwerfung der Mutterstadt Rom durch die Einzelkämpfe der römischen Drillinge aus der Familie der Horatier mit den Drillingsbrüdern der albanischen Curiatier. Dahinter steht das wichtige historische Ereignis der Zerstörung von Alba Longa und der zwangsweisen Verpflanzung seiner Bürger auf den Hügel *Caelius.* Das julische Geschlecht pries seine albanische Abstammung, als die Römer in hochmütigem Stolz ihre Ahnenreihe über Äneas von Troja ableiteten.

Unter dem vierten König *Ancus Marcius* faßte die römische Stadtgemeinde auch auf dem am rechten Ufer gelegenen Hügel *Janiculus* festen Fuß und verband diesen Teil unter Benutzung der Tiberinsel durch eine Pfahlbrücke *(pons sublicius)* mit der übrigen Stadt.

Der Name des fünften Königs weist auf die Besetzung Roms durch die Etrusker bald nach 600. Der Sage nach soll ein Fremder, *Lucius Tarquinius Priscus,* aus Tarquinii nach Rom gekommen sein und die Herrschaft an sich gerissen haben. Er nahm nach dem Vorbild seiner etruskischen Heimat als Abzeichen der Herrscherwürde Krone, Zepter und Purpurgewand sowie einen elfenbeinernen Thron, der die Anregung zur Einführung eines Amtsstuhles des republikanischen Magistrates *(sella curulis)* gab. Wenn die Könige in der Öffentlichkeit erschienen, gingen ihnen zwölf Amtsdiener *(lictores)* voran, von denen jeder auf der Schulter ein Beil mit einem Rutenbündel *(fasces)* trug, um damit die amtliche Aufgabe als Vollstrecker der königlichen Strafurteile zu veranschaulichen. Anscheinend hängt dieses Abzeichen mit dem Kultsymbol der Doppelaxt zusammen, die einem im ägäischen Kulturkreis oft begegnet. Auf Tarquinius geht nach mehreren Quellen der

Bau des umfangreichen *Jupitertempels* auf dem Kapitol zurück, der allerdings erst im Anfangsjahre der Republik (509) eingeweiht wurde. Auch schrieb man ihm zu, daß er die Niederung zwischen dem Palatin und Kapitol, auf der in der Frühzeit der Friedhof der palatinischen Siedlung lag, durch einen unterirdischen Abflußkanal *(Cloaca maxima)* entwässert habe. Das 4 m hohe Tonnengewölbe hat sich bis heute erhalten. Seine Einmündung in den Tiber kann man in der Nähe des Ponte Palatino sehen.
Der Nachfolger des Tarquinius war sein Schwiegersohn *Servius Tullius.* Er erweiterte neuerlich die Stadt, so daß sie sich nun über die sieben *großen* Hügel erstreckte: den *Palatinus, Capitolinus, Quirinalis, Viminalis, Esquilinus, Caelius* und *Aventinus.* Servius legte Mauer und Graben um die Stadt. Die uns heute noch im Stadtbilde Roms begegnenden Mauerreste aus regelmäßigen Tuffquadern (z. B. bei der Stazione di Términi) gehören nicht, wie man früher vermutete, der Zeit des Königs Servius an, sondern sind Teile eines nach dem Galliereinfall (389) entstandenen Befestigungsgürtels. Trotz dieser Erkenntnis hat man aber die Bezeichnung *»Servianische Mauer«* beibehalten.
Den letzten König, *Tarquinius,* dem eine spätere Zeit den Beinamen *Superbus* (der Hochmütige) gab, haben die Römer wegen der Ausbeutung des Volkes zu schweren Frondiensten und seiner grausamen Willkürherrschaft vertrieben. Damit endete nicht nur die monarchische Staatsform, die unter Führung des *Lucius Junius Brutus* von der Republik abgelöst wurde, sondern auch die fremde Zwingherrschaft der Etrusker, die über ein Jahrhundert lang Rom besetzt gehalten hatten.
Es scheinen also durch den Sagenschleier von Roms Frühperiode vor allem zwei für die spätere Zeit wichtige historische Tatsachen durch. Die Nachbarsiedlungen der Latiner und Sabiner haben sich zu einer Stadtgemeinde zusammengeschlossen und damit den Grundstock für die künftige Weltstadt gelegt. Das junge Rom verlor bald seine politische Freiheit an den mächtigen etruskischen Nachbarn. Es nahm jedoch die überlegene Kultur und städtische Zivilisation des Siegers zu seinem großen Vorteil auf und hob sich durch seine aufblühende Wirtschaft und eifrige Bautätigkeit rasch aus bescheidenen Anfängen zu einer ansehnlichen und reichbevölkerten Stadt. Die Römer bewahrten ihre ererbte Wesensart und vor allem ihre lateinische Sprache. Sie fanden schließlich auch Mut und Kraft, die Fremdherrschaft abzuschütteln und die Führung ihres Stadtstaates wieder in eigene Hände zu nehmen.

Die Religion der Römer

Trotz Zuwanderung und Fremdherrschaft bildeten die Italiker den Grundstock der römischen Bevölkerung. Ihre Wesensart zeigte sich auch in den frühen religiösen Anschauungen. Als Gottheiten empfanden sie ursprünglich die im Kreislauf des Lebens wirkenden Kräfte *(numen)*, die über Geburt und Tod, über Gedeih und Verderb des Hauses, der Felder, Herden und der Stadtgemeinde walten. Sie scheuten sich, die Mächte zu versinnlichen und zu individualisieren; daher kannten sie auch keine Bilder und Statuen der Götter, sondern bezeichneten sie nur durch Symbole wie z. B. den Mars durch eine Lanze. Erst durch den Einfluß der Etrusker und die Berührung mit den griechischen Kolonisten veränderten sich das religiöse Leben und der Götterglaube, so daß sie ihre Gottesvorstellungen in menschengestaltigen Bildern verdichteten und Tempel errichteten, neue Götter hinzufügten, die ererbten wandelten und die alten und neuen Vorstellungen ineinander verschmolzen. Dadurch stimmten in historischer Zeit die römischen Götter mit den griechischen im wesentlichen überein.

Die altitalischen Götter

Die Götter dieses Bauernvolkes waren vor allem Schutzgeister des Hauses und der Feldflur. Das Tor, die Haustür *(ianua)* schirmte *Janus.* Er wurde später mit doppeltem Kopf *(bifrons)* dargestellt, da jede Tür »doppelgesichtig« nach innen und außen schaut. Durch den angeblich von Numa erbauten *Janusbogen* nördlich vom Forum zogen nach altem Herkommen die Truppen ins Feld. Daher blieb er in Zeiten des Krieges offen, wurde nur im Frieden geschlossen. Janus wurde im Anfang jedes Gebetes angerufen, die ersten Münzen trugen seinen Kopf, ihm waren der erste Monatstag, die sogenannten Kalenden, und der erste Monat des Jahres heilig, der nach ihm Januarius heißt.

Gott der Saat und Erde, einer der ältesten italischen Gottheiten, war *Saturn.* Von Jupiter aus dem Himmel vertrieben, soll er nach Italien *(Saturnia)* gekommen sein. Unter ihm lebten die Menschen in einem goldenen Zeitalter *(aurea aetas).* In Rom hatte er einen uralten Altar am Abhang des Kapitols, wo man ihm zu Beginn des 5. Jahrhunderts einen Tempel errichtete. An seinem Fest, den *Saturnalien* (17. Dezember), schenkte man sich allerlei kleine Gaben, vor allem Kerzen und Tonpuppen *(sigillaria)*, verteilte Geld und erfreute sich an einem frohen Karnevalstreiben in Erinnerung an die goldene saturnische Zeit. Die Ernte beschirmte *Consus* (von condere, der Gott, der die Feldfrucht in den Scheuern birgt), und man feierte ihn an den *Consualia* am 21. August mit Pferderennen bei seinem Altar, wo später der Circus Maximus gebaut wurde. Die Blüten und Blumen hegte *Flora,* das Obst *Pomona.* Der gute Geist der Berge und Triften war *Faunus.* Seine Priester, die *Luperci* (lupus) liefen, in Bocksfelle gekleidet, um den Palatinischen Hügel herum. An dessen Fuß lag das *Lupercal,* die Höhle, in der die Wölfin Romulus und Remus gesäugt haben soll. Die Wälder (silva) und Fluren schützte *Silvanus,* die Herden und Weiden *Pales.* Ihr zu Ehren wurde am Gründungstage Roms, am 21. April, ein Reinigungsfest, die *Palilia,* gefeiert, an dem man ein Strohfeuer anzündete und durchsprang. *Terminus* war der alte italische Gott der Grenzen.

Der *Genius* war der Schutzgeist des Menschen, der ihn durchs ganze Leben begleitete. Aber wie der einzelne Mensch hatte auch jedes Geschlecht, jede Stadtgemeinde seinen Genius (genius loci). Man feierte den Genius am Geburtstag und stellte ihn als Schlange dar.

Der römische *Liber,* Gott des Weinbaues und der Bodenfruchtbarkeit überhaupt, wurde später mit dem Bakchos identifiziert. Man feierte ihn an den *Liberalia* (17. März), an denen die Jünglinge die Toga virilis nahmen.

Dii consentes

Zu den zwölf Göttern *(dii consentes),* die zum Unterschied von den altitalischen Gottheiten *(dii indigetes)* auf dem Umweg über Etrurien oder unmittelbar von Griechenland übernommen oder zumindest griechischen gleichgesetzt wurden, rechnete man folgende: Juno, Vesta, Minerva, Ceres, Diana, Venus, Mars, Mercurius, Jupiter, Neptunus, Volcanus, Apollo.

Jupiter war der indogermanische Gott des lichten Himmels, der auf Bergeshöhen verehrt wurde. Er gab sich in Wetter und Blitz (tonans) kund und lenkte dadurch die Beschlüsse der Gemeinde. Als *Victor* spendete er den Sieg, ermunterte als *Stator* die Krieger zur Standhaftigkeit. In seinem Tempel auf dem Kapitol thronte er als Optimus Maximus, als »der Beste und Mächtigste«. Dort wurden die erbeuteten Waffen (spolia opíma) aufgehängt, die man auf einer Tragbahre (féretrum) gebracht hatte. Deshalb hieß er auch *Jupiter Feretrius.* Dem alle Latiner einigenden Gott *(Jupiter Latiaris)* bauten die Römer auf dem 956 m hohen *Monte Cavo* im Albanergebirge ein Heiligtum als sakralen Mittelpunkt des Bundes der Städte Latiums. Ihm waren die Iden heilig (der 13., im März, Mai, Juli und Oktober der 15. Tag des Monats).

Neben Jupiter steht *Juno,* als Femininum zu »iuvenis« der Inbegriff des Weiblichen, das über allen Frauen schirmend waltet, Stifterin der Ehe *(Juno Pronuba)* und Göttin der Geburt *(Juno Lucína).* Sie wurde als *Juno Regina* mit Jupiter im Kapitolinischen Tempel, als *Juno Moneta* (Mahnerin) in einem eigenen Tempel auf dem Kapitol verehrt. Heilig waren ihr die Gans und der Pfau. Nach ihr ist der Monat Juni benannt.

Minerva wurde seit der Zeit der Tarquinier mit Jupiter und Juno als Kapitolinische Göttertrias an Stelle der altitalischen Götterdreiheit Jupiter, Mars und Quirinus verehrt. Sie war die Göttin der gewerblichen Fertigkeiten, der Künste und Wissenschaften. Sie entspricht der griechischen Pallas Athene. Das Hauptfest waren die *Quinquatrus* (19. bis 23. März), die Feiertage der Lehrer, Künstler und Handwerker.

Der Herd war seit Urzeiten Mittelpunkt und Kultstätte des Hauses. In Rom schirmte den Staatsherd die Göttin *Vesta* (griech. Hestia). Ihre Stätte war der *Vestatempel* auf dem Forum. Er war ein Rundbau mit Metallgittern zwischen den 20 Säulen in Nachahmung der runden Hütten des italischen Urhauses mit Wänden aus Flechtwerk. Dort brannte Tag und Nacht das heilige Feuer, das von sechs Jungfrauen, den Vestalinnen, unterhalten wurde, die in einem dem Tempel benachbarten Hause *(Atrium*

Vestae) wohnten. Ihr Dienst dauerte dreißig Jahre. Danach durften sie ins bürgerliche Leben zurückkehren. In der Regel blieben sie aber bis zum Tode in ihrer hohen Stellung. Die Vestalinnen mußten unvermählt bleiben. Verletzte eine Priesterin ihr Keuschheitsgelübde, so wurde sie lebendig eingemauert. Ging das Feuer durch Unachtsamkeit aus, galt dies als Staatsunglück. Die schuldige Vestalin wurde vom Pontifex maximus zu Tode gegeißelt, das Feuer erneuerte man durch Reiben eines Holzscheites auf einem Brett. Das hohe Ansehen dieser Frauen ließ jeden ehrerbietig zur Seite treten, selbst der Konsul wich vom Wege. Ein Verbrecher, der eine Vestalin auf dem Gang zur Hinrichtung traf, war begnadigt, mancher andere wurde auf ihre Fürbitte freigesprochen.

Dem im Jahre 496 bei einer Hungersnot eingeführten Kult der *Ceres,* der Göttin des Ackerbaus (griech. Demeter) wurde zugleich mit Liber (Dionysos) und Libera (Persephone) ein Tempel gestiftet. Sie wurde besonders von den Plebejern verehrt. Die plebejischen Ädilen gaben ihr zu Ehren alljährlich vom 12. bis 19. April Festspiele (Cerealia).

Während der Wanderzeit der Stämme und während der Rodungen im Waldgebirge hatte *Mars* (alter Name Mavors) Bedeutung gewonnen. Er ist der altlatinische Gott des Landbaues, der männlichen Kraft *(mas)* und des knospenden Frühlings; darum ist ihm der März *(Martius)* heilig, ebenso die junge Saat und die Erstlinge der Herden. Aber er ist auch der Kriegsgott und Stammvater der Römer. Sein Beiname ist *Gradivus,* der (im Kampf) Schreitende. Am 1. März begannen die zwölf Palatinischen *Salier* (Springer), Marspriester aus den vornehmsten Familien, in vollem Schmuck ihre Umzüge zu halten, indem sie mit einem ehernen Stäbchen an den in der Linken getragenen heiligen Schild *(ancíle)* schlugen und den Gott Mars in uralten Formeln um Schutz anriefen. Auf dem Lande hielten im Frühjahr die Bauern mit einem Schwein, einem Schafbock und einem Stier *(suovetaurilia)* einen Umzug um die bebaute Flur *(ambarvalia)* und beteten zu Mars, bevor sie die Tiere opferten. Nach dem Zusammenschluß der latinischen und sabinischen Gemeinden wurde neben Mars auch der sabinische Kriegsgott Quirinus verehrt. Sein Name lebte weiter in der formelhaften Wendung populus Romanus Quiritium.

Die Verehrung des griechischen Hermes erfolgte schon in früher Zeit, den Gott des Handels *(mercatura)* nannten die Römer *Mercur.* Sein Tempel beim Circus Maximus war zugleich eine Art von Getreidebörse und der Sitz des Gremiums der Kaufleute *(Mercuriales).* Er hat den Beinamen *Caducifer* (Träger des Botenstabes), denn man stellte ihn mit Flügelhelm, Flügelschuhen und Stab *(cadux)* dar.

Venus, die griechische Aphrodite, ist die Göttin der Schönheit und Liebe, Mutter des Äneas und damit Stammutter des julischen Geschlechtes; als solche erhielt sie seit Cäsars Zeit den Beinamen *Genetrix.* Die altrömischen Bauern ehrten sie als Schutzgöttin des Gartens.

Neptunus war der Gott des Wassers, der griechische Poseidon. Ihm wurden am 23. Juli die *Neptunalia* in Laubhütten gefeiert.
Unter dem von den Etruskern nach Rom gebrachten *Volcanus* (Vulcanus) verbirgt sich Hephaistos. Er ist der Gott des Feuers und der Schmiedekunst. Daran erinnert auch sein Beiname *Mulciber* (der Schmelzer).
Apollo wurde als erster griechischer Gott aus Cumae in Rom eingeführt. Er galt anfangs nur als Heilgott *(Paean)*, erst später wurde der langlockige *(crinitus)* Bogenschütze *(arquitenens)* auch als Gott der Künste und der Weissagung *(vates)* und als Asylgott der Vertriebenen und Friedlosen verehrt. Die Kaiserzeit legte ihm den Beinamen *Sol* (Sonnengott) zu.
Seine Schwester, Göttin des Mondes, des freien Naturlebens in Wald und Flur sowie der Jagd, war *Diana*. Sie wurde mit der griechischen Artemis völlig gleichgesetzt.

Schutzgötter

Andere göttlich verehrte Wesen waren die Laren, Penaten und Manen. Die *Laren* (Lares) waren die Schutzgötter des Hauses *(Lar familiaris)*. Sie galten als die verklärten, wohltuenden Geister der Verstorbenen. Ihre Bilder standen in einem kapellenartigen Schrein *(Lararium)* im Atrium. Verließ die Familie das Haus, blieb der Lar zurück. An Festtagen bekränzte man sein Bild und opferte Wein und Getreide. An Kreuzwegen *(compitum)* und Feldmarken standen Kapellen mit zwei Laren *(Lares compitales)*. Das Hauptfest für die Laren war am 23. Dezember.
Neben den Laren, die zum Haus als solchem gehörten, verehrte man noch die *Penaten* (penates), die Schutzgötter der Hausbewohner, die über Wohlstand und Gesundheit wachten. Der Name deutet auf ihren Schutz der lebenswichtigen Vorräte *(penus)* des Hauses hin. Die Penaten gehörten zur Sippe, werden daher auch bei einer Auswanderung auf den neuen Platz mitgenommen, wie es Äneas tat. Auch der Staat als Großhaushalt hatte seine Penaten.
Eine bedeutende Rolle im Leben der Römer spielten die *Manen* (manes), die Seelen der Toten. Man suchte sich die mächtigen Verstorbenen gnädig zu stimmen durch Ehrungen und ein jährliches Fest *(Feralia*, Allerseelen, 21. Februar), an dem alle Tempel geschlossen, Heiraten verboten waren und die Beamten keine Amtskleidung trugen. Auf Grabsteinen las man die Buchstaben *DM* (Dis Manibus, den Totengöttern).
Die Römer waren von Haus aus ein frommes Volk, des allgegenwärtigen Eingreifens höherer Mächte bewußt und gewillt, alles zu unterlassen, was sie verbieten, und alles mit Gewissenhaftigkeit zu tun, was sie fordern. Die Achtsamkeit auf all das, was die Götter von den Menschen verlangen, nannten die Römer *religio*. Die Forderungen der Gottheit werden den Menschen durch *Prodigien* kund. Damit bezeichnete der Römer solche Vorgänge in der Natur und im Menschenleben, die durch ihren ungewöhnlichen Charakter auf eine Störung des guten Einvernehmens zwischen den Göttern und Menschen hinweisen. Durch sorgfältige Beachtung und Süh-

nung mußte der Einklang wiederhergestellt werden. Der Römer erwartete aber auch in seinem rechtlich-praktischen Sinn, wenn er die Zeichen beachtete, Opfer darbrachte und die Feste heiligte, eine Gegenleistung der Götter. Nach der römischen Auffassung »do ut des« sind die Götter verpflichtet, den Frommen dafür Gesundheit und Wohlergehen, Erntesegen und Herdengewinn, Reichtum durch Handel und Schiffahrt zu geben und ihren Waffen Sieg zu verleihen. Bei der Götterverehrung spielte die Magie der äußeren Form, der Zeremonie, eine Hauptrolle. Daher durfte an den uralt-geheiligten Weihesprüchen und Gebeten, selbst wenn sie beim Wandel der Sprache unverständlich geworden waren, kein Laut geändert werden, sonst verloren sie ihre Zauberkraft.

Priesterschaft

Die Befriedigung der göttlichen Ansprüche gehörte in frühester Zeit zu den priesterlichen Aufgaben des Königs. Als diese Verpflichtungen an Umfang immer größer wurden, richtete man Priesterkollegien für die Pflege des öffentlichen Kultes *(sacra publica)* ein. Die oberste Kultusbehörde Roms war das *Collegium pontificum.* An der Spitze stand der *Pontifex maximus.* Das lateinische Wort Pontifex bedeutet Brückenbauer. Den Brückenbau wertete der primitive Mensch weniger als technische, sondern als magische Leistung. Es galt, dem Flußgott das Brückenjoch aufzulegen, ihn zu »unterjochen«. Man bezwang ihn mit Opfern und zauberkräftigen Formeln. Die erste Brücke in Rom, den Pons sublicius, hatte also im sakralen Sinn der Pontifex zu behüten. Der Oberpriester und seine Kollegen, deren Zahl im Laufe der Jahrhunderte wechselte, hatten die Oberaufsicht über den gesamten römischen Gottesdienst. Sie waren Bewahrer und Deuter des sakralen Rechtes, hatten darauf zu achten, daß alle gottesdienstlichen Handlungen am rechten Ort, zur rechten Zeit und in der rechten Weise vollzogen wurden. Sie kündeten Neu- und Vollmond, bestimmten Gerichtsverhandlungen und Festtage und führten die *annales maximi,* die Aufzeichnungen der Jahresereignisse. Ihr Amt war lebenslänglich. Das Amtslokal des Kollegiums war die Königsburg, die *Regia* auf dem Forum, das sagenhafte Wohnhaus Numas.

Das *Collegium augurum* setzte den von den Etruskern übernommenen Aufgabenkreis fort. Die Auguren erforschten den Willen der Götter vor allem aus drei Arten von Anzeichen: 1. aus den Himmelszeichen *(signa ex caelo)* wie Wetterleuchten, Blitz, Donner, 2. aus dem Vogelflug *(signa ex avibus)* – der Augur umgrenzte nach Mitternacht auf einer Anhöhe mit seinem Krummstab *(lituus)* einen quadratischen Raum *(templum)* und erwartete, das Gesicht nach Süden gewendet, günstige Zeichen von links, der Seite des Lichtes, ungünstige von rechts, der Seite des Sonnenuntergangs –, 3. aus den Zeichen der Freßlust der Hühner *(signa ex tripudiis).* Solcher Weissagungen bedurfte man besonders im Kriege. Daher nahm man Hühner in einem Käfig mit und stellte mit ihrer Hilfe die Auspizien an. Fraßen die Tiere mit Gier, so war dies ein günstiges Zeichen *(tripudium solistimum).*

Der umgekehrte Fall bedeutete Warnung oder Abmahnung. Natürlich hatte dabei der Hühnerwärter *(pullarius)*, je nachdem er seine Tiere vorher fütterte oder nicht, das Ergebnis ganz in der Hand. Man befragte die Auguren bei Kriegen, bei Komitien, Ackerverteilungen, Anlegung von Kolonien, vor Amtsantritten usw.

Eine spätere Einrichtung zur Erforschung des Willens der Götter war die der vorwiegend aus Etrurien kommenden Eingeweideschauer *(haruspices)*. Jede Abweichung von der normalen Beschaffenheit der Eingeweide galt als ein böses Zeichen.

Das Priesterkollegium der zwanzig *Fetialen* hatte das Völkerrecht zu hüten und bei Kriegserklärung und Friedensschluß auf ein bestimmtes Ritual zu achten. Die *viri sacrorum*, zuerst zwei, später zehn und seit Sulla fünfzehn Männer, befragten in Notzeiten die von ihnen streng geheim gehüteten Sibyllinischen Bücher, die Tarquinius Superbus der Sage nach von der cumäischen Sibylle gekauft hatte und die uralte, geheimnisvolle Orakelsprüche enthielten. Die Bücher gingen beim Brand des Jupitertempels auf dem Kapitol im Jahre 83 zugrunde und wurden aus Abschriften teilweise wiederhergestellt.

Für den Tempel- und Opferdienst bestimmter Götter waren *Einzelpriester* eingesetzt. Es gab drei »maiores«, den *Flamen* (lat. flare = blasen) *Dialis*, den Eigenpriester Jupiters, den *Flamen Quirinalis* für Romulus, den *Flamen Martialis* für Mars, und zwölf *»minores«* für geringere Gottheiten. Das Amt des ranghöchsten Dialis war an strenge Vorschriften gebunden. Er mußte Patrizier sein, die Priestertracht ständig tragen, durfte keine Nacht außerhalb Roms bleiben, kein Pferd besteigen, kein bewaffnetes Heer zu Gesicht bekommen und an Festtagen niemanden arbeiten sehen, weder Ring noch Knoten tragen.

Kultstätten

Die ältesten Kultstätten waren Grotten und heilige Haine *(luci, nemora)*. Der von einem Priester geweihte Raum, ob ohne oder mit Gebäude, hieß *fanum*. Darunter fallen auch die *sacella*, eingefriedete Plätze mit einem aus ausgehobenen Rasenstücken aufgeschichteten Altar, später aus Stein gebaut. *Delubra* waren zunächst geweihte Orte, auf denen sich die Opfernden im laufenden Wasser entsühnten (deluere), dann auch die Gotteshäuser selbst. Unter etruskischem Einfluß kam der *Tempel* nach Rom. Er nähert sich dem quadratischen Grundriß, war von Norden nach Süden orientiert, damit der beobachtende Augur, in der Zellatür sitzend, den Blick nach Mittag richten konnte. Erst der griechische Einfluß brachte die oblonge Tempelform und seine Orientierung von Ost nach West. Daneben gab es auch Rundtempel, die die Form des altitalischen Hauses nachahmten.

Kulthandlungen

Die wichtigste Kulthandlung war das *Opfer*. Im Hause überwogen die unblutigen Opfer (Kuchen, Feldfrüchte, Wein, Milch), im Staatskult herrschten die blutigen Tieropfer vor. Die dem Gott vorbehaltenen Eingeweide (exta) wurden auf dem Altar verbrannt, das übrige Fleisch gebraten und von den Opfernden verzehrt. Den Ablauf des Opfers regelten feierliche Zeremonien.

Auch beim *Gebet* achtete man auf bestimmte Formen. Man wendete sich nach Osten oder zum Götterbild, verhüllte das Haupt (capite velato) und hob die Arme empor mit den Handflächen nach aufwärts *(supinas ad caelum manus tendere).* Besondere Kulthandlungen erforderten die Notzeiten. Da hielt man öffentliche Bittgänge *(supplicationes)* ab, um Unheil abzuwenden, und veranstaltete bei Erfolg Dankfeste *(gratulationes).* Mit den Gebeten verband man oft Gelübde *(vota).*

Die Feste des Jahres gaben dem Kalender sein Gepräge. Die Römer unterschieden Tage *(dies festi,* feriae), an denen es verboten (nefas) war, Gerichts- oder Volksversammlungen abzuhalten und bürgerlichen Geschäften nachzugehen, und Werktage *(dies profesti).* Als Gerichtstage galten die *dies fasti.* Mit feriae benannte man Familienfeste *(feriae privatae)* und öffentliche Feierlichkeiten *(feriae publicae).* Diese Feste teilten sich wieder in solche, die auf bestimmte Tage des Jahres festgelegt waren (stativae = unbewegliche), und in solche, die von den pontifices jeweils festgesetzt wurden (conceptae = bewegliche). Die Feste begleiteten in sinnvoller Weise den Kreislauf des ländlichen Jahres und die Arbeiten der städtischen Verwaltung.

Kennzeichnend war es für die römische Religion, daß sie mit dem Leben in der Familie und im Staate aufs engste verknüpft blieb. Die Priester wurden vom Staate bestellt, jedes staatliche Geschehen mußte, um Gültigkeit zu erlangen, von streng vorgeschriebenen Zeremonien umgeben sein, Frömmigkeit floß mit Patriotismus zusammen. So bildete die gesamte religiöse Betätigung einen Teil jener geheimnisvollen Kraft, die zu dem von den späteren Römern in wehmütiger Rückschau so viel bewunderten sittlichen Verhalten (prisca virtus) und zu der Weltgröße Roms führte.

Das Zeitalter der Ständekämpfe 509—396 v. Chr.

Die Sicherung von Latium

Die Vertreibung des Königs Tarquinius Superbus trug viel zur Schwächung der Etrusker bei, die sich nach Norden über die Poebene und im Süden bis nach Kampanien ausgebreitet hatten. In Rom waren viele Adelsfamilien zurückgeblieben, die nicht verjagt worden waren, und die auf das Forum von Süden her einmündende Tuscergasse, der *vicus Tuscus*, zeigt an, wo die Fremden gewohnt hatten. Die Tarquinier versuchten gewaltsam die Rückkehr und erhofften Hilfe von den Städten ihrer Heimat. Es gelang dem Etruskerkönig *Porsenna* von Clusium, Rom zu belagern und einzunehmen.

Porsenna Nach der Sage war Porsenna allerdings durch die Heldentaten eines *Horatius Cocles, Mucius Scaevola* und der *Cloelia* so beeindruckt, daß er unter erträglichen Bedingungen von der Tiberstadt abließ.

Der etruskische Rückschlag lastete schwer auf Rom, das sich aus eigener Kraft nicht erheben konnte. Aber gegen die Etrusker erstand ein neuer

Kyme 474 Gegner. *Hieron I.* von Syrakus errang auf der Höhe von *Kyme* einen Seesieg über die etruskische Flotte. Dadurch bekam Rom seine völlige Bewegungsfreiheit zurück, und die Griechen erlangten unbehinderte Seefahrt im Tyrrhenischen Meer. Von dem verbündeten Karthago war für Etrurien keine Hilfe zu erwarten, weil es bei *Himera* (480) von den sizilischen Griechen folgenschwer geschlagen worden war. Die Weltenstunde Etruriens war vorbei, als die in Norditalien einfallenden Kelten die etruskischen Machthaber auch aus der Poebene vertrieben und dieses Volk auf den bescheidenen Raum von Toskana zusammenschnürten.

Bald nach der Vertreibung der Tarquinier führte die kleinliche Eifersucht unter den latinischen Stämmen zu einer von etruskischer Seite genährten ernsten Spannung mit Rom, die nach der Sagenüberlieferung zu dem mörderischen Ringen am See *Regillus* bei Tusculum in Latium führte (496). Da sollen auf dem Schlachtfeld zwei gewaltige Streiter, *Castor* und *Pollux*, erschienen sein und den Kampf zugunsten Roms entschieden haben.

Die außerordentliche und wiederholte Kriegsleistung Roms führte auch zu Veränderungen der inneren Entwicklung der Stadt, da der militärische Dienst die Heranziehung aller Volksteile erforderte, aber auch zur Übertragung politischer Rechte an weitere Bevölkerungsschichten zwang. Ursprünglich hatten die Könige mit dem Adel, den *Patriziern*, die in den

Kuriatskomitien (Patrizierversammlungen) zusammentraten, und dem *Senat* (Rat der Ältesten) die Regierung geführt. Nach dem Sturz der Könige übernahmen die in der Stadt ansässigen Geschlechter des grundbesitzenden Adels die Herrschaft. Sie waren in drei Stammtribus zu je zehn Kurien gegliedert. Die *Kurieneinteilung* war die Grundlage für das militärische Aufgebot und für die innere Verwaltung. Als die ursprünglichen Tribus galten die drei Urgemeinden der *Ramnes*, der *Tities* und der *Luceres*. Die Einteilung in Gemeindedrittel dürfte die älteste Art gewesen sein, und daher blieb auch der Ausdruck »tribuere« (dritteln) für teilen, wobei die alte Zahlenbedeutung gänzlich verblaßt war. Als die Patrizier in späterer Zeit eine Zuwanderung aus den umliegenden Ortschaften zuließen oder sogar förderten, um ihr weites Siedlungsgebiet zu füllen und ihre Abwehrkraft zu erhöhen, sammelte sich neben den Adeligen eine Bevölkerungsschicht (plebs), die *Plebejer*, die zwar persönlich frei waren, vor Gericht selbständig auftreten, mit den Patriziern rechtsgültige Verträge abschließen und Eigentum erwerben konnten, aber von der Teilnahme an allen Staatsgeschäften und von der Ehegemeinschaft mit den Patriziern ausgeschlossen waren.

Die kultischen Aufgaben des Königs übernahm ein *rex sacrorum*, der dem Namen nach das priesterliche Amt des Königs bis in die Kaiserzeit ausübte. In Wirklichkeit versah das Collegium pontificum die Pflichten gegenüber den Göttern.

Magistrate

Die Staatsgewalt des Königs übernahmen Beamte, deren Befugnis (magistratus) nicht dauernd und nicht übertragbar war. Jede obrigkeitliche Stelle war ein unbezahltes *Ehrenamt* (honos), nur die durch den Beruf auflaufenden Kosten wurden aus der Staatskasse vergütet. Die Beschränkung der Amtstätigkeit auf ein Jahr und die gleichzeitige Ernennung eines zweiten Beamten mit gleicher Vollmacht (also die *Annuität* und *Kollegialität)* waren die Hauptkennzeichen des republikanischen Magistrates. Die obersten Beamten führten anfangs den Namen *praetores*, seit 449 hießen sie *consules* (consul = der Zusammenrufer des Senates). Sie hatten auf Grund ihres »imperium« den Oberbefehl über das Heer, die Rechtsprechung, Strafgewalt und das Recht auf Einberufung des Senates und der Komitien. Bei Zunehmen der Aufgaben wurden neue Ämter eingeführt, so das der *Prätoren* (praeire = dem Heere voranschreiten), denen als Stellvertretern der Konsuln ähnliche Geschäfte wie diesen oblagen, die aber hauptsächlich die Rechtsprechung zu betreuen hatten, oder der *Quästoren*, von denen zwei den Staatsschatz verwalteten, zwei als Kriegszahlmeister mit den Konsuln ins Feld zogen.

Gegenüber den jährlich wechselnden Beamten sorgte der *Senat*, der Rat der Ältesten, für eine einheitliche Entwicklung der römischen Politik. Er zählte im Anfang der Republik 300 Mitglieder. Sie hatten die Aufgabe, die Magistrate zu beraten und wichtige Entscheidungen in der Staatsführung vorzubereiten. Dadurch gewann der Senat an Einfluß und wurde zum Träger der Regierungsgewalt.

In Notzeiten ernannte einer der Konsuln einen *Diktator*; dieser erwählte sich als Mitarbeiter einen Reiterobersten *(magister equitum)* mit Prätorenrang. Die Diktatur dauerte jedoch nur sechs Monate, das gewöhnliche Ausmaß eines Sommerfeldzuges, meistens wurde sie sogar nach einer kürzeren Zeit niedergelegt, wenn die mit ihr verbundenen Aufgaben erledigt waren.

Die Aufrichtung des Adelsstaates hatte die schon früher bestehenden sozialen Gegensätze zwischen Patriziern und Plebejern verschärft. Die Patrizier schlossen sich kastenartig ab; dies schuf starke Verstimmung innerhalb der Plebs. Der kleine Mann verlangte Rechtssicherheit, Hilfe bei der drückenden Landnot und Verschuldung, einzelne wohlhabende Familien drängten zur völligen politischen Gleichberechtigung und damit auch zur Teilnahme an der städtischen Verwaltung. Diese gaben in ihrer steigenden Unzufriedenheit den Anstoß zu den jahrelangen Auseinandersetzungen zwischen Adel und Plebs. Die Sage erzählt von der Auswanderung der Plebs *(secessio plebis)* auf den Heiligen Berg (494) und von dem klugen Mittelsmann *Menenius Agrippa.* Er soll mit seiner berühmt gewordenen Fabel, in der er den Staat mit dem Körper, die Patrizier mit dem Magen und die Plebejer mit den Gliedern des Körpers verglich, eine Aussöhnung zwischen den streitenden Parteien zustande gebracht haben. Es spiegelt sich darin der Sieg der Staatsvernunft über die Interessen der Einzelgruppen und die Verhandlungsbereitschaft auf beiden Seiten. Das Ergebnis war die Schaffung des *Volkstribunates,* das nur Plebejern zugänglich war. Die Volkstribunen (tribuni plebis) – es ist unsicher, ob es anfangs zwei oder vier waren – wurden für unantastbar (sacrosancti) erklärt, sie gewährten den Plebejern Schutz (ius auxilii) bei militärischen Einberufungen und in Steuersachen, konnten bei Verhaftungen und Bestrafungen einschreiten (ius intercessionis) und selbst Verfügungen der Konsuln und des Senats mit ihrem Veto für ungültig erklären. Diese Machtstellung wurde nach und nach errungen und bedeutete einen mächtigen Fortschritt in der Rechtssicherheit. Den Volkstribunen wurden zwei *plebejische Ädilen* (aediles plebis), die Verwalter der plebejischen Kasse im Tempel (aedes) der Ceres, als Gehilfen beigegeben. Die Plebs trat in den nach örtlichen Bezirken (tribus) gegliederten Versammlungen *(comitia tributa)* zu Wahlen und Abstimmungen zusammen, während die alten Comitia curiata weiterhin den Patriziern vorbehalten blieben. Um eine leichtere Übersicht für die Aushebung zum Kriegsdienst und die Besteuerung zu gewinnen, teilte man das Stadtgebiet in 4 Tribus (Palatina, Succusana, Esquilina, Collina), das Landgebiet in 16, die sich mit dem Wachsen des Staates auf 35 erhöhten.

Volkstribunat

Die inneren Streitigkeiten wurden immer wieder durch die äußere Bedrohung zum Schweigen gebracht. Am gefährlichsten waren die *Volsker* und

Krieger, umbrisch. 2. Hälfte d. 6. Jh.s v. Chr.

Rechts: Chimäre, etruskisch

Links unten: Tonsarkophag, etruskisch

Rechts unten: Schwertkämpfer, etruskisch.
4.–3. Jh. v. Chr.

Etruskische Gräber, Orvieto
Etruskische Grabhügel, Cerveteri

Augustustor, etruskisch. Perugia

Oben: Stabianer Thermen, Palästra. Pompeji

Links: Tempel des Castor und Pollux, Rom

Unten: Grabmal der Caecilia Metella, Rom

Halle der Dei consentes, Rom

Tempel des Antoninus Pius, Rom

Aequer; denn sie trieb Nahrungsmangel zu häufigen Überfällen auf Siedlungen und Ernte, und die Feindseligkeiten dauerten Jahre hindurch. Die Sagen von *Coriolan,* der aus Eigennutz im Volskerkrieg gegen seine Heimatstadt Rom zu Felde zog und erst in später Stunde von Mutter und Gattin vom Hochverrat zurückgehalten wurde, sowie vom Diktator *Cincinnatus,* der vom Pfluge weggeholt wurde, um das von den Aequern eingeschlossene römische Heer zu befreien, lassen die Bedrängnis Roms in der damaligen Zeit ahnen.

Die innerpolitische Entwicklung

Um so notwendiger war es, die innerpolitische Lage zu beruhigen. Der erste Schritt wurde damit getan, daß nach dem Vorbild Solons durch die Aufzeichnung der Gesetze an Stelle eines jeweils aus persönlicher Rache und Willkür verschieden gehandhabten Gewohnheitsrechtes ein ordnungsmäßiges Verfahren trat. Es wurde ein Zehnerkollegium *(decem viri legibus scribundis)* mit der schriftlichen Festlegung der Gesetze betraut (451). So entstand das *Zwölftafelgesetz,* das auf zwölf Bronzetafeln aufgezeichnet und öffentlich ausgestellt wurde. Es ist die einzige vollständige Kodifikation (Anlegung einer Gesetzessammlung) Roms bis zum *corpus iuris civilis* des Kaisers Justinian geblieben und wurde bei dem ausgesprochenen Rechtsempfinden des Römers zu einem Führer und Begleiter im Leben und ein Text, den die Schuljugend auswendig lernte. *Decem viri*

Allerdings brachten die Gesetze keine Erleichterung für die Plebejer von den Lasten des Kriegsdienstes und den Härten der Schuldknechtschaft. Es wurde nur die persönliche Willkür ausgeschaltet und das Verfahren unter die Aufsicht des Staates gestellt. Das Volk wurde seines erhofften Erfolges beraubt. Eine wenn auch recht eingeschränkte Erleichterung brachte die *lex Canuleia* (455), ein auf Antrag des Volkstribunen Canuleius angenommenes Gesetz, das die eheliche Verbindung zwischen Patriziern und Plebejern (conubium) gestattete. Damit hatte die Plebs zwar die erste gesellschaftliche Gleichberechtigung erlangt, diese kam aber praktisch nur für die reichen plebejischen Familien in Betracht. Jedoch gerade die Kreise, die mit dem Adel in Eheverbindung getreten waren, wurden nun zu Vorkämpfern für den großen Zukunftsgedanken, die Plebejer aus der Stellung einer rechtlich benachteiligten Sondergemeinde zu einem Gesamtstaat zu führen, in dem allen unterschiedslos der Zutritt zu den Staatsämtern offenstehen sollte. *Lex Canuleia*

In diese Zeit fällt auch die Ausbildung der *Zenturienverfassung,* deren Ansätze der Sage nach auf Servius Tullius zurückweisen. Sie brachte eine Neuorganisation der Bürgerschaft auf Grund der Steuerleistung und diente der Heranziehung des gesamten Volkes zum Heeresdienst. Die kriegerische *Zenturienverfassung*

Entwicklung von dem adeligen Einzelkämpfer zu Wagen oder zu Pferd zum Hoplitenheere bei Griechen und Etruskern zwang auch Rom zur Umformung seiner Heeresordnung. Die Hauptentscheidung lag nun bei der schwerbewaffneten Phalanx der Fußkämpfer, neben der die Reiter mit geänderten Aufgaben bestehenblieben. Die Zenturienverfassung ordnete die Bürger nach dem Grundvermögen ein, verteilte die Kriegs- und Steuerlasten auf die Besitzenden und bestimmte nach der Größe der Leistung das Ausmaß der Rechte. Somit bestand das neue Volksheer aus drei Teilen: 1. der Reitertruppe (equites), den Bürgern mit dem höchsten Vermögen, gegliedert in 18 Zenturien, 2. dem Fußvolk, gegliedert in 5 Klassen zu 170 Zenturien, von denen die 1. Klasse 80, die übrigen 4 zusammen 90 Zenturien bildeten, 3. den außerhalb der Klassen stehenden 2 Zenturien der Zimmerleute und Schmiede, den 2 Zenturien der Spielleute und 1 Zenturie der untersten Bürgerschicht, die nicht nach dem Vermögen geschätzt, sondern nur nach Häuptern gezählt war (capite censi). Diese 193 Zenturien hatten in den neuen Volksversammlungen, den *comitia centuriata,* je eine Stimme. Es erreichten also, wenn sich die Ritter und die erste Klasse einigten, die Reichsten die Stimmenmehrheit (98 gegen 95). Es traten an Stelle des Geschlechteradels die Grundbesitzer, folglich wurde die alte Aristokratie von der *Timokratie* abgelöst, von jener Staatsform, bei der die politischen Rechte und Pflichten nach dem Vermögen abgestuft wurden.

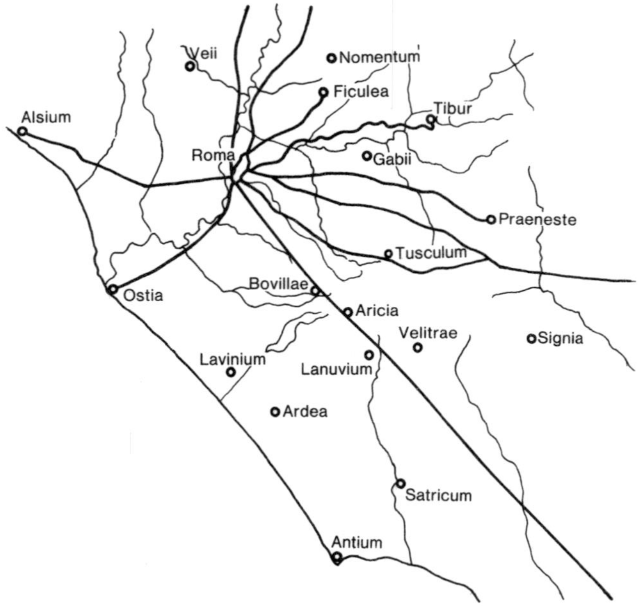

Karte von Latium

Mit den zunehmenden kriegerischen Aufgaben hing auch die Neuschaffung des unbesoldeten Amtes der *Militärtribunen* mit konsularischer Befugnis zusammen. Sie wurden nur im Bedarfsfalle gewählt, ihre Zahl schwankte nach den wechselnden Erfordernissen, und sie konnten auch aus der Plebs berufen werden. Doch wurden diesen Konsulartribunen, wenn sie nach dem Ausscheiden aus ihrem Amt in den Senat eintraten, nicht die vollen patrizischen Rechte zugebilligt. Den patrizischen Senatoren blieb die Bezeichnung »patres« vorbehalten, die hinzugekommenen plebejischen Mitglieder wurden »conscripti« genannt. Daher erklärt sich die Anrede an den Senat: *patres conscripti* (patres et conscripti = Väter und Beigeordnete).

Die Einschätzung des Vermögens der Bürger zur Grundlage der Einteilung und Festlegung ihrer Leistungen und Rechte führten ursprünglich die Konsuln, seit 443 eigene Beamte, zwei *Zensoren,* durch. Sie musterten auf dem Marsfeld die Bürger für einen Zeitraum von 5 Jahren in feierlicher Volksversammlung (contio). Jeder mußte sich in Bürgerlisten eintragen lassen und unter Eid seine Personal- und Vermögensverhältnisse angeben. Neben der Einteilung in die Steuerklassen oblag den Zensoren auch die Überwachung der Staatsausgaben und der öffentlichen Bauten sowie die Aufsicht über das sittliche Verhalten der Bürger (regimen morum), und sie konnten jedermann eine Ehrenstrafe (nota) wegen Verschwendung, Vernachlässigung der Familie, unordentlichen Lebenswandels und ähnlicher Vergehen zuerkennen. Das Recht der Überprüfung der Senatorenlisten gab ihnen auch die Ermächtigung, Unwürdige aus dem Senate auszustoßen (senatu movére).

Zensoren

Trotz den inneren Kämpfen scheint Rom nicht geschwächt worden zu sein. Der gefährlichste Feind blieb das nur einige Kilometer von Rom entfernte *Veii,* die bedeutendste Stadt Südetruriens, auf einem großen, von Natur und Kunst hervorragend befestigten Tuffplateau gelegen. Nur eine lange Belagerung konnte diese Festung zur Übergabe zwingen. Nach zehn Jahren fiel die mächtige Rivalin Roms und wurde völlig zerstört. Das Gebiet besiedelte man mit römischen Bauern. Mit dem Sieg von Veii verknüpft sich die legendär verherrlichte Gestalt des römischen Anführers *Marcus Furius Camillus,* durch dessen Mut, Klugheit und Ausdauer Rom die erste Eroberung außerhalb Latiums gelang. Der römische Staat umfaßte nach Einschluß dieses Gebietes mehr als 2.000 km^2. Aber schon drohten der wachsenden Republik neue Gefahren aus dem Norden.

Roms Kampf um die Hegemonie in Italien 395—265 v. Chr.

Unterwerfung Mittelitaliens

Kelten Die Kelten, ein großes indogermanisches Volk, traten zum erstenmal geschlossen in Süddeutschland in den Lichtkreis der Geschichte und fluteten gegen Westen über Frankreich und gegen Osten bis nach Niederösterreich. Ihre prachtliebende und schmuckfreudige Kultur bezeugen die kunstvollen Funde aus der *Hallstattperiode,* benannt nach dem Gräberfeld von *Hallstatt* im Salzkammergut. Von Frankreich aus setzten sie über den Kanal und besiedelten England und Irland, drangen auch nach Spanien vor und vermischten sich dort mit iberischen Stämmen zu den *Keltiberern.* Das Gebiet zwischen Pyrenäen und Alpen und den beiden Meeren besiedelte der Hauptstamm der Kelten, die man im Altertum als *Galli* bezeichnete. Sie gaben ihrem wichtigsten Wohnsitz, Frankreich, den Namen Gallien. Die hochgewachsenen, lebhaften Menschen mit blauen Augen und wallendem Haupthaar trugen bunte Leibröcke und Hosen (braccae), waren mit hohem Lederschild, ehernem Helm, langen Lanzen und Schwertern gerüstet, kämpften auf Streitwagen und zu Pferd und schmückten Hals und Arme mit breiten Goldringen. Sie trieben eine einfache Weidewirtschaft, waren daher nie lange seßhaft, weil sie immer wieder neue Futterplätze für ihr Vieh brauchten. Um die Mitte des 5. Jahrhunderts erschienen die Kelten als Träger der *La-Tène-Kultur,* benannt nach dem Fundort am Neuenburger See in der Schweiz. Der La-Tène-Stil brachte eine eigene und einmalige Kunstform hervor, die trotz höchst eigenwilliger Umbildung den Einfluß griechischer und osteuropäischer Vorbilder zeigt.

Gegen 400 begannen einzelne Stämme der Gallier infolge Übervölkerung ihres Landes über die Westalpen nach Italien hinunterzusteigen, wo sie sich nach Unterwerfung der etruskischen Städte in der Poebene festsetzten. Die *Insubrer* ließen sich um Mediolanum nieder, die *Cenomanen* um Brescia und Verona, die *Boier* besetzten Felsina, das sie in Bononia umbenannten. Die Poebene wurde Keltenland *(Gallia Cisalpina).* Die *Senonen* zogen aus der Poebene durch Etrurien südwärts zum Tiber. Die Römer stellten sich

Allia 387 dem Feinde an der *Allia,* einem linken Nebenflüßchen des Tiber nördlich von Rom, wurden aber von der keilförmigen Schlachtordnung der Kelten überrannt. Das unbefestigte Rom lag dem Sieger offen, es wurde geplündert, Tempel und Häuser gingen in Flammen auf, alle historischen Urkunden der älteren römischen Geschichte fanden damals ihren Untergang. Nur das Kapitol trotzte unbezwungen dem Gegner. Die Kelten, unkundig eines längeren Belagerungskrieges, ließen sich durch eine namhafte Geldsumme zum Abzug bewegen. Dazu kündet die Sage vom Verteidiger des Kapitols, *Marcus Manlius,* den die heiligen Gänse der Juno aus dem Schlafe weckten, und vom Diktator *Camillus,* der in der Stunde der Entscheidung bewaffnete Hilfe nach Rom brachte und dem gallischen Heerführer *Brennus* entgegentrat, dessen »vae victis« Unsterblichkeit erlangt hat.

In Rom führte der unverwüstliche Selbstbehauptungstrieb seiner Bürger bald nach der gallischen Katastrophe zur Sammlung neuer Kräfte und eiligen Wiederherstellung der Heimat. Die Zweiteilung der Stadt in befestigte Burg und ungeschützte Wohnsiedlung wurde aufgehoben, ein einheitlicher Mauerring umschloß nun die ganze Stadt. Nach dem mit großer Energie, aber auch unter drückenden Lasten für das Volk erfolgten Wiederaufbau näherte sich der Ständekampf seinem Ende. Zehn Jahre hatten die Volkstribunen *C. Licinius Stolo* und *L. Sextius Lateranus* einen hartnäckigen Kampf geführt, bis ihre Anträge zu Gesetzen wurden. Die beiden hatten drei Vorschläge eingebracht. Der beste betraf einen gründlichen Wandel in den damals bestehenden Schuldverhältnissen. Die gezahlten Zinsen sollten vom geschuldeten Kapital abgezogen und der Rest zinslos in drei gleichen Jahresraten zurückgezahlt werden. Der zweite Vorschlag beschäftigte sich mit dem Staatsland *(ager publicus).* Niemand sollte mehr als 500 Joch Staatsland besitzen, neben Sklaven müßten auch freie Arbeiter eingestellt werden. Das von den Großgrundbesitzern freigegebene Land sollten die Kleinbauern als neuen Pflugboden für ihre jüngeren Söhne erhalten. Der dritte Antrag schaffte die Wahl jährlicher Militärtribunen mit konsularischer Gewalt ab, ließ an ihre Stelle wieder die Konsuln treten und öffnete der Plebs den Zutritt zu einer der beiden Konsulstellen. 366 wurde der gemäßigtere der beiden Volkstribunen, L. Sextius Lateranus, zum *ersten plebejischen Konsul* gewählt.

C. Licinius und L. Sextius

Mit den Licinischen Gesetzen hat sich allerdings das demokratische Prinzip noch lange nicht durchgesetzt. Es war nur ein kleiner, sich langsam erweiternder Kreis von vornehmen plebejischen Familien, denen die Patrizier auf Grund einmaliger Leistungen oder der Verschwägerung mit adeligen Geschlechtern den Zugang zu den höchsten Ämtern gestatteten. An Stelle des alten Erbadels war eine neue patrizisch-plebejische Führungsschicht getreten, die *Nobilität.* Das Patriziat behauptete daneben noch seine früheren abgeschrankten Stellungen. Die hohen Priesterämter waren nur ihm vorbehalten. Neben die Konsuln trat ein dritter patrizischer Oberbeamte, der *Prätor,* dem ursprünglich wie den Konsuln das Recht der Kriegführung und Rechtsprechung zustand. Nur war seine Amtstätigkeit auf den Bannkreis der Stadt Rom beschränkt. Dieser dritte Oberbeamte gab den Patriziern ein starkes Übergewicht über die Plebs. Erst in späterer

Zeit wurde er den Konsuln untergeordnet. Es dauerte Jahre, bis sich auch die übrigen Ämter den Plebejern öffneten und sie Diktator oder Censor werden konnten. 337 erscheint *Quintus Publilius Philo* als erster plebejischer Prätor. Schließlich wurde im Jahre 300 durch die *lex Ogulnia* den Plebejern das Recht gegeben, auch in die zwei größten Priestertümer, in das Collegium pontificum und in das Collegium augurum, einzutreten. Es bildete sich also eine regierende Oberschicht, zwar nicht nach demokratischen Grundsätzen, da das zur Führung eines Staatsamtes erforderliche Vermögen nur die reichen Familien besaßen, aber auf einer breiteren Grundlage. Der politische Kampf der Plebs wurde in der Folge von den wirtschaftlichen Errungenschaften der Schuldenerleichterung und der Erlangung von Grundbesitz unterstützt, so daß weitere Familien, die *homines novi*, in den Amtsadel aufstiegen. So blieb die große Gefahr innerer Unruhen gebannt in einer Zeit, in der sich der Staat gerade anschickte, seine Herrschaft über Italien auszudehnen. Auch hatten die Römer den festen Rückhalt an ihrer agrarischen Wirtschaftsform, waren in ihrem Wesen gesund, wahrten Ehre und sittliche Zucht und ihre einfache Lebensweise. Spätere Geschlechter schauten neidvoll auf diese größte und glücklichste Zeit ihrer Vergangenheit zurück.

Die Rechtsgleichheit zwischen Römern und Latinern war schon vor der gallischen Katastrophe oft verletzt worden. Nach dieser begannen wieder die Feindseligkeiten einiger latinischer Städte. Wenn sich aber der Unwille der Latiner gegen Rom, das die Rechte der Bundesgenossen immer mehr zu schmälern und sie zu Untertanen zu erniedrigen suchte, noch nicht in einem allgemeinen Aufstand der Latiner, sondern nur in Empörungen einzelner Städte entlud, so war dabei wohl die Erwägung wirksam, Latium könnte bei den noch immer drohenden Einfällen der Kelten der Hilfe Roms nicht entraten. Um das Jahr 358 konnte die Tiberstadt an die Wiederherstellung des latinischen Städtebundes schreiten. Rom gelang es, seinen Machtbereich bis *Tarracina* (jetzt Terracina), der Wegpforte nach Kampanien, vorzuschieben, das eroberte Latium mit römischen Bauern zu besiedeln sowie Bündnisse mit den Samniten und Capua abzuschließen. Dadurch gewann Rom die Vormachtstellung in Latium.

Aber kurz danach stieß es mit dem samnitischen Bund zusammen, als die Samniten Capua und das nördliche Kampanien bedrängten. Capua rief die Römer zu Hilfe, und so kam es zum ersten Samnitischen Krieg. Er wurde mit dem Zugeständnis der Samniten zu einem Bündnis Rom-Capua abgeschlossen, wodurch die Römer an dieser kampanischen Stadt einen Bundesgenossen im Süden gewannen, durch den sie das ganze latinische Gebiet umklammert hielten.

Erster Samnitenkrieg 343—341

Die Latiner waren unzufrieden, weil unter den Bündnern nicht gleiche Rechte galten, sondern Rom stets auf Vormachtstellung und Gebietsvergrößerung bedacht war. So kam es zum Latinerkrieg, der mit einem voll-

Latinerkrieg

ständigen Sieg Roms endete. Selbst das seemächtige *Antium* mußte alle Kriegsschiffe ausliefern. Sechs unbrauchbare Fahrzeuge wurden zerstört, ihre abgenommenen Schiffsschnäbel schmückten die Stirnwand der Rednertribüne auf dem Forum. Seitdem hieß sie *Rostra* (Schiffsschnäbel). Der latinische Bund wurde aufgelöst. Die einzelnen Gemeinden wurden zunächst mit mehr oder weniger Rechten, abgestuft nach ihrer Größe und ihrem Verhalten während des Krieges, den römischen Gesetzen unterworfen, mußten alle Lasten und Kriegsdienste tragen, ohne an der Staatsverwaltung durch Abstimmung oder Bekleidung von Ämtern teilnehmen zu können *(civitas sine suffragio)*. Aber die allmähliche und zielbewußte Eingliederung unter die römischen Vollbürger führte zur Sammlung der Latiner unter römischer Herrschaft und für Rom zu einem bedeutenden Zuwachs an Macht.
Die unbestrittene Vorherrschaft in Latium gab der Tiberstadt die Möglichkeit, den Kampf um Mittelitalien zu wagen. Aber trotz der Machtvergrößerung stand der römische Bund mit rund einer halben Million noch hinter dem der Samniten mit 650.000 Bürgern zurück. Die Samniten waren nach dem Niedergang der Etrusker ein sehr mächtiger Staat, stießen auf Nahrungssuche gegen die Ebenen vor und kreuzten das Einflußgebiet der Römer. Es war nur zu erklärlich, daß es zum zweiten Samnitenkrieg kommen mußte. Anlaß dazu gab die Belagerung Neapels durch die Samniten. Die Stadt rief Rom zu Hilfe und ergab sich dem römischen Entsatzheer. Sie blieb als selbständiger Stadtstaat erhalten und schloß mit Rom ein Bündnis. Die Samniten hatten an ihrer schwer zugänglichen Heimat, an ihren verstreuten Siedlungen, die keinen entscheidenden Angriff ermöglichten, eine vorzügliche Deckung. Die Römer sahen sich gezwungen, gegen das Herz des Berglandes vorzustoßen. Dabei gerieten sie in den *Caudinischen Pässen* in eine Falle, wo die vom Gebirgsmarsch erschöpften und von Hunger gequälten Legionen endlich zur schmachvollen Übergabe genötigt wurden. Das Heer wurde entwaffnet und durch das Joch geschickt, eine Art Tor, gebildet aus zwei aufrecht stehenden Speeren, die durch einen waagrecht darübergelegten verbunden waren. Aber trotz der schweren Niederlage gelang es den Römern, ihre Sellung in den umstrittenen Gebieten zu stärken und durch Anlegen von Kolonien, die Bauernsiedlungen und Festungen zugleich waren, zu sichern. Dazu trugen auch Straßenbauten bei, wie die berühmte Via Appia, die Rom mit dem Kriegsschauplatz in Kampanien verband. Mit dem Heere, den vielen Kolonien und den Bundesgenossen in Apulien und Lucanien umklammerte Rom die Samniten, während diese Hilfe bei Tarent und den Etruskern fanden. Aber Etrurien griff zu spät ein und wurde zu einem Sonderfrieden gezwungen. Nach wechselndem Erfolg besiegte Rom die Samniten bei *Bovianum,* so daß diese um Frieden baten.

Zweiter Samnitenkrieg 327—304

Rom herrschte unangefochten in Kampanien und Apulien, Samnium war von beiden Meeren abgedrängt und in seine Berge verwiesen. Die Römer benützten den Frieden, an dessen Dauer niemand glaubte, zur Stärkung ihrer Vorrangstellung im mittelitalischen Block durch weitere Koloniegründungen und bauten ihre Kriegsflotte aus.

Dritter Samnitenkrieg 298—290

Nach fünf kurzen Friedensjahren nahmen die Samniten die Gelegenheit eines Bündnisses auf breiterer Grundlage, dem die Umbrer, Gallier, Sabiner und Lucaner angehörten, zum neuerlichen Kampf um ihre Freiheit wahr (298). Vergrößert wurde noch die Gefahr für Rom, als Gallier und Etrusker 295 bis gegen die Hauptstadt vorstießen. Aber durch die siegreiche Schlacht bei *Sentinum* in Umbrien brachen die Römer die Kraft des samnitischen Bergvolkes, der Konsul *Publius Decius Mus* brachte durch seinen selbstgewollten Opfertod die Entscheidung. Die Samniten leisteten noch einige Jahre Widerstand, bis sie um Frieden baten. Dieser beließ ihnen ihre Unabhängigkeit und erkannte die römische Herrschaft in Mittelitalien an. In der gleichen Zeit wurden die Sabiner dem römischen Staat einverleibt und kurz darauf die gallischen Senonen aus ihrem Gebiet um Ancona vertrieben und auf diesem Boden eine römische Bürgerkolonie, *Sena Gallica,* angelegt. Im Süden, an der Dreiländerecke von Samnium, Lucanien und Apulien, sicherten die Römer ihre Herrschaft durch die Militärkolonie *Venusia,* die 20.000 römische Ansiedler aufnahm. Zwischen dem gallischen Norden und dem griechischen Süden war nun Rom Herr Italiens. Sein Ansehen stieg so hoch, daß sich auch griechische Städte bei Streitigkeiten unter seinen Schutz stellten. So ersuchten Thurii, später Kroton, Lokri und Rhegion um Beistand, mußten aber Roms Einsatzbereitschaft mit der Duldung einer dauernden Besetzung bezahlen. Damit hatte Rom auch am Ionischen Meer festen Fuß gefaßt.

Pyrrhos und die Eroberung Süditaliens

Dieser Vorstoß nach Unteritalien traf in das Interessengebiet der mächtigen Seestadt *Tarent* und trieb sie zur Abwehr. Als ein kleines Geschwader, das zur Unterstützung der Landtruppen ausgelaufen war, entgegen der Abmachung zwischen Tarent und Rom im tarentischen Hafen Anker warf, überfielen die Tarentier die Schiffe und vertrieben die römische Besatzung aus Thurii. Rom suchte durch Verhandlungen der gespannten Lage Herr zu werden, weil es sich der Größe des Gegners bewußt war und daher lieber auf diplomatischem Wege Tarent in seine Machtsphäre eingliedern wollte. Da aber dieser Ausweg versagte, kam es zum Krieg. Tarent gewann die Hilfe der Lucaner, Bruttier und Samniten und verbündete sich mit *Pyrrhos,* dem König von *Epeiros.*

Pyrrhos war eine ritterlich-liebenswürdige Persönlichkeit von hervorragender Feldherrnbegabung und ein Kenner der modernen Kriegskunst. Seine Feuerseele träumte von einem großen westhellenischen Reich, das neben

Epeiros auch Großgriechenland und Sizilien umfassen sollte. Daher folgte er freudig dem Ruf der Tarentiner und kam über die Adria mit einem buntgemischten Heer, das nicht viel kleiner war als die Truppenmacht, mit der seinerzeit Alexander den Hellespont gegen Persien überquerte. Er setzte eine den Römern noch ganz unbekannte Waffe ein, seine Kriegselefanten. In die Zitadelle legte er eine Besatzung und übernahm den Oberbefehl über alle italischen Bundesgenossen Tarents. Durch Pyrrhos kam Rom zum erstenmal in Kampfberührung mit Hellas. In der Schlacht bei Herakleia (280) trafen die Römer auf das feindliche Heer. Pyrrhos errang nach schweren Verlusten auf beiden Seiten durch die Kraft des Fußvolkes, den tollkühnen Stoß der thessalischen Reiter und durch den Einsatz der Kriegselefanten den Sieg. Den ersten Eindruck dieser gewaltigen Schlacht wollte er im Bewußtsein, daß er mit den Kräften der Strategie nie Rom werde niederzwingen können, zu Friedenverhandlungen nützen und schickte *Kineas*, einen in diplomatischen Künsten wohlbewanderten Unterhändler, nach Rom. Der Senat war in kluger Erwägung der drohenden Lage zuerst verhandlungsbereit. Aber alle einlenkenden Worte übertönte der flammende Widerstand des greisen und blinden Konsulars Appius Claudius Caecus. Mit der überragenden Kraft seiner ehrwürdigen Persönlichkeit führte er seine jüngeren Amtsgenossen zu dem schicksalsschweren, für alle ähnlichen Fälle der späteren Zeit zum Wegweiser gewordenen Entschluß, Rom dürfe niemals Friedensverhandlungen mit einem Feind anbahnen, dessen Truppen auf italischem Gebiet stünden. Ausschlaggebend für diese Antwort war auch ein Bündnisangebot Karthagos gegen Pyrrhos, das für seine Besitzungen in Sizilien fürchtete. Ein neuerlicher Zusammenstoß der beiden Heere (279) brachte zwar wieder einen Sieg für Pyrrhos bei Ausculum in Apulien, jedoch er war wie der frühere sehr verlustreich, so daß Pyrrhos ausgerufen haben soll: »Noch ein solcher Sieg, und ich bin verloren.« Seitdem wurde der »Pyrrhossieg« zum geflügelten Wort in der Geschichte der Völker. Es kam Pyrrhos sehr erwünscht, als Syrakusaner ihn gegen Karthago zu Hilfe riefen. In einem glänzenden Siegeszug eroberte er die ganze Insel, bezwang die karthagischen Festungen Eryx und Pánormos (jetzt Palermo), nur Lilybaeum (jetzt Marsála) widerstand dem Angriff. An den maßlosen Bedingungen des Königs scheiterten die Verhandlungen mit Karthago, und die griechischen Städte Siziliens fühlten sich durch die königlichen Eingriffe in ihren freien Polisverfassungen bedroht. Auf dem Festland hatten sich die Verhältnisse zugunsten Roms gebessert, so daß die bedrängten Anhänger des Königs seine Rückkehr verlangten. Pyrrhos selbst war froh, unter einem guten Vorwand den heißgewordenen Boden Siziliens verlassen zu können. Bei dem späteren Beneventum in Samnium (275) griff er das konsularische Heer an, konnte aber keinen Erfolg erringen. Die bewegliche Manipelordnung der Römer erwies sich der schwerfälligen gegnerischen Phalanx überlegen. Gegen die Kriegselefanten setzten die Römer erfolgreich brennende Strohwische und quiekende Ferkel ein. Als Verstärkungen ausblieben, sah sich Pyrrhos gezwungen, auf die Balkanhalbinsel zurückzukehren und nur noch Besatzungen zum Schutz in den verbündeten Städten zurückzulassen. Seine alte Haudegennatur fand aber auch nach den durchkreuzten Hoffnungen auf ein großes westhellenisches Reich keine Ruhe. Er brach zu neuen Kämpfen um den Besitz Makedoniens auf, wandte sich in diesem Zusammenhang auch gegen die Peloponnes und fiel in einem Straßenkampf zu Argos (272), als ihn ein von einem alten Weib geschleuderter Blumentopf am Kopf traf.

Nun hatten die Römer freie Hand, um in den nächsten Jahren die Verhältnisse in Italien zu befrieden. Tarent ergab sich, Lucaner und Bruttier wurden nach Abtretung einiger Bezirke, darunter der für die Gewinnung von Schiffsbauholz äußerst wichtigen Waldgebiete der Sila, in die römische Bundesgenossenschaft aufgenommen, die Samniten kamen unter die Oberhoheit Roms. Die unterworfenen griechischen Städte mußten dem siegreichen Volk ihre Tore öffnen. Die meisten behielten zwar ihre alte Verfassung, da die Römer zu allen Zeiten in die innenpolitischen Verhältnisse der eroberten Städte nur bei höchster Notwendigkeit eingriffen. Aber alle mußten Tribut zahlen, Kriegsmannschaft stellen, ohne die Ehre und die Vorteile mit den Römern teilen zu dürfen. Die Stadt am Tiber hatte die Herrschaft über Süditalien errungen und herrschte unmittelbar oder durch Verträge vom Apennin bis Rhegion und Brundisium über rund drei Millionen Einwohner. Der Name Italien, ursprünglich nur die Benennung der Südspitze, dehnte sich nun über die ganze Halbinsel aus. Die Kolonien im eroberten Gebiet steuerten der Arbeitslosigkeit der wachsenden Bevölkerung der Hauptstadt, sie dienten als Garnisonen und Festungen, als Außenhandelsplätze und Absatzmärkte. Dem Schwert folgte der Pflug. Die lateinische Sprache und Lebensform breiteten sich über die ganze Halbinsel aus und bildeten dieses Land, das noch großenteils barbarisch und vielsprachig war, nicht nur zu einer politischen, sondern auch zu einer kulturellen Einheit.

Die Zeit der Punischen Kriege 264—134 v. Chr.

Karthago

Über die aufblühende Republik fiel der Schatten einer Macht, die sich in Korsika, Sardinien, Sizilien, Spanien und Afrika festgesetzt hatte, den römischen Handel im westlichen Mittelmeer einschränkte und Italiens Schiffahrt auf den engen Raum seiner Gewässer zusammendrängte: *Karthago.*

Lange vor der Gründung Roms erlangte an der syrischen Küste ein Volk weitreichende Bedeutung. Es nannte sich nach seinen alten Stammesnamen Sidonier oder Tyrier, und Sidon und Tyros waren seine ältesten und bedeutendsten Küstenstädte. Den Namen *Phöniker* erhielten sie von den Griechen, er bedeutet die »roten Männer« und bezeichnet die Bewohner als Erzeuger und Händler der aus der Purpurschnecke gewonnenen roten Farbe. Die Römer nannten sie Poeni (= Punier). Frühzeitig wandten sie sich von der Weidewirtschaft und dem Ackerbau dem Meere zu, besiedelten die vor ihrer Küste liegende große Insel Zypern, auf der sie Handel und Bergbau, hauptsächlich nach Kupfer, betrieben. Landnot und der Untergang des minoischen Reiches auf Kreta mit seiner mächtigen Seefahrt lockten Sidon und Tyros auf das weite Meer hinaus. Die Phöniker dehnten ihre Handelsfahrten bis in den äußersten Westen aus, brachten die Produkte des Orients, tyrische Purpurstoffe, Perlen, arabischen Weihrauch, das Linnen Ägyptens, sowie Griechenlands Tonwaren und Weine dorthin und schafften dafür die Bodenschätze des Westens, Silber aus Spanien, Zinn aus Portugal und Südengland, Gold von der atlantischen Küste Nordafrikas, sowie Löwenfelle und Elfenbein aus Innerafrika in die Heimat. Sie legten in Sizilien, Sardinien, Korsika, auf den Balearen und an der iberischen und afrikanischen Küste Stützpunkte und Handelsfaktoreien an. Nirgends traten sie als Eroberer auf, sondern begnügten sich mit der Anknüpfung von Handelsverbindungen. Sie beherrschten durch Jahrhunderte den fast unumschränkten Verkehr von der syrischen Küste bis zu den Säulen des Herakles (Gibraltar). Gleichzeitig kamen sie als Sendboten und Mittler einer höheren Kultur, verbreiteten die Buchstabenschrift, lehrten die Bronzebereitung aus einer Legierung von Kupfer und Zinn, die Glaserzeugung, die Herstellung der Purpurfarbe und viele andere Fertigkeiten. Als die Griechen ihre Seefahrten immer weiter ausdehnten und den Phönikern manche Einbußen an Handels-

Phöniker

plätzen drohten, hat das als Tochterstadt von Tyros angelegte Karthago, dessen Gründungsdatum der Geschichtsschreiber *Timaios* für 814 berechnete, die verstreuten phönikischen Siedlungen unter seiner Führung zu einem mächtigen Handelsreich geeint.

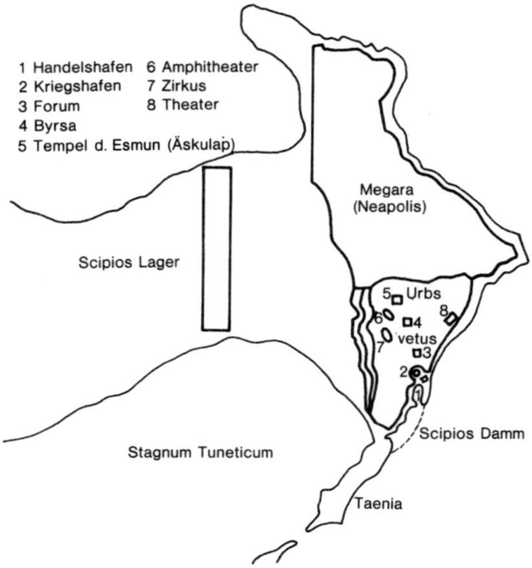

Karthago

Lage Karthago, von den Phönikern Karthada, d. i. Neustadt, von den Griechen Karchedon, lateinisch Karthago, genannt, erstand in nächster Nähe der wohl älteren Phönikerstadt in Libyen, Utika. Die überaus günstige Lage auf der hammerförmigen Landzunge zwischen dem Golf von Tunis und dem offenen Meer, die durch einen 4 km breiten Isthmus mit dem Festland verbunden war, ermöglichte der Stadt den Widerstand erst gegen die Griechen, dann auch gegen Rom.

Es lag nicht in der Natur der Phöniker, durch kriegerische Eroberungslust die friedlichen Bahnen ihrer kaufmännischen Ziele zu stören. Sie wollten

Kolonien vor allem ihren Warenhandel mit den Stämmen des Mittelmeeres ungestört aufrechterhalten. Deshalb ließen sie sich fast kampflos von den sich immer mehr ausbreitenden Griechen aus dem östlichen Mittelmeer in das westliche Becken abdrängen. Hier allerdings wollte Karthago seine Handelsinteressen auch um den Preis einer kriegerischen Auseinandersetzung halten. Wichtige Stützpunkte boten ihm die Inseln Malta und Sizilien. Aber auch auf dieser Insel vertrieben die Griechen die Karthager aus einigen ihrer Faktoreien und gefährdeten darüber hinaus deren Handelsbeziehungen. Fest in ihren

Händen blieben nur Pánormos (Palermo) mit Solus, Egesta, Eryx und Lilybaeon und die auf einer Insel nördlich davon gelegene bedeutende Handelsstadt Motye. Sie bauten diese Orte zu starken Festungen gegen den Ausdehnungsdrang der Griechen aus und behaupteten sich auf Sardinien und Nordwestsizilien, während den größeren Ostteil der Insel die Griechen festhielten. Auch die spanische Küste samt den Balearen und Pithyusen blieb in der Gewalt Karthagos. Das neuerstandene karthagische Handelsreich sicherte seine Herrschaft durch Bündnisse mit den Etruskern und Verträge mit der jungen Vormacht in Latium, Rom.

Nach Polybios wurde der erste Vertrag zwischen Rom und Karthago 509 geschlossen. Zwei Goldplatten mit Dedikationsinschriften in phönikischer und etruskischer Sprache, die 1964 in Caere (Agylla) ausgegraben wurden, scheinen Polybios zu bestätigen: Sie beweisen, daß zu Beginn des 5. Jahrhunderts nur wenige Kilometer von Rom entfernt eine punische Kolonie in einer etruskischen Stadt lag, deren König Thefarie Veliunas die Goldplatten hatte anfertigen lassen.

Handel

In seinem Reichs- und Interessengebiet richtete Karthago ein Handelsmonopol für sich ein, duldete keine fremde Schiffahrt, gestattete anderen Völkern nicht den Zugang zum südlichen Spanien, ja sperrte sogar vom Ende des 6. Jahrhunderts bis zu den Punischen Kriegen die Meerenge von Gibraltar für andere Schiffe, auch für die Griechen, die früher ungehinderte Durchfahrt hatten. Nun holten nur noch karthagische Schiffe Zinn aus Cornwall, Silber aus Spanien, Gold, Elfenbein und Sklaven von der afrikanischen Westküste. Von einer Fahrt an diesem Gestade ist uns ein Expeditionsbericht in griechischer Übersetzung erhalten. Der kühne Seefahrer *Hanno* lief mit sechzig Ruderschiffen, auf denen er angeblich 30.000 Männer und Frauen als künftige Kolonisten mit sich führte, um 500 von Karthago aus. An sieben geeigneten Plätzen siedelte er Kolonisten an, drang in Begleitung von Dolmetschern bis in den Golf von Guinea vor und erreichte die Biafrabai, wo er umkehrte. Der Tauschhandel beherrschte die gesamte Politik Karthagos. Darüber vernachlässigte man die Erwerbung von Grund und Boden. Noch immer zinsten die Karthager den Libyern für die Benutzung des Baugrundes ihrer Stadt. Erst spät machten sie die umwohnenden Afrikaner zu Untertanen und gewannen für ihre Kolonie ein entsprechendes Landgebiet. Meister in der Anleitung zu zweckmäßiger Landwirtschaft, legten sie große Plantagen an und bewirtschafteten sie mit Hilfe libyscher Sklaven. Ihr afrikanisches Reich erstreckte sich von einem schmalen Küstenstreifen von Leptis bis Lixus am Atlantischen Ozean. Aber trotz dieser Landbasis blieb es eine Seeherrschaft und Zentrum der Rohstoffverteilung längs den Küsten des Mittelmeers.

Verfassung

Die Verfassung Karthagos war, wie in fast allen Handelsstädten des Altertums, aristokratisch. An der Spitze des Staates standen zwei Oberbeamte, *Suffeten,* die jährlich gewählt wurden. Sie waren mit der Ausführung dessen betraut, was die beratende und beschließende Körperschaft der Dreihundert festsetzte. Ein Ältestenausschuß von dreißig Mitgliedern bildete den engeren Rat. Da die Häupter der großen Geschlechter dem Rat auf Lebenszeit angehörten, war dadurch bei dem jährlichen Beamtenwechsel die feststehende Ordnung der politischen Führung gewährleistet. Die Wahl der Beamten und Feldherren erfolgte durch die Volksversammlung. Ihre politische Bedeutung wuchs später sehr unter dem Eindruck der Niederlagen. Das Amt der Feldherren auf ein Jahr zu beschränken war wegen der weiten Ausdehnung des Reiches schwer möglich. Dadurch erlangten die Heerführer große Macht und, solange ihre militärischen Operationen von Erfolg begleitet waren, auch volle Bewegungsfreiheit. Daraus erklärt es sich, daß diesem dem Krieg abgeneigten Handelsvolk so bedeutende Feldherrnpersönlichkeiten wie Hamilkar Barkas und Hannibal entstammten. Die Bürger berief man nur, wenn die Hauptstadt selbst bedroht war, zum Waffendienst ein. Im Heer dienten Bundesgenossen und landfremde Söldner. Da Karthago allen Staaten am Mittelmeer finanziell überlegen war, konnte es auch große Summen für militärische Rüstungen aufbringen, für ausgezeichnete Wurf- und Belagerungsmaschinen, für Kriegsschiffe, für Pferde und Kriegselefanten. Trotzdem vermied es Angriffskriege.

Kämpfe in Sizilien

Zum erstenmal erschien Karthago offensiv auf dem Kampfplatz, als der Perserkönig zu einem Großangriff gegen die Griechen im Osten und Westen aufrief. Die Stadt bot ein so gewaltiges, von einer großen Flotte unterstütztes Heer von Afrikanern und spanisch-ligurischen Söldnern auf, wie es im westlichen Mittelmeer noch nie eingesetzt worden war. Doch erlag es bei Himera (480) gegen die heldenmütige Abwehr durch *Gelon* von Syrakus und *Theron* von Agrigent. Der punische Oberbefehlshaber Hamilkar beging Selbstmord. Seit dieser folgenschweren Entscheidung wagten die Phöniker bis zum Jahre 409/08 keinen weiteren Angriff. Der Kampf zwischen Griechen und Karthagern erneuerte sich nach der unglücklichen Expedition der Athener gegen Syrakus (415—413), als die Syrakuser die Vorherrschaft über alle Griechenstädte der Insel beanspruchten. Mit wechselndem Kriegsglück zogen sich die Kämpfe hin, aber Karthago schob sich immer weiter gegen Osten vor. Nur Syrakus und Messana behaupteten noch ihre Freiheit. Zu Syrakus herrschte Hieron II., ein kluger Staatsmann mit diplomatischem Geschick. In Messana hatten kampanische Söldner, die Agathokles von Syrakus aus seinen Diensten entlassen hatte, sich der Stadtherrschaft bemächtigt und den Staat der *Mamertiner* (der Söhne des Mamers = Mars) begründet. Mit ihnen lag Hieron in Fehde. Sie befürchteten, von Hieron wieder aus Messana verdrängt zu werden, und schlossen daher zunächst über Betreiben der Karthago freundlich gesinnten Partei einen Vertrag mit den Puniern. Dann aber schlug die Stimmung zugunsten Roms um, und man erbat die Aufnahme Messanas in den Italischen Bund.

Bisher hatten sich die Interessen der beiden mächtigsten Mittelmeerstaaten nicht überschnitten. Denn Karthago war darauf bedacht, die Alleinherrschaft im westlichen Mittelmeer aufrechtzuerhalten, Rom, seine Macht über ganz Italien auszudehnen. Als aber die Römer bis zur Südspitze Italiens vorgestoßen und zu Nachbarn der Karthager geworden waren, mußten sie die für die Verproviantierung Roms nötige Bewegungsfreiheit ihres Handelsverkehrs gegen das mächtige Imperium der Kaufleute, Reeder und Plantagenbesitzer schützen. Die beiden feindlichen Mächte waren einander ungefähr gleich. Die Kraft der Römer lag in ihrem mit dem Wohl und Wehe des Vaterlandes eng verbundenen Bauernvolk. Dazu kamen die an den Vorort gebundenen Bundesgenossen, die ebenfalls noch Ackerbau trieben. In Karthago überwog die Geldwirtschaft die Grundwirtschaft, bedingt durch seinen Überseehandel. Grund und Boden lagen in Händen reicher Gutsbesitzer, die ihre Felder durch gedungene Arbeiter und Sklaven bebauen ließen. Die breiten Schichten waren besitzlos. Im römischen Heer dienten die Söhne des Landes, es war ein wirkliches Volksheer. Die Karthager beherrschten als eine dünne Oberschicht stammfremde Völker eines weitausgedehnten Kolonialreiches, sie selbst, dem Kriegsdienst abgeneigt, mieteten für Geld Söldner und stellten mit ihnen ein bunt zusammengewürfeltes Heer auf. Sie kannten die Mängel an Zuverlässigkeit und Einsatzbereitschaft eines solchen Heerwesens und suchten sie durch eine reiche Ausrüstung der Truppen mit Kriegsmaschinen und Elefanten auszugleichen. Außerdem verfügte der Punier über eine starke Flotte von meistens Fünfruderern, den Penteremen.

Erster Punischer Krieg

Am Tiber war man sich bewußt, daß Karthago nur in Afrika entscheidend getroffen werden könnte, daß aber auch Rom für die Seekönigin unangreifbar war. Man mußte also mit einer langen Dauer des Krieges rechnen. Die erfahrenen Senatoren, die aus der Vergangenheit der Samniten- und Pyrrhoskämpfe gelernt hatten, zeigten keine Neigung zu einem Beistandspakt mit den Mamertinern. Aber der nicht so weitblickende, aktivere Teil des Senates brachte den Vorschlag vor die Volksversammlung und erreichte durch den verlockenden Hinweis auf reiche Kriegsbeute die Entscheidung für einen Krieg. Zunächst ging es nur um die Hilfe für die Mamertiner gegen Syrakus, und man hegte noch etwas Hoffnung, daß die kriegerischen Entscheidungen abgeneigte Politik Karthagos einem ernsten Widerstand ausweichen würde. Aber der Sprung vom Festland auf die Insel führte in das Dunkel einer veränderten Kriegführung mit erweiterten Zielen, einer neuen, auf mediterrane Interessen gerichteten Politik. Nie vorher noch nachher trug im alten Rom eine Generation eine solche Verantwortung vor dem Richterspruch seiner Geschichte.

Erster Punischer Krieg 264—241

Bevor die römischen Truppen im raschen Anmarsch die Meerenge erreichten, hatte eine punische Abteilung *Messana* besetzt. Beim Erscheinen der Römer kapitulierte aber der punische Kommandant und wurde von den Karthagern ans Kreuz geschlagen. Hierauf erklärten sie den Römern den Krieg (264) und schlossen gemeinsam mit Hieron, der Roms Einmischung als eine unmittelbare Bedrohung seiner Stadt empfand, Messana ein. Inzwischen war aber die römische Hauptmacht über die Meerenge gesetzt. Die Syrakuser wurden besiegt, und die Karthager mußten ebenfalls von der Belagerung ablassen. Hieron schloß mit Rom ein Bündnis, gab die Gefangenen heraus und zahlte eine Kriegsentschädigung.

Nun ging es um Sizilien. Die Karthager führten ein großes Heer nach *Akragas (Agrigent)* an der Südküste Siziliens. Die Römer erschienen vor der Stadt, eroberten sie und machten sie zu einem Ruinenfeld. Trotz weiteren Erfolgen der Römer auf Sizilien war kein Ende des Krieges abzusehen. Da faßte der Senat den Beschluß, den Kampf auch zur See zu führen, um Italiens Küste zu schützen, den Karthagern die Seeverbindung mit Afrika abzuschneiden und sie aus ganz Sizilien zu vertreiben. Deshalb bauten sie mitten im Kriege in erstaunlich kurzer Zeit ihre Flotte aus und gesellten zu ihrer Landmacht noch eine ansehnliche *Seemacht.* Die griechischen Städte Unteritaliens halfen mit ihrer Erfahrung, und vor allem dürfte Syrakus, das damals über die modernste Flotte verfügte, manche Neuerung für die Ausrüstung der Schiffe beigesteuert haben. Von dort scheint die Erfindung der *Enterbrücken* zu stammen, die mit eisernen Greifern in das Verdeck des Gegners einschlugen, die feindlichen Schiffe festlegten und den Soldaten über die Fallbrücken das Eindringen in das andere Fahrzeug ermöglichten. Mit dieser Kampfflotte erfocht der Konsul *Gaius Duilius* bei *Mylai* die ersten Lorbeeren zur See, konnte aber keine durchgreifende Entscheidung erringen. Und doch war es Roms Absicht, durch eine siegreiche Operation zur See den Krieg nach Afrika hinüberzutragen. Karthago durchschaute den feindlichen Plan und stellte sich mit seiner Flotte der römischen bei dem Vorgebirge *Eknomos* zum Kampfe (256). Die Römer erfochten einen namhaften Sieg, der die feindliche Flotte für einige Zeit ausschaltete, und erzwangen dadurch die unbehinderte Überfahrt nach Afrika. Nach der Landung in der wohlbeschützten Bucht von *Clupea* segelte die Hauptmacht wegen Verpflegsschwierigkeiten zurück, der Konsul *M. Atilius Regulus* begann den Vormarsch gegen Karthago. Er schlug die Punier im offenen Feld, stellte die sich gegen Karthago empörenden Libyer in sein Heer ein und schloß die Hauptstadt von der Landseite ein. Die Karthager erfaßte solche Mutlosigkeit, daß sie zu Friedensverhandlungen bereit waren. Sie scheiterten an den maßlosen Forderungen des römischen Feldherrn. Sein politisches Ungeschick brachte die Römer um den günstigen Augenblick. Denn der Gegner verstärkte neuerlich seinen Widerstand, füllte seine Armee mit Söldnern auf und stellte sie unter den Befehl des Spartaners

Xanthippos. Im Frühjahr 255 wurde das Invasionsheer trotz größter Tapferkeit vorwiegend von der feindlichen Reiterei und durch den Einsatz der Elefanten geschlagen, der römische Feldherr Regulus gefangen.
Der Vorstoß gegen Afrika war gescheitert, nun mußte der Krieg auf der Insel weitergeführt werden. Die Römer gewannen zu Lande wieder ihre alte Überlegenheit und eroberten neben anderen Plätzen auch Pánormos. Nur die Festungen *Lilybaeon* und *Drepanon* waren uneinnehmbar. Die Karthager machten wieder einen Versuch, mit dem Gegner zu verhandeln, aber die Römer lehnten ihr Angebot ab.
Der Krieg zog sich weiter hin, beide Teile schienen immer mehr erschöpft und zu einem entscheidenden Schlag nicht fähig. Da übernahm ein weitblickender Feldheer, *Hamilkar Barkas* (Blitz), die Führung in Sizilien und brachte Auftrieb in den erschlaffenden Kleinkrieg. Er baute *Eirkte* bei Palermo und *Eryx* oberhalb Drepanon zu neuen Stützpunkten aus und beunruhigte von dort aus die römischen Truppen. Rom und seine Bundesgenossen litten sehr unter dem kostspieligen, schleppenden Krieg und den beständigen Überfällen auf die ungeschützte italische Küste. Aber in unversiegbarer Kraft und Opferbereitschaft beschlossen die Bürger, aus freiwilligen Spenden eine neue gewaltige Flotte zu bauen. Ihre Führung übernahm der Konsul *C. Lutatius Catulus.* Diesem gelang es, im Jahre 241 die Karthager bei den *Ägadischen Inseln* vor der Westküste Siziliens vernichtend zu schlagen; 120 Schiffe gingen verloren. Damit war ein weiterer Widerstand der Festungen sinnlos, die Entscheidung, um die man 22 Jahre gekämpft hatte, war zugunsten Roms gefallen.
Hamilkar vereinbarte mit dem Konsul Lutatius Catulus einen Vorfrieden, den dieser im Gedanken an die unberechenbaren Wechselfälle des Krieges und die Achtung gebietende Persönlichkeit Hamilkars mit weiser Mäßigung formulierte. In Rom aber wurden die Vereinbarungen von der Volksversammlung als zu milde erachtet und von einer Zehnerkommission endgültig festgesetzt. Sonach lautete der Friedensvertrag: 1. Karthago räumt Sizilien und die Liparischen Inseln, es verpflichtet sich, keine Kriege gegen Sizilien und dessen Bundesgenossen zu führen. 2. Karthago liefert alle Gefangenen ohne Lösegeld aus. 3. Karthago zahlt eine Kriegsentschädigung von 3.200 Talenten. Mit dem Friedensschluß (241) war der Krieg beendet, der unbesiegter Feldherr eines geschlagenen Volkes öffnete die Festungen den neuen Herren der Insel.
Dem im Seekrieg noch unerfahrenen Rom war als Preis für seine kühne Vernichtung der punischen Armada die Herrschaft über Sizilien zugefallen, das es, Syrakus ausgenommen, nun als ersten römischen Besitz außerhalb des italischen Festlandes zur *Provinz* unter einem Prätor als Statthalter machte. Die Städte, die während des Krieges mit Rom vorteilhafte Verträge abgeschlossen hatten, wurden in ihrer Stellung bestätigt, die übrigen mit dem Zehnten der Ernte hart besteuert.

An die Eroberung von Sizilien schloß sich die Unterwerfung von *Sardinien* und *Korsika* an, die zusammen zur zweiten Provinz gemacht wurden (238). Karthago konnte sich nicht zur Wehr setzen, da es durch einen Aufstand der Söldner hart bedrängt war. Wenn auch die wirtschaftliche Bedeutung dieser Inseln gering war, so sicherten sie Rom doch die souveräne Beherrschung des Tyrrhenischen Meeres.
Ungefähr zur gleichen Zeit mußte aber Rom die Sicherung an der nördlichen Grenze in Angriff nehmen. Seine militärische Stärke (250.000 Mann Fußvolk und 23.000 Mann Reiterei, dazu 340.000 Mann Fußsoldaten und 31.000 Reiter der Verbündeten) im Verein mit der vorzüglichen Zucht der Krieger und der tüchtigen Führung befähigten Rom, den Angriff einer Heeresmacht transalpiner Gallier, die die Senonen, deren Gebiet längs der Adria die Römer besetzt hielten, herbeigerufen hatten, beim *Kap Telamon* in Etrurien zurückzuschlagen. Darauf drangen die Römer unter Führung des Konsuls *Gaius Flaminius* in Norditalien ein und überschritten den Po. Das Land der Gallier zwischen Alpen und Apennin wurde durch die Gründung der militärisch wie politisch wichtigen Festungen *Cremona, Placentia* und *Mútina* gesichert (219). Zur Verbindung Roms mit dem neueroberten Gebiet legte Flaminius die nach ihm benannte vorzügliche Heeresstraße, die Via Flaminia, von Rom nach Ariminum an. Freilich war die vollkommene Eingliederung der Gallia Cisalpina in das römische Staatsgebiet damit noch nicht abgeschlossen.
Inzwischen zögerte Rom nicht, im Gebiet der *Adria* die illyrischen Piraten abzuwehren und die griechischen Städte *Apollonia* und *Epidamnos* (lat. Dyrrhachium, jetzt Durazzo) nebst der Insel *Kerkyra* (jetzt Korfu) in seinen Schutz zu nehmen. Damit hatte Rom zum erstenmal in griechische Verhältnisse eingegriffen, und ein Zeichen der Anerkennung seiner Macht durch die Griechen war seine Zulassung zu den Isthmischen Spielen.

Zweiter Punischer Krieg

Breite Schichten der Karthager wollten die alte und einzige ihnen Gewinn bringende Beschäftigung in Hafen und Handel nicht aufgeben und fanden dabei warme Unterstützung bei einer der vornehmsten Familien, den Barkiden. Hamilkar Barkas, der unbesiegt aus dem Endkampf gegen Rom hervorgegangen war, suchte nach Ersatz für den Verlust der großen Inseln. Es galt aber, einen solchen zu finden, der sie nicht wieder in Streit mit Rom verwickeln würde. Daher verzichtete Hamilkar auf die alte Vormachtstellung im Tyrrhenischen Meer und schuf eine neue Operationsbasis in Südspanien mit dem Rückhalt an den alten phönikischen Küstenstädten. Der punische Handel fand hier neue Absatzgebiete, und die Silberbergwerke der *Sierra Morena* deckten einen Teil der Tributzahlungen an Rom.

Die Fortschritte in Spanien waren so groß, daß Rom fürchtete, Hamilkar könnte diesen neuen Machtzuwachs zum Ausgang für einen Vergeltungskrieg nützen. Überliefert ist, daß er in seinem Schwiegersohn *Hasdrubal* und seinem Sohn *Hannibal* das Feuer des Hasses gegen Rom schürte und damit die Erwartung verknüpfte, die beiden würden einst Karthagos Macht im alten Glanz erstehen lassen.
Als Hamilkar bei der Belagerung der Stadt *Heliko* (jetzt Elche) gefallen war, wählte man seinen Schwiegersohn Hasdrubal zum Oberbefehlshaber. Dieser breitete die Macht Karthagos mit allen Mitteln aus und erbaute am Kap Palos *Carthago Nova* (jetzt Cartagéna) als Hauptstadt des karthagischen Spanien. Die Römer befürchteten, Hasdrubal könnte die Gelegenheit des drohenden Keltensturmes gegen Italien zu einem Überfall auf Sardinien und Sizilien nützen, und sie schickten daher eine Gesandtschaft. Zwischen dem karthagischen Feldhauptmann und dem Bevollmächtigten wurde ein Vertrag abgeschlossen, der *Ebro* sollte die Grenze der beiderseitigen Interessensphären bilden (226). Hasdrubal konnte damit zufrieden sein, überließen ihm doch die Römer sieben Achtel der Iberischen Halbinsel. Auch das von Iberern bewohnte Sagunt erhielt keine Ausnahmestellung.
Als Hasdrubal 221 durch Meuchelmord fiel, erlangte Hamilkars fünfundzwanzigjähriger Sohn *Hannibal* (246—183) mit dem Willen des Heeres und des karthagischen Volkes den Oberbefehl. Von seinen Knabenjahren an hatte er im Feldlager gelebt und an seinem Vater den größten Lehrmeister gehabt. Seine bedeutenden Anlagen erschlossen ihm die Bildung der adeligen Phöniker, aber auch die geistigen Güter der Griechen waren ihm nicht unbekannt; er erlernte das Griechische, und auch die Sprachen seiner Krieger, die großenteils fremden Stämmen angehörten, beherrschte er. Er war der geborene Soldat, körperlich glänzend durchgebildet, kühn, ausdauernd und abgehärtet, fähig, Mangel und Mühsal zu ertragen, ein vorzüglicher Läufer und Fechter und ein ausgezeichneter, waghalsiger Reiter. Stets war er bereit, selbst das zu leisten, was er von seinen Truppen verlangte. Sein Genie, seine unwiderstehliche Anziehungskraft übten einen beispiellosen Einfluß auf seine Soldaten aus, auch in den schwierigsten Lagen hat nie eine Abteilung gegen ihn gemeutert. Hannibal war stets darauf bedacht, Sold und Verpflegung für die Seinen sicherzustellen. Daß es dabei oft nicht ohne Härte und Grausamkeit gegen die Völker der Durchmarschgebiete und gegen die Unterworfenen abging, war erklärlich. Auch half er seiner Tapferkeit und Schlagkraft mit Hinterhalt, Kriegslist und überraschendem Zugriff nach, richtete einen weitverzweigten Spionagedienst ein, dessen Ohr sogar die Pläne des römischen Forums abhorchte. Von seinem scharfsinnigen strategischen Genie und seiner staatsmännisch überragenden Persönlichkeit künden die Blätter der Geschichte. Die alten Krieger sahen in ihm das wiedererstandene Bild ihres früheren hochverehrten Feldherrn Hamilkar, die jungen Soldaten vergötterten ihn als treuen, einfachen Gefährten.

Hannibal

Zu Beginn seiner Tätigkeit sicherte er die Herrschaft Karthagos bis zum Ebro. Nur *Sagunt,* das in freundschaftlichen Beziehungen zu Rom stand, war bisher von jedem Angriff verschont geblieben. Da verlangte eine römische Gesandtschaft, die Karthager müßten die Ebrolinie einhalten und jede Kriegshandlung gegen Sagunt unterlassen. Nun stand aber die letztere Forderung im Widerspruch zu dem Ebrovertrag, der ja alles Land bis zu diesem Fluß, somit auch Sagunt, den Puniern zusprach. Hannibal erklärte das Vorgehen der Römer für vertragswidrig und beschwerte sich über sie in Karthago.

Der Stein war ins Rollen gekommen. Hannibal war sich darüber klar, daß ein Angriff auf Sagunt kriegerische Folgen haben mußte, daß aber auch die mit Rom verbündete feindliche Stadt mitten im karthagisch besetzten Gebiet keinen dauernden Platz haben konnte. Er bezwang also 219 nach achtmonatiger Belagerung die auf einer Berghöhe gelegene starke Zwingburg, die vergeblich auf ein Entsatzheer der Verbündeten gewartet hatte. Der Krieg war nun unvermeidlich, beide Großmächte wollten die Feindseligkeiten mit dem Angriff eröffnen. Rom schickte eine Armee unter dem Konsul *Tiberius Sempronius Longus* nach Sizilien, von wo er mit einer sehr starken Flotte den Vorstoß auf Nordafrika und Karthago vorbereiten sollte. Das zweite Heer unter dem Konsul *Publius Cornelius Scipio* erhielt Befehl zum Einfall in Spanien. Hannibals Aufbruch zielte nicht auf eine Eingliederung Italiens in das karthagische Reich und die Zerstörung Roms, sondern auf eine Auflösung des italischen Bündnisses. Rom sollte durch den Verlust seiner Bündnispartner gezwungen werden, Karthagos Machtstellung in Afrika und Spanien anzuerkennen. Da ein Vorstoß mit einem Seegeschwader gegen Italien wegen der unzulänglichen karthagischen Flotte nicht in Betracht kam, blieb nur die Möglichkeit eines Anmarsches durch Gallien nach der Apenninenhalbinsel.

Zweiter Punischer Krieg 218—201

Nachdem Hannibals Kundschafter Nachrichten über Wegverhältnisse, Paßübergänge und die Bündnisbereitschaft der Kelten gebracht hatten, überschritt er ohne Schwierigkeiten die Pyrenäen mit einem Heer, das zahlenmäßig der römischen Heeresstärke vielfach nachstand. Trotzdem wagte er den Zug im Vertrauen auf seine strategische Erfahrung und den Anschluß keltischer Stämme. Beim Durchmarsch durch Südgallien und beim Rhoneübergang stieß er nur auf geringfügigen Widerstand. Hier erfuhr er, daß Scipio, der seine Truppen wegen neuerlicher Kelteneinfälle in der Poebene zurückgelassen hatte, mit einer Legion die Rhonemündung erreicht hatte. Hannibal wich aber einer Begegnung aus und wendete sich rhoneaufwärts den Alpenpässen zu.

Hannibals Alpenübergang

Die Westalpenüberquerung Hannibals mit einem Heer von rund 100.000 Mann mit Rossen und Saumtieren und 37 Kriegselefanten gilt als die gewaltigste militärische Operation aller Zeiten. Ihn bewog dazu die Absicht, überraschend in der Poebene zu erscheinen. Daher wählte er auch nicht die bequemere Straße längs der Meeresküste, von der er annahm, die Römer würden sie sperren und er müßte sich in mühsamen Kämpfen den Durchgang erzwingen. Verschiedene Gelehrte haben sich bemüht, nach den Berichten des Griechen *Polybios* und des Römers *Livius* sowie nach persönlichen Begehungen aller in Betracht kommenden Alpenpässe die genaue Route des Überganges festzustellen. Aber bis heute sind alle Lösungen nur Hypothesen.

Über welchen Paßübergang auch immer der Zug führte, so forderte er von allen eine gigantische Leistung. Wiederholt haben feindliche Scharen das Heer überfallen. Die Verpflegung wurde knapp, dem Vieh fehlte Weide und Futter. Um hinderliche Felsbarrieren zu sprengen, erhitzten die Pioniere den Kalkstein und übergossen ihn mit Essig. Große Schneefelder überwanden die Soldaten, indem sie ihre Schilde als Rodel benutzten. Besonders schwierig war es auch, die noch übriggebliebenen, sehr entkräfteten Elefanten über die gefährlichen Stellen hinüberzubringen. Als endlich der schwerste Teil des Überganges bezwungen war, galt es, die großen Lücken im Heer mit den bereitwilligen Stämmen der Kelten aufzufüllen, waren Hannibal doch nur 20.000 Mann Fußvolk und 6.000 Reiter geblieben. Im September war Hannibal jenseits der Alpen angelangt. Nach einer Ruhepause erreichte der erste Stoß des heranrückenden Heeres im November *Turin*, die Hauptstadt der *Tauriner*, und diese wurde erobert und geplündert. Auf die Nachricht hin traten auch die Keltenhäuptlinge, die bisher noch unschlüssig gewesen waren, zu dem Barkiden über.

Die erste Kunde vom Alpenübergang Hannibals stürzte Rom in großen Schrecken. Aber bald beruhigten sich die aufgeregten Gemüter wieder, als Kundschafter über die großen Verluste und den geschwächten Zustand des karthagischen Heeres berichteten. Konnte doch Rom diesen gelichteten Scharen die volle Kraft seiner über 100.000 Mann zählenden Bundesstreitkräfte entgegenstellen. Dessenungeachtet aber berief man den nach Sizilien abgegangenen Sempronius zurück. Auch Scipio hatte, als er Hannibals Marsch zu den Alpen nicht mehr hatte aufhalten können, den folgenschweren Entschluß gefaßt, Heer und Flotte seinem Bruder Gnaeus zu übergeben, damit dieser trotz allem den Krieg in Spanien beginne. Er selbst kehrte nach Oberitalien zurück, um mit dem dort stehenden Heer Hannibal zu erwarten. Somit war also der gesamte Offensivplan der Römer durch das rasche Erscheinen des Puniers in Italien umgestoßen, und das Gesetz des Handelns schrieb nun Hannibal vor.

Zum erstenmal stießen die Karthager am Ticinus auf noch schwache Kräfte des Feindes unter Führung Scipios. In einem glücklichen Reitertreffen warfen sie die Römer. Scipio wurde verwundet und nur durch den Opfermut seines siebzehnjährigen Sohnes, des nachmals berühmten Siegers bei Zama, *Publius Cornelius Scipio*, herausgehauen. Der Konsul ordnete den Rückzug über den Po an, um in Placentia die Ankunft des zweiten Heeres unter Sempronius abzuwarten, das in Eilmärschen aus dem Süden anrückte. Hannibal folgte und erhielt unter dem Eindruck seines Sieges Zuzug von keltischen Stämmen. Er wollte trotz der Vereinigung der beiden konsularischen Heere noch vor Einbruch des Winters zu einem entscheidenden Schlag ausholen und ging an der Trebia, einem rechtsseitigen Nebenflüßchen des Po, in Stellung. Sempronius, im Vertrauen auf die zahlenmäßige Überlegenheit seiner Truppen, nahm trotz Scipios Warnungen die Herausforderung an. Hannibal siegte, indem er das vorzügliche römische Fußvolk mit seiner überlegenen Reiterei umfaßte und aufrieb. Diese Umklammerungstaktik verfolgte er auch in den Schlachten der folgenden Jahre.

Erschöpfung, strömender Regen und große Kälte hinderten die siegreichen Punier, die Niederlage der in die Festung Placentia geflüchteten Römer weiter auszunützen. Hannibal überwinterte in Oberitalien. Er bemühte sich eifrig, in Aufrufen die Völkerstämme zum Abfall von Rom zu verlocken.

In der Hauptstadt hatte man für das Jahr 217 neben dem Patrizier *Gnaeus Servilius Geminus* den ausgesprochenen Gegner der Nobilität und den schon seit drei Jahren bewährten Führer und Freund des römischen und italischen Bauernvolkes, *Gaius Flaminius,* zum Konsul gewählt. Diese gingen, nachdem die Poebene an Hannibal verlorengegangen war, in starke Defensivstellungen quer durch Italien, Flaminius bei Arretium, Servilius bei Ariminum, um die zwei wichtigsten Einfallsstraßen nach Rom, die Via Cassia und die Via Flaminia, zu decken. Die römischen Feldherren hatten es indessen mit einem Gegner zu tun, der vor keinem Hindernis, das die Natur entgegenstellte, zurückschreckte. Er vermied die Straßen, wo die Römer auf seinen Anmarsch warteten, und erschien im März nach unsäglichen Strapazen und Verlusten an *Luna* und *Luca* vorbei in dem von der Schneeschmelze gänzlich überschwemmten Arnotal. Er selbst ritt auf dem letzten Elefanten, der ihm geblieben war. Auf diesem Zuge verlor er, der an einer Augenentzündung litt, durch die Sumpfluft und den Mangel an Pflege ein Auge.

Beim Vormarsch durch Etrurien gelang es ihm, an dem Hauptquartier des Flaminius zu Arretium vorüber nach Süden vorzudringen. Dadurch wollte Hannibal ihn zum Kampfe reizen, noch bevor sich dessen Heer mit dem anderen vereint hätte. Er erreichte diesen Zweck. Denn durch dieses kühne Wagestück des unheimlichen Puniers, der die feindlichen Heere unbekümmert im Rücken ließ und mit dämonischer Entschlossenheit den Weg nach Rom nahm, sah sich Flaminius gezwungen, ihm zu folgen. Seine Vorhut sichtete die letzten Reiter Hannibals, als sie in den südwärts von Cordona gelegenen Talkessel des *Trasimenischen Sees* einbogen. Die Apenninvorberge rücken an der Nordseite ganz nahe an den 129 km² großen See heran. In dieser Enge legte Hannibal einen Hinterhalt. Als das Heer des Flaminius im dichten Frühnebel durch die schmale Straße zog, schlossen es die Karthager ein und vernichteten es.

Schlacht am Trasimenischen See 217

Die Niederlage wirkte erschütternd auf die römische Bürgerschaft. Rom konnte den weiteren Vormarsch des Siegers nach Mittelitalien nicht mehr verhindern. Hannibal bemühte sich, durch Freilassung der Gefangenen italischer Bundesgenossen diese zum Abfall zu bewegen. Aber er stieß trotz der bedrohlichen Lage stets auf neuen Widerstand. Denn während die Menschen ratlos mit Wehklagen Straßen und Wohnungen erfüllten, beschloß der Senat mit ungebrochener Härte, durch Volkswahl einen Diktator mit der Weiterführung des Krieges zu betrauen. Aus der Wahl ging *Quintus Fabius Maximus* hervor, eine kriegserprobte, reife Persönlichkeit. Er trat in kluger Erkenntnis der Überlegenheit seines Gegners den Oberbefehl mit dem taktischen Plan an, jede offene Feldschlacht zu vermeiden und den Feind nur anzugreifen, wenn es die Gunst der Lage ratsam erscheinen lasse. Uneinigkeit und Erschöpfung würden mit der Zeit die Eindringlinge schwächen. Dieser zögernden Kriegführung halber erhielt er bald den Beinamen *Cunctator*. Er rückte Hannibal entgegen und folgte ihm wie ein Schatten, als der Barkide plündernd und verheerend in Kampanien einfiel. Aber Hannibal mußte sich enttäuscht wieder aus dem Gebiet zurückziehen, weil die Kampaner und vor allem Capua in ihrer Treue zu Rom beharrten. Auf dem Rückmarsch geriet er bei Casilinum auf der einzigen Marschstraße in eine Enge, die Fabius gesperrt hatte. Nur durch eine Kriegslist kam er aus seiner Bedrängnis. Er ließ bei Nacht 2.000 Rinder mit angezündeten Reisigbündeln auf den Hörnern über die Waldhöhen treiben. Die Besatzung des Passes mutmaßte, das feindliche Heer habe bei Fackelschein die Höhen umgangen, und verließ ihren Posten, um im Hauptlager den Vorfall zu melden. Diese unbewachte Zwischenzeit benützte der Barkide, um sein Heer durch die Enge zu führen. Er überwinterte in Apulien und konnte mit dem Erfolg zufrieden sein. Rom anerkannte bei Ablauf der Diktatur, daß Fabius durch seine neue Strategie eine Niederlage vermieden habe.

Quintus Fabius Maximus

Allerdings hatte das Jahr zu keinem glücklichen Wendepunkt geführt. Daher betrieb man eifrig Rüstungen, stellte ein Heer von acht Legionen mit den entsprechenden Verstärkungen an Bundesgenossen auf und wählte für das Jahr 216 *Gaius Terentius Varro* und den Patrizier *L. Aemilius Paulus* zu Konsuln. Rom suchte eine Entscheidungsschlacht und hoffte, die Gefahr einer Erfassung durch eine erdrückende Übermacht, wie sie Italien noch nie bisher auf einem Kampffeld vereinigt hatte, zu bannen. Nach den Berichten dürften den 70.000 Mann Infanterie und 6.000 Mann Kavallerie der Römer auf karthagischer Seite 40.000 Mann Fußvolk und 10.000 Reiter gegenübergestanden sein. Hannibal stellte sich im Sommer 216 bei *Cannae*, etwa fünfzehn Kilometer von der Adria entfernt, zum Kampf. Die römische Heeresleitung hatte aus dem Früheren nichts gelernt, sie hielt noch immer an der alten Taktik des Frontalstoßes fest. Als nun der wuchtige Angriff der Legionen die feindliche Mitte eindrückte, faßte das schwere Fußvolk

Cannae 216

die römischen Flanken, und die karthagische Reiterei jagte gegen den Rücken des Feindes. So gerieten die Römer in eine furchtbare Zange und wurden fast gänzlich aufgerieben. Nur wenige Tausende retteten sich in das benachbarte *Canusium.* 50.000 Mann deckten den Boden, darunter achtzig Senatoren und der Konsul Aemilius Paulus. Varro, der gegen den Willen seines Mitkonsuls die Schlacht begonnen hatte, entkam mit siebzig Reitern nach Venusia.

Bald darauf traf aber in Rom noch eine zweite schreckliche Nachricht aus dem Norden ein: Die zwei Legionen im Keltenland waren in einen Hinterhalt gelockt und aufgerieben worden. So war also die Poebene verloren, und im Süden erhielt die Bewegung zum Abfall von Rom bei den Samniten und den griechischen Kolonien neuen Auftrieb.

Die Folgezeit brachte immer neue Unheilsbotschaften. Capua und Tarent gingen zu Hannibal über, andere Städte folgten ihrem Beispiel. Jenseits der Adria hielt Makedonien den Zeitpunkt für gekommen, um der Hauptstadt ihre erst jüngst erworbenen illyrischen Gebiete zu entreißen. In Syrakus aber, wo 215 Hieron II. gestorben war, der in allen Sturmzeiten Rom die Treue gehalten hatte, war eine Karthago freundlich gesinnte Partei zur Macht gelangt und schloß mit dem Barkiden ein Schutz- und Trutzbündnis.

Dennoch gaben sich die Römer nicht geschlagen. Zwar versprach Makedonien gegen Zusicherung der illyrischen Besitzungen der Römer, Hannibal mit seinen Schiffen zu unterstützen. Aber Rom gelang es, mit einem Geschwader seine illyrischen Eroberungen festzuhalten, durch geschickte Verhandlungen mit anderen Griechenstaaten Makedonien zu isolieren und endlich mit Philipp V. von Makedonien einen Frieden abzuschließen (205).

Syrakus Rascher wurde der Streit zwischen Rom und Syrakus entschieden. In Sizilien waren nach Syrakus auch andere Städte auf Karthagos Seite getreten, und für Rom bestand die Gefahr, daß es seinen im ersten Punischen Krieg erkämpften Besitz wieder einbüßen könnte. Es entsandte also den alterprobten Kriegsmann *Markus Claudius Marcellus,* »das Schwert Roms«, gegen Syrakus. Die Stadt, die durch die griechische Ansiedlung von der Insel *Ortygia* auf das Festland hinübergewachsen und mit ihm durch einen Damm verbunden worden war, gliederte sich in vier Stadtteile und dehnte sich bis zu dem von riesenhaften Befestigungen stark ummauerten Hügel *Euryalos* aus. Ihr Flächeninhalt von 18 km^2 übertraf den Athens ($8^3/_4$) und des kaiserlichen Rom (14). Die gewaltige Stadtmauer hatte einst Dionysios aufführen lassen, und nun wurde sie durch sehr kunstvolle Maschinen und Wurfgeschütze in höchsten Verteidigungszustand gesetzt von einem Mann, dessen Name im Buch der Wissenschaften für alle Zeiten als der des größten Mathematikers und Technikers des Altertums festgehalten ist, *Archimedes.* Er hat durch zwei Jahre mit

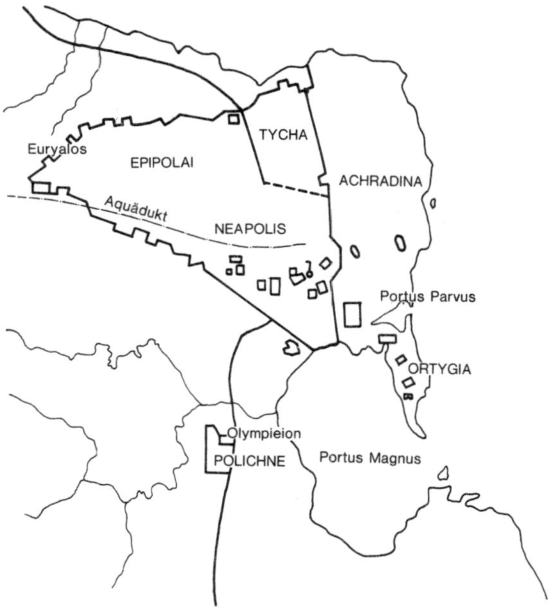

Syrakus

seinen Maschinen die Belagerer aufgehalten. Aber während des in übermütiger Sorglosigkeit gefeierten Artemisfestes gelang es Marcellus, in Teile der Stadt einzudringen. Als der Kommandant der Festung Euryalos kapitulierte und Verräter die Tore von Ortygia öffneten, fiel die stolze Stadt (211). Bei der Eroberung wurde Archimedes gegen Marcellus' strengsten Befehl von einem römischen Soldaten, der den Gelehrten nicht kannte, im Getümmel ermordet.

Von größerer Einwirkung auf den Fortgang des Krieges waren die Ereignisse in Spanien. Denn aus diesem Land holte sich Karthago immer wieder das Hauptkontingent seiner Söldner, und seine Silbergruben waren die wichtigste Quelle für die Finanzierung des Krieges. Gnaeus Scipio hatte das von den Karthagern schwach besetzte nördliche Spanien erobert (218). Im nächsten Jahre führte ihm sein Bruder Publius Scipio Verstärkungen zu. Mit diesen Streitkräften gelang es den beiden Scipionen, Hannibals Bruder Hasdrubal, der gegen die Pyrenäen vorstieß, weit über den Ebro zurückzuschlagen und Sagunt wieder zu erobern (212). Diese Erfolge bewogen die Karthager, die um Spanien bangten, bedeutende Verstärkungen über das Meer gegen den Vormarsch der Scipionen zu senden. Die römischen Heerführer waren mit ihrer Streitmacht schon an den *Baetis* (Guadalquivir) gelangt. Da glückte es den Karthagern, sie zu trennen, in Hinterhalte zu locken und vernichtend zu schlagen. Beide Scipionen fanden den

Tod (211). Mühselig suchte der nach Spanien gesandte Prätor C. Claudius Nero mit schwachen Kräften nach dem Vorbild des großen Fabius Cunctator in einer Defensivstellung die Ebrolinie zu halten, um wenigstens den Durchmarsch Hasdrubals nach Italien zu verhindern.

Rom verdankte seiner Zähigkeit, mit der es sich auch in ungünstigster Situation in Spanien behauptete, die glückhafte Wendung des weiteren Kriegsverlaufes. Im Bewußtsein der ganzen Schwere der drohenden Gefahr rief man die römische Volksversammlung entgegen dem sonst üblichen Verfahren auf, einen Oberbefehlshaber für den Krieg in Spanien zu ernennen. Aber niemand trat vor die in sorgenvoller Niedergeschlagenheit verharrenden Mitbürger und verlangte das schicksalsschwere Kommando. Da erhob sich unerwarteterweise als Retter in letzter, höchster Not der Sohn des in Südspanien gefallenen Publius Scipio, der erst 25 Jahre alte *Publius Cornelius Scipio* (235—183).

Publius Cornelius Scipio

Der Jüngling stammte aus der hochangesehenen Patrizierfamilie der Scipionen. Wie Hannibal, so hatte auch der Cornelier frühzeitig das Kriegslager kennengelernt. Er rettete seinen verwundeten Vater am Ticinus, er focht unerschrocken bei Cannae mit und ordnete nach der Niederlage die Reste des geschlagenen Heeres. Das Volk glaubte an die Feldherrnbegabung des Jünglings. So bekam er das konsularische Imperium zur Führung des spanischen Krieges. Er rechtfertigte das außerordentliche Vertrauen. Zu ausschlaggebenden Truppeneinheiten machte er die dreißig Manipel der Legion, um durch eine rasche Umstellung der Heeresformationen einer Flankenumklammerung oder einem Rückenangriff zuvorkommen zu können. Von *Tarraco* in Spanien, wo er mit neuen Streitkräften gelandet war, unternahm er im nächsten Jahr (209) einen erfolgreichen Angriff auf *Carthago Nova*.

Eine große Beute von Lastschiffen, Kriegsgerät und eine vollgefüllte Feldkasse fiel den Römern in die Hände. Auch die in der Nähe der Stadt gelegenen Silbergruben wurden zugunsten Roms ausgewertet. Im nächsten Jahr stieß Scipio weiter nach Süden vor. Er errang zwar mit seiner neuen, an Hannibal geschulten Kriegstaktik der beweglichen Manipelaufstellung einen Sieg, aber Hasdrubal entkam mit dem besten Teil des Heeres nach Norden und zog in Eilmärschen nach Italien zur Unterstützung seines Bruders Hannibal. In der Folgezeit erweiterte Scipio seine Eroberungen in Andalusien, bis er die Karthager aus der ganzen Pyrenäenhalbinsel vertrieben hatte. Da stand auch schon ein neuer gewaltiger Plan vor ihm, den Angriff nach Afrika hinüberzutragen und Numidien zur Mithilfe gegen Karthago zu gewinnen.

Wie sah es inzwischen in Italien aus? Unter dem Eindruck des Sieges bei Cannae waren etliche Orte in Apulien und Bruttium zu Hannibal übergegangen, und auch Capua schloß einen Vertrag mit ihm. Der Barkide führte sein Heer dorthin ins Winterquartier. Aber in dieser mit den Segnungen und Lastern der Zivilisation bedachten Stadt verloren Hannibals Soldaten ihre alte Zucht und Schlagkraft.

In Rom fand die schwere Zeit ein starkes Geschlecht und eine überlegene Führung durch den Senat. Immer mehr folgte man der Anschauung des Fabius Cunctator, jede große Entscheidung zu meiden und nur durch kleinere Zusammenstöße an verschiedenen Plätzen den Feind zu ermüden. Diese hinzögernde Kriegführung (eine Art Guerilla-Taktik) forderte natürlich von der Heeresleitung und vom Volk viel Einsicht und Opfer. Als Rom das strategisch und wirtschaftlich hochentwickelte Capua belagerte, wollte Hannibal durch einen kühnen Vormarsch auf die Hauptstadt (Hannibal ad – nicht: ante – portas) das Legionsheer von der eingeschlossenen Stadt abziehen. An eine Einnahme der von gewaltigen Mauern geschützten Tibertrutzburg konnte er natürlich nicht denken, weil dafür seine immer schwächer gewordenen Streitkräfte nicht ausreichten. Capua fiel in die Hände der Römer, zwei Jahre später öffnete auch Tarent seine Tore. Hannibals Truppen wurden in Süditalien auf ein stets enger werdendes Gebiet zusammengedrängt. Da erreichte ihn die Frohbotschaft, daß sein Bruder Hasdrubal nach einem geglückten Marsch über die Alpen in Oberitalien eingerückt sei und sich mit ihm vereinigen wolle. Der genaue Operationsplan Hasdrubals wurde aber von den Römern abgefangen, sein Heer am *Metaurus* in Umbrien aufgerieben. Hasdrubal selbst fand den Tod, sein Kopf wurde Hannibals Vorposten als grauenvolles Siegeszeichen vorgeworfen. Er zog sich in das unzugängliche Silagebirge von Bruttium zurück. Hier konnte er sich noch unbesiegt vier Jahre halten, allerdings ohne einen Erfolg zu erringen, ein Beweis, daß auf beiden Seiten die Kräfte bis zur Erschöpfung verbraucht waren. Neuer Auftrieb aus dieser festgefahrenen Lage konnte nur von auswärts kommen.

Hannibal ad portas

Scipio war im Jahre 206 nach Rom zurückgekehrt und durfte sich rühmen, das Vertrauen des Volkes glänzend gerechtfertigt zu haben. Trotz dem Widerstand in der Senatspartei feierte er als Retter des Vaterlandes seinen Triumphzug, wurde, obwohl er noch nicht das gesetzliche Alter dafür hatte, zum Konsul gewählt und mit der Fortführung des Krieges in Afrika betraut. In Sizilien baute er eine Flotte, stellte vorwiegend aus Kriegsfreiwilligen ein Heer auf und landete in der Nähe von Utica. Er gewann die Bundesgenossenschaft des Fürsten *Massinissa*, der mit seinem Rivalen *Syphax* im Streit um die Herrschaft in Numidien lag. Nach einem Sieg über die Karthager und Syphax verstärkte die numidische Reiterei die römischen Legionen. Syphax bildete später die Hauptzierde in Scipios Triumphzug.

Unter dem Druck der Niederlagen erklärten sich die Karthager zur Räumung Italiens, zum Verzicht auf Spanien, zu Getreidelieferungen und Zahlung einer hohen Kriegsentschädigung bereit. Auf Grund dieser Bedingungen berief man Hannibal zurück. Aber sein Erscheinen mit den sieggewohnten Truppen in Afrika brachte einen Umschwung, und man suchte

noch einmal die Entscheidung auf dem Schlachtfeld. Bei *Zama Regia* (202) erlitten die Karthager trotz dem Großeinsatz von Kriegselefanten eine völlige Niederlage, hauptsächlich weil Scipio Hannibals erprobte Umfassungstaktik anwendete und dem Gegner an Reiterei überlegen war.
Karthago mußte in den von Scipio diktierten Frieden einwilligen, der milder war, als ihn die Punier erwartet hatten. Denn Rom, von dem langen Ringen erschöpft, verzichtete auf eine gänzliche Vernichtung der gefährlichen Rivalin im Mittelmeer. Die Friedensbedingungen lauteten: Karthago mußte auf alle auswärtigen Besitzungen, vor allem auf Spanien, verzichten, das als eine römische Doppelprovinz eingerichtet wurde. Das bedeutete die Zerstörung der karthagischen Handelsvormachtstellung im Mittelmeer. In Afrika fiel Numidien an Massinissa, wodurch Karthago einen römischen Verbündeten zum Nachbarn bekam. Es mußte alle Gefangenen freigeben, die Überläufer ausliefern und fast seine ganze Kriegsflotte und die Elefanten den Römern überlassen. Außerdem durfte es außerhalb Afrikas keinen, in Afrika nur mit römischer Zustimmung Krieg führen. Endlich mußte die besiegte Stadt Geiseln stellen und eine Kriegsentschädigung von 10.000 Talenten in 50 Jahresraten zahlen. Dadurch war ein Wiederaufstieg auf längere Zeit unterbunden. Hannibal fühlte die Sinnlosigkeit einer Ablehnung und riet zum Vertragsabschluß. So wurde der Friede im Frühjahr 201 unterfertigt, und nach einem der gewaltigsten Kriege des Altertums das Schicksal im westlichen Mittelmeerraum zugunsten Roms entschieden.
Nach einer weltgeschichtlichen Wendung von damals noch ungeahnter Bedeutung hatte Rom unter unendlichen Opfern an Menschen und Habe den Sieg errungen. Die äußeren Ereignisse blieben nicht ohne Nachwirkung auf die innere Gestaltung des Staates. Die Heranziehung immer weiterer Schichten zum Einsatz hatte auch die Schranken zwischen Adel und Volk nach und nach eingerissen. Bisher hatte die erste Klasse der Grundbesitzer und reichen Geschäftsleute mit ihren 98 von 193 Stimmen die absolute Mehrheit. Jetzt wurden die Zenturien nach den 35 Tribus oder Stimmbezirken gebildet. Jede Tribus stellte fortan 10 Zenturien. An Stelle der Einteilung nach Geburt und Besitz war eine demokratisch umgestaltete, rein örtliche getreten, die alle Bürger ohne Unterschied zusammenfaßte.
Die Kelten Norditaliens, die von Hannibal Befreiung erhofft hatten, wurden niedergerungen, in ihrem Gebiet latinische Kolonisten angesiedelt. Zur Sicherung gegen die Illyrier wurde an der östlichen Grenze Venetiens die Kolonie *Aquileia* (181) angelegt, von der Handelsstraßen weit nach Norden bis an die Ostsee führten *(Bernsteinstraße)*. Eine neue Straße, die *Via Postumia*, verband Aquileia über Cremona mit Genua. Allmählich verwuchs das Land südlich vom Po – *Gallia Cispadana* – mit dem römischen Staatsgebiet, römisches Recht und lateinische Sprache drangen überall vor, so daß die anderen Nationen, selbst die keltische, allmählich verschwanden.
Am schwersten hatte der Krieg die Landwirtschaft getroffen. Rom war

bisher ein gesunder Bauernstaat gewesen. Bauern und der ebenfalls auf seinem Hof tätige Grundadel schufen die politischen und wirtschaftlichen Grundlagen. Nun aber waren weite Gebiete verödet, viele Bauern gefallen. Süditalien hatte am meisten zu leiden gehabt. Rettung hätte nur eine großzügige Neubesiedlung bringen können. Aber sie kam nach hoffnungsvollen Anfängen bald wieder ins Stocken. In der Entwurzelung des Bauerntums lagen die Keime für jene spätere aufrührerische Unzufriedenheit, die die Republik, aus harter Bauernarbeit aufgebaut, zerstören sollte.

Die Unterwerfung der hellenistischen Staaten

Kurz nach Beendigung des Punischen Krieges lenkten Vorgänge in den Diadochenstaaten Roms Aufmerksamkeit auf den Osten. Nach Alexanders Tod bildeten sich souveräne Nachfolgestaaten, sogenannte Diadochenreiche, aus denen drei Großmächte hervorgingen: Makedonien, Syrien und Ägypten. Solange sich diese in gegenseitiger Eifersucht die Waage hielten, war das politische Gleichgewicht im Osten nicht gestört. Als aber Philipp V. von Makedonien und der Seleukide Antiochos III. von Syrien eine Aufteilung der außerägyptischen Besitzungen planten und sich Pergamon und Rhodos an Rom um Hilfe wandten, sah sich dieses auch aus Gründen der eigenen Sicherheit und der Aufrechterhaltung seines Handels mit dem Osten gezwungen, jede Machterweiterung eines Staates in der Ägäis zu verhindern. Am gefährlichsten war Makedonien. Es hatte schon im Punischen Krieg den Verkehr Roms in der Adria und seine illyrischen Besitzungen an der Ostküste bedroht. Der Senat brachte den Beschluß zum Krieg vor die Komitien. Nach anfänglicher Ablehnung stimmte das kriegsmüde Volk später nur schwer dem Senat zu. Das Glück war lange auf der Seite Philipps. Erst der neue Oberbefehlshaber *Titus Quinctius Flamininus* besiegte die Makedonen auf der Höhe von *Kynoskephalai* (Hundsköpfe) in Thessalien (197). Er diktierte Philipp einen Frieden, der ihn Illyrien, Thessalien sowie Plätze in Griechenland und am Hellespont kostete. Rom hatte noch nicht an eine Eingliederung Makedoniens gedacht. Unter tosendem Jubel der Festteilnehmer ließ Flamininus bei den Isthmischen Spielen des Jahres 196 die Freiheit der Griechen verkündet, es war *scheinbar* frei. Aber in Wirklichkeit wechselte es nur seine Herren. Die Schutzherrschaft über Griechenland ging von Makedonien auf Rom über.

Die Ätoler Mittelgriechenlands hatten die Römer im Kampf unterstützt und dafür großen Gewinn erhofft. Da sie ihre Belohnung für ganz unzureichend hielten, zettelten sie neue Unruhen gegen Rom an. Nur Scipio hatte vorausgesehen, daß die griechischen Stämme niemals zu einer festen Einheit zusammenfänden. Er wurde aber durch seine Gegner zurückgedrängt, deren politisches Urteil über die Griechen entweder wie bei dem

Philhellenen Flamininus durch allzugroße Verehrung oder bei Cato durch zu starke Abneigung getrübt war.

Krieg mit Syrien

Antiochos, von den Ätolern zum Kampfe gegen die Römer aufgemuntert, erschien, kurz nachdem er dem ägyptischen Reich Syrien entrissen und auch Plätze an der Ägäis besetzt hatte, auf dem griechischen Festland. An seinem Hof hatte er Hannibal als militärischen Berater. Der Barkide hatte nach Zama Karthago durch eine lautere und uneigennützige Verwaltung zu neuer Blüte gebracht, aber, als die Römer in steter Furcht vor dem Todfeind seine Auslieferung forderten, die Heimat verlassen und Antiochos um Aufnahme gebeten. An historischer Stätte, im Engpaß der *Thermopylen*, schlug *Manius Acilius Glabrio* das Heer des Seleukiden vernichtend. Dabei zeichnete sich besonders *Marcus Porcius Cato* aus, der mit einer Abteilung den Paß umging.

Als nun der König nach Ephesos zurückkehrte, faßten die Römer den Entschluß, den Krieg nach Kleinasien selbst zu tragen. *Lucius Cornelius Scipio* wurde als Konsul mit der Führung des Feldzuges betraut und ihm sein Bruder Scipio Africanus beigegeben. Bei *Magnesia* fiel die Entscheidung zugunsten Roms. Antiochos mußte eine ungeheure Entschädigung von 15.000 Talenten zahlen, seine Kriegsflotte und Elefanten ausliefern und Kleinasien bis zum *Taurus* und *Halys* abtreten. Das Gebiet wurde unter Roms Bundesgenossen Pergamon und Rhodos verteilt. Der Sieger selbst vermied jegliche Annexion. Als die Römer von Antiochos die Auslieferung Hannibals verlangten, floh dieser nach *Bithynien*. Da er aber auch bei König *Prusias* nicht sicher war, beging er Selbstmord (183). Im gleichen Jahr starb auch sein großer Gegner Scipio. Er hatte sich wegen Beschuldigung der Unterschlagung von Staatsgeldern vor der ihm feindlichen Partei um Cato, die in diesem gewaltigen Mann einen Wegbereiter zu künftiger Alleinherrschaft fürchtete, verbittert und krank in die freiwillige Verbannung nach Kampanien zurückgezogen.

Im weiteren Verlauf überwachte Rom den Osten bloß durch seine Gesandten. Nur Makedonien träumte davon, seine frühere Freiheit wiederzugewinnen. Schon war Philipp V. bereit, neuerlich zum Schwert zu greifen, als ihn der Tod ereilte. Sein Sohn *Perseus* machte Makedonien zum Mittelpunkt aller gegen Rom gerichteten Bestrebungen. Deshalb erklärte der römische Senat den Krieg. Nach anfänglich schwankenden Erfolgen brachte der kriegserprobte und hochbegabte *L. Aemilius Paulus*, der Sohn des bei

Pydna 168

Cannae ums Leben gekommenen Aemilius Paulus, bei *Pydna* (168) den Römern den vollständigen Sieg und das Ende für Makedonien. Perseus mußte sich den Römern auf Gnade und Ungnade ergeben. Aemilius Paulus führte den ehemaligen König, nunmehr nur ein Schattenbild vergangener Majestät, in seinem glanzvollen Triumphzug durch Rom. Im Osten existierte keine Militärmacht mehr, die Rom hätte ernstlich Schwierigkeiten bereiten können. So ist Paulus der Begründer der römischen Weltherrschaft geworden.

Rom fügte keines der eroberten Länder seinem Staatsgebiet ein. Aber die Kriegszahlungen aus Griechenland und Syrien brachten geradezu ungeheure Summen in die römische Staatskasse. Die Anhänger der makedonischen Partei traf sehr schwere Strafe, an tausend vornehme Achäer, die der Verbindung mit Perseus verdächtig waren, wurden als Geiseln nach Italien gebracht, unter ihnen auch der Geschichtsschreiber *Polybios*, der Reiterbefehlshaber des Achäischen Bundes. Er hatte das Glück, in Rom Anschluß an Scipio Minor zu finden, auf dessen Feldzügen er die Welt kennenlernte und Augenzeuge der Eroberung Karthagos und der Zerstörung Korinths wurde. So erschloß sich dem Griechen das schnelle Wachstum Roms zu weltgeschichtlichen Aufgaben aus den Vorzügen von Verfassung und militärischen Einrichtungen. Polybios war einer der ersten, die geschichtliche Ereignisse aus ihrem ursächlichen Zusammenhang darzustellen versuchten, und wurde damit zu einem der Begründer der pragmatischen Geschichtsschreibung. *Polybios*

167 bezwang Paulus das Land Epeiros, plünderte und zerstörte 70 Städte und ließ 150.000 Einwohner als Sklaven großenteils an die italischen Latifundienbesitzer verkaufen. Rhodos, dessen Vermittlungsversuch man als Anlaß benützte, um die große Konkurrentin der römischen Kaufleute im Osthandel auszuschalten, entging nur durch die mutige Rede Catos im Senat der Gefahr kriegerischer Vernichtung. Es wurde aber trotzdem durch den Verlust seiner asiatischen Besitzungen und die Erhebung von Delos zum Freihafen wirtschaftlich schwer geschädigt. Die geheiligte Insel Apollons wurde bald zum bedeutendsten Sklavenmarkt der Alten Welt.

Als in Makedonien ein neuer Aufstand ausbrach, griff der Römer mit größter Rücksichtslosigkeit zu. Er brach mit dem alten Grundsatz, im Osten keine Besitzungen zu erwerben. Die Erhebung der Griechen zum letzten Kampf für ihre Unabhängigkeit (147) wurde von den Römern unter Metellus niedergeworfen. Das schauerliche Ende setzte der von Rom entsandte Befehlshaber *L. Mummius*. Er schlug die Achäer am Isthmos und rückte in *Korinth* ein. Diese damals volkreichste Stadt Griechenlands wurde auf ausdrücklichen Befehl des Senates dem Heer zur Plünderung preisgegeben, die Einwohner wurden als Sklaven verkauft, die Kunstschätze nach Rom geschafft, die Stadt dem Erdboden gleichgemacht (146); dadurch sollte allen römerfeindlichen Bewegungen in Griechenland ein warnendes Beispiel gegeben werden. Die restlichen Bundesgenossen wurden tributpflichtig gemacht oder, wie Athen und Sparta, durch Verträge an Rom gebunden. Makedonien und Griechenland wurden römische Provinz (146). Die *Via Egnatia* schloß an den großen Verkehrsweg von Rom über Brundisium nach Dyrrhachium an und querte die ganze Balkanhalbinsel bis nach Thessalonike. Erst mehr als ein Jahrhundert später wurde Griechenland eine eigene Provinz unter dem Namen *Achaia*.

Das erste asiatische Gebiet fiel den Römern zu, als König *Attalos III.*

sein pergamenisches Reich bei seinem Tode (133) testamentarisch den Römern hinterließ, als Dank für erwiesene Bündnistreue. Dieses sehr ertragreiche Land machten die Römer zur *Provincia Asia.*

Dritter Punischer Krieg

Während der Jahre, als Rom im Osten beschäftigt war, arbeitete sich Karthago mit zäher Lebenskraft wieder empor. Die unerschöpflichen Hilfsquellen seines großen afrikanischen Kolonialreiches, seine hochentwickelte Landwirtschaft gaben der Stadt trotz den schweren Tributzahlungen Auftrieb und alte Blüte. Eine große Gefahr für die stolze Seemacht bedeutete der Numiderkönig Massinissa. Als Günstling Roms unternahm er fortgesetzt Raubüberfälle auf das durch die Friedensbedingungen wehrlose Karthago. Vorstellungen in Rom blieben erfolglos, denn dort waren die Eifersucht und der Haß gegen die alte Rivalin nicht erloschen. Im Gegenteil schürte der hochbetagte *Cato* ohne Unterlaß die Feindschaft gegen Karthago. Er war der Sohn eines mittleren Grundbesitzers von plebejischem Stand, erfreute sich bis ins hohe Alter einer eisernen Gesundheit und gewann durch seine Verdienste und Grundsätze, zu denen auch die Abneigung gegen die nach seiner Meinung sittenverderbende Hellenisierung Roms gehörte, immer mehr an Ansehen. Sein Ruf zum Vernichtungskrieg fand ein williges Gehör bei dem beutegierigen Adel und der nach dem Handelsmonopol strebenden Kaufmannschaft.

Ein Anlaß ergab sich, als Karthago 151 in Notwehr ohne Erlaubnis Roms gegen Massinissa die Waffen erhob. Der Führer des Legionsheeres forderte die Stellung von Geiseln und Auslieferung der Waffen und Kriegsschiffe. Die Karthager kamen dem Befehl nach. Da ließ sich Rom zu einer Brutalität hinreißen, die ein Schandmal in der Geschichte dieser Zeit ist. Unter dem Einfluß der kriegshetzerischen Herrenklasse erging die Forderung an die Punier, die Stadt zu räumen, die der Zerstörung anheimfallen sollte, und sich 15 km landeinwärts anzusiedeln. Dieser harte Befehl wirkte wie loderndes Fanal. Mit Aufbietung aller Kräfte gingen die Karthager in den letzten Verzweiflungskampf.

Dritter Punischer Krieg 149—146

In kurzer Zeit schuf sich die wehrlose Bürgerschaft neue Waffen. Männer und Frauen arbeiteten in Tempeln und auf öffentlichen Plätzen. Gegen den Heldenmut der Verteidiger konnten die Legionen zwei Jahre lang nichts ausrichten. Da wurde der Sohn des L. Aemilius Paulus, des Siegers von Pydna, den der Sohn des älteren Scipio an Kindes Statt angenommen hatte, *P. Cornelius Scipio Aemilianus* zum Konsul gewählt und mit dem Oberbefehl betraut (147). Er schnitt die karthagische Halbinsel durch Besetzung der Landbrücke von der Lebensmittelversorgung ab. Auch auf der Seeseite wurden die Karthager von jeder Zufuhr abgeschlossen. Im Frühjahr 146

Oben: Theater des Marcellus, Rom

Vorderseite: Titusbogen, Rom

Rechts: Aquädukt, Nimes

Links: Traiansforum, Rom

Links unten: Theater in Aspendos, 2. Hälfte d. 2. Jh.s n. Chr.

Rechts unten: Basilika des Maxentius und Constantinus, Rom

M·AGRIPPA·L·F·COS·TERTIVM·FECIT

Links oben: Pantheon, Rom

Oben: Grabmal des Hadrian (Engelsburg), Rom

Rückseite: Grabmal des Theoderich, Ravenna

Links unten: Pyramide des Cestius, Rom

setzte Scipio zum Sturm gegen die von Hungersnot und Seuchen sehr geschwächten Verteidiger an. In furchtbaren Straßenkämpfen arbeiteten sich die Römer durch die brennende Stadt bis an die Burg heran, wo die Verteidiger im heldenmütigen Todeskampf Widerstand leisteten. Die Überlebenden wurden als Sklaven verkauft, was von dem Brande der Stadt noch übriggeblieben war, fiel der Zerstörung anheim. Der Pflug zeichnete seine furchenden Streifen über die Stätte, wo durch sieben Jahrhunderte eine mächtige Stadt geblüht und über das Mittelmeer geherrscht hatte. Alle öffentlichen Schätze an Gold und Silber wanderten in die römischen Staatskassen, das übrige teilten sich die Legionäre. Der Feldherr brach nach Rom auf zu einem glänzenden Triumph, das Volk gab ihm den Beinamen Africanus. Das karthagische Landgebiet, das heutige Tunesien, wurde als römische *Provincia Africa* eingerichtet und Utica, das rechtzeitig auf römische Seite übergetreten war, zur Hauptstadt erhoben.
Jahre harten Kampfes kostete es die Römer, um Spanien endgültig zu erobern, dessen kriegerische Bevölkerung durch ein äußerst schwieriges Gelände begünstigt wurde. Neben den Keltiberern zeichneten sich die Lusitanier, die im heutigen Portugal saßen, durch ihre Tapferkeit aus. An ihrer Spitze stand der kühne Freiheitsheld *Viriathus,* der acht Jahre lang immer wieder neue Legionen zurückschlug, bis ihn endlich die Römer von einem gedungenen Mörder erdolchen ließen. Schließlich schrumpfte der Widerstand der Spanier auf die Bergstadt *Numantia* an den Duéroquellen zusammen. Fünfzehn Monate wehrte sich die kleine Festung heldenmütig, bis es dem Sieger über Karthago, Scipio Aemilianus, gelang, die Stadt durch Aushungern zur Übergabe zu zwingen (133). Die deutschen Ausgrabungen unter Professor *Schulte* lassen noch die wuchtigen Steinbauten erkennen, mit denen Scipio Numantia von der Umwelt abgeschlossen hatte. Nun war ganz Hispanien mit Ausnahme der Nordküste den Römern unterworfen. *Hispania citerior* umfaßte das Land von den Pyrenäen südwärts bis nach Carthago Nova, westwärts bis zum Mittellauf des Anas (Guadiana) und des Tagus (Tejo), *Hispania ulterior* aber bildeten der Süden und Westen der Iberischen Halbinsel, also auch das heutige Portugal. Nur Asturien, Kantabrien und die baskischen Provinzen des Nordens blieben von der römischen Herrschaft noch ein Jahrhundert frei. Scipio suchte durch eine kluge und nachsichtige Verwaltung die Schäden der langwierigen Kriege zu heilen. Die reichen Mineralschätze lockten eine starke italische Zuwanderung in das Land, wodurch Spanien bald die erste romanisierte Provinz des Westens wurde. Ein Jahrzehnt später kamen auch die Balearen in römischen Besitz, und um die gleiche Zeit erstand im heutigen Südfrankreich als Landverbindung zwischen Spanien und Italien die *Provincia Narbonensis* mit der Hauptstadt *Aquae Sextiae,* dem heutigen Aix in der Provence. Eine neue Straße, die *Via Domitia,* verband die Rhonemündung mit den Pyrenäen.

Kultur und Wirtschaft Italiens bis zum zweiten Jahrhundert vor Christus

Die Hauptstadt

Mit einem bescheidenen Dorf auf dem Palatin, mit der Roma quadrata, beginnt die Geschichte der Ewigen Stadt. Die ersten Bewohner hüteten hier ihre Herden und begruben ihre Toten in dem feuchten Tal, in dem später das Forum erstand. Bald bezogen sie die Nachbarsiedlungen auf dem Kapitol, Quirinal und Esquilin und den Caelius in das Stadtgebiet ein. Sosehr sich Rom auch in den folgenden Jahrhunderten vergrößerte, das Zentrum des römischen Lebens blieb die Senke zwischen Palatin und Kapitol und das umliegende Gebiet.

Als der Palatin keinen Raum mehr für die wachsende Bevölkerung bot, leitete man die sich im Tal stauenden Wasser gegen den Tiber hin und machte dadurch das sumpfige Gelände urbar. Ihre Vollendung fand die Entwässerung durch den Bau der Cloaca maxima, von der heute noch Teile erhalten sind. Nun erstanden hier die ersten Häuser und gepflasterten Straßen, vor allem die Via Sacra. Anfangs spielte sich das öffentliche Leben

Forum

im nördlichen Teil des Forums ab, ungefähr in dem Raum zwischen dem Septimius-Severus-Bogen und der Senatskurie, auf dem sogenannten Comitium. Der übrige Teil, an dessen Nord- und Südrand sich je zwei Reihen von Läden oder Tavernen hinzogen, diente als Markt. Je mehr sich aber das öffentliche Leben ausbreitete, desto weiter wurde der Marktverkehr vom Forum verdrängt und auf andere Plätze in der Nähe, im Norden gegen den Abhang des Esquilin zu, im Süden nach dem Tiber hin, verwiesen. Am Flußufer erstand das *Forum Boarium,* der Viehmarkt, nahe davon das *Velabrum,* der Großmarkt für Öl, Wein und Lebensmittel, das *Forum Holitorium,* der Gemüsemarkt. Der Kleinhandel hatte seinen Mittelpunkt nördlich des Forums, im *Argiletum* und in der *Subura,* einem stark bevölkerten Stadtbezirk, wo das niedere Volk und die Sklaven in den vielen Geschäften zu billigen Preisen kaufen konnten. Es blieben also auf dem Forum nur noch die Buden der Geldwechsler, die übrigen Läden wurden in einem großen Macellum vereint, wo man Waren aller Art kaufen konnte. Schließlich schwanden auch diese Reste des Marktlebens und machten den öffentlichen Prunkbauten der Cäsar-Zeit Platz.

Wir wollen einen Rundgang durch das heutige Forum unternehmen und die Reste aller Bauten besichtigen, also auch der Denkmäler, die erst mit

der Geschichte einer späteren Zeit verknüpft sind. Das Forum war und blieb nicht nur das Zentrum der Stadt, es wurde auch zum Mittelpunkt des ganzen Weltreiches.
Zwei Eingänge führen in den abgeschlossenen Ruinenbezirk des Forums, der eine von der Via dei Fori Imperiali (Straße der Kaiserforen), der andere beim Titusbogen.
Beim Eintritt von der Straße der Kaiserforen hat man zur Linken den Tempel des Antoninus und zur Rechten die *Basilica Aemilia.* Basilica (griech. Königshalle) war die Bezeichnung für das Amtsgebäude des Archon Basileus auf der Agorá von Athen. Der Name deutet darauf hin, daß der Gebäudetypus dem hellenistischen Osten entstammt. In Rom verstand man darunter eine langgestreckte Halle von oft nicht symmetrischer Form zur Abhaltung von Märkten und Gerichtsverhandlungen. Die Basilica Aemilia stiftete *M. Aemilius Lepidus* im Jahre 179. Die »gens Aemilia« hat den Bau immer wieder verschönert, und nach dem Brande im Jahre 14 wurde sie von Augustus ganz erneuert. Ihre 70×29 m große, dreischiffige Gestalt verraten noch die wenigen Trümmer neben der Curia. Sobald man die Forumseite der Basilica entlanggeschritten ist, überquert man das *Argiletum,* eine einst verkehrsreiche Straße mit vielen Läden von Schustern, Friseuren und Buchhändlern. Sie führte von der Subura her. Wo sie ins Forum mündete, stand der *Janustempel,* dessen Türen in Kriegsfällen offenblieben. Ob er ein Tempel oder nur ein Doppeltor war, konnte aus den Resten nicht mehr festgestellt werden.

Basilica Aemilia

Nun gelangt man auf das *Comitium.* Wie noch jetzt in kleinen italienischen Städten die Männer auf dem Hauptplatz zum Gedankenaustausch zusammenkommen, so traf sich einst der *populus Romanus* auf dem Comitium zu seinen politischen Versammlungen. Hier standen die Rednertribüne mit den Bronzeplatten der Zwölftafelgesetze und den Schiffsschnäbeln (rostra) der bei Antium (338) erbeuteten Schiffe, wonach die Rednertribüne den Namen *Rostra* erhielt, und die *Graecostasis,* der den fremden Gesandten vorbehaltene Rednerplatz.
Gegenüber dem Comitium tagte in der *Curia,* dem alten Rathaus, der Senat. Die Überlieferung schreibt den Bau der ersten Curia dem König Tullus Hostilius zu, von dem sie auch den Namen Curia Hostilia erhalten haben soll. Später wurde das Gebäude durch Brand einigemal zerstört und erneuert. Der uns erhaltene Bau stammt aus der Zeit Diokletians. Die Curia ist ein kahler, aber hoheitsvoller Ziegelbau mit drei Frontfenstern und Dreieckgiebel. Das Innere bildet ein hoher Saal (27×18 m, 20 m hoch). An den Seiten steigen je drei Stufen zu der Estrade für die Sessel der etwa dreihundert Senatoren empor, im Hintergrund erhebt sich ein Podium für den Vorsitzenden. Der prachtvolle Fußboden zeigt ein buntes, aus gefundenen Originalstücken restauriertes Marmormosaik.

Curia

In der Curia sind die zwei Plutei (Schutzwände, Marmorschranken), die sogenannten *Anaglypha Traiani*, aufgestellt. Woher sie kamen, ist unbekannt. Es handelt sich um Meisterreliefs, die auf den beiden Seiten der einen Tafel das Dreitieropfer, die *»suovetaurilia«* in drei Prachtexemplaren, dem Stier, Widder und dem Schwein, zeigen. Die beiden Reliefs der zweiten Marmorschranke stellen die sozialen Stiftungen eines Kaisers – Trajans oder Hadrians? – dar. Auf der einen Seite läßt der Kaiser Schuldscheine verbrennen, auf der anderen richtet er einen Unterstützungsfonds für arme Kinder ein.

Lapis niger

Der Curia gegenüber liegt unter einem Schutzdach der *Lapis niger*. Mit ihm beginnt die römische Geschichte auf dem Forum. Man fand 1899 unter schwarzem Marmorpflaster den geheimnisvollen Unterbau, auf dem vermutlich einst zwei Löwen ruhten. Rechts von dieser Anlage entdeckte man das Bruchstück einer konischen Tuffsäule mit einer Inschrift im ältesten uns bekannten Latein. Die Schriftsteller der Augusteischen Zeit hielten das Denkmal für das Grab des Romulus. Die Forschung konnte bisher zu keinem sicheren Ergebnis gelangen, hält aber den Grabcharakter der Anlage für wahrscheinlich.

Septimius-Severus-Bogen

In nächster Nähe des Lapis niger ragt mit drei gewölbten Durchlässen der *Septimius-Severus-Bogen*. Er wurde, wie die auf beiden Seiten der Attika angeführte Inschrift besagt, dem Kaiser Severus und seinen Söhnen Geta und Caracalla errichtet. Die Reliefs des Bogens berichten in einem fortlaufenden Erzählerstil und in figurenreichen, perspektivisch großartigen Bildfolgen voll pittoresker Kraftfülle von den Kriegstaten des Kaisers. Die Attika krönte, wie Münzbilder bezeugen, ein Sechsgespann mit dem Kaiser und seinen Söhnen in vergoldeter Bronze. Die drei Durchlässe sind vom Forum aus nur über Stufen zugänglich, dienten also nicht dem normalen Verkehr.

Südlich vom Severusbogen kennzeichnet ein kegelförmiger Ziegelrest den *Umbilicus Urbis Romanae*, das Zeichen, das die Stadtmitte angab. In seiner Nähe stand das *Milliarium aureum*, von Augustus errichtet, ein mit Goldbronze umkleideter Marmorzylinder, die Ausgangsstelle aller italischen Straßen mit Angaben der Entfernungen Roms von den wichtigsten Städten Italiens.

Eine moderne Straße, die Via della Consolazione, durchschneidet im Westen das Denkmalsgebiet. Den natürlichen Abschluß des Forums bildet das Kapitol. Zu seiner mittleren, 30 m hohen Einsattelung führte einst nur ein fahrbarer Zugang von der Nordseite her, der *Clivus Capitolinus*. Zwischen der nördlichen und südwestlichen Erhebung des Kapitols lag das Tabularium, das römische Staatsarchiv. Über seinen unteren, jetzt bloßgelegten Gewölben wurde im 16. Jahrhundert der Senatorenpalast erbaut.

Concordiatempel

Am Fuße des Kapitols stand der *Concordiatempel*, von dem nur noch wenige Reste des Unterbaues erhalten sind. Er wurde in Erinnerung an die Einigung der Patrizier und Plebejer durch die Licinisch-Sextischen Gesetze im Jahre 367 errichtet. Die Zella des Tempels war infolge des beschränkten Raumes hart am Ostabhang des Kapitols und wohl auch unter dem Einfluß des Grundrisses der alten Etruskertempel ein Querhaus von 45 m Breite, bei nur 24 m Tiefe, mit einem vorgelegten Prónaos (Vorhalle) von 34×14 m Ausdehnung. Der Tempel diente oft zu Senatssitzungen.

Vespasiantempel

Daneben zeugen drei herrliche, 15 m hohe weiße Marmorsäulen aus der rechten Ecke der sechssäuligen Vorhalle von dem *Vespasiantempel,* einem korinthischen Prostylos, den Titus für seinen Vater begonnen hatte, Domitian vollenden ließ und dem Andenken seines vergöttlichten Vaters und Bruders weihte.

Südlich des kaiserlichen Tempels schließt die *Porticus Deorum Consentium* ab, zwischen deren winkelförmig angeordneten Säulen (noch neun erhalten) sich paarweise die vergoldeten Standbilder der zwölf Hauptgötter Jupiter — Juno, Neptunus — Minerva, Apollo — Diana, Mars — Venus, Vulcanus — Vesta, Mercurius — Ceres reihten.

Saturntempel

Beim weiteren Rundgang auf der Südseite des Forums stößt man am Osthang des Kapitols auf den *Saturntempel.* Er wurde 497 dem uralten Saatengott Saturn geweiht, vor ihm feierte das Volk in frohem Treiben das Saturnalienfest. In seinem Innern bewahrte er das Aerarium publicum, den römischen Staatsschatz. Acht glatte Säulen mit ionischen Diagonalkapitellen sind als Rest eines Neubaues nach einem Brande im 4. Jahrhundert n. Chr. erhalten, wovon die Inschrift auf dem Architrav kündet. Die Widmung an eine Gottheit fehlt, das Heidentum war nur noch geduldet, der Tempel erstand nicht mehr als Heiligtum, sondern bloß als Schatzhaus.

Basilica Iulia

Der Vicus Jugarius trennt den Saturntempel von der *Basilica Iulia.* Sie dehnt sich als Gegenstück der Basilica Aemilia auf der Südseite des Forums in einer Größe von 94×48 m bis zum Vicus Tuscus aus. Eine außen umlaufende Vorhalle mit 16 Arkaden an der Längs- und 7 an der Schmalseite schloß einen dreischiffigen, zweigeschossigen Bau ein. Sie wurde von Cäsar begonnen und von Augustus beendet. Die Wände waren in Pfeilerreihen mit vorgelagerten Halbsäulen aufgelöst, die durch Rundbögen verbunden waren. Das Mittelschiff trug eine flache Holzkassettendecke. Darunter ließen Fenster reichlich Licht in den gewaltigen Saal fließen. Die Basilika eröffnete die Reihe jener festlichen Bauten, die in der Kaiserzeit dem Forum das marmorhelle, weiträumige Charakterbild gaben. Die Pfeilerreihen mit Rundbogen und vorgestellten Halbsäulen entwickelten sich in der Folge zu einer typisch römischen Bauform, die bei Theatern, Amphitheatern, Straßenportiken in der Hauptstadt und in den Provinzen angewendet wurde.

Dioskurentempel

Neben der Basilica Iulia ragen drei 12,5 m hohe korinthische Marmorsäulen des *Dioskurentempels* über die Trümmerstätte, ein Wahrzeichen des Forums bis in die Gegenwart. Die Dioskuren Kastor und Pollux waren, wie eine uralte Sage erzählt, den Römern in der Schlacht am See Regillus (496) gegen die Latiner und Etrusker als Helfer erschienen. Am selben Tag kamen die beiden Reiter auf das Forum, tränkten ihre Rosse und kündeten dem ängstlich harrenden Volk den Sieg. Den Dioskuren wurde darauf im Jahre 484 ein Tempel geweiht. Die heutigen Reste mit dem herrlich gearbeiteten Gebälkstück gehen auf den Bau des Tiberius zurück.

Der Kastortempel gibt Veranlassung, eine kurze Rückschau auf den Wandel der römischen Tempelformen zu halten. Dem Tempelbau sind in seiner Entwicklung nur enge Grenzen und geringe Möglichkeiten gesetzt. In den Anfangsjahrhunderten herrscht das etruskische Vorbild vor. Beim Zellagrundriß überwiegt die Breite die Länge, die Zella wird in drei Räume geteilt. Der Tempel hat nur eine Hauptansicht mit einer tiefen, von Säulen getragenen Vorhalle, zu der Stufen hinaufführen. Denn der Tempel steht nicht wie der Griechentempel menschennahe auf niedrigem Stylobat, sondern feierlich entrückt auf hohem Podium. In späterer Zeit wächst der Tempel bedeutend in die Tiefe, paßt seinen Grundriß dem Griechentempel an. Aber die Betonung der Hauptfassade durch eine Vorhalle und Aufgangstreppe bleibt, wir haben es also mit der Tempelform des Prostylos zu tun. Auch wird weiterhin das heimische Baumaterial, Tuff oder Travertin, verwendet. Der Dioskurentempel zeigt schon griechischen Einfluß, der nun

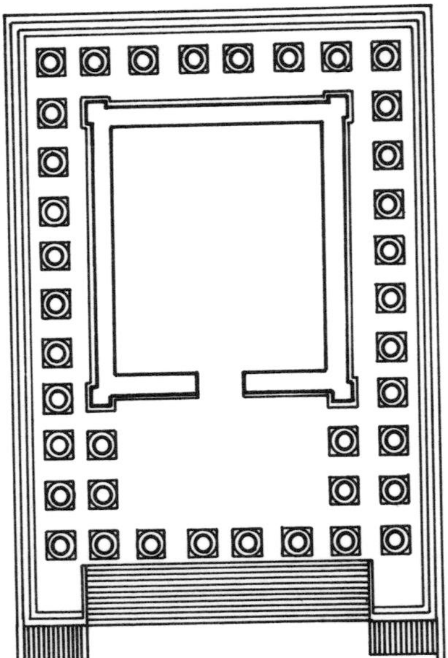

Dioskurentempel, Grundriß

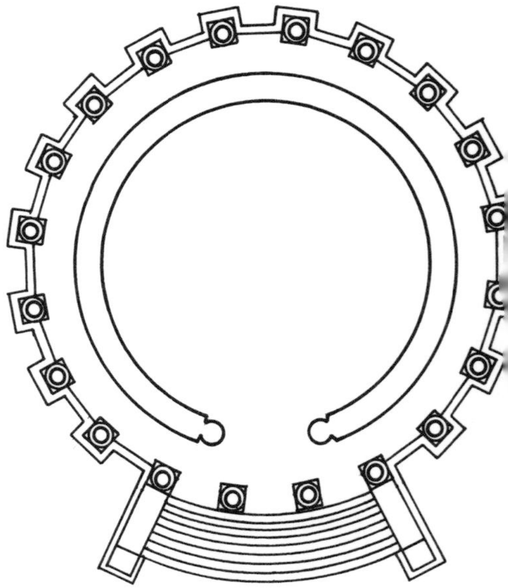

Vestatempel zu Rom, Grundriß

immer stärker auf Rom wirkt. Er ist ein Peripteros (8×11 m) aus Marmor mit 12 m hohen korinthischen Säulen. Dennoch bleibt auch bei ihm die Hauptansichtbetonung durch den einseitigen 7 m hohen Stiegenvorbau. Die Plattform vor der großen Freitreppe benützte man gelegentlich als Rednerbühne.

Den Abschluß des eigentlichen Forums (später reichte es über die ganze Talsenke bis zum Titusbogen) bildete der von Augustus für den vergöttlichten Cäsar aufgeführte Tempel mit einem sechssäuligen Pronaos. Er stand an der Stelle, wo man nach der Rede des Antonius die Leiche des Diktators einäscherte. Der Bau erhob sich auf hoher Basis, zwei Treppen führten zu der breiten, jetzt wiederhergestellten Plattform, die als Rednerbühne vor allem für die Totenfeiern des Kaiserhauses diente. Daher war auch die Stirnwand, die in einer halbkreisförmigen Nische dem Opferaltar Raum gab, mit den Schnäbeln der bei Aktion erbeuteten Schiffe der Kleopatra geschmückt. In der Zella stand Cäsars Kolossalstatue, mit einem vergoldeten Stern überm Haupt als Zeichen seiner Aufnahme unter die Götter. Jetzt wächst dichtes Lorbeergebüsch aus den Ruinen des Innenbaues.

Tempel des vergöttlichten Cäsar

Nahe dabei steht der erst seit 1930 aus den Resten des alten Marmorbaues rekonstruierte kleine, runde *Vestatempel,* ein korinthischer Peripteros. Er bildet mit dem anliegenden Haus der Vesta und der Regia den in religiöser Hinsicht wichtigsten Teil des Forums. Das konisch ansteigende Dach ließ durch eine Öffnung den Rauch des Herdfeuers abziehen. Das Heiligtum hegte nur den Staatsherd mit dem dauernd brennenden Feuer. Von ihm holte man am Neujahrstag, dem 1. März, die heilige Flamme, mit der man das bei der Reinigung gelöschte Feuer des häuslichen Herdes wieder entzündete.

Vestatempel

Die *Regia,* deren Ursprung auf Numa Pompilius zurückgeführt wird, war der Amtssitz des Pontifex Maximus und enthielt ein Heiligtum des Mars mit seinen heiligen Lanzen und Schilden und ein Sanctuarium der Ops, der Göttin des Erntesegens.

Das *Atrium Vestae,* das Wohnhaus der Vestalinnen, ist ein Rechteckbau, dessen Langseiten die Zimmer der Priesterinnen enthielten. Er umschloß einen 68×23 m großen Säulenhof, der heute einen kleinen Teich und Grünanlagen enthält. Noch stehen viele Statuen der Obervestalinnen rings um das Atrium.

Der gewaltigste Bau des Forums ist die *Basilika des Maxentius* oder Konstantin, die von Maxentius 306 n. Chr. begonnen und nach dessen Tode in der Schlacht bei der Milvischen Brücke 312 von Konstantin dem Großen zu Ende geführt wurde. Der Grundriß ist ein Rechteck von 100×60 m, deckt also eine Fläche von 6.000 m². Das Gebäude hatte drei Schiffe, von denen das nördliche mit seinen drei kassettierten Gewölben noch aufrecht steht. Die übrigen Bauteile dürften durch das Erdbeben von 847 eingestürzt

Basilika des Konstantin

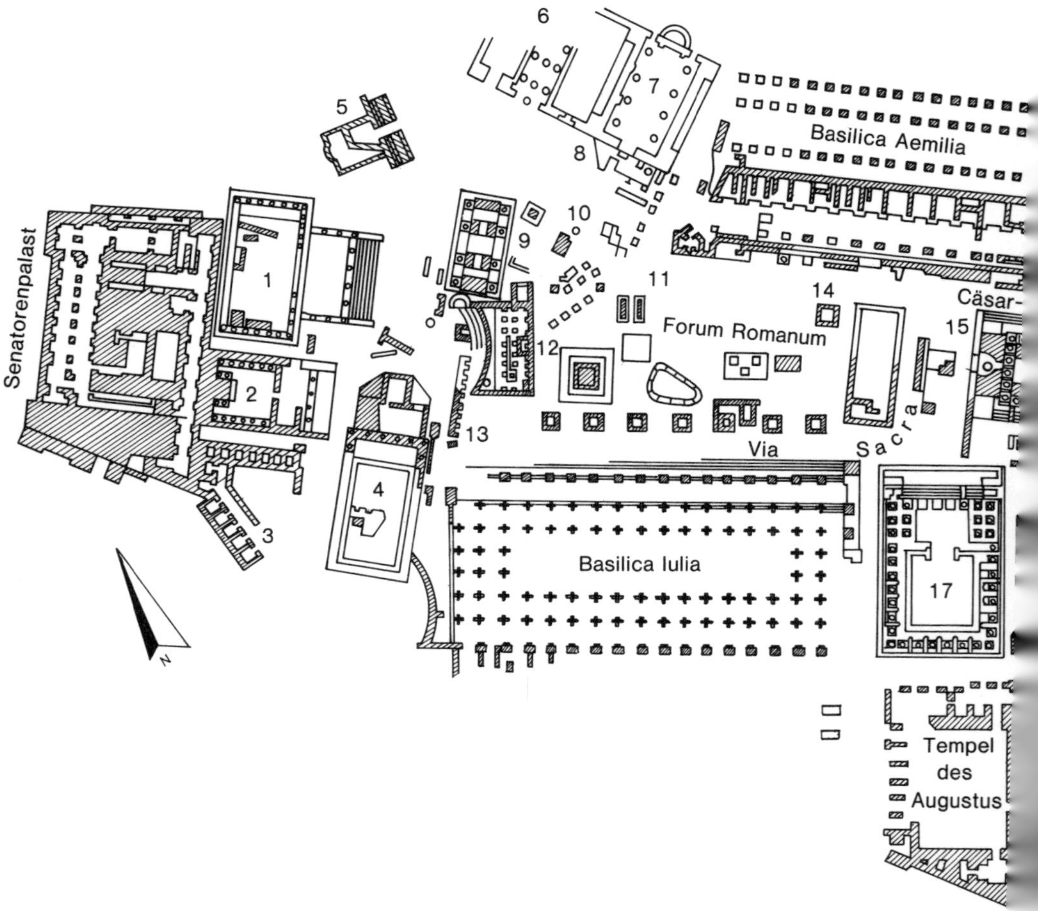

1. *Tempel der Concordia*
2. *Tempel des Vespasian*
3. *Porticus Deorum Consentium*
4. *Tempel des Saturn*
5. *Tullianum*
6. *Sitzungssaal des Senats*
7. *Curia*
8. *Comitium*
9. *Bogen des Septimius Severus*
10. *Lapis niger*
11. *Anaglypha Traiani*
12. *Rostra*

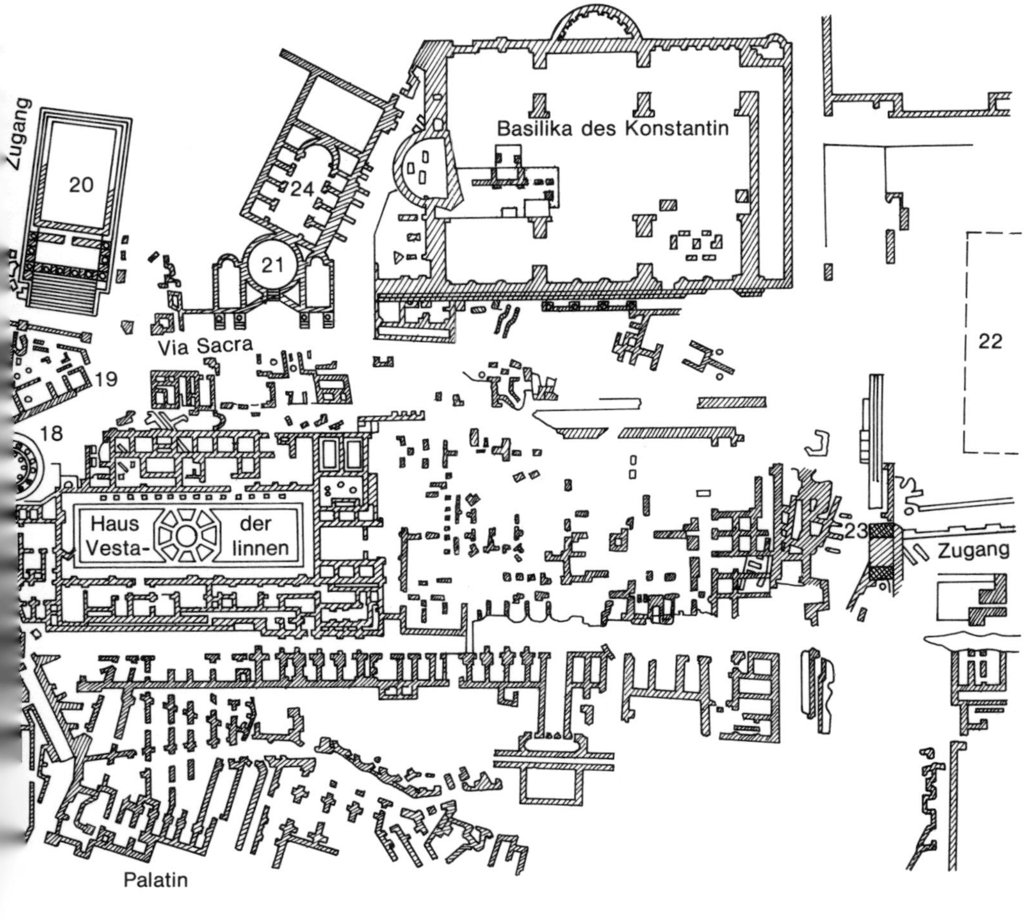

13. *Bogen des Tiberius*
14. *Janusbogen*
15. *Neue Rostra*
16. *Augustusbogen*
17. *Dioskurentempel*
18. *Vestatempel*
19. *Regia*
20. *Tempel des Antonius Pius und der Faustina*
21. *Templum Divi Romuli*
22. *Tempel der Venus und Roma*
23. *Titusbogen*
24. *Tempel der Dei Penates*

sein. Das Mittelschiff war 25 m breit, sein kreuzförmig zusammenlaufender Gewölbescheitel hob sich 35 m über den farbigen Marmorboden. Die Längsseiten säumten acht riesige, den Gewölbepfeilern vorgestellte, korinthische Säulen, deren letzte Papst Paul V. 1613 vor der Kirche S. Maria Maggiore als Träger für die bronzene Madonna aufrichten ließ. Das mächtige Kreuzgewölbe des Mittelschiffes ruhte nur scheinbar auf ihnen, in Wirklichkeit auf den wuchtigen Pfeilern der Bogen und den durch Strebemauern verstärkten Außenwänden. Nach dem Plan des Maxentius betrat man die Basilika von der Ostseite her durch eine aus fünf Arkadenbogen gebildete Vorhalle, und die Apsis schloß das Gebäude im Westen. Konstantin änderte die Achsenrichtung, legte vor die der Via Sacra zugewendete Langseite einen viersäuligen Vorbau und weitete die Mittelnische des nördlichen Seitenschiffes zur Apsis aus. Dort ragte sein Kolossalstandbild empor, dessen 2,6 m großer Kopf das 1,59 m lange Teilstück des rechten Armes und der 2 m lange Fuß jetzt im Hof des Konservatorenpalastes aufgestellt sind und uns die Größe der Statue ahnen lassen.

Titusbogen

Von der Basilika steigt die Via Sacra ostwärts gegen die *Velia* an, deren höchste Erhebung der *Titusbogen* krönt. Er schließt in triumphaler Weise mit einer Höhe von 15,4 m und einer Breite von 13,5 m den Forumsbezirk ab.

Es war seit den Zeiten der Republik römischer Brauch, großen Männern, um sie für ihre Verdienste im Krieg oder Frieden zu ehren, Triumphbogen zu errichten, zunächst nur für die Feier vorübergehend aufgestellte, später aber feste Bauten aus Stein und Marmor, die die Ruhmestaten auch künftigen Geschlechtern künden sollten. Damit verband sich die religiöse Vorstellung, daß der Durchmarsch durch eine geweihte Enge das vom Feindesblut befleckte Heer von allem Makel entsühnen sollte. Die Erinnerung daran lebt heute noch in dem Durchschreiten der Heiligen Tore der römischen Basiliken an den Jubiläumsjahren fort. Dazu kam noch die griechische Sitte, bedeutenden Menschen Standbilder auf hohen Säulen zu errichten. So vereinigten sich Torenge und Hochsäulenstatue zum Triumphbogen.

Der Titusbogen, nach der Inschrift dem Divus Titus geweiht, wurde nach dessen Tod von Domitian zum Gedenken an die Eroberung von Jerusalem erbaut. Dreiviertelsäulen mit Kompositkapitellen zieren die Seiten des einzigen Durchganges und die Ecken. Das Kompositkapitell, diese besondere, von der römischen Architektur geschaffene Form, tritt uns in diesem Bogen zum erstenmal entgegen. Es vereinigt das Akanthusblatt des korinthischen mit den aufliegenden Voluten des ionischen Kapitells. Die Säulen sind nicht mehr wie in der griechischen Architektur Träger, sondern nur mehr Dekoration. Der Bogen erscheint mit den funktionslosen Säulen als ein neues Element der römischen Baukunst. Oben auf der Attika stand das Viergespann (Quadriga) mit dem triumphierenden Kaiser im vergoldeten

Grundriß

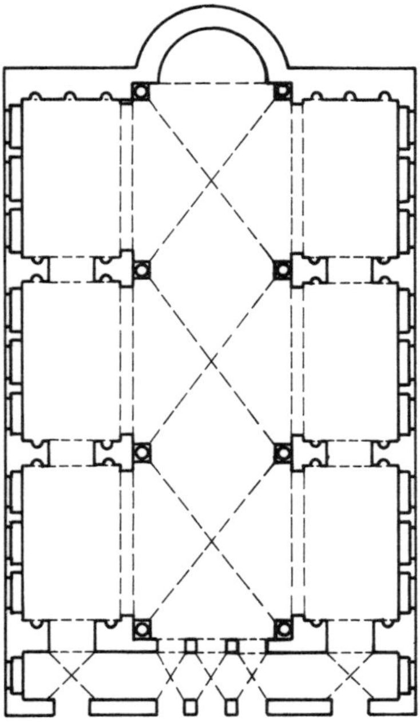

Aufriß

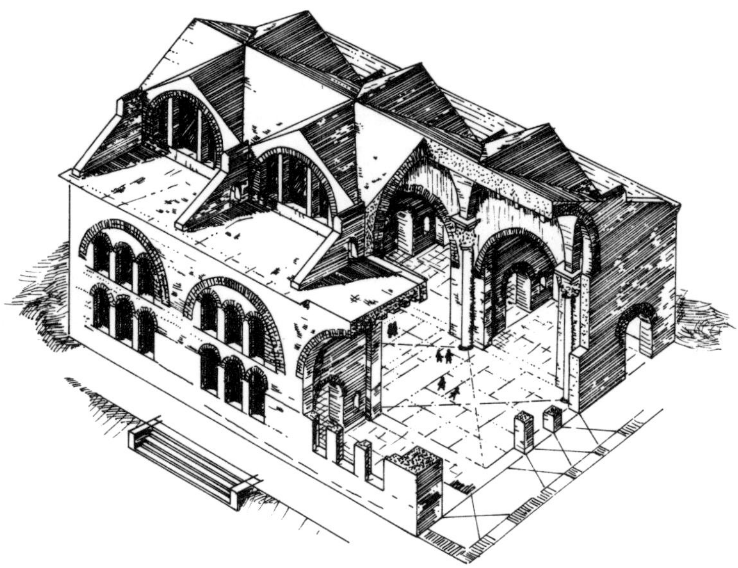

Basilika des Maxentius, Rekonstruktion

Die komposite Ordnung

Bronzewagen. Die Bogenhöhe des Durchganges ist kassettiert, die Innenseiten tragen Reliefs, die sich auf die Eroberung von Jerusalem beziehen. Sie erinnern an die alten Bilder, die, an den provisorischen Bogen angebracht, von den Kriegstaten in einer sehr volksnahen Weise erzählten. Das eine Relief zeigt den Triumphzug, lorbeergeschmückte Jünglinge tragen die erbeuteten Tempelgeräte aus Jerusalem, den siebenarmigen Leuchter, den Tisch mit den geweihten Broten und die Silbertuben. Auf der anderen Seite naht das Viergespann mit dem Kaiser, von der Göttin Roma geführt, begleitet von den Liktoren, während Viktoria den Sieger krönt. Im Mittelalter war der Bogen in ein Festungswerk der *Frangipani*, eines römischen Adelsgeschlechtes, eingebaut, erst zu Beginn des 19. Jahrhunderts wurde er freigelegt, und die fehlenden Teile des in pentelischem Marmor ausgeführten Baues wurden in Travertin ergänzt.
Wie der Titusbogen wieder in seiner alten Gestalt ans Licht kam, so haben die Bemühungen der Archäologie das Forum wiedererstehen lassen und von entstellenden Neubauten befreit.

Das Leben im alten Rom

Das tägliche Leben und die Dauer der Arbeit richtete sich nach der verschiedenen Länge des Tages im Wechsel der sommerlichen und winterlichen Zeit. Darin bewahrte auch die Großstadt noch den Zusammenhang mit ihrer bäuerlichen Vergangenheit. Denn einst pflegte der Römer bei höchster Einfachheit vom frühen Morgen bis zum späten Abend seiner Arbeit nachzugehen. So wurde *Quinctius Cincinnatus* vom Pfluge weg als Diktator nach Rom berufen. Die Verhältnisse änderten sich nach den Siegen in Afrika und Kleinasien. An die Stelle haushälterischer Genügsamkeit trat prunkvoller Luxus. Die Römer widmeten sich vorwiegend den Staatsgeschäften, die Arbeit übernahmen die Sklaven.

Die Frauen verbrachten den größten Teil des Tages zu Hause, verrichteten entweder selbst ihre häuslichen Arbeiten oder, wenn sie vermögend waren, überwachten ihre Dienerschaft. Die Männer aber gingen ihren beruflichen Pflichten nach. Zuvor erledigten sie ihre Morgenbesuche bei ihren angesehenen und reichen Freunden und Patronen. Das Geschäftsleben auf dem Markte, die Verhandlungen bei den Gerichten und im Senate begannen im Sommer nach 8 Uhr, im Winter nach 10 Uhr. Das Forum füllte sich mit Menschen, und das Getriebe hielt bis Mittag an. Für diese Zeit war der Wagenverkehr verboten, nur Sänftenträger waren zugelassen. Die Sänfte (lectica), getragen von Sklaven oder gemieteten Leuten, war ein beliebtes Beförderungsmittel. Man erledigte seine Angelegenheiten bei den Ämtern, hörte bei Gerichtsverhandlungen zu, besprach die neuesten politischen Ereignisse, drängte sich um die Buden der Wechsler und wickelte dort seine Geldgeschäfte ab. Von der Größe und Bedeutung der Stadt zeigte die Vielfalt der Stände und Nationalitäten. Die hohen Beamten, von der Schar ihrer Klienten begleitet, schritten über das Forum, dazwischen drängte sich das niedere Volk, auch Sklaven mit kurzgeschorenem Haar. Neben der lateinischen Sprache hörte man viel Griechisch. Die Griechen kamen aus dem Mutterland und aus den kleinasiatischen Städten. Sie übten die verschiedensten Berufe aus, waren Redner und Lehrer, Künstler, Ärzte, verdienten aber auch als Gaukler und Seiltänzer ihr Brot. Es fehlten nicht die Parasiten, jene Schmarotzer, die vom Tische der Reichen lebten und eine Hauptfigur der römischen Komödie waren.

Geschäftsleben

Das *Geschäftsleben* dehnte sich immer mehr vom Forum gegen den Tiber zu aus. Hier waren große Hafenanlagen und Lagerhäuser. Auf dem Abladeplatz zwischen Aventin und Fluß türmten sich im Laufe der Jahre die Scherben der zerbrochenen Krüge und wuchsen nach und nach zu einem Hügel, dem *Mons Testáceus*. Die Einfuhr von Waren aus allen Provinzen war sehr groß. Man brauchte Getreide, Fleisch, Fische, Öl, Wein, Ziegel, Bausteine und Marmor, Blei, Zinn, Kupfer und Silber, Stoffe. Weithin erstreckten sich die Speicher (horrea) und beschäftigten eine Riesenmenge von Arbeitern.

Eine Reihe von Lebensmittelhändlern befaßte sich mit dem Verkauf. Es gab Obst- (fructuarii) und Gemüsehändler (holitores), man traf auf Fischhändler (piscatores) und Fleischer (lanii). In den großen Bäckereien waren neben den Bäckern (pistores) auch die Müller (molinarii) beschäftigt. Die Gastwirte (caupones) warben durch ihre Speisen, die Schankwirte (thermopolae) durch die in Mischkrügen (craterae) zubereitete Mischung von warmem Wein und Wasser. Knaben brachten die Getränke; noch heute heißt der Kellner bei den Franzosen garçon, bei den Griechen paedi (Knäblein).

Handwerk

Groß war die Menge der Läden der Handwerker, von den vornehmen Luxusgeschäften reichten sie herab bis zu den dunklen Stuben der Armenviertel. In manchen Gassen häuften sich die Läden einer einzigen Zunft, so daß der Straßenzug danach seinen Namen erhielt. So lesen wir bei Cicero von einer Sichelmacherstraße (inter falcarios) oder bei Gellius von einer Sandalenmachergasse (vicus sandaliarius). Die Tuchwalker (fullones) und Färber (tinctores) befaßten sich mit der Tucherzeugung. Die Gerber (corarii) lieferten das Leder an die Schuster (sutores), und die Schneider (vestiarii) sorgten für die Kleidung. Seit den ältesten Zeiten betrieb man das Töpferhandwerk. Die Töpfer (figuli) verarbeiteten den Ton zu Töpfen, Pfannen und Krügen. Neben der einfachen Gebrauchsware wurden, um die steigende Nachfrage nach Luxusgegenständen zu befriedigen, kostbare Vasen und Terrakottastatuen zum Schmuck des Hauses hergestellt.

Zu den ältesten Gewerbezweigen gehörte die Bearbeitung der Bronze und des Kupfers. Dazu trat später das Eisen und damit das Handwerk der Schmiede (fabri ferrarii), die Pflüge, Waffen und Messer herstellten. Die Kunst der Goldschmiede (aurifices) war hoch geschätzt. Sie erzeugten nicht nur Schmucksachen, sondern auch Goldkapseln für Zähne. Mit besonderer Verzierung stattete man die Sicherheitsnadeln (fibulae) aus. Ringe waren sehr beliebt, die man aus einer starken und sehr auffallenden Goldmasse fertigte. Deren Hauptschmuck bildeten Steine mit kostbaren Bildern, die man entweder vertieft in die Steine schnitt (Gemmen) oder erhaben aus ihnen herausarbeitete (Kameen).

In der Holzverarbeitung waren vor allem die Zimmerleute (fabri tignarii) tätig, die neben den Maurern (structores) zu den Berufsständen des Baugewerbes gehörten. Das Verputzen einer Wand hieß tunicare, also soviel wie die Wand mit einer Tunika (Hemd) bekleiden, wovon unser deutsches Wort »tünchen« abgeleitet ist.

Die Barbiere (tonsores) schnitten das Haar, legten es in Locken oder frisierten es nur. Der Römer trug das Haar immer geschnitten. Auf diese Sitte griffen die Männer der Französischen Revolution bewußt zurück, indem sie den Zopf abschafften. Die »tonsores« rasierten auch den Bart. Ursprünglich war der Vollbart üblich, aber gegen das 2. Jahrhundert wurde das Rasieren immer mehr gebräuchlich. Wenn man keinen Sklaven hatte, so suchte man einen Rasierladen auf. Sich selbst zu rasieren war dem Altertum unbekannt und auch bei den mangelhaften Instrumenten nicht möglich.

Werbung Die geschäftliche *Werbung* war im Altertum schon bekannt. Man kennzeichnete seinen Laden durch ein Firmenschild mit dem Symbol des Betriebes, der Friseur mit Spiegel und Messer, der Fleischer mit einer Reihe von Schinken, man brachte Inschriften an oder malte auf die Hauswand die Tätigkeit des Handwerkers, den Töpfer beim Formen des Kruges, den Bäcker beim Bereiten des Brotes usw. Auch hängte man Waren auf, um zum Kauf einzuladen, so der Wildbret- und Geflügelhändler die Tiere mit den Köpfen nach unten.

Mit Einbruch der Dunkelheit begann der Wagenverkehr, der tagsüber nur

für die Fuhrwerke der Bauunternehmer freigegeben war. Mit dem Knarren und Quietschen der Wagen, dem Geschrei der Maultiertreiber setzte sich der schreckliche Lärm des Tages auch zur Nachtzeit fort und gab Anlaß zu steten Klagen. Lastwagen fuhren durch Rom, um ihre Ladungen an Salz und Getreide über die Via Salaria nach Norden zu schaffen. Auch die Reisewagen, die während der Tageszeit an den Toren hatten warten müssen, setzten sich in Bewegung. Wenn die Sonne untergegangen war, beleuchtete ein der Kutsche voranschreitender Sklave mit einer Fackel den Fahrweg. Denn in Rom war es in der Nacht stockfinster. Wer ausging, ließ sich von einem Fackelträger begleiten. Es war nicht leicht, sich in dem Gewirr der engen Gassen ohne Straßenschilder und Nummern zurechtzufinden. Öffentliche Beleuchtung war unbekannt. Man schloß die Fensterläden, legte die Sicherheitsketten vor die Läden und versperrte die Haustore. Aber die Nachtruhe war nicht allen vergönnt. Die Wirte mußten die Betriebe offenhalten, die Bäcker arbeiteten, um am Morgen frisches Brot liefern zu können. Da und dort tauchte ein Nachtwächter auf, um gegen Diebe oder anderes Gesindel einzuschreiten, oder es ging eine Brandwache (vigiles) mit Axt und Kübel vorbei, um Feuer zu löschen.
Die Straßen schlängelten sich wegen der Raumnot eng und winkelig durch Rom, hatten keine Fußsteige und waren schmutzig. Bei dem hügeligen Gelände stiegen sie oft steil hinan und trugen danach den Namen »clivus«, wie z. B. *clivus Capitolinus.*

Das römische Haus und seine Inneneinrichtung

Das altrömische Haus bestand aus dem *Atrium,* den es umgebenden Räumen und, in den meisten Fällen, aus einem dahinter liegenden Garten. Der von der jüngeren Steinzeit bis tief in die Bronzezeit vorwiegend übliche Rundbau *(casa),* der aus Holz und Lehmfachwerk errichtet war und den ein Stroh- oder Schilfdach schirmte, war in der Stadt längst von dem rechteckigen Haus *(domus)* verdrängt worden. Es war in der Regel nur von einer einzigen Familie bewohnt. Fenster waren selten, unregelmäßig verteilt und recht klein. Licht und Luft drangen durch die Dachöffnung in der Mitte des Atriums ein und verbreiteten sich von hier in die angrenzenden Zimmer. Als allerdings eine ab dem Beginn unseres Jahrhunderts ständig verbesserte Ausgrabungstechnik die fachgerechte Restauration auch der oberen Stockwerke ermöglichte (zum Beispiel in der Via dell'Abbondanza in Pompeji), zeigte sich, daß die Dachöffnung über dem Innenhof keineswegs die einzige Licht- und Luftquelle war: zumindest die oberen Stockwerke besaßen große Fenster, Balkone und Loggien. Die einzelnen Räume gehörten nur einem bestimmten Zweck, das *cubiculum* war Schlafzimmer, das *triclinium* Speisesaal.

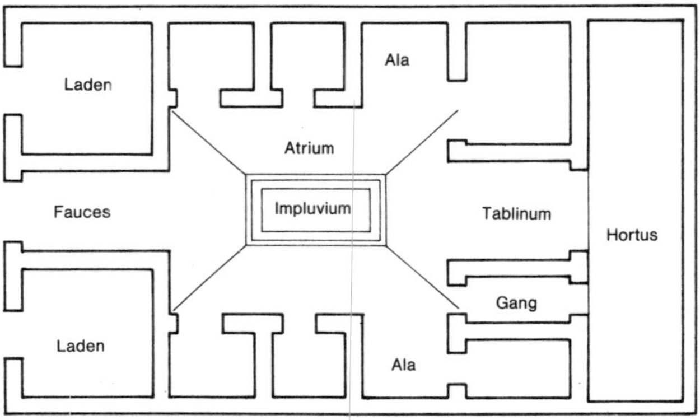

Das römische Haus, Grundriß

Durch das Haustor *(ianua)* gelangte man über einen Gang *(fauces)* ins Atrium. Es war ein großer Raum mit einer weiten Öffnung in der Decke *(compluvium)*, der ein viereckiges Becken *(impluvium)* im Fußboden entsprach, dazu bestimmt, das Regenwasser zu sammeln. Ein in das Becken eingebauter Abfluß mit einer zylindrischen Brunneneinfassung *(puteal)* leitete das aufgefangene Wasser in eine unterirdische Zisterne, auf deren Wasservorrat die Bewohner oft allein angewiesen waren. Ursprünglich stand im Atrium der Herd, dessen Rauch durch die Dachöffnung frei abzog. Hier wohnte, arbeitete, aß und schlief die Familie. Später baute man, um gesonderte Schlaf- und Vorratsräume zu erhalten, an beiden Seiten des Atriums kleine Zimmer *(alae)*. In ihnen bewahrten die Vornehmen die Wachsmasken der Ahnen *(imagines)* in Schränken auf. Man unterschied beim Atrium zwei Haupttypen: das Atrium tuscanicum, bei dem das nach innen geneigte Dach nicht von Säulen, sondern von Dachbalken gehalten wurde. Es war zwar wegen seiner Konstruktion kostspieliger, aber es bot den Vorteil des freien Blickes vom Eingang her durch das Atrium bis zu den Hinterräumen. Der zweite Typ war das Atrium tetrastylum. In jeder Ecke des Impluviums stützte eine Säule die Dachöffnung. Mit der Weiterentwicklung der Hausform schloß sich an das Atrium gegenüber dem Eingang das *Tablinum* an, das Arbeitszimmer des Hausherrn. Es war gegen das Atrium nur mit einem Vorhang, gegen den Garten zu mit einer Tür oder einem Verschlag abgeschlossen. Wenn man diesen bei Beginn der schönen Jahreszeit entfernte, so konnte der Blick vom Atrium bis in das Grün des Hausgärtchens schweifen. Eine weitere Vergrößerung des Hauses durch das *Peristylium*, einen von Säulengängen umgebenen Garten, auf den sich von allen Seiten Wohnräume öffnen, findet sich erst in späterer Zeit unter griechischem Einfluß.

Das römische Haus war nach unseren Begriffen sehr spärlich möbliert. Man beschränkte sich auf die wichtigsten Einrichtungsgegenstände und benützte neben Truhen und Schränken am liebsten Nischen und kleine Kammern zur Aufbewahrung von Büchern, Kleidern und Hausgerät. Das *Bett* diente den Römern zum Schlafen *(lectus cubicularis)*, als Sofa zu verschiedenen Beschäftigungen im Arbeitszimmer *(lectus lucubratorius)* und, als sich die griechische Gepflogenheit, liegend zu essen, bei den Römern durchsetzte, auch als Speisesofa *(lectus triclinaris)*. Das Schlafzimmerbett war viel höher als unsere Betten, man benützte einen Schemel, um hineinsteigen zu können. Oft waren die Betten nur Aufmauerungen, die man mit Matratzen belegte.

Innen-einrichtung

Kein Möbelstück des römischen Hauses war in seiner Form und Aufmachung so verschieden wie der *Tisch*. Den dreibeinigen runden Tisch *(mensa tripes)* fand man in den bescheidensten Wohnungen. Sehr beliebt waren die einbeinigen *(monopodia)*. Aber es gab auch rechteckige, vierbeinige. Die Ausführung reichte vom einfachen, rohen Holztisch bis zum kostbarsten Luxusgegenstand mit Einlegearbeit, reichem Schmuck, Beinen aus Metall oder Elfenbein, manchmal in der Form eines Menschen oder Tieres, und Platten aus wertvollstem Edelholz, vor allem vom Thujabaum, das man aus Mauretanien (jetzt Marokko) bezog. In vornehmen Häusern gab es auch Prunktische *(abaci)* aus Marmor oder Silber, auf denen goldene und silberne Gefäße und prachtvolle Luxusgegenstände zur Schau gestellt wurden. Als sich der Brauch einbürgerte, im Freien zu essen, errichtete man auch steinerne Tische.

Große, auf dem Boden stehende *Schränke* verwendete man selten, kleinere waren auf gemauertem Sockel oder an der Wand angebracht. Wichtige Schriften, Wertsachen und Geld verwahrte man in niedrigen, schweren Truhen *(arcae)*, die mit Bronzebeschlägen verziert waren. Die *Sitzgelegenheiten* zeigten eine große Mannigfaltigkeit. Die einfachste war ein vor vier Beinen getragenes Brett, der Schemel oder die Bank *(subsellium)*. Der Stuhl *(sella)* hatte Armstützen, aber keine Rückenlehne, der bequeme Sessel mit gebogener Lehne war die *cáthedra*. Als Polsterung der Sitze dienten aufgelegte Kissen. Die römischen Stuhlformen haben die Renaissancemöbel stark beeinflußt.

Beleuchtung

Zur Beleuchtung dienten in älterer Zeit Kienspäne, später Kerzen *(candelae)* und Öllampen *(lucernae)*. Kerzen erzeugte man aus Talg oder Wachs und drehte die einzelnen Stücke nach Art der Seile zusammen. Daher erklärt sich auch der Name *funalia* (von funis = Seil). Die Öllämpchen, die man in großen Mengen bei Ausgrabungen fand, waren längliche, flachgedrückte Behälter mit Griff und Öffnung für den Docht. Das Öl mußte oft nachgefüllt, der Docht immer wieder nachgezogen werden; die Lampen rußten und hatten nur eine geringe Leuchtkraft. Daher mußten viele Lämpchen angezündet werden. Man befestigte sie an Ständern *(candelabra)* aus Holz oder Ton, aber auch aus Metall.

Heizung Beheizt wurden die Räume mit tragbaren Öfen aus Bronze oder feststehenden Kohlenbecken. Dennoch fror man im Winter sehr. Noch von Augustus wird erzählt, daß er sich mit einer besonders dicken Toga und darunter mit vier Tuniken übereinander gegen die Kälte schützte.

Der Fußboden *(pavimentum)* war mit schönem Mosaik ausgelegt, die Wände waren mit Malereien geschmückt oder mit farbenreichen Vorhängen *(vela)* behangen wie die Türöffnungen.

Die Stellung der Frau

Die römische Frau erscheint zu allen Zeiten als Gefährtin und Mitarbeiterin ihres Mannes. Sie war die Herrin (domina) des Hauses und nahm an allen wichtigen Entscheidungen in der Familie teil. Sie beschäftigte sich gern mit Weben und Sticken, sie leitete die Erziehung der Kinder, beaufsichtigte die Arbeiten ihrer Dienerschaft, besorgte ihre Einkäufe in den Läden und machte Besuche. Am Abend begleitete sie den Mann zum Gastmahl. Bei Tische pflegte sie, im Gegensatz zu den Männern, die liegend aßen, zu sitzen und sich des Weines zu enthalten; sie trank nur *mulsum,* eine Mischung aus Wein und Honig. Die alten guten Sitten fanden aber nach den Punischen Kriegen eine starke Lockerung. Die Frauen wurden verschwenderisch und prunksüchtig, und vielfach kam es zu Ehescheidungen.

Die Hochzeit

Es war bei den Römern Brauch, die Töchter jung zu verheiraten. Der Hochzeit ging die Verlobung voraus, bei der sich das Paar in Gegenwart der Verwandten das Versprechen gab und der Bräutigam der Braut einen vergoldeten Eisenreif oder einen Goldring an den Finger steckte.

Durch die Ehe trat die Frau in der ältesten Zeit aus der »potestas« des Vaters in die Gewalt (manus) des Mannes als »mater familias«. Die feierlichste Form der Eheschließung war die *confarreatio,* benannt nach dem für Jupiter dargebrachten Opferkuchen (farreum libum). Sie wurde abgeschlossen vor dem Pontifex maximus und dem Flamen Dialis. Die so geschlossene Ehe war unlösbar, wurde aber in späteren Zeiten immer seltener. An ihre Stelle trat meist die *coemptio,* die symbolische Form des ehemaligen Brautkaufes, bei der Bräutigam und Braut ohne sakralen Akt die Ehe schlossen. Eine dritte Form war der *usus,* wenn ohne eine äußerliche Förmlichkeit die Ehe durch freie Willenserklärung eingegangen wurde und Mann und Frau ein Jahr hindurch ununterbrochen zusammenlebten. Trotz dieser einfachen Formen der Eheschließung und der Möglichkeit der Scheidung hatten die Römer eine hohe Meinung von dem religiösen, gesellschaftlichen und gefühlsmäßigen Wert der Ehe. Eine zweite Heirat der Frau, auch wenn sie Witwe war, fand wenig öffentliche Zustimmung, und als Ehrentitel verheirateter Frauen las man auf Grabsteinen das stolze Wort »univira«.

Der Tag der feierlichen Hochzeit wurde sorgfältig ausgewählt, um bei dem großen Aberglauben der Römer einen ungünstigen Zeitpunkt zu vermeiden. Am Vortage weihte die Braut ihre Spielsachen und die Toga praetexta, ihre Mädchenkleidung, der Gottheit. Am Festtag war das Haus mit Blumen, Zweigen und Bändern geschmückt. Die Braut trug eine lange, weiße Tunika, in den Hüften von einem Gürtel festgehalten. Ein orangefarbener Schleier, auf dem ein Kranz ruhte, verdeckte das Gesicht. Daher stammt die Bedeutung des Zeitwortes »nubere viro«, den Brautschleier für den Mann nehmen. Nach dem Opfer der Auguren, wodurch festgestellt werden sollte, ob die Götter einer Verbindung günstig wären, folgte die Unterzeichnung des Heiratsvertrages, und die Brautleute legten ihre Hände ineinander. Nachher setzte man sich im Hause der Braut zum Festmahle. Nach dessen Beendigung raubte der Bräutigam symbolisch in Erinnerung an den alten Brauch des Brautraubes die Braut aus den Armen der Mutter, und im festlichen Zug wurde die junge Frau unter Flötenspiel und Hochzeitsliedern bei Fackelbeleuchtung zum Haus des Mannes geführt (uxorem ducere). Man trug ihr Spindel und Spinnrocken nach, Zeichen hausfraulicher Tugend. Über die Hausschwelle wurde die Braut gehoben, wohl um ein Straucheln zu vermeiden, das als böses Omen galt. Im Atrium erhielt die Frau die Schlüssel des Hauses und wurde in die Gemeinschaft des Wassers und Feuers aufgenommen (aqua et igni accipere). Am nächsten Tag opferte sie den Penaten und Laren des Hauses und empfing Geschenke von dem Gatten und den Verwandten.

Familienleben

Ein neugeborenes Kind wurde vor den Vater auf den Boden gelegt. Er konnte es auf Grund seiner Patria potestas durch Aufheben anerkennen und sich damit zur Erziehung verpflichten oder es zur Aussetzung oder Tötung bestimmen. Am neunten Tag erhielt der Knabe, am achten das Mädchen seinen Namen. Die körperliche und geistige Erziehung des Kindes lag in den Händen der Eltern, vor allem der Frau. Die Kleinen vergnügten sich an verschiedenen Spielen. Sie spannten ein Tier oder einen Kameraden vor einen kleinen Wagen und ließen sich ziehen. Sie drehten den Kreisel, trieben Reifen mit einem Stock vor sich her, zielten Nüsse in einen Topf mit engem Hals, ritten auf den Schultern eines anderen, spielten Blindekuh und vergnügten sich auf der Schaukel.

Elementarschule

Sobald die Kinder größer wurden, übergab man sie zur Erziehung einem bewährten Pädagogen oder schickte sie, wenn die Mittel knapp waren, in eine Elementarschule *(ludus)*. Ursprünglich erzog man die Kinder zu Hause und lehrte sie die Gesetzeskunde für den künftigen Dienst in der Verwaltung und die Elemente der Buchführung für die Aufgaben im Kaufmannsberuf. Der Elementarunterricht in den Schulen umfaßte Lesen, Schreiben und Rechnen. Vor allem legte man nach griechischem Vorbild viel Gewicht auf die grammatikalische Behandlung des Lateins. Denn der Römer empfand die lateinische Sprache als schwer, hatte Angst vor falschen Formen und schlechter Aussprache. Neben den Schreibübungen pflegte man das Auswendiglernen der Zwölftafelgesetze und der Dichtungen.

Man schrieb auf Holztäfelchen *(tabellae)*, die mit farbigem Wachs überzogen waren. In dieses ritzte man die Buchstaben mit einem langen Griffel *(stilus)*, mit dessen spachtelförmigem Ende glättete man das Wachs wieder, wenn man einen Fehler gemacht hatte. So kommt der Ausdruck »stilum vertere« zur Bedeutung verbessern. Man konnte mehrere Täfelchen mit einer Schnur zusammenbinden, die man durch die Löcher am Holzrand zog. Man benannte solche Wachstäfelchen mit den griechischen Ausdrücken »diptycha«, »triptycha«, je nach der Zahl der Holztafeln. Dabei wurden die inneren Tafeln auf beiden Seiten mit Wachs überzogen, die äußeren abschließenden blieben leer und dienten gleichsam als Einband. Man bezeichnete die Gesamtheit der Täfelchen mit dem Wort *caudex* oder *codex*. Dieser Ausdruck ging später auf die auf Pergament geschriebenen Bücher über. Wollte man den Inhalt geheimhalten, band man die Täfelchen zusammen und versiegelte die Enden der Schnur.

Außer dem Wachs benützte man das aus den feinen Fasern der ägyptischen Pápyrusstaude gewonnene Papier *(charta)*. Ein Buch aus Papyrus hieß *liber*. Größere Schriften bestanden aus mehreren Seiten *(paginae)*, die zusammengeklebt und gerollt *(volumen)* wurden. Man fing beim Lesen oben an und rollte nach und nach das ganze Buch auf. Der Titel *(titulus)* eines Werkes wurde auf einem am oberen Ende befestigten Zettel vermerkt. Die Rollen wurden in Kapseln geschoben und in Holzkästchen aufbewahrt.

Weiteres Schreibmaterial lieferte die Stadt Pergamon, das Pergament. Es ist geglättete Tierhaut, vor allem das Fell des Schafes, das sich ganz besonders für diese Zwecke eignete. Man schrieb darauf mit einer Rohrfeder *(calamus)* und einer aus Ruß bereiteten schwarzen Tinte. Die gebräuchlichste Form des Tintenfasses waren zwei zusammengelötete Zylinder.

Das Rechnen wurde wegen der Schwierigkeit der Verwendung der römischen Zahlzeichen von einem besonderen Rechenlehrer *(calculator)* gelehrt. Dabei benützte man ein Rechenbrett mit Steinchen *(calculi)*.

Schulhäuser standen noch nicht zur Verfügung. Man unterrichtete in kleinen Räumen, gelegentlich auch im Freien. Gewöhnlich gab es in der Schulstube keinen Tisch, der Lehrer saß in seinem Lehnstuhl *(cathedra)*, die Schüler auf Schemeln und hielten ihr Schreibzeug auf den Knien. Als Erziehungsmittel galt die körperliche Züchtigung. Das Schuljahr begann im März nach den Quinquatrus, den Minervafesten. Der sechsstündige Unterricht wurde durch eine Mittagspause unterbrochen. In den heißen Sommertagen setzte der Unterricht eine Zeitlang aus.

Neben dem Schulunterricht lief auch die körperliche Ausbildung meist durch den Vater im Diskuswerfen, Laufen, Springen, Ringen, Schwimmen und Reiten. Die Kunst des Schwimmens stand bei den Römern in weit höherem Ansehen als die griechische Gymnastik, es galt als eine Schande, diesen Sport nicht zu beherrschen.

Wer nach der Elementarschule eine weitere Ausbildung erstrebte, besuchte eine unter der Leitung eines *grammaticus* stehende höhere Schule. Dort lernten die Jungen neben der lateinischen auch die griechische Sprache, Literatur, Geschichte und Geographie, Logik, Physik, Mathematik und Astronomie. Von den griechischen Schriftstellern las man vor allem Homer, die Tragiker und Menander. Man las so fleißig, daß man jederzeit Stellen frei rezitieren konnte. Die lateinische Lektüre beschränkte sich auf die älteren Dichter, Livius Andronicus, Ennius und Terenz. Erst später nahm man auch neuere Autoren in die Schullektüre auf und wagte es, statt in griechischer Sprache den Unterricht in lateinischer zu führen. Die schriftlichen und mündlichen Übungen in der Texterklärung und Inhaltswiedergabe vermittelten der Jugend die Fähigkeit des guten Ausdrucks und literarischen Verständnisses, häufige Übersetzungsübungen bereicherten den Wortschatz und die Ausdrucksmöglichkeit. Sie führten zu einer perfekten Beherrschung des Lateinischen und Griechischen. Eine große Zahl lateinischer Grammatiken entstand, und den Schulen war es zu danken, daß die ungeheure Menge von Angehörigen des ganzen Weltreiches einheitlich und dialektlos das Lateinische sprach. Die Kenntnis der griechischen Sprache war die Voraussetzung für die Beschäftigung mit griechischer Philosophie und Literatur und eine Notwendigkeit für den Aufenthalt in Griechenland als Soldat, Beamter oder Kaufmann und für den Umgang mit den griechischen Sklaven. Das Bildungsideal der römischen Schule war ausgerichtet auf die Erziehung zur *virtus*, jener unvergleichlichen Mischung aus Frömmigkeit, Maß, Gerechtigkeit und Tapferkeit.

Rhetorenschule

Den Abschluß der Schulbildung vermittelten die Rhetorenschulen, an denen sich der junge Mensch in der praktischen Redefertigkeit auf das öffentliche Leben vorbereitete. Ohne diese königliche Kunst vermochte niemand vor dem Volk, im Senat oder vor Gericht zu bestehen. Hat der alte Cato, die Verkörperung altrömischer Strenge und Einfachheit, noch mit urwüchsiger Kraft seine Reden nach seinem Grundsatz »rem tene, verba sequentur« (halte die Sache fest, die Worte werden folgen) gehalten, so verlangte die Folgezeit nach der Bekanntschaft mit der griechischen Redekunst eine sorgfältige Auffindung der Gedanken und Beweise und dann eine zweckmäßige Anordnung und Ausführung. Daher lernten die Jungen die methodische Technik der *suasoriae* und *controversiae.* Die *suasoriae* waren Monologe, in denen Personen der Mythologie oder Geschichte wichtige Entscheidungen nach günstigen oder ungünstigen Beweisgründen fällten. Die *controversiae* (Rede und Gegenrede zweier Schüler), die den künftigen Anwalt auf seinen Beruf vorbereiten sollten, erörterten in Musterreden und Aufsätzen zwei widersprechende Meinungen eines erdichteten Rechtsfalles. Reiche Jünglinge besuchten zum Abschluß noch griechische Rhetorenschulen, besonders in Rhodos und Athen.

Gewöhnlich war die Erziehung des Jünglings mit dem 17. Lebensjahr vollendet. Der Austritt aus dem Knabenstande erfolgte am Festtage der Liberalia (17. März) mit der Mündigkeitserklärung. Der Knabe legte die Bulla (eine goldene Amulettkapsel, um den Hals getragen) und die Toga praetexta ab, bekleidete sich mit der Toga virilis (ohne Purpurbesatzstreifen), ging nach einem Opfer als neuer *iuvenis,* vom Vater oder Vormund und von Verwandten begleitet, auf das Forum (deducitur in forum) und ließ sich in die Liste der kriegsfähigen Bürger eintragen.

Namengebung

Vom Tage der Mündigkeitserklärung führte der junge Bürger (seit etwa 300) drei Namen, das *praenomen* (Vorname), das *nomen gentile* (Geschlechtsname), zu denen als dritter das *cognomen* (Beiname) trat, z. B. Marcus (Vorname) Tullius (Mitglied der *gens Tullia*) Cicero (eine Familie der *gens Tullia).* Diese Bezeichnungsweise der Personen ist wahrscheinlich etruskischen Ursprungs. Der Geschlechtsname, der zum wichtigsten Namensbestandteil der Römer wurde, drückte den einstigen einfachen Individualnamen zum Vornamen herab. Seine Abwertung fand den äußeren Ausdruck darin, daß er hinfort abgekürzt geschrieben wurde. Mit dem römischen Recht haben alle Völker des Abendlandes auch das römische Namenssystem von Vor- und Geschlechtsnamen übernommen. Das Cognomen gab meist eine genaue Bestimmung des Individuums, z. B. Longus, Barbatus, Naso. Bisweilen traten zum Cognomen noch ein oder zwei weitere Beinamen *(agnomen)* hinzu. So erhielt ein Feldherr nach dem Land, über das er triumphierte, (ex virtute) einen Ehrennamen: Publius Cornelius Scipio Africanus, oder der Zusatz erfolgte durch Adoption, wobei zu dem vollständigen Namen des Adoptivvaters der ursprüngliche Familienname mit der Endung -anus trat: Publius Cornelius Scipio Aemilianus (der Sohn des Aemilius Paulus, adoptiert von Publius Cornelius Scipio).

Die Töchter hatten kein Praenomen, sondern führten nur den Familiennamen (nomen gentile): Cornelia, Tullia. Bei mehreren Töchtern hieß die erste z. B. Tullia maior, die zweite Tullia minor, die dritte und vierte Tullia tertia, quarta.

Die Namen erinnern noch an die Frühzeit der Römer, wo Ackerbau und Viehzucht den Inhalt ihres Lebens bestimmten. So finden wir Namen wie:

Agricola (Bauer), Fabius (Bohnenbauer), Cicero (Erbsenbauer), Piso (Wickenbauer), Porcius (Schweinezüchter), Asinius (Eselzüchter), Ovidius (Schäfer). Aber auch äußere auffallende Eigenschaften gaben Anlaß zur Namensgebung, wie: Niger (Schwarzer), Rufus (Roter), Flavius (Blonder), Livius (Blauer), Longus (Langer), Magnus (Großer), Paulus (Kleiner), Calvus (Kahlkopf), Crassus (Dicker), Macer (Magerer), Caecus (Blinder), Plautus (Plattfuß), Claudius (Lahmer), Verus (Krummbeiniger). Dazu kamen geistige Eigenschaften und innere Veranlagungen: Cato (Kluger), Brutus (Dummer), Aemilius (Eifriger), Lepidus (Witziger), Clemens (Milder), Severus (Strenger), Tacitus (Schweigsamer). Besondere Nüchternheit verrät der Umstand, daß man seine Kinder bloß mit Nummern benannte: Secundus, Tertius, Quintus (Quinctius, Quintilianus), Sextus (Sestius, Sextius), Septimius, Octavus (Octavius, Octavianus), Decimus.
Sklaven bezeichnete man ursprünglich mit »puer« und dem Namen des Herrn im Genitiv: Lucipor = Luci puer, Marcipor. Als die Zahl der Sklaven zunahm, gab man ihnen eigene willkürliche Namen, wie Afer, Syrus, soweit ihnen nicht die alten, aus der Heimat (z. B. Griechenland) mitgebrachten belassen wurden, wie: Phaedrus, Phoebus. Freigelassene nahmen Praenomen und Nomen gentile des Patronus an und setzten gewöhnlich ihr altes Cognomen hinzu, z. B. der berühmte Freigelassene Ciceros: Marcus Tullius Tiro.
An die Schulausbildung der Jünglinge schloß sich die praktische Ergänzung an, indem die jungen Leute hervorragende Staatsmänner zu ihren Sitzungen begleiteten und durch aufmerksames Zuhören bei Gerichtsverhandlungen und politischen Versammlungen in das römische Recht und in die Verwaltung der staatlichen Aufgaben eingeführt wurden. Die körperliche Ausbildung wurde auf dem Marsfeld weitergepflegt, um sich die Kraft und Abhärtung für den bevorstehenden Militärdienst zu erwerben. Der künftige Offizier trat als Rekrut (tiro) in die *cohors* eines Feldherrn ein und erlernte als sein *contubernalis* (Kriegskamerad) das Militärwesen.
Die Greise genossen bei den Römern viel Ansehen. Sie waren nicht der Einsamkeit ausgesetzt, sondern ihre Angehörigen umsorgten sie mit Liebe. Die reife Frau, die Matrone, war der Inbegriff dessen, was man sittliche Haltung nennt: Reinheit, Würde, Größe, und deshalb genoß sie auch höchste Achtung in der Öffentlichkeit. Zu Hause nahm sie die erste Stelle ein, ihre Söhne waren ihr Stolz. Ihr mahnendes Wort übte großen Einfluß auf sie.

Leichenfeier

Wie bei den Griechen war auch in Rom die Bestattung der Toten eine heilige Pflicht, und man erwies ihnen beim Leichenbegängnis durch bedeutungsvolle Zeremonien die letzten Ehren *(iusta facere)*. Der nächste Verwandte drückte dem Verstorbenen Augen und Mund zu und erhob mit den Anwesenden die erste Wehklage *(conclamatio)* durch mehrmaliges Rufen seines Namens. Dann wuschen Sklaven des Leichenbestatters *(libitinarius)* den Leichnam, salbten ihn mit wohlriechenden Salben, kleideten ihn in die

Toga, schmückten ihn mit allfälligen Amtsinsignien und Auszeichnungen und bahrten ihn zur öffentlichen Schau auf dem Paradebett *(lectus funebris)* im Atrium auf. Während der mehrere Tage dauernden Ausstellung der Leiche kündeten Zypressen im Vestibulum von dem Trauerfall. Dem Toten legte man eine Münze unter die Zunge als Fährgeld für Charon. Den Todesfall teilte man durch einen Herold *(praeco)* nach einer althergebrachten Formel mit.

Am Begräbnis stellte der Trauerfestordner den mit großem Gepränge ausgestatteten Leichenzug *(pompa)* zusammen. An der Spitze schritten Flötenspieler *(tibicines)* und Fackelträger, dann folgten eigens hiefür gedungene Frauen mit aufgelöstem Haar, die Klagelieder *(neniae)* zum Lob des Toten anstimmten. Diesen schlossen sich bisweilen Tänzerinnen und Mimen an, die nicht selten komische Szenen aus dem Leben des Toten aufführten. Nach ihnen schritten die Träger der Ahnenbilder, der wächsernen Imagines maiorum. Imago ist die dem Toten abgenommene Wachsmaske, eine für Rom charakteristische Schöpfung.

Die Leiche wurde auf einer mit prachtvollen Decken geschmückten, hohen Bahre offen liegend von Verwandten oder später von Freigelassenen getragen. Ihr folgten die Angehörigen in Trauerkleidung, die Männer ohne Rangabzeichen, die Frauen ohne Schmuck und mit offenem Haar. Auf dem Forum vor den Rostren blieb der Zug stehen, der Sohn oder ein Verwandter hielt vor der Rednertribüne die Leichenrede *(laudatio funebris)*, in der die Taten und der Charakter des Verstorbenen öfters auf Kosten der Wahrheit übermäßig gelobt wurden.

Die Bestattung oder Verbrennung mußte nach dem Gesetz der Zwölf Tafeln außerhalb der Stadtmauern erfolgen: Hominem mortuum in urbe ne sepelito neve urito. (Ein Toter darf innerhalb der Stadt nicht bestattet noch verbrannt werden.) Grab an Grab reihte sich an den Landstraßen; noch jetzt erinnern die Grabbauten an der Via Appia und Via Latina an das alte Brauchtum.

Ackerbau und Viehzucht

Der wichtigste Erwerbszweig der Römer war die Landwirtschaft. Adelige und Bürger gründeten ihr Leben auf die Daseinsform des Landmannes. Alle arbeiteten schwer auf den Feldern, nur in besonderen Fällen nahm man Sklaven zu Hilfe. Der Bauer züchtete Rinder als Acker- und Zugtiere und für die Milchwirtschaft, daneben hielt er Schweine und Hühner auf seinem Hof und hütete Schafe und Ziegen. Pferde und Maulesel hatten nur Großgrundbesitzer. Als Getreide baute er hauptsächlich Spelt (far), eine anspruchslose Weizenart, die auch auf geringem Boden gedeiht, Gerste (hordeum) und die Ackerbohne (faba). Weiter auch Hirse (milium), Rüben (rapum), Kohl (caulis) und anderes Gemüse (holus). Man pflanzte abwechselnd Halmfrüchte, Hülsenfrüchte und Gemüse an, von Zeit zu Zeit verwendete man den Ackerboden als Weideland, um ihn rasten zu lassen. Im Baumgarten (pométum) standen die Olive (olíva) und der Feigenbaum (ficus). An ihren Stämmen rankte sich die Weinrebe. Besondere Weingärten wurden erst später angelegt. Der Knoblauch (alium) war schon als bevorzugte Speisenwürze bekannt. Allmählich verdrängte der Feigen-, Oliven- und Weinbau die Getreidefelder und Gemüsegärten. Das Olivenöl ersetzte die Butter, die Seife, es war Brennstoff und Sonnenschutz.

Bauernwirtschaft war das Hauptmerkmal des Wirtschaftslebens in Latium, und selbst Rom war im Anfang eine Bauernstadt. Aber diese Zeiten gingen vorüber. Durch den aufblühenden Handel, das Geld- und Bankwesen, das sich durch die neuangeknüpften Beziehungen mit dem hellenistischen Osten auch in Italien breitmachte, durch den Zustrom fremden Reichtums verwandelte sich der Agrarstaat mehr und mehr in einen Handelsstaat. Der rasche Übergang rief schwere soziale Schädigungen hervor. Die italischen Großbetriebe verwendeten Sklaven als billige Arbeitskräfte und gingen auf eine Umstellung von dem nicht mehr sehr lohnenden Getreidebau zur Erzeugung von Olivenöl und Wein über, wofür man ausgezeichnete Absatzmärkte in Gallien, Spanien und Afrika fand. Den Getreidebau ließ man in Händen der Bauern. Aber auch in diesem Landwirtschaftszweig erstand ihnen eine vernichtende Konkurrenz durch die Einfuhr billigen Getreides aus Sizilien, Afrika und später aus Ägypten. Die Verschuldung der Bauern wuchs. Den Besitzenden gab ihre Kapitalskraft die Möglichkeit, freiwerdende Bauerngüter zu erwerben, von dem eroberten Staatsland (ager publicus) Gründe für Weidewirtschaften zu pachten oder zu kaufen, damit also Großgrundbesitz (Latifundien) zu gewinnen oder noch zu vergrößern. Der Bauer hatte dasselbe Recht an der Nutzung des Staatslandes. Da ihm aber das Kapital und die Sklaven fehlten, war das Recht nur scheinbar. Die Hand schwerreicher Eigentümer legte sich auf die Höfe der notleidenden Bauern, und es blieb ihnen bei der Konkurrenz der Sklaven nicht einmal die Möglichkeit, sich als Landarbeiter zu verdingen. Alle diese Gründe führten zur Landflucht. Wie Magnete zogen die Städte das Bauernvolk in ihren Bannkreis, hier lockte die Aussicht auf raschen Gewinn, auf billige oder unentgeltliche Versorgung und unterhaltsames Leben. Diese Umschichtung drängte zu radikalen politischen und wirtschaftlichen Reformen.

Handel und Münzwesen

Binnenhandel

Neben dem Ackerbau spielte frühzeitig der Handel im Erwerbsleben der Römer eine Rolle. Anfangs war es ein bescheidener Kleinhandel, der Rom mit Lebensmitteln versorgte. Die schlechten und unsicheren Straßen sowie die langsamen Ochsenkarren hemmten den Verkehr stark. Dieser Zustand besserte sich mit der Anlage der Via Latina und Via Appia nach Süden, der Via Aurelia und Via Flaminia nach Norden. Es entwickelte sich ein immer mehr zunehmender Tauschhandel mit den kampanischen Griechen, den italischen Bergvölkern und den Etruskern. Die günstige Lage Roms am

Seehandel

schiffbaren Tiberstrom ermöglichte auch bald die Seefahrt. Der Seehandel hatte seinen Sitz in dem aufblühenden Hafenort Ostia, von wo kleinere Meeresschiffe bei günstigem Wasserstand den Tiber aufwärts bis vor die Hauptstadt fuhren. An der Küste erschienen erst phönikische, später griechische und karthagische Kauffahrer und handelten landwirtschaftliche Produkte der Tiberebene, Vieh sowie einfache gewerbliche Erzeugnisse gegen orientalische, ägyptische und griechische Waren. Am Ende der Königszeit fuhren auch die Römer bei günstiger See im Sommer nach Sardinien, Korsika, Sizilien und an die afrikanische Küste. Durch diesen Warenverkehr kamen Felle, Häute, Elfenbein, kostbare Hölzer, Granatäpfel, Datteln, Gewürze, Wollwaren und Geräte nach Rom, Waren, nach denen sich der zunehmende Luxus sehnte. Dafür lieferten die Römer Schiffsbauholz, Öl, Wein und Obst. Die Fahrten auf dem Meer waren allerdings stets ein gewagtes Unternehmen, man hielt sich ängstlich an den Küsten, mied furchtsam die Wintermonate und war in steter Angst vor Seeräubern.

Zur Förderung des Handels war es notwendig, ein staatlich garantiertes Münzwesen einzurichten. Die älteste Zeit kannte nur den Tauschhandel,

Geld

und dabei diente das Vieh als Zahlungsmittel. Von *pecus* (Vieh) leitet sich die Bezeichnung für Geld, *pecunia,* ab. Mit fortschreitendem Handelsverkehr gab man ungemünztes Kupfer (aes rude) in Stücken nach Gewicht in Zahlung. Darum heißt péndere »wägen« und »zahlen«. Unter den Decemvirn ließ der Staat die Kupferbarren mit seinem Stempel versehen und garantierte dadurch die Reinheit und das Vollgewicht der Stücke. Als sich das wirtschaftliche Bedürfnis nach Münzen geltend machte, goß man Kupfermünzen, deren Einheit das *As* war. Es entsprach anfangs einem Pfund (libra = 327 g), wurde daher auch *as libralis* genannt und in zwölf *unciae* geteilt. Mit der Einführung der Silberwährung (268) wurde am Tempel der Juno Moneta (daher »Münze«, ein von dem lateinischen *moneta* abgeleitetes Lehnwort) eine Prägestätte eingerichtet, das Kupfer sank zur bloßen Scheidemünze herab. Die Einheit bildete der *Denar* (denarius = Zehner), der in vier Sesterzen geteilt wurde. Da der *sestertius* $2^1/_2$ As entsprach, so erhielt er das Wertzeichen II S = duo et semis, also zwei As und das dritte As noch zur Hälfte (semis). Der Sesterz, auch *nummus* (= Geldstück, Münze) schlechthin genannt, bildete, obwohl er die kleinste Silbermünze war, die Grundlage der römischen Geldrechnung. Die Vorderseite (Avers) dieser Sesterzen trug meist den Januskopf, die Rückseite (Revers) den Schiffsbug (prora).

Seit Cäsar wurde die Goldwährung allgemein. Der Golddenar (aureus) entsprach im Wert 25 Silberdenaren oder 100 Sesterzen.
Von den Nordseegestaden bis zum Saum der Kulturzone in Nordafrika und bis zum Persischen Meerbusen waren die *aurei* im Umlauf, und jeder Einwohner nahm dieses römische Geld gern in Zahlung.

Die lateinische Sprache

Die Geschichte der lateinischen Sprache steht im engsten Zusammenhang mit der Geschichte des römischen Volkes und Reiches. Lateinisch (d. h. latinisch) wurde zunächst in Rom und seiner näheren Umgebung im Nordwesten der Landschaft Latium gesprochen. Aber nur wenige Meilen weiter von der Stadt hörte man schon andere Mundarten, die Sabiner und ihre Nachbarn redeten sabellisch, die Bewohner von Samnium und Kampanien oskisch, im Süden Latiums saßen die Volsker mit einer eigenen Mundart, und zwischen dem Oberlauf des Tiber und dem Adriatischen Meer herrschte das Umbrische. Alle diese Stämme gehörten zu den Italikern, ihre Sprache, das Italische, ist ein Zweig des indogermanischen Sprachstammes, zu dem auch das damals in Oberitalien gesprochene Keltische, das in Unteritalien verbreitete Griechische und von den europäischen Sprachen das Germanische und Slawische gehören. Nur das Etruskische zählte nicht zu den indogermanischen Sprachen. Mit der Ausdehnung des römischen Machtbereichs wurde das Lateinische schließlich zur vorherrschenden Sprache des Imperiums.
Das älteste lateinische Alphabet bestand bis zum ersten Jahrhundert aus 21 Zeichen, und zwar: A, B, C, D, E, F, G, H, I, K, L, M N, O, P, Q, R, S, T, V, X. Erst um diese Zeit kamen aus dem Griechischen die Buchstaben Y und Z dazu und wurden am Schluß des Alphabets angefügt. Sie findet man fast nur in griechischen Lehnwörtern wie »gymnasium«, »zephyrus«. Im Altertum wurde für den Vokal U und Konsonanten V nur *ein* Zeichen (V) geschrieben wie I für I und J. Das V als Konsonant wird wie w gesprochen. Den Buchstaben W gibt es im Lateinischen nicht. Das Zeichen C hatte früher auch den Lautwert G und behauptete sich in den Abkürzungen C. = Gaius, Cn. = Gnaeus.
Die wenigen Reste sakraler Poesie und der Zwölftafelgesetze sowie Inschriften vermitteln uns die ältesten Zeugnisse des Lateinischen. Als unter griechischem Einfluß der erste Anstoß zur Enstehung einer römischen Literatur gegeben wurde, entwickelte sich neben der urwüchsigen Sprache des täglichen Lebens, dem *sermo plebeius* und *sermo rusticus,* eine neue, man möchte sagen, stilisierte Kunstsprache, der *sermo urbanus.* Diese Hochform *sermo urbanus* entfernte sich immer weiter von der Umgangssprache des Volkes und schmückte die Sätze mit vielen Kunstmitteln, um dem Ausdruck Pracht

und Glanz zu verleihen, und bemühte sich um einen kunstmäßig gegliederten Rhythmus, besonders in den Satzschlüssen (clausulae). Die hervorragendsten Vertreter dieser klassischen Kunstprosa sind Cäsar und Cicero. Um diese Zeit wurde auch die Dichtersprache durch Vergil zu einer vorbildlichen Höhe geführt.

Vulgärlatein Daneben entwickelte sich das Vulgärlatein in unmittelbarer Anknüpfung an die alte Sprache geradlinig fort und verbreitete sich als Verkehrssprache des Volkes über ganz Italien. Immer mehr drangen die Wendungen der Umgangssprache auch in den hohen Stil ein, die alternde Schriftsprache gewann neue Kräfte durch die Anknüpfung an die vorciceronianische Latinität. Diese Richtung wurde gefördert durch die christlichen Schriftsteller. Denn ihre Werke wandten sich vorwiegend an das einfache Volk und mußten daher auch in seiner Sprache zu den breiten Massen reden. So förderte das christliche Schrifttum die schon seit dem 2. Jahrhundert n. Chr. einsetzenden Bestrebungen, die volkstümliche Redeweise auch in der literarischen Sprache zur Geltung zu bringen und auf diese Art einen Ausgleich zwischen gesprochener und geschriebener Sprache zu erzielen. Nach einem Zeitraum von 300 Jahren findet die Vorherrschaft des Hochlateins sein Ende, und das Erbe tritt die Vulgärsprache an.

Aus dieser von Archaismen und Vulgarismen durchsetzten allgemeinen Verkehrssprache der alten Römer erwuchsen in den ersten Jahrhunderten n. Chr. allmählich die romanischen Sprachen. Zu ihnen gehören das Italienische, Rätoromanische, Französische, Spanische, Portugiesische und im Osten das Rumänische. Das Lateinische drang auch in die englische Sprache ein und mehrte deren Sprachschatz. Die Verschiedenheiten der Tochtersprachen ergeben sich aus der Ungleichheit der Zeit, in der die Romanisierung erfolgte, aus dem Unterschied der vorher gesprochenen Mundarten und aus der Verschiedenartigkeit der in den Provinzen verbreiteten lateinischen Volkssprache.

Bis ins 12. Jahrhundert und vielfach darüber hinaus herrschte das Latein über die europäischen Sprachen und war großteils die Sprache des Schrifttums der bedeutenden Kulturnationen. Besonders erlebte es eine späte Nachblüte in der Zeit des Humanismus und der Renaissance, in der ungefähr 70 Prozent der in Deutschland gedruckten Bücher lateinisch waren. Über diese Zeit hinaus diente es als Sprache der Wissenschaft und Diplomatie. Vor allem gebrauchte die Philosophie das Lateinische bis ins 18. Jahrhundert, und auch Kant und Schopenhauer verfaßten manche lateinische Abhandlung.

Die Kultur- und Wirtschaftsbeziehungen zwischen Römern und Germanen haben auch in Form von Lehnwörtern aus dem Lateinischen Spuren im deutschen Wortschatz hinterlassen. Sie finden wir in den verschiedenen Sachgebieten. So im Kriegswesen: Wall (vallum), Pfeil (pilum), Kastell (castellum); im Handel und Verkehr: Kaufmann (caupo), Münze (moneta),

Straße (via strata), Pfund (pondus), Sack (saccus). Der nach römischem Muster durchgeführte Häuserbau hinterließ Ausdrücke wie Ziegel (tegula), Mauer (murus), Fenster (fenestra), Pforte (porta), Turm (turris). Obst-, Wein- und Gemüsebau lernten die Germanen von den Römern: Feige (ficus), Kirsche (cérasum), Wein (vinum), Kohl (caulis), Rettich (radix). Die Küche vermittelte Wörter wie kochen (cóquere), Öl (óleum), Kessel (catínus), Schüssel (scutélla).
Die eifrige Beschäftigung mit der Antike hat neben den Lehnwörtern auch eine große Zahl von Fremdwörtern auf den Gebieten der Schule, des Rechtes und der Verwaltung hinterlassen. So finden wir Wörter wie: Lektion, Universität, Student, Doktor, Professor, Experiment; Dekret, Formular, Konzept, Direktor; Advokat, Prozeß, Instanz, reklamieren, adoptieren, konfiszieren.

Das lateinische Schrifttum der Frühzeit

Zu den ältesten lateinischen Sprachdenkmälern zählen Kultlieder, das *carmen Arvale* und die *carmina Saliaria.* In schriftloser Zeit war die rhythmische Sprache eine Stütze für das Gedächtnis. Die *carmina* waren im *versus Saturnius* abgefaßt, einem akzentuierenden Langvers, dessen Senkungen ebenso wie beim altgermanischen Vers aus mehr als einer Silbe bestehen oder gänzlich fehlen konnten. *Kultlieder*
Das Kultbild der *fratres Arvales,* der »Flurbrüder«, war ein Gebet zu Ehren der Flurgöttin, der Dea dia. Die Arvalbrüder riefen darin die Feldgottheiten Lases = Lares und den Wachstumsgott Marmar = Mars um Schutz und Förderung und die Semones = die guten Saatgeister um Hilfe an.
Die Kultlieder der »Salier«, einer ebenfalls sehr alten Priesterschaft, die im März und Oktober dem Mars zu Ehren feierliche Umzüge abhielt, sind uns als *carmina Saliaria* nur sehr mangelhaft erhalten.
Ansätze zur epischen Dichtung liegen in den Lob- und Klageliedern *(neniae)* auf Verstorbene vor, in denen die Taten der Toten berichtet wurden und aus deren Zusammenfassung Familienchroniken entstanden. Daneben fanden sich Zauberformeln, Sprüche der Lebensweisheit, »Bauernregeln« und metrische Inschriften auf Sarkophagen (Scipionengräber) und unter Ahnenbildern. *neniae*
Auch die dramatische Dichtung reicht mit ihren kunstlosen Vorstufen in die älteste Zeit. Die Bauern führten an Festtagen verkleidet allerlei Mummenschanz und Neckereien in witzigen Spottversen auf. Solche Scherzspiele waren die *sátura,* in Latium heimisch, eine possenhafte Aufführung mit mannigfachem Inhalt, worauf wohl auch ihr Name (satura lanx, eine mit allerlei Gaben gefüllte Opferschale) hindeutet. Ursprünglich wurde sie von *satura*

der ländlichen Jugend, seit der Erbauung der ersten Bühne zu Rom (364) auch von berufsmäßigen Schauspielern dargestellt. Später war die *satura* nur ein heiteres Nachspiel als Abschluß der Aufführung ernster Dramen.

mimus

Der *mimus,* der aus Unteritalien stammt, nimmt seine Stoffe aus dem Alltag und verspottet oft in grober Weise bekannte Personen und Ereignisse.

fabula Atellana

Aus Kampanien kam die *fabula Atellana* nach Rom, benannt nach dem kampanischen Städtchen Atella, dessen oskische Bewohner als Schildbürger galten. Die in diesen Stegreiflustspielen vorkommenden Charaktere waren stets die gleichen, so Maccus, der Dummkopf, Bucco, der zudringliche Schwätzer, Pappus, der spießbürgerliche Alte, Dossenus, der bucklige Vielfraß, und Sannio, der Narr. Die Atellane wurde von verkleideten jungen Leuten der höheren Stände gespielt und trug daher ein vornehmeres Gepräge als die *satura.* Sie verdrängte die *satura* und den *mimus* immer mehr und stieg in sullanischer Zeit als regelmäßiges Lustspiel zu literarischer Geltung auf.

All diese dichterischen Anläufe dienten nur der Unterhaltung des Augenblicks, es fehlten die Dauerwirkung und der höhere Kunstwert. Erst die Berührung mit den Griechen leitete in Rom eine höhere literarische Entwicklung ein.

Livius Andronicus

So beginnt denn die eigentliche Dichtung der Römer mit einem unteritalischen Griechen, *Livius Andronícus,* um 284 wahrscheinlich zu Tarent geboren. Er war Kriegsgefangener und kam als Sklave nach Rom zu einem gewissen Livius, der ihm die Freiheit gab. Als Freigelassener widmete er sich dem Sprachunterricht, fertigte für seine Schüler eine Übersetzung der Odyssee an und schuf damit ein Lehrbuch, das noch zu Horaz' Zeiten im Gebrauch war. Nur Bruchstücke davon sind auf uns gekommen. Livius Andronicus erlangte aber mehr Bedeutung durch die lateinische Bearbeitung griechischer Trauer- und Lustspiele, wobei er sich die Tragödien der Klassiker (Aischylos, Sophokles, Euripides) und die Spiele der neuen attischen Komödie (Diphilos, Philemon, Menander) zum Vorbild nahm. Er wurde zum Begründer des lateinischen Kunstdramas, das aber von römischer Art noch wenig verriet.

Cn. Naevius

Der erste lateinische Dichter, der seiner epischen und dramatischen Poesie eine römische Richtung gab, war *Cn. Naevius* (ca. 269–199), in Kampanien geboren. Auch er war also kein Römer, auch er übertrug griechische Tragödien (Andromache, Iphigenia) mit Stoffen aus der griechischen Sage. Die Schauspieler trugen, um stattlicher zu erscheinen, einen dicksohligen Holzschuh mit hohem Absatz aus Holz oder Leder, den man »crepida« nannte, daher führt diese Art von Tragödien den Namen *fabula crepidata.* Aber er verwendete auch römische Stoffe (z. B. Romulus) und wurde dadurch zum Begründer der einheimichen *fabula praetexta,* so benannt, weil die Könige und Feldherren die purpurbesetzte Toga praetexta trugen.

Ganz besondere Begabung zeigte Naevius für die Komödie. Auch in ihr unterschied man zwei Gattungen. Behandelte sie einen griechischen Stoff, so war das Hauptkleid das *pallium,* der griechische Mantel, und danach hieß ein solches Stück *fabula palliata.* War der Stoff dem italischen Leben entnommen, so traten die Personen im römischen Nationalkleid, der Toga, auf. Deshalb hieß diese Art von Komödie *fabula togata.* Diese setzte sich aber nicht durch. Naevius nahm sich gern Lustspiele des Griechen Menander als Vorlage, doch bearbeitete er sie frei und ließ in seinen Lustspielen römischem Geist und Witz, vor allem der Situationskomik freien Lauf. Noch stärker tritt uns römische Eigenart in seinem Epos, dem im saturnischen Maß abgefaßten *bellum Poenicum* entgegen. Mit der Darstellung des Ersten Punischen Krieges, an dem er selbst teilgenommen hatte, begründete er das nationale Heldengedicht.

Naevius wagte es, Laster und Torheiten zu geißeln und selbst das mächtige Haus der Meteller anzugreifen. Diese Kühnheit brachte ihm Gefängnis ein, und als er auch später sein freies Wort nicht zügeln konnte, ging er, um sich weiteren Maßregelungen zu entziehen, in die freiwillige Verbannung nach Utica, wo er sein Leben beschloß.

Naevius pflegte bisweilen Szenen zweier griechischer Komödien zu einem lateinischen Stück zusammenzuarbeiten. Man nennt die Verschmelzung *Kontamination.* Diesen Vorgang finden wir auch in den meisten Lustspielen des Plautus und Terenz, von denen uns vollständige Komödien erhalten sind.

Plautus

Der selbständigere dieser beiden Dichter ist *Titus Maccus Plautus.* Über sein Leben wissen wir wenig Verläßliches. Sicher ist nur, daß er zu Sársina in Umbrien um das Jahr 254 geboren wurde, aus niederem Stande stammte und in Rom vorerst als Schauspieler, dann als Komödiendichter gelebt hat. Seinen Namen versucht man so zu erklären, daß Titus sein Kindername war, Plautus (Plattfuß) ihm als Spitzname und Maccus wegen seiner späteren Bühnentätigkeit als Possenreißer hinzugefügt wurden.

Von seinen ungefähr 130 Stücken kannte das Mittelalter bloß acht Spiele. Erst zur Zeit des Konzils von Konstanz (1414—1418) entdeckte man weitere Plautustexte, die jahrhundertelang in diesem oder jenem Kloster unbeachtet gelegen waren, so daß sich die Zahl auf 21, vermutlich die besten seiner Werke, erhöhte. Davon seien einige, die noch in der Komödiendichtung der neueren Literatur fortwirken, genannt. Nach den *»Menaechmi«* (Die Zwillingsbrüder) hat Shakespeare seine »Comedy of errors«, Goldoni seine »I due gemelli Veneziani« gedichtet, die *»Aulularia«* (Die Topfkomödie) war Vorbild für Molières »L'Avare«. Die Götterkomödie *»Amphitruo«* wurde von Molière und Kleist bearbeitet. Der *»Miles gloriosus«* (Der Prahlhans) war Urbild für den »Horribilicribrifax« von Andreas Gryphius sowie für die berühmte Gestalt des Falstaff bei Shakespeare in »Heinrich IV.« und »Die lustigen Weiber von Windsor« und in Verdis Oper »Falstaff«. Lessing hat sein Lustspiel »Der Schatz« nach dem *»Trinummus«* (Das Dreigroschenstück) gearbeitet und die *»Captivi«* (Die Gefangenen), die er für das schönste Stück hielt, »das jemals auf die Bühne gekommen ist«, in einer prosaischen Übersetzung vorgelegt. Es ist ein Rührstück ohne Frauenrolle.

Die Welt in Plautus' Lustspielen ist die kleinbürgerliche Gesellschaft Athens, in der typische Charaktere wie nachsichtige oder strenge Väter, lockere Söhne, dreiste Sklaven und witzvolle Parasiten auftreten. Das Leitmotiv ist die Liebe. Mit dem griechischen Milieu mischen sich römische Züge. Seine oft aus verschiedenen Vorbildern kontaminierten Schöpfungen waren um vieles köstlicher und lebensvoller als die Spiele der jüngeren attischen Komödie. Großartig ist die Sprache, in ihr klingt der ungechminkte Umgangston der Zeit mit einem nie versiegenden Humor. Plautus ist ein genialer Wortschöpfer, seine Verse tönen von Alliterationen, Wortspielen und anderen Klangmitteln.

Theater Vom Theater seiner Zeit wissen wir nur wenig. Es wurde für die Dauer der Spiele aus Brettern gezimmert und bestand aus der Bühne *(scaena)* und dem amphitheatralischen Zuschauerraum *(cavea)*. Da in den Stücken kein Chor auftrat, war die Orchestra vom Spiel frei und bot Sitzraum für bevorzugte Gäste. Auf dem schmalen, sehr langgezogenen, 1 bis 1½ m hohen Bühnenstreifen *(púlpitum)* bewegten sich die Schauspieler *(histriones)*. Die Hauptszene war eine Straße oder eine freie Gegend. Die Schauspieler trugen ihren Rollen entsprechende Gewänder und Perücken, die Frauenfiguren wurden stets von Männern dargestellt. Zu des Plautus Zeit gab es noch keine Masken. Zwischen die gesprochenen Dialogpartien *(diverbia)* im jambischen Senar oder trochäischen Septenar traten lyrische Partien *(cantica)* in verschiedenen Metren, die rezitativisch zu Flötenbegleitung vorgetragen oder gesungen wurden.

Als Begründer der römischen kunstmäßigen Dichtung galt schon dem
Ennius Altertum der aus Rudiae in Kalabrien stammende Q. *Ennius* (239–169). 204 brachte ihn Cato, der Prätor in Sardinien war, von dort nach Rom, wo er durch seine Beziehungen zu den literarisch interessierten Adelskreisen das römische Bürgerrecht erhielt.

Sein Hauptwerk waren die *Annales* (Jahrbücher), ein Epos, das die Geschichte Roms von Äneas bis zu den Punischen Kriegen behandelte. Er fühlte sich als Nachfolger Homers und führte auch den griechischen Hexameter in die römische Literatur ein. Damit stellte er die Wertung der Silben nach der Quantität als das unumstößliche Gesetz römischer Verskunst auf. Den Sprachschatz säuberte er von allem Unreinen, stellte die alten Endkonsonanten und unterscheidenden Flexionsendungen, die im Verkehr des alltäglichen Lebens abzufallen drohten, wieder her und machte somit durch die Schaffung der lateinischen Schriftsprache und seine metrische Neuerung die Bahn frei für die Entfaltung der römischen Kunstdichtung.

Ennius war auch als Dramatiker sehr fruchtbar, wobei er in Anlehnung an die Griechen, besonders Euripides, eine größere Anzahl mehr oder weniger frei nachgebildeter Tragödien schuf. Seine Komödien konnten sich neben Plautus nicht behaupten. In seinen Epigrammen verwendete er als erster lateinischer Dichter das elegische Distichon. Von seinem reichen Schaffen sind uns nur Bruchstücke erhalten.

Durch feine Charakterzeichnung, kunstvolle Anlagen sowie Reinheit und Schönheit der Sprache ragt der freigelassene Sklave aus Karthago, *P. Terentius Afer,* hervor (um 189–159). Er fand in Rom Anschluß an den bildungsfreundlichen Kreis des jungen Scipio. Im blühenden Mannesalter kam er auf einer Studienreise nach Griechenland ums Leben. Seine uns erhaltenen Komödien sind streng nach griechischen Mustern, vor allem nach Menander, geformt, meiden die volkstümliche Sprache und die drastische Komik des Plautus, der sich seine derbe Bauernart das ganze Leben hindurch bewahrt hatte. Terenz wendete sich mit seinem gepflegten, urbanen Ton an ein Publikum mit feinem Geschmack, er traf den Ausgleich zwischen griechischem Gehalt und römischer Färbung, wie es dem damaligen Verlangen der adeligen Familien Roms entsprach. *Terenz*

Ein Literaturzweig hat von der griechischen Dichtung keine unmittelbar richtunggebenden Antriebe erhalten; das war die *Satire,* der wir zum erstenmal schon bei Ennius begegnen. Aber bei ihm hat das Wort noch nicht den modernen Sinn eines Spottgedichtes. Der eigentliche Begründer der Satire als Literaturgattung war *C. Lucilius* (um 180–102). Er stammte aus einem ritterlichen Geschlechte der Kolonie Suessa Aurunca (Kampanien) und gehörte zum Freundeskreis des jüngeren Scipio. Aus den schon früher erwähnten volkstümlichen scherzhaften Anfängen und dem literarischen Anstoß bei Ennius formte Lucilius die neue, eigentümlich römische Gattung der Satire mit feinem Verständnis für die politischen, sozialen und künstlerischen Fragen und mit offenem Blick für die Gebrechen seiner Zeit. *C. Lucilius*

Die uns erhaltenen Bruchstücke zeigen eine freimütige Kritik, die vor niemandem haltmacht. Mit diesem fröhlichen und streitbaren Witz, hingeworfen in ungehobelten Versen, kam er der Spottlust entgegen, die dem italischen Charakter eigen war und in dem Hinschwinden der alten *virtus* und in der Bestechlichkeit und Verkommenheit des Adels reichlich Nahrung fand. Beim Niedergang der Schaubühne in seiner Zeit bahnte er in der Satire eine neue Art öffentlicher Kritik an. *satirae*

Lebte die Dichtung der Römer vorwiegend vom griechischen Vorbild, so lag die *Prosa* als Darstellung und Mitteilung nackter Wirklichkeit dem nüchternen Sinn des römischen Volkes näher. Daher waren auf dem Gebiet der politischen Rede, die sich in den praktischen Dienst des Staates stellte, und in der Geschichtsschreibung, die ja vor allem wahrheitsgetreue Überlieferung wirklicher Ereignisse erstrebte, die fähigsten Köpfe Roms am Werke.

Rhetorik

Die natürliche rednerische Begabung und die verschiedenen Anlässe, die den vornehmen Römer zwangen, als Redner, sei es vor Gericht, in den Volksversammlungen und im Senat, aufzutreten, entwickelten schon früh eine nationale Redekunst von hoher technischer Sicherheit. Ein bedeutender Vertreter der kraftvoll natürlichen Redeweise war *M. Porcius Cato Censorius* (234—149), der oft mit unerschrockener Klugheit gegen seine Gegner aus der Nobilität auftrat, sich der lateinischen Sprache in einer eigenwillig temperamentvollen Weise bediente und zum ersten lateinischen Prosaschriftsteller der Römer wurde, während seine Zeitgenossen sich noch der griechischen Sprache bedienten. Cicero kannte noch 150 von ihm veröffentlichte Reden. Uns sind nur Fragmente erhalten, die aber die Klarheit und treffende Schärfe seines Ausdrucks sowie die mitreißende Kraft seines Vortrags erahnen lassen.

Cato Censorius

Geschichtsschreibung

Die römische Geschichtsschreibung nahm ihren Ausgang von den amtlichen Aufzeichnungen der Priester. Diese hatten schon in frühester Zeit von Staats wegen einen Bericht über die wichtigsten Ereignisse des Jahres abzufassen (z. B. Kriege, Seuchen, Friedensschlüsse, Bündnisse). Diese Aufzeichnungen, »annales pontificum« genannt, erlangten allmählich die Bedeutung geschichtlicher Urkunden, gingen aber im gallischen Brande (390) zugrunde. Doch stellte man sie wieder aus dem Gedächtnis zusammen und führte sie bis zum Jahre 123 fort. In diesem Jahre wurden die Annalen in Buchform gebracht und bildeten als *annales maximi* für die Folgezeit eine sehr wertvolle Geschichtsquelle. Die eigentliche Geschichtsschreibung nimmt erst zur Zeit des Zweiten Punischen Krieges ihren Anfang. Sie war in griechischer Sprache abgefaßt, da Rom noch keine wissenschaftliche Prosa entwickelt hatte.

Einer der ältesten römischen Annalisten war *Quintus Fabius Pictor,* der eine griechisch geschriebene Geschichte von Äneas bis zum Zweiten Punischen Krieg herausgab. Er war für Livius vielfach und besonders für den zweiten Krieg mit Karthago eine wertvolle Quelle.

Der Begründer der lateinischen Geschichtsschreibung war der schon oben erwähnte *M. Porcius Cato Censorius* aus Tusculum. Er ist der Verfasser eines großangelegten, lateinisch geschriebenen Geschichtsbuches, der *»origines«*, uns nur in Fragmenten erhalten, worin er in den Büchern 1 bis 3 die Urgeschichte Roms und der italischen Städte, in den Büchern 4 bis 7 die beiden Punischen Kriege und die daran anschließenden Begebenheiten bis zum Jahre 149 schildert. Er hat mit dem annalistischen Prinzip, die Ereignisse nach Jahren zu ordnen und daher eng Zusammengehöriges zu trennen, gebrochen, die Materie nach sachlichen Gesichtspunkten aneinandergefügt und das zwar zeitlich Geschiedene, aber inhaltlich Verbundene in großen Abschnitten zusammengefaßt.

Die späteren Annalisten haben diese Richtschnur, die eine tiefere Durchdringung des Stoffes ermöglichte, nur teilweise anerkannt. Wohl behielten sie die lateinische Sprache bei, schrieben aber in Anlehnung an die *annales maximi* wieder Geschichtswerke, die in der von Jahr zu Jahr gereihten Anordnung fortschritten. Sie legten also wieder reine Jahrbücher an, *annales* genannt, die die Ereignisse von der Gründung Roms bis zur Zeit des Verfassers behandelten. Auch gaben diese Vertreter der jüngeren Annalistik die zuverlässige, an die Quellen gebundene Berichterstattung auf und schmückten ihre Darstellung nach hellenistischem Vorbild durch Aufnahme von Sagen und freien Erfindungen aus, um der Unterhaltungslust der Leser entgegenzukommen.

Von der Republik zum Prinzipat 131—31 v. Chr.

Um 133 hatte Rom durch die Tüchtigkeit der Legionen und Bundesgenossen seine Herrschaft über die Mittelmeerländer aufgerichtet, aber die Kraft des herrschenden Volkes selbst entsprach nicht den gesteigerten Anforderungen eines so gewaltigen Reiches. Eine engbegrenzte aristokratische Oberschicht bildete den Bestand des Senates und hatte dadurch die Zügel der Regierung fest in Händen. Denn die jährlich wechselnden Beamten und die mit den großen Fragen wenig vertraute Volksversammlung mußten natürlich gegenüber den Senatoren, die lebenslänglich in dieser Ratskörperschaft saßen, in ihrer politischen Geltung zurückstehen. Dazu kam, daß der Senat nach dem Zweiten Punischen Krieg alle auswärtigen Angelegenheiten nahezu selbstherrlich regelte, die Provinzverwaltung und die Finanzgebarung für sich beanspruchte. Diese Machterhöhung des Senates riß eine große Kluft zwischen den Adel *(optimates)* und die Volkspartei *(populares)*.

Durch die Aufnahme wirtschaftlicher Beziehungen mit allen Mittelmeerländern trat Rom in den Welthandel ein. Rom brachte aus den Kriegen ungeheure Beute heim, und aus den Provinzen floß ein Geldstrom von Steuern *(vectigalia)* in die Hauptstadt. Die römische Republik hatte von jeher die Durchführung von Finanzgeschäften großenteils an Privatpersonen verpachtet. Diese Großkaufleute und Bankiers *(negatiores)* verdienten als Staatslieferanten für Heer und Flotte, bei Aufführung öffentlicher Bauten, als Pächter *(publicani)* der Staatseinkünfte und gelangten zu bedeutendem politischem Einfluß. Die Vertretung dieses neuen Groß-

Ritterstand

kaufmannstandes übernahmen die *Ritter (equites)*. Sie waren anfangs bloß eine militärische Klasse, die zu Pferd im Kriegsheere diente. Als später immer mehr die Bundesgenossen zum Reiterdienst herangezogen wurden, traten die militärischen Pflichten der Ritter zurück, und sie wurden durch die Übernahme der staatlichen Geldgebarung eine Finanzmacht. Sie waren die Nutznießer der mit der Mühe und dem Blut der Bauern erkauften Erfolge.

Die Bauern mußten ihre im Krieg vernachlässigten Güter verkaufen, waren durch Darlehen in große Schulden geraten oder hatten als Landarbeiter der billigeren Arbeitskraft der Sklaven weichen müssen. Die soziale Frage meldete sich mit der wirtschaftlichen Umschichtung, der Staat ging einer ernsten Krise entgegen.

Neben den Bauern hatten auch die italischen Bundesgenossen einen schweren Stand. Diese hatten durch ihre militärischen und wirtschaftlichen Leistungen die Weltherrschaft ermöglicht. Als es aber an die Verteilung der eroberten Güter ging, waren sie gegenüber den römischen Bürgern benachteiligt und von der Ausbeutung der Provinzen ausgeschlossen. Dazu kam noch ihre politische Rechtlosigkeit: die Bundesgenossen durften in Fragen der Innen- und Außenpolitik nicht mitreden. Daher wuchs der Unwille, und die Forderung nach Gewährung des Bürgerrechtes wurde immer drängender.
Diese sozialen und politischen Mißstände wirkten sich auch auf die geistige und moralische Haltung des Volkes aus. Glaube und Sitte der Väter wurden durch die neuen, aus aller Welt einströmenden Ideen verdunkelt. Der mühelos in den Schoß gefallene Reichtum führte zu Verschwendung und Luxus, zerstörte die Familie und untergrub die Disziplin.

Die Zeit der Gracchen

Das einzige Gegengewicht zur selbstherrlichen Nobilität bildete das Volkstribunat. Nach diesem Amt strebten auch die beiden Söhne der damals angesehensten Frau Roms, *Cornelia,* der Tochter des Scipio Africanus. Aus ihrer Ehe mit *Tiberius Sempronius Gracchus* waren zwölf Kinder hervorgegangen. Mit besonderer Sorgfalt erzog sie nach dem frühen Tode ihres Mannes die Knaben Tiberius und Gaius in den stolzen Überlieferungen ihres Hauses für die spätere Laufbahn des hohen Beamten.

Tiberius Gracchus

Tiberius (162–133) kannte bald die Nöte des Vaterlandes. Er lernte als Quästor in Etrurien den Niedergang der italischen Bauernhöfe durch die Latifundienwirtschaft kennen und erlebte vor Numantia das schmachvolle Versagen der römischen Legionen, die nicht mehr von der alten Wehrkraft des Bauernstandes beseelt waren.

Agrarreform

Sobald er das Volkstribunat erhalten hatte, beantragte er die Erneuerung des Licinischen Gesetzes, das den Höchstbesitz an Gemeindeland auf 500 Joch beschränkte, und fügte die mildernde Bestimmung hinzu, daß diese Besitzer noch je 250 Joch für zwei Söhne behalten dürften. Der Überschuß mußte dem Staate zurückgegeben werden, der daraus neue Höfe zu höchstens 30 Joch an die landlosen Bauern verteilen sollte. Die Begeisterung der Bauern und der städtischen Bevölkerung war groß, auch weiterblickende Adelige schlossen sich den Reformplänen des Tiberius an, trotz den Opfern, die sie von ihrem Grundbesitz bringen sollten. Aber ebenso heftig flammte auch die Erregung der Gegner auf, die ihren durch Generationen vererbten Familienbesitz bedroht sahen. Tiberius jedoch hielt mit leidenschaftlicher Hingabe an seiner Idee fest, und noch aus den Bruchstücken seiner Reden flammt sein bilderreiches, alttestamentarisches Pathos:

»Die Tiere Italiens haben Höhle und Lagerstatt. Aber die Helden, die für Italien kämpfen und sterben, haben nur Anteil an Licht und Luft. Ohne Haus und Hof irren sie mit Weib und Kind durchs Land. Die Feldherren lügen, wenn sie den Kriegern zurufen, Vätergrab und Heiligtum zu schützen; denn keiner von so vielen Römern besitzt einen Hausaltar oder ein Ahnengrab. Für fremden Luxus und Reichtum kämpfen und sterben sie, die Herren der Erde heißen und doch nicht eine Scholle ihr eigen nennen.«

Die Entscheidung über den Gesetzesantrag hatten die Tributkomitien (Volksversammlung). Gegen die Agrarreform legte im Auftrag der Optimaten ein anderer Volkstribun, *Marcus Octavius,* sein Veto ein. Damit war der Antrag des Gracchus gefallen. Aber in der Bürgerschaft stieg die Empörung, Bauern strömten vom Land in die Stadt; denn es ging um ihre Existenz. Tiberius sah ein, daß er gegen Octavius seinen Antrag auf legalem Weg nicht durchbringen konnte. So wurde er, wollte er seinen Plan nicht aufgeben, zum Revolutionär. Er stellte den Antrag ans Volk, Octavius seines Amtes zu entheben, weil er gegen die Interessen des Volkes gestimmt habe, das ihn zu seinem Vertreter gewählt hätte. Damit verging er sich aber gegen die staatsrechtliche Verfassung, nach der eine Absetzung eines gewählten sakrosankten Beamten vor Ablauf seiner Amtszeit unmöglich war. Die Abstimmung richtete sich gegen Octavius, er mußte aus dem Amte scheiden, und das Ackergesetz wurde angenommen. Sofort ging man an die praktische Durchführung. Um den Siedlern auch die nötigen Barmittel zur Aufrichtung der Bauernhöfe zur Verfügung stellen zu können, beschlagnahmte er die Hinterlassenschaft des Königs Attalos von Pergamon. Da er damit in die Finanzhoheit des Senates eingriff, vermehrte dieser verfassungswidrige Schritt die Angriffe gegen Tiberius. Der Tribun fürchtete einen schweren Gegenstoß der Feinde nach Ablauf seines Amtes und bewarb sich daher um seine Wiederwahl. Diese war aber verboten und bedeutete neuerlich einen Verfassungsbruch. Da die Wahl im Sommer stattfand, waren die Bauern durch Erntearbeiten festgehalten. Um so mehr suchten die Anhänger des Gracchus das Stadtvolk zu gewinnen. Am Wahltag kam es zu Tumulten, Gracchus hob die Hand gegen den Kopf, um der Volksmenge anzudeuten, es ginge um sein Leben. Seine Feinde aber riefen, er wolle das Diadem, das Symbol der Alleinherrschaft. Das war das Zeichen zum Aufbruch der Senatoren. Mit Holzstöcken schlugen sie auf die Menge ein, Tiberius und dreihundert seiner Anhänger fanden in dem Gemetzel einen jähen Tod. Seine Leiche wurde in den Tiber geworfen.

Rein und lauter waren die Absichten des Tribunen gewesen, aber er wurde durch den Widerstand des Senates auf den Abweg des Verfassungsbruches getrieben und fand dadurch sein tragisches Ende. Nie zuvor war Bürgerblut durch Mitbürger in den Straßen Roms geflossen. Daß es dazu kam, ist hauptsächlich den Optimaten anzulasten. Ein Jahrhundert lang hörte das Blutvergießen in der Hauptstadt nicht mehr auf.

Nach Beseitigung des Gegners schützte der Senat zwar die Urheber des Mordes, aber das Werk des Tribunen lebte fort. In den nächsten Jahren schuf die Ackerkommission rund 72.000 Bauernstellen. Als man aber danangging, auch das von den Bundesgenossen besetzte Gemeindeland zu enteignen, erhob sich der Widerstand bei den Italikern und fand in Rom bei den Reformgegnern ein willkommenes Echo. Über Antrag des Scipio Aemilianus, des Siegers von Numantia, der zu den Plänen seines Schwagers Tiberius schon von vornherein im Widerspruch gestanden war, wurde der Ackerkommission die richterliche Entscheidung genommen und den Konsuln überwiesen. Mit dem Verlust dieser Urteilsfällung kam die weitere Landverteilung ins Stocken. Scipio selbst starb in demselben Jahr plötzlich, und es verbreitete sich das Gerücht, er sei von Anhängern der Gracchen ermordet worden. Doch erfolgte nie eine Untersuchung, und das Ende dieses Mannes blieb ungeklärt.

Nach den blutigen Verfolgungen suchte die Reformpartei nach einem anderen Ausweg. Sie wollte die Bundesgenossen durch Erweiterung ihrer Bürgerrechte gewinnen. Aber dieser Antrag mußte wegen des heftigen Widerstandes der breiten Massen Roms, die ihre bevorzugte Stellung mit niemandem teilen wollten, zurückgezogen werden. So wuchs die Unzufriedenheit unter den Bundesgenossen, und einige Landstädte, wie *Fregellae*, das mit den Führern der Reformpartei in engster Fühlung stand, erhoben sich zu offener Empörung. Aber sie erlagen der römischen Übermacht, und Fregellae büßte den Aufstand mit dem Verlust der Mauern und seines Stadtrechtes.

Gaius Gracchus

In dieser Zeit war der jüngere Gracchus, *Gaius Sempronius Gracchus* (153—121), von seiner Quästur in Sardinien nach Rom zurückgekehrt und wurde vom Volke, das große Hoffnung auf ihn setzte, zum Volkstribunen gewählt. Gaius hatte ebenso wie sein Bruder die sorgfältigste Erziehung genossen, war sehr begabt, eine glänzende Erscheinung, ein mitreißender Redner und ein zielbewußter Politiker. Er ging über die Ideen seines Bruders noch hinaus, suchte das Volk durch das Getreidegesetz und den Ritterstand durch das Richtergesetz zu gewinnen und selbst die Bundesgenossen in die Bewegung hineinzuziehen.

Das Getreidegesetz *(lex frumentaria)* sollte der hauptstädtischen Bevölkerung eine Ermäßigung der Getreidepreise durch staatliche Zuschüsse sichern. Die Getreideversorgung mit staatlichen Beihilfen wurde in der Folgezeit beibehalten, führte aber zu einem ungesunden Zustrom verarmender Bevölkerungskreise nach Rom und wirkte dadurch nachteilig auf die Versuche, das Bauerntum in Italien wieder aufzurichten.

Das Richtergesetz *(lex iudiciaria)* nahm den wesentlichen Teil der Gerichtsbarkeit den Senatoren und besetzte die Geschworenengerichte nicht

mit Senatsmitgliedern, sondern mit Rittern. Dadurch wollte Gaius die Macht des Senates mindern und einen Keil zwischen die Optimatenpartei und den kapitalistischen Ritterstand treiben.
Gracchus nahm auch das Ackergesetz seines Bruders wieder auf und gründete neue Kolonien für vermögenslose Bürger in drei einst bedeutenden Städten, in Capua, Tarent und Karthago. Wenn auch Gaius seine Reformen verfassungsmäßig durchsetzte, so bedeuteten sie doch eine große Umwälzung, besonders der Antrag, das Bürgerrecht an die Latiner zu verleihen. Gaius konnte mit dem Tribunat, das nun nach seinem Antrag wiederholbar war, die senatorische Machtstellung lahmlegen, allerdings nur so lange, als der Tribun die Volksmeinung hinter sich hatte. Hier mußten also die Optimaten einsetzen. Dazu bedienten sie sich eines für ihre Pläne gewonnenen Volkstribunen, *Marcus Livius Drusus,* eines skrupellosen Mannes.
Während Gaius in Afrika weilte, um auf dem Boden des zerstörten Karthago eine Neusiedlung einzurichten, stimmte Drusus das Volk durch Versprechungen um, die weit über die des Gaius hinausgingen. Die Ackerlose sollten künftighin nicht zinspflichtige Pachtgüter, sondern freies Eigentum sein. Statt überseeischer Kolonien sollten bedürftige Bürger bequemere Siedlungsplätze in Italien erhalten. Wenn sich auch die weitgreifenden Zusagen nicht verwirklichen ließen, so entzogen sie doch dem Gaius die Volksgunst. Gaius fiel bei der Wiederbewerbung um das Tribunat durch. Als sich bei den Komitien Unruhen zeigten, verlangte der Konsul L. Opimius, ein Feind des Gracchus, zur Wiederherstellung der Ordnung diktatorische Vollmachten. Es ist der erste, in der Folgezeit öfters wiederholte Fall des Notstandsbeschlusses *(senatus consultum ultimum),* womit der Senat die Verfassung aufhob und die Konsuln mit unbeschränkter Vollmacht ausstattete, gegen Empörer einzuschreiten. Senatoren und Ritter stellten sich gegen Gracchus. Dieser zog sich mit seinen Anhängern auf den Aventin zurück. Eine Verhütung des Kampfes war nicht möglich, obwohl sich der Volkstribun wegen der Aussichtslosigkeit von jeder feindseligen Handlung fernhielt. Seine Anhänger wurden von den Truppen niedergeschlagen, er selbst ließ sich auf der Flucht von seinem treuen Sklaven töten.
Nach seinem Tode blieb das Getreidegesetz erhalten. Eine immer größere Zahl besitzloser Bürger ließ sich durch die staatliche Unterstützung in die Stadt locken und dort von wenigen Machthabern für deren tagespolitische Interessen mißbrauchen. Die in Erbpacht vergebenen Ackerlose wurden für freies Eigentum erklärt, ihre Besitzer konnten sie verkaufen. Die Latifundien vergrößerten sich von Jahr zu Jahr. Das uneigennützige Wollen der beiden edlen Vorkämpfer, das arme Volk aus seiner tiefen Not herauszuführen, war vergeblich gewesen. Die Gracchen konnten den Untergang des Bauernstandes nicht mehr aufhalten, aus dessen immer wieder neuen Kraftquellen

sich Rom in ungezählten Waffengängen zum Weltreich erhoben hatte. Ihr tragischer Tod steht am Eingang zu dem folgenden Jahrhundert der blutigen Bürgerkriege, der Ächtungen und Vermögenskonfiskationen.

Marius und Sulla

Die Reformen der Gracchen gaben Anlaß zu einer alle Schichten der Bevölkerung ergreifenden Wirrnis. Die Optimaten, die für ihre Vorrangstellung fürchteten, suchten durch neue Ämter ihren Einfluß zu stärken, die Ritter wollten ihre wirtschaftlichen Interessen fördern, und das Volk suchte Anschluß an die jeweils führenden Männer, um sie für seine Zwecke auszunützen. In diesen inneren Schwierigkeiten ging der Blick für die auswärtigen Angelegenheiten verloren, die Obsorge für die Wehrkraft des Heeres sowie für die Grenzverteidigung wurde vernachlässigt, und schon drohten feindliche Gefahren in Afrika und im Norden Italiens.
Bei dem Endkampf um Karthago schloß sich der König von Ostnumidien, *Massinissa,* den Römern an, wurde dafür mit Westnumidien, dem Land des romfeindlichen *Syphax,* belohnt und schuf das großnumidische Reich von Mauretanien bis zur Cyrenaika, das die römische Provinz von drei Seiten umfaßte. Er brachte es durch die Erschließung seiner natürlichen Reichtümer zu großer Blüte. Sein Sohn *Micipsa* ordnete sich den Römern völlig unter, so daß sein Reich im Grunde nichts anderes war als ein Lehensstaat Roms. Er hatte zwei Söhne, *Adherbal* und *Hiempsal,* und nahm seinen Neffen *Jugurtha* als Adoptivsohn an. Dieser hatte sich vor Numantia unter Scipio Aemilianus ausgezeichnet, sich dessen Freundschaft erworben und bei dieser Gelegenheit auch wertvolle Verbindungen mit römischen Adeligen angeknüpft. Zugleich hatte er einen tiefen Einblick in die Schwächen der römischen Kriegführung und Politik sowie in die Verderbtheit der römischen Gesellschaft gewonnen. So fähig und tapfer Jugurtha war, so verschlagen, hinterlistig und gewissenlos handelte er. Sobald Micipsa gestorben war, geriet er mit des Königs Söhnen in Streit um die Teilung des Erbes. Noch während dieser Verhandlungen ließ er Hiempsal aus dem Wege räumen und erhob nun dreist Anspruch auf das Gesamtreich. Es kam zum Bürgerkrieg zwischen Adherbal und Jugurtha. Dieser hatte zwar die geringere Zahl an Truppen, aber dafür die besseren Soldaten. Er fiel in Adherbals Gebiet ein. Der König floh nach Rom, um dort Klage zu führen, konnte sich aber nicht durchsetzen. Denn Jugurtha rüstete Gesandte mit reichlichen Bestechungsgeldern aus, und bald überzeugten diese die Römer davon, daß nicht Jugurtha, sondern Adherbal der Urheber des Erbfolgestreites sei. Der Senat bestimmte, das Reich sei zu gleichen Teilen den beiden Gegnern zuzuweisen, aber unter dem Einfluß des Geldes fiel der bessere an Jugurtha. Doch dieser begnügte sich mit einem

Jugurtha

solchen Erfolg nicht, sondern belagerte Adherbal in dessen Hauptstadt *Cirta* (jetzt *Constantine*). Adherbal fand an der günstigen Lage der Festung und an der Mithilfe der dort ansässigen Italiker eine große Stütze. Als sich aber die Belagerung ausweitete und die Bittgesuche an Rom erfolglos blieben, übergab Adherbal die Stadt im Vertrauen auf die Furcht vor dem römischen Namen. Jugurtha jedoch kannte keine Gnade, ließ die Besatzung einschließlich der Italiker niedermachen, und auch der unglückliche König fand unter grausamen Martern den Tod (112).

Diese Tat brachte ganz Italien in Erregung. Als trotzdem die Majorität des Senates keine Neigung zu einem bewaffneten Einschreiten gegen Jugurtha zeigte, erhob sich bei den Rittern, die ihre Standesinteressen durch die Hinopferung der italischen Kaufleute in Cirta am schwersten bedroht sahen, lauter Unwille, und der Volkstribun *Gaius Memmius* benützte die Gelegenheit, um das Volk gegen die Adeligen aufzuhetzen. Unter diesem Druck ließ der Senat es doch endlich geschehen, daß der Krieg an Jugurtha erklärt wurde (112/11)

Der afrikanische Kriegsschauplatz mit seinem ungünstigen Gelände und den Schwierigkeiten in der Verpflegung der Truppen wirkte sich für die Römer nachteilig aus. Daher ließ sich der Konsul *L. Calpurnius Bestia* zu Friedensverhandlungen bewegen, besonders da Jugurtha mit Bestechungsgeldern nicht sparte. Es kam aber zu keinem Abschluß des Vertrages, weil das Volk, angeführt von dem Tribunen C. Memmius, mit der Untersuchung der Vorgänge drohte, die zu diesen übereilten Friedensvereinbarungen geführt hatten. Memmius setzte durch, der Numider sollte unter Zusicherung freien Geleites nach Rom vorgeladen werden, um Auskunft über die Verhandlungen zu erteilen.

Jugurtha erschien in Rom und stellte sich dem Verhör vor der Volksversammlung. Doch kaum hatte Memmius dem König die erste Frage vorgelegt, als diesem ein mit afrikanischem Geld bestochener Tribun untersagte zu antworten. Jugurtha erkannte, daß er mit seinem Gold auch das souveräne Volk nach seinem Willen lenken konnte, und ging in seiner Verwegenheit so weit, daß er den Sohn seines Oheims *Gulussa, Massiva,* der Anspruch auf die Herrschaft in Numidien erhob, während seines Aufenthaltes in der Hauptstadt meuchlings ermorden ließ. Nun sah sich der Senat gezwungen, einen Ausweisungsbefehl an den König ergehen zu lassen.

Wieder brachen die Feindseligkeiten in Afrika aus. Bei der tiefgehenden moralischen Zersetzung nicht nur in der römischen Nobilität, sondern auch in den Kreisen der Legionsoffiziere konnte der Numider überlegen die Zuchtlosigkeit des gegnerischen Heeres und das Gelände ausnützen. Es gelang ihm sogar, eines Nachts ins römische Lager einzubrechen, die Legionen unter großem Gemetzel vor sich herzutreiben und ihnen am Morgen nur die Wahl zwischen gänzlichem Untergang oder ehrlosem

Vertrag zu lassen. Der Feldherr *Aulus Postumius* zog mit dem Heer ohne Standarten und Waffen unter dem Joche durch und schloß ein Abkommen auf Räumung des Landes.
Die erlittene Schmach war zu groß, als daß der Adel seine Mitglieder noch länger hätte decken können. Es wurde ein Untersuchungsausschuß eingesetzt, und einige der pflichtvergessenen Beamten mußten in die Verbannung gehen. Die Weiterführung des Krieges übertrug nun der Senat dem Konsul *Quintus Caecilius Metellus.*
Dieser fähige und energische Feldherr machte durch strenge Manneszucht das Heer wieder wehrhaft und errang in den nächsten Jahren größere Erfolge. Als Jugurtha sah, daß er einen ernsten Gegner vor sich hatte, entschloß er sich zum verzweifelten Kampfe und gewann die Bundesgenossenschaft des Königs *Bocchus* von Mauretanien. Dadurch schien sich der Krieg in neue, weitere Räume hinauszuschieben.

Marius

Mehr als einmal hatte Metellus Sieg und Rettung seinem Legaten *Gaius Marius* (156–86) zu danken gehabt. Dessen Familie stammte aus Arpinum im Volskerland, das auch die Heimat Ciceros war. Marius hatte sich schon vor Numantia ausgezeichnet, und seine soldatischen Fähigkeiten waren schon dem Scipio aufgefallen. Aber sein weiterer Aufstieg wurde ihm schwergemacht, da er aus kleinem, von der Nobilität nicht als gleichwertig geachtetem Landadel stammte, eine bäuerische Art besaß, seine Bildung nur mangelhaft war und er auch nicht über einflußreiche Beziehungen verfügte. Als Legat des Metellus hatte er alle Aufträge zu dessen vollster Zufriedenheit durchgeführt. Er hatte das Vertrauen und die Liebe seiner Soldaten, da er mit ihnen alle Strapazen ertrug, mit ihnen das gleiche Brot aß, beim Schanzen selbst auch den Spaten nahm und auf dem gleichen harten Lager ruhte.
Das erstrebte Ziel seiner Wünsche war das Konsulat. Mit Mühe erreichte er von Metellus den Urlaub für die Amtsbewerbung. Die zerrütteten Zustände im Heer während des jugurthinischen Feldzuges eiferten die Ritter an, den Mann zu wählen, der ihnen den Sieg über den Numider versprach und damit den Weg zu neuen Geschäftsverbindungen mit Afrika öffnen wollte, und auch das Volk sah in ihm den seinen Interessen nahestehenden Vorkämpfer. So wurde er trotz allem Widerstand des Adels zum Konsul gewählt und mit der Leitung der Operationen in Numidien betraut.

Heeresreform

Seine erste Aufgabe sah er darin, in durchgreifender Weise das Heer zu erneuern. Er teilte die Legion in zehn Kohorten von 500 bis 600 Mann und schaffte die alte Manipelabteilung als zuwenig schlagkräftig ab. Die Ausbildung wurde gestrafft, die Ausrüstung verbessert und der Wurfspieß (pilum) für alle Legionen vorgeschrieben. Seit Marius trugen die Legionen als Feldzeichen silberne Adler. Die Reiterei stellten Bundesgenossen und Fremdvölker. Die Heeresverfassung, nach der bisher nur vermögende Bürger zum Dienste ausgehoben werden konnten, erfuhr durch Marius eine

Änderung. Infolge der Verarmung der Bauern wurde die Zahl der Besitzlosen immer größer. Aus diesen suchte er Freiwillige für den Truppendienst zu gewinnen, und seinem Rufe folgten auch sehr viele Mittellose, die im Heeresdienst einen neuen Beruf sahen, der ihnen neben dem Sold Aussicht auf Beute und die Zusicherung eines kleinen Landgutes als Altersversorgung brachte. Dadurch wurden die Söldner vom Feldherrn abhängig, er konnte sie als gefährliche Gegner gegen die Senatsregierung gebrauchen und durch sie auch eine Alleinherrschaft oder Militärdiktatur anstreben. So liegt in der Heeresreform des Marius der Keim für die künftige Militärmonarchie.

Marius ging mit namhaften Verstärkungen nach Afrika, aber den Erwartungen, den Feldzug rasch zu beenden, konnte er nicht entsprechen. Durch große Räume mußte er dem Numider nachsetzen, ohne ihn mit einem entscheidenden Schlag zu treffen. Das römische Volk jedoch bewahrte sich seinen Glauben an ihn und verlängerte das Kommando. Marius jagte Jugurtha immer weiter aus Numidien und zwang ihn endlich zur Flucht zu Bocchus.

Sulla In Marius' Heer diente als Quästor *L. Cornelius Sulla* (138–78), achtzehn Jahre jünger als Marius. Er war ein echter Stadtrömer, aus fürstlichem, aber verarmtem Geschlecht. In den großen militärischen Fähigkeiten war er über seinen Lehrer Marius hinausgewachsen, er hatte ein ausgezeichnetes diplomatisches Geschick, liebte die Genüsse der Welt, freute sich an den schönen Künsten und an griechischer Bildung. Marius gewann an diesem Aristokraten einen wertvollen Helfer für die Beendigung des Krieges.

Als Bocchus sah, daß die Operationen des Marius immer mehr an Boden gewannen, suchte er Verhandlungen mit den Römern anzuknüpfen. Marius war klug genug, darauf einzugehen. Sulla bekam den Auftrag, Bocchus der Sache Roms geneigt zu machen, aber um jeden Preis auf der Auslieferung Jugurthas zu bestehen. Unter Bedeckung, doch unter Gefahr, überfallen und geköpft zu werden, ritt er durch die Wüste zum König. An dessen Hofe bekämpften sich numidische und römische Einflüsse und hielten das Schicksal der kleinen römischen Abteilung in der Schwebe. Schließlich entschied sich Bocchus für die vorteilhaftere Freundschaft mit Rom und verriet den Bundesgenossen und Schwiegersohn. Sulla brachte den Numiderkönig zu Marius und hatte 105 durch sein diplomatisches Geschick und seinen tollkühnen Einsatz den Krieg beendet, den Rom seit 111 mit wechselvollem Glück und unter schweren Opfern geführt hatte.

Jugurthas Besitz wurde aufgeteilt, Bocchus erhielt die angrenzenden Gebiete Numidiens. Marius, in seiner Abwesenheit zum Konsul gewählt, feierte 104 seinen großartigen Triumph in Rom. Vor seinem Goldwagen schritt in königlichem Schmuck und in Fesseln Jugurtha. Wenige Tage darauf wurde er im *Tullianum,* dem uralten Staatsgefängnis unter dem Südostabhang des Kapitols, hingerichtet.

Rom hatte zur Sicherung der Landverbindung zwischen Norditalien und

Spanien eine neue Provinz, *Gallia Narbonensis,* benannt nach der Hauptstadt *Narbo,* jetzt *Narbonne* in Südfrankreich, eingerichtet und eine durchgehende Straße längs der Küste von der Tibermündung bis nach Spanien angelegt. Die weitere Auswertung der Provinz wurde jäh unterbrochen durch den ersten geschichtlich nachweisbaren Einfall germanischer Stämme, der *Zimbern* und *Teutonen.* Diese beiden Völker siedelten vor ihrem Aufbruch an der Küste von Schleswig-Holstein und Jütland. *Zimbernkrieg*

Der Überlieferung nach sind die Zimbern durch eine gewaltige Sturmflut ihrer Heimat beraubt worden. Das bisher durch eine Dünenkette geschützte Land wurde nun dauernd vom Meer überspült, und nur die Nordfriesischen Inseln künden in ihren letzten Resten von dem verlorenen Siedlungsboden. Das Nordseevolk zog daher nach Südosten, wurde von den Boiern in Böhmen abgewehrt, drang zur Donau vor und brach 113 in das Gebiet der keltischen Taurisker, in die Steiermark, in Kärnten und Krain ein. Die Römer betrachteten dieses Land wegen seines Gold- und Eisenvorkommens als ihr Interessengebiet und schickten daher ein Heer unter dem Konsul *Cn. Papirius Carbo* zu Hilfe, das bei *Noreia* (in der Nähe von Neumarkt in der Steiermark) in der ersten Schlacht, die zwischen Römern und Germanen geschlagen wurde, auf die Zimbern stieß. Die Niederlage der Römer war so groß, daß nur ein Unwetter die Legionen vor einer völligen Vernichtung rettete und ganz Italien ein weiteres Vordringen der Germanen fürchten mußte. *Noreia 113*

Doch die Sieger nützten ihren Vorteil nicht aus, sondern zogen nach Westen in das Gebiet der Helvetier, wo sich ihnen Tigurıner sowie Ambronen und am Rhein die Teutonen anschlossen. Der weitere Zug führte die Heimatlosen nach Gallien, wo die römischen Heere, die sie abwehren wollten, zweimal vernichtend geschlagen wurden. Die schwerste Niederlage aber erlitten die Römer 105 bei *Arausio* (jetzt *Orange),* die zu einer Katastrophe gleich der bei Cannae wurde. Obwohl nach diesem entsetzlichen Schlag den Römern keine kampffähigen Mannschaften zur Verfügung standen, unterließen die Germanen unbegreiflicherweise den Vormarsch nach Italien. Die Teutonen unternahmen Plünderungszüge durch Gallien, die Zimbern brachen über Südgallien in Spanien ein. *Arausio 105*

Diese Pause wurde den Römern zum Segen. Denn inzwischen war der Feldzug gegen Jugurtha beendet worden, die in Afrika erprobten Truppen standen für neue Aufgaben bereit, und vor allem war auch der Feldherr, zu dem das Volk unbedingtes Vertrauen hatte, frei geworden, *Gaius Marius.* Er wurde das zweite Mal zum Konsul gewählt, mit dem Oberbefehl gegen die Germanen betraut und blieb ohne Einspruch des Adels oder des Volkes gegen das Gesetz fünf Jahre hintereinander im Konsulat. Marius war der geeignete Mann, der den Soldaten nach dem niederschmetternden Eindruck der vergangenen Fehlschläge die Angst vor den gefährlichen und todesmutigen, aber taktisch unbeholfenen Feinden nehmen konnte. Als die

Zimbern, von den Keltiberern abgewiesen, 103 aus Spanien zurückkehrten, war Rom zum Gegenschlag gerüstet.

Die Zimbern und Teutonen waren im Bewußtsein, daß sie nur nach einem endgültigen Sieg über die Römer, die ihnen überall hindernd entgegentraten, Ruhe finden würden, entschlossen, in Italien einzudringen. Weil aber die Verpflegung einer so großen Heeresmasse zuviel Schwierigkeiten verursachte, kamen sie überein, getrennte Wege zu ziehen und sich auf italischem Boden zu vereinen. Dieser Beschluß kam den Römern zugute.

Die Teutonen wollten durch die *provincia Narbonensis* gegen Italien vorstoßen. Marius schlug an der Mündung der Isère in die Rhone ein befestigtes Lager auf, um den Feind am Weitermarsch zu hindern und seine Soldaten an den Anblick der Feinde zu gewöhnen. Denn diese lösten durch ihren riesenhaften Wuchs, ihr tollkühnes Voranstürmen, den wilden Schlachtgesang und das ohrenbetäubende Trommeln der Weiber und Kinder auf den Lederdächern ihrer Wanderkarren Bestürzung und Schrecken aus. Vergeblich rannten die Germanen gegen das Lager an. Als Marius die nächsten Tage ruhig im Lager verblieb, zogen die Teutonen unter Hohnrufen weiter. Der römische Feldherr folgte den Vorausziehenden und stellte

Aquae Sextiae 102

sie bei *Aquae Sextiae* (jetzt *Aix* in der Provence) am Hang eines Hügels zum Kampf (102). Er errang durch den Vorteil seines Standplatzes und durch ein geschicktes Umkreisungsmanöver einen überlegenen Sieg. Die meisten Germanen fielen in der Schlacht, und auch die Frauen zogen den Tod dem Weg in die Sklaverei vor.

Die Zimbern waren inzwischen über den Brennerpaß in das Etschtal eingedrungen. Sie fluteten gegen die Poebene hinunter. Der zweite Konsul, Quintus Lutatius Catulus, stand bei Verona auf beiden Seiten der Etsch. Als jedoch die fremden Scharen heranbrandeten, trieben sie das Heer über den Po. Die Zimbern ließen sich nördlich des Flusses nieder. Als das Heer des Marius aus der gallischen Provinz angerückt war, vereinigte er es mit dem des Catulus und setzte über den Po. Die Zimbern verlangten neuerlich, wie sie es schon öfters getan hatten, Land, um eine neue Heimat gründen zu können. Aber die Römer wiesen sie immer wieder spottend ab. Da forderte ihr Herzog *Boiorix* stolz von den Römern Ort und Zeit des

Vercellae 101

Entscheidungskampfes. Marius nannte *Vercéllae* auf den Raudischen Feldern (jetzt Vercélli) und den übernächsten Tag. Er wurde der Tag des Unterganges für die Zimbern, auch der letzte verzweifelte Widerstand bei der Wagenburg konnte das Verhängnis nicht mehr aufhalten; fern der Heimat, auf fremder Erde, erlosch auch dieser Stamm wie ein Jahr zuvor die Teutonen.

Marius wurde in Rom jubelnd empfangen, bei seinem glänzenden Triumph lag das Volk nahezu auf den Knien vor ihm, er wurde mit Camillus, dem Erretter aus der Keltennot, verglichen und neben ihm und Romulus als dritter Gründer Roms genannt. Nobilität, Ritter und Volk sahen in ihm den ersten Mann des Staates. Wie ein Halbgott herrschte er völlig gesetzmäßig, sechsmal vom Volk zum Konsul gewählt, das sechste Mal für das Jahr 100.

Der Untergang der Zimbern und Teutonen schreckte die in Bewegung geratenen Germanenstämme von weiteren Zügen nach dem Süden ab und gab ihnen die Richtung westwärts zum Rhein und nach Gallien.

Die abgeschlossenen Kriege blieben nicht ohne Auswirkung auf die innere Politik Italiens. Sie steigerten immer mehr die Erbitterung der Plebs gegen die Optimaten, die sich in schwerer Zeit durch die Verwicklung in Bestechungsaffären mit Schande bedeckt hatten. Die Volkspartei hielt den Augenblick für gekommen, ihre alten Ansprüche auf Landzuteilung, besonders in der Poebene, durchzusetzen. Dabei sollten vor allem die Veteranen des Marius berücksichtigt werden. Außerdem wurde eine weitere Herabsetzung des Getreidepreises verlangt. Die Optimaten traten diesen neuen Anträgen entschieden entgegen und gewannen auch die Zustimmung der Ritter. Es kam zu blutigen Unruhen in Rom, und Marius mußte zur Wiederherstellung der öffentlichen Ordnung gegen seine Anhänger unter den Popularen vorgehen. Dadurch aber sank sein Ansehen bei der Volkspartei, ohne daß er den Adel für sich gewann.

Unentschlossen zwischen beiden Parteien schwankend und von ihnen mißbraucht, hatte sich Marius, als sein Konsulatsjahr ablief, in das Dunkel des Privatlebens zurückgezogen.

Wiederherstellung der Senatsherrschaft

Die Optimatenpartei riß wieder die ganze Macht an sich. Die gracchischen Reformpläne kamen aber nicht mehr zur Ruhe. Die einsichtsvollen Männer der Aristokratie waren sich dieser Notwendigkeit bewußt. Zu ihnen gehörte auch der Volkstribun des Jahres 91, *Marcus Livius Drusus,* der aus einer sehr reichen Familie stammte, hochgebildet war und als ausgezeichneter Redner die Massen begeisterte und mitriß. Er brachte zwei Gesetzesvorschläge von besonderer Tragweite ein. Der erste sah die Ansiedlung von Bürgern auf allem noch unverteilten italischen Ackerland vor, besonders in den besten Teilen Siziliens. Der andere beantragte die Zuerkennung des römischen Bürgerrechtes an die Bundesgenossen. Außerdem bekämpfte dieser lautere Mann die Bestechlichkeit der Beamten und trat gegen die Ausbeutung der Provinzen durch den Ritterstand auf. In seinem beantragten Getreidegesetz forderte er eine weitere Preisermäßigung des Getreides, das dem Volk vom Staat (seit den Gracchen) bereitgestellt wurde. Als man erfuhr, daß die Optimaten die Gesetzwerdung dieser Vorschläge zu verhindern suchten, erhob sich der Aufruhr in Rom immer mächtiger, und mit fieberhafter Spannung erwartete man den Tag der Abstimmung. Da durcheilte die Nachricht die Stadt, Livius Drusus sei in seinem Hause ermordet worden.

Die Täter konnten nicht ausgeforscht werden, waren aber wohl in den Kreisen der Optimaten zu suchen.

Der Bundesgenossenkrieg

Die Ermordung des Drusus war für die Bundesgenossen das Zeichen zur allgemeinen Erhebung, um mit Waffengewalt das Recht durchzusetzen, das auf gesetzmäßige Weise nicht zu erreichen war. Die Bundesgenossen hatten trotz ihrem dauernden Militärdienst, ihren Opfern an Blut und Geld nur beschränkte Rechte im Heer und im bürgerlichen Leben. Daher ging es ihnen nicht mehr darum, die Gleichberechtigung mit den Bürgern der Tiberstadt zu erkämpfen, sondern die meisten Gemeinden von den Abruzzen bis nach Kalabrien sagten sich von Rom los und schufen nach dem Muster des römischen einen eigenen Bundesstaat *»Italia«* mit der Hauptstadt *Corfinium* im Paelignerlande. Die Bundesgenossen stellten unter ihren Konsuln *Pompädius Silo* und *Papius Mutilus* zwei größere Heere auf.

Gegen den drohenden Bund rüstete der römische Senat mit nicht geringerer Tatkraft. Aber die römischen Heere erlitten in dem *Bundesgenossenkrieg* (91–88) so viele Niederlagen, daß Marius, den man aus seiner Einsamkeit geholt hatte, nur mit Mühe die Lage wiederherstellen konnte. Rom sah sich gezwungen, allen treuen Bundesgenossen das Bürgerrecht zu verleihen, um die noch unentschiedenen Italiker vom Abfall abzuhalten. Dieses Gesetz wurde später noch dahin erweitert, daß allen Italikern südlich des Po das römische Bürgerrecht zugesichert wurde, falls sie die Waffen ablegten und darum binnen 60 Tagen beim Prätor in Rom ansuchten. Rechtlich waren nun alle Bürgergemeinden Italiens gleichgestellt. Aber die neuen Bürger konnten wegen der großen Entfernungen ihr Wahl- und Abstimmungsrecht in Rom nicht ausüben. Der Gedanke, die entfernter Wohnenden durch Abgeordnete vertreten zu lassen, wie es in modernen Staaten der Fall ist, war den Römern noch fremd. So konnten also weiterhin nur die Stadtrömer von ihren politischen Rechten Gebrauch machen. Der Eigennutz der Optimaten und der römischen Bevölkerung verhinderte auch diesmal eine befriedigende Lösung. Es wurde nicht eine aus allen Italikern zusammengesetzte Regierung gebildet, sondern der römische Stadtstaat blieb weiterhin bevorzugter Mittelpunkt, und die Magistrate Roms wurden zu Magistraten Italiens. Die Verstimmung über diese Zurücksetzung verband sich bald mit den altüberkommenen Spannungen und führte schließlich zum Bürgerkrieg.

Der unvermeidliche innere Brand entzündete sich an dem Feuer eines auswärtigen Krieges. Im Osten nützte nämlich der König *Mithridates* von Pontos, einem gebirgigen Küstenlande am Schwarzen Meer, die Gebundenheit Roms durch den Bundesgenossenkrieg, um mit Hilfe seines Schwiegersohnes *Tigranes* den griechischen Orient zum Freiheitskampf gegen Rom aufzurufen. Rom mußte gegen diesen drohenden Feind einen besonders erprobten Feldherrn mit dieser schweren Aufgabe betrauen. Ein Volksversammlungsbeschluß übertrug Marius den Oberbefehl.

Da trat ihm aber ein anderer entgegen, der sich ebenfalls in den letzten Jahren als ein hervorragender Heerführer gezeigt hatte, nämlich *L. Cornelius Sulla.* Er entstammte einer vornehmen Patrizierfamilie, war mit körperlichen und geistigen Vorzügen reichlich ausgestattet und verstand es als ein findiger Realpolitiker, alles zu einem glücklichen Erfolg zu führen. Deshalb gaben ihm schon seine Zeitgenossen den Beinamen Felix (der Glückliche). Diesen Sulla hatte der Senat zum Führer der Orientarmee bestellt. Er eilte zum Heer nach Süditalien und führte es in Eilmärschen gegen Rom. Damit gab er den Auftakt zu den folgenden Bürgerkriegen. Er bemächtigte sich der wehrlosen Stadt. Marius wurde von ihm geächtet und entkam durch eine abenteuerliche Segelfahrt nach Karthago, um hier die Stunde der Rache zu erwarten. In Rom fanden unter Sullas Vorsitz die Konsulwahlen statt, bei denen die Popularen trotz dem Wahlterror der Gegner die eine Konsulstelle mit ihrem Kandidaten *L. Cinna* besetzen konnten. Bald darauf setzte Sulla mit der Armee nach Griechenland hinüber.

Nach seinem Abgang gewann die Gegenpartei wieder die Oberhand und ächtete Sulla, der im weiteren auf keinerlei Unterstützung aus der Heimat hoffen konnte. Die feindliche Hauptmacht war in Athen zusammengezogen, daher konnte Sulla diese Stadt erst nach schweren Kämpfen nehmen. Aber die Eroberung bedeutete nicht viel, weil die pontischen Besatzungen sich zu neuem Gegenstoß in Böotien stellten. Erst durch die Vernichtung der Hauptarmee in zwei blutigen Schlachten in Böotien kam die pontische Herrschaft auch in Kleinasien ins Wanken. Sowohl Mithridates als auch Sulla waren zu einem vermittelnden Abschluß bereit. Denn Sulla hörte mit Besorgnis, daß inzwischen Cinna mit Waffengewalt alle Macht an sich gerissen hatte, und Mithridates erhoffte sich von seinem rechtzeitigen Einlenken ein günstigeres Ergebnis.

Erster Mithridatischer Krieg 88—84

Der König mußte alle eroberten Gebiete räumen, eine Kriegsentschädigung zahlen und den größten Teil seiner Flotte für die Rückkehr der römischen Truppen ausliefern. Die Friedensbedingungen waren für den König, der zu Ephesos den blutigen Befehl erlassen, alle Italiker in Kleinasien zu ermorden, und die ganze römische Ordnung im Orient auf schwerste zerstört hatte, sehr mild. Rom beschränkte sich eigentlich nur auf die Defensive, der König entging der Vernichtung und gewann die Möglichkeit, zu neuem Angriff zu rüsten.

Bürgerkrieg 88—82

Während Sullas Abwesenheit von Rom hatte Cinna durch die Mithilfe der Neubürger alle Macht an sich gerissen und im Verein mit dem zurückgerufenen Marius eine Schreckensherrschaft aufgerichtet, der die Gegner der Demokraten, darunter auch edle Männer, zum Opfer fielen. Marius wurde zum siebentenmal zum Konsul gewählt, starb aber bald, siebzig Jahre alt. Cinna behauptete noch einige Jahre das Konsulat, wurde aber beim Erscheinen Sullas auf italischem Boden von seinen Soldaten erschlagen.

Als Sulla in Brundisium landete, stellten sich ihm die Legionen der Volkspartei entgegen. Aber der schlaue Mann verstand es, die Truppen auf seine Seite zu ziehen, die mit ihren Feldzeichen und der Kriegskasse zu ihm übergingen. Ihnen schlossen sich auch die wenigen Opitmaten mit ihren Verbänden an, wie der junge *Cn. Pompeius* und *M. Crassus*. Unter strenger Manneszucht marschierte Sullas Heer nach Norden, bezwang alle Gegner, darunter den Sohn des Marius, der Selbstmord beging, und zog nach einem fürchterlichen Ringen in die Hauptstadt ein.

Sulla war Herr des Staates, er ließ sich zum Diktator ernennen. Mit rücksichtsloser Grausamkeit gab er durch Anschläge die Namenlisten der Gegner bekannt, die er dem Tode überlieferte. *Proskriptionen* nannte man diese Kundmachungen. Wer auf der Liste stand, durfte von jedermann straflos getötet werden, sein Besitz wurde versteigert, wobei sich die Anhänger Sullas maßlos bereicherten. Die Proskribierten hatten kein Berufungsrecht. Auch deren Söhne und Enkel verloren das Recht, sich je um Ämter zu bewerben. Die Sklaven der Geächteten wurden freigelassen und stützten, nach Sulla Cornelii geheißen, die Herrschaft des Gewaltmenschen, die enteigneten Ländereien wies Sulla seinen Veteranen zu. Aber nicht nur einzelne, sondern auch ganze Länder traf sein Strafgericht. Dadurch verschwanden die Etrusker, Samniten und Osker aus der Geschichte, und die Latinisierung Italiens wurde abgeschlossen.

Pro-skriptionen

Verfassungs-reform

Als Diktator mit unbeschränkter Gewalt und auf unbestimmte Zeit ging er an die Reform der Verfassung, die dem Senat Macht und Gesetzgebung für die Zukunft sichern sollte. Der Senat wurde auf sechshundert Mitglieder erhöht und erhielt die Rechtsprechung zurück, die C. Gracchus den Rittern eingeräumt hatte. Durch die Beseitigung der Zensur machte Sulla die Senatoren unabsetzbar. Die Tribunen, die Anwälte des Volkes, wurden entrechtet. Man gestattete ihnen nicht mehr, Gesetzesvorschläge unmittelbar vor die Volksversammlung zu bringen. Alle Anträge, die eine Änderung der bestehenden Verhältnisse betrafen, mußten vorher im Senat genehmigt werden. Auch das Vetorecht wurde erheblich eingeschränkt. Sulla legte auch die Ämterlaufbahn fest. Das Mindestalter für die Quästoren war dreißig Jahre, für die Prätoren vierzig. Zwischen den Ämtern mußte ein Zeitraum von wenigstens zwei Jahren liegen.

Der Diktator hat die Tiberstadt mit schönen Bauten geschmückt und dem Jahreslauf des römischen Bürgers durch Feste und Spiele Glanz und Feierlichkeit gegeben. Aber bei seinem Reformwerk dachte er nicht daran, eine persönliche Herrschaft aufzurichten. Es ging ihm in rückwärtsgewandter Schau nur darum, die Senatsherrschaft wieder aufzurichten als eine feststehende Ordnungsmacht in chaotischer Zeit.

Als er sein Ziel erreicht hatte, fiel ihm der Verzicht auf die Macht nicht schwer. Er legte die Diktatur nieder, führte die Konsularregierung wieder ein und trat ins Privatleben zurück. Nachdem er dem Volk die Tatsache

persönlich mitgeteilt hatte, wagte er es, ohne Leibwache durch die Menschenmassen vom Forum nach Hause zu gehen.
Nun setzte er sich in Puteoli am Golf von Neapel zur Ruhe. Er hatte seit langem Tagebücher geführt, nun benützte er sie als Unterlage für seine Memoiren. Es fehlte ihm nicht an Bildung. Er war in der griechischen und lateinischen Literatur gleich gut bewandert, und obwohl er in der Muße schwelgerisch lebte, hielt ihn doch kein Vergnügen von Geschäften ab. Er hatte sich eine kostbare Bibliothek aus Athen mitgebracht, die ein gewisser *Apellikon* aus dem lange verschollenen und durch Feuchtigkeit und Würmer schon schwer geschädigten Nachlaß des Aristoteles und Theophrástos zusammengetragen hatte. Nicht lange genoß er seine Muße. Schon ein Jahr darauf starb er an einer gräßlichen Darmkrankheit (78). Noch auf seinem Sterbelager wurde es ihm klar, daß sein Reformwerk nicht Dauerwert besaß, daß man nicht mit der gewaltsamen Wiederaufrichtung veralteter Einrichtungen einen kranken Staat retten könnte; schon flackerten wieder neue Gefahrenherde auf.

Pompejus

Nach Sullas Tod erhoben die Marianer wieder ihr Haupt. *Quintus Sertorius,* ein seit dem Zimbernkrieg wiederholt durch seine Führerbegabung ausgezeichneter Offizier, Anhänger der Volksherrschaft, der die Verwaltung der Provinz Spanien übernommen hatte, faßte abenteuerliche Pläne, um mit Hilfe der ihm gewogenen Iberer die Optimaten zu vernichten. Nach siegreichen Kämpfen in Spanien rief er an der Spitze seines wohlorganisierten Heeres eine Gegenregierung aus.
Der Konsul des Jahres 78, *Marcus Aemilius Lepidus,* verlangte die Rückführung der Verbannten, die Einsetzung der Enteigneten in ihre alten Rechte, Wiedereinführung der Getreidespenden und Erneuerung der alten tribunizischen Gewalt. Die allgemeine Verwirrung wurde noch größer, als *Spartakus,* ein kluger und mutiger Sklave aus der Gladiatorenschule in Capua, sich mit flüchtigen Sklaven beim Vesuv gegen römische Einheiten zur Wehr setzte. Ja, sogar die Lebensmittelzufuhr nach Rom und dem übrigen Italien geriet ins Stocken, als die *Seeräuber* den Handelsschiffsverkehr zwischen den Provinzen und der Hauptstadt gefährdeten. Die Seeräuber hatten nach dem Verfall der östlichen Staaten in Kreta sowie an Kleinasiens buchtenreicher Südküste, in Kilikien, feste Raubburgen errichtet. Sie plünderten Handelsschiffe, überfielen Warentransporte auf den Küstenstraßen und betrieben einen blühenden Menschenhandel, der durch die große Nachfrage Roms nach Sklaven eine bedeutende wirtschaftliche Förderung erlangte. Einige römische Strafexpeditionen in das östliche Mittelmeer brachten nur kurzfristige Teilerfolge. So war das römische Reich im

Inneren und an seinen Rändern aufs äußerste gefährdet, Hilfe war nur von einer starken Persönlichkeit zu erwarten, die der Senat mit umfassenden Vollmachten ausstatten mußte.

Dem Senat schien *Gnaeus Pompejus* (106—48) der geeignete Mann zu sein, die vielen Wunden zu heilen. Er gehörte seiner Geburt nach zum Kreise der hohen Aristokratie und hatte vom Vater große Besitzungen geerbt. Frühzeitig wurde er ein tapferer und ausgezeichneter Soldat und führte dem Sulla, als dieser aus dem Osten zurückkehrte, zwei auf eigene Kosten ausgehobene Legionen zu. In einem Alter, das ihn noch von jedem Staatsamt ausschloß, wurde er von Sulla als Imperator begrüßt und mit der Vertreibung der Marianer aus Sizilien und Afrika beauftragt. Nach diesen erfolgreichen Feldzügen gewann Pompejus den ehrenden Beinamen Magnus, der Große, wie ihn seine Soldaten schon vorher benannt hatten. Sulla gestattete ihm gegen alle Bestimmungen den Triumph. Pompejus war ein Sohn des Feldlagers, geliebt von seinen Soldaten. Im bürgerlichen Leben war er ungelenk und schüchtern, zum Staatsmann nicht geschaffen.

M. Aemilius Lepidus hatte, um seine Forderungen für die Popularenpartei durchzusetzen, in der ihm übertragenen Provinz Gallia Cisalpina ein Heer angeworben und war gegen Rom gezogen. Er wurde jedoch von Pompejus zurückgeschlagen und flüchtete nach Sardinien, wo er starb; sein Heer setzte unter dem gewesenen Prätor *Perpenna* nach Spanien hinüber, um sich dort mit Sertorius zu vereinen.

Pompejus wartete mit Rücksicht auf seine Verdienste um die Niederwerfung der Meuterei des Lepidus auf die Betrauung mit dem Oberbefehl. Der Senat hielt vergeblich Ausschau nach einem ihm genehmen fähigen Mann. Da sich kein geeigneter für diesen schwierigen Feldherrnposten fand, mußte man unter Umgehung der verfassungsmäßigen Voraussetzungen den Privatmann Pompejus, der noch kein Amt bekleidet hatte, mit prokonsularischer Gewalt nach Spanien schicken. Zwei Jahre lang hielt Sertorius, seinem Gegner strategisch und taktisch überlegen, die römischen Heere in Schach, bis er einer von Perpenna angestifteten Empörung zum Opfer fiel. Diesem Umstand verdankte es Pompejus, daß er den weiteren Widerstand der iberischen Stadtfestungen brechen und die Ordnung wiederherstellen konnte. Im Jahre 71 kehrte Pompejus nach Rom zurück, um dort seine Ansprüche auf Triumph und Konsulat anzumelden.

Sklavenkrieg 73—71

Während der Kriegsunruhen in Spanien war die Hauptstadt durch die grausame und für die Römer so unwürdige Einrichtung der Gladiatorenspiele (die schon die Etrusker gekannt hatten) in schwere Bedrängnis gekommen. Die aus den Fechterschulen in Capua unter *Spartakus* ausgebrochenen Sklaven erhielten Zuzug von Schicksalsgenossen, und sogar verarmte Freie gesellten sich zu ihnen. Bald hatten sie ein Heer von mehr als 70.000 Mann zusammen, verwüsteten das Land, schlugen mehrere römische Legionen und bedrohten zuletzt Rom. Da betraute der Senat den energischen *Crassus* mit der Niederschlagung des Aufstands. Dieser hatte selbst das größte Interesse, des Aufruhrs Herr zu werden. War er doch einer der größten Sklavenhändler, ließ sie in eigenen Schulen als Techniker und Schreiber ausbilden und verlieh und verkaufte sie zu hohen Preisen. Die Erhebung drohte ihm sein eigenes Geschäft zu verderben, durch das er sich ein Riesenvermögen erworben hatte. Es gelang ihm auch, Spartakus selbst im Kampfe zu stellen, der nach tapferster Gegenwehr fiel. Ihres Führers beraubt, wurden die Sklavenverbände in Kürze überwältigt, und Crassus ließ 6.000 Sklaven längs der Via Appia ans Kreuz schlagen, um die anderen von der Fortsetzung des Kampfes abzuschrecken. Nur ein kleiner Rest der Zersprengten schlug sich nach Norden durch und fiel dort dem aus Spanien heimkehrenden Pompejus in die Hände. Dieser vernichtete die fliehenden Scharen und ließ sich von dem seinem Liebling zujubelnden römischen Volke als den Mann feiern, der den Sklavenkrieg beendet hatte.

Die siegreichen Feldherren Pompejus und Crassus forderten für sich das Konsulat. Pompejus, der den Optimaten nahestand, war zu ihnen in Gegensatz geraten, da Lucullus das von ihm angestrebte Kommando im Mithridatischen Krieg erhalten hatte. Er war daher mit der Popularenpartei in Verbindung getreten und hatte ihr für den Fall seiner Wahl die Wiederherstellung der tribunizischen Rechte zugesagt. Ebenso führten die Geldinteressen den Finanzmann Crassus vom Senate weg zu den Rittern, und das Bündnis der beiden mit den senatsfeindlichen Gruppen ermöglichte ihnen die Erlangung des Konsulates.

Im Jahre 73 hatte die Provinz Sizilien in *C. Verres* einen Statthalter bekommen, der an Habgier, Rücksichtslosigkeit und Grausamkeit alle früheren übertraf und auf lange Zeit hinaus den Wohlstand des Landes vernichtete. Denn er benützte als höchster Richter die Rechtsprechung zu unrechtmäßiger Bereicherung, ließ sich für die Verleihung von Beamtenstellen in den Städten der Provinz bezahlen, schädigte die Steuerpächter durch Hinterziehung der Hafenzölle, erpreßte im Land Getreidelieferungen und raubte rücksichtslos Götterstatuen aus Tempeln und kunstvolles Gerät aus Privathäusern. Diese unter Mißbrauch der Amtsgewalt vollführten niederträchtigen Schandtaten hat *Marcus Tullius Cicero* im Auftrag der sizilischen Städte in einem großen Prozeß bloßgelegt und durch Zeugen erhärtet. Die Nobilität, weit davon entfernt, sich von Verres loszusagen, suchte den gemeinen Erpresser der verdienten Strafe zu entziehen, entfachte aber gerade dadurch die heftigste Erbitterung des Volkes gegen die Optimaten. Es ist klar, daß solche Vorfälle, die außerdem nicht vereinzelt vorkamen, sondern typisch für die Provinzverwaltung der Optimaten waren, die Vormachtstellung der herrschenden Adelspartei brechen mußten.

Seeräuberkrieg

Pompejus ging nach Ablauf seines Amtsjahres nicht als Prokonsul in die Provinz, sondern wartete in Rom, der Volksgunst vertrauend, auf die Stunde, wo man ihn zu neuen großen Aufgaben berufen würde. Die durch die Seeräuber gefährdete Lage des Reiches zwang bald dazu. Die bisherigen Expeditionen gegen die Piraten brachten nur vorübergehende Teilerfolge. Da stellte zu Beginn des Jahres 67 der Volkstribun *Aulus Gabinius* den auf Pompejus berechneten Antrag, einem Konsularen den Krieg gegen die Seeräuber mit unbeschränkter Machtvollkommenheit zu übertragen. Mit stürmischer Begeisterung wählten das Volk und auch Cäsar, der eben in den Senat eingetreten war, den Pompejus. Er erhielt den Oberbefehl auf drei Jahre im gesamten Gebiet des Mittelmeeres und über alle Küsten bis 75 km landeinwärts. Es wurde ihm eine hohe Geldsumme bewilligt und eine große Flotte mit starker Besatzung zur Verfügung gestellt. Welche Hoffnungen man auf seine Kriegstüchtigkeit setzte, zeigte sich bald nach der Annahme der *lex Gabinia*. Der Kornpreis, der infolge der gehinderten Zufuhr sehr gestiegen war, ging sofort auf seine normale Höhe herab. Und der Erfolg gegen die Seeräuber rechtfertigte das Vertrauen. Nach Sperrung der Meeresausgänge bei Gibraltar und bei den Dardanellen säuberte Pompejus in vierzig Tagen den westlichen Teil des Mittelmeeres von den Seeräubern, schlug dann die tapferen Piraten in Kilikien, die einzigen, die Widerstand zu leisten wagten, bei *Korakesion* an der westkilikischen Küste. In neunundvierzig Tagen war auch im Osten der Krieg zu Ende, eine in der Seekriegsgeschichte aller Zeiten einmalige Leistung. In großmütiger Weise schonte der Oberfeldherr die Gegner, die oft nur aus Not ihr niedriges Gewerbe getrieben hatten. Die Gefangenen wurden auf seine Anordnung im östlichen Kilikien, aber auch in Achaia und in Süditalien angesiedelt.

Pompejus hatte den Seeräuberkrieg deshalb mit so großer Beschleunigung durchgeführt, weil er freie Hand für den Mithridatischen Krieg haben wollte, dessen Oberbefehl er schon lange begehrte.

Mithridates war aus dem ersten Feldzug mit sehr milden Friedensbedingungen hervorgegangen. Auch der zweite Krieg (83—81), den Sullas Legat *L. Licinius Murena* aus Ruhmsucht und Beutegier entfacht hatte, brachte keine Entscheidung. Im Jahre 74 erhob sich Mithridates wieder, als den Römern der Kampf in Spanien viel zu schaffen machte. Auch suchte er Fühlung mit Sertorius, versprach ihm Geld und Schiffe, wogegen dieser ihm tüchtige Offiziere zur Ausbildung und Führung seiner Heere sandte.

Dritter Mithridatischer Krieg 74—64

Die Römer übertrugen den Oberbefehl über die Operationen im Osten dem *L. Licinius Lucullus* (108—56). Er stammte aus einer vornehmen, aber verarmten Familie, war ein sehr fähiger Heerführer, voll Wagemutes und ruhelosen Eifers. Auf seinen Feldzügen hatte er den Orient wie kein anderer kennengelernt. Dort erwachte in ihm die Liebe zum Wohlleben und zu den kulinarischen Genüssen, die später sprichwörtliche Berühmtheit erlangten *(lukullische Gastmähler)*. Zu Kerasos im Pontos lernte er auch den *Kirschbaum* (cerasus) kennen und ließ ihn in seine Heimat verpflanzen, von wo er weiter nach Frankreich, in die Donau- und Rheinländer und nach England gebracht wurde. Mit dieser Verbreitung der Kirsche (cerasum)

Lucullus

haben auch die Völker den Namen übernommen: die Deutschen »Kirsche«, die Franzosen »cerise«, die Engländer »cherry«, die Dänen »kirsebaer«.
Lucullus rückte in das pontische Gebiet ein, während Mithridates vor ihm immer weiter zurückwich. Schließlich mußte der König seine Erblande räumen und entkam zu seinem Schwiegersohn *Tigranes*, dem König von Armenien. Lucullus drang in Armenien ein und wandte sich in unerhört schwierigen Märschen gegen *Artáxata,* die alte Königsstadt Armeniens. Aber ehe er noch das Ziel erreicht hatte, begannen die Legionen, die schon lange im Felde gestanden waren und sich nach einem seßhaften Dasein in der Heimat sehnten, zu meutern; und die Neider des Lucullus in Rom setzten seine Abberufung vom Kommando durch. Alle Erfolge des jahrelangen Kampfes gingen verloren, Mithridates kehrte wieder in sein Reich zurück und vernichtete die schwachen römischen Besatzungen.
Lucullus zog sich nach einem glänzenden Triumph ins Privatleben zurück. Für ihn gab es noch andere Lebensgüter als Kriegsruhm. Mit grenzenloser Gastfreundschaft nahm er griechische Philosophen und Dichter in seinen Palast auf, gründete in Rom die erste große *Bibliothek* mit weiten Säulenhallen und Lesesälen, die zwar sein Privatbesitz blieb, aber wie eine öffentliche Bücherei allen Freunden der Wissenschaft unentgeltlich offenstand. Seine Tafelfreuden waren das Stadtgespräch, durch seinen königlichen Luxus, den er in Asien gesehen und in seiner Heimat eingeführt hatte, wurde er der große Lehrmeister Roms.
Die Sorge um die Weiterführung des Mithridatischen Krieges lenkte aller Augen auf den einzigen Mann, der die Fähigkeit hatte, das Kommando im Osten zu übernehmen: auf Pompejus. Die einmütige Begeisterung des Volkes, die durch die glänzende Staatsrede Ciceros weitere Nahrung fand, das Eintreten Cäsars für Pompejus und die Zustimmung der Ritter führten in der Volksversammlung zum Beschluß, Pompejus mit außerordentlichen Vollmachten gegen Mithridates zu schicken.
Dem Pompejus blieb auch auf asiatischem Boden das Glück treu. Mithridates wurde geschlagen, konnte sich aber aus der schweren Niederlage nach dem Bosporus retten. Von dort wollte er mit einem neuaufgestellten Heer den Balkan überqueren und von Norden her nach Italien eindringen. Da erhob sich gegen ihn eine Empörung, das Heer verweigerte den Gehorsam. Sein Sohn *Pharnakes* wurde zum König gekrönt, und Mithridates beging Selbstmord.
Nachdem der letzte Widerstand im westlichen Kleinasien gebrochen war, machte Pompejus Syrien zur römischen Provinz. Von hier aus wurde er nach Palästina gerufen, wo die streitenden Makkabäerbrüder *Aristobúles* und *Hyrkános* den römischen Oberfeldherrn um Vermittlung ersuchten. Pompejus setzte die alte Priesterherrschaft unter dem Hohenpriester Hyrkanos wieder ein und machte Judäa in verkleinertem Umfang zu einem römischen Schutzstaat.

Die römische Herrschaft reichte nun vom Bosporus bis Armenien und Palästina. Pompejus, der Freund hellenischer Kultur, hatte den Griechenstädten Kleinasiens ihre politische und kulturelle Bedeutung zurückgegeben. Durch sein bewährtes Organisationstalent erhielt das wirtschaftliche Leben neuen Auftrieb. Nach einer Ruhezeit auf Lesbos und Rhodos kehrte er mit Heer und Flotte über Griechenland nach Italien zurück. Rom geriet in bangen Schrecken, wie sich der allmächtige Imperator an der Spitze des stärksten Heeres in Rom benehmen würde. Die Stadt begegnete ihm wehrlos, auch Julius Cäsar hatte ihm nicht hindernd in den Weg treten können, Crassus war aus der Stadt geflohen. Da entließ Pompejus in bewundernswerter Naivität seine Legionen, er, der nie an eine Alleinherrschaft gedacht hatte und als Soldat seine Aufgabe erfüllt sah. Zwar feierte er noch einen Triumph von nie zuvor gesehenem Glanz, Könige und Königssöhne schritten hinter seinem Wagen, Bildtafeln kündeten von seinen großen Taten. Aber als er die Entlohnung und Landanweisung für seine Veteranen verlangte, weigerte sich der Senat, der nun über den vorher noch gefürchteten Feldherrn frohlockte, der der Laune der Optimaten ausgeliefert war. Da trat an ihn, der entwaffnet dastand, einer heran, ein kluger, schöpferischer Geist, Julius Cäsar.

Catilina

Die starken Besitzverschiebungen in der Sullanischen Zeit hatten den Gegensatz zwischen den Armen und Reichen verschärft. Die Landanweisungen Sullas an die Veteranen hatten viele Bauern von Haus und Hof vertrieben. Aber nur eine geringe Zahl der neuen Siedler fand nach den langen Kriegsjahren in das bescheidene Leben eines Bauern zurück. Die Mehrzahl stieß zum großstädtischen Proletariat und begünstigte wie die Vertriebenen jede Möglichkeit zu Aufruhr und Beute. Neben der trostlosen wirtschaftlichen Lage der breiten Massen herrschten bei einer kleinen Oberschicht aufreizender Luxus und frivole Korruption. Man beeinflußte Volksabstimmungen, bestach Volkstribunen und scheute auch vor dem Einsatz bewaffneter Banden nicht zurück.

In dieser Phase gesellschaftlicher Zerrüttung gab es fragwürdige Gestalten, die durch Verschwendung und Spekulation ihr Vermögen eingebüßt hatten und vor dem Zusammenbruch standen. Sie betrachteten in skrupellosem Egoismus den Staat als Ausbeutungsobjekt und die Ämter als Mittel zur Bereicherung sowie zur Befriedigung ihres politischen Ehrgeizes. Vielfach suchten diese Leute das Volk davon zu überzeugen, daß nur ein vollständiger Umsturz den Staat aus seiner Not retten könnte, und schufen sich dadurch bei Unzufriedenen aller Kreise eine ergebene Anhängerschaft. Es war dabei meist nicht zu ersehen, inwieweit diese Worte einer ehrlichen,

idealen Absicht entsprangen oder nur eigensüchtige Hintergedanken verdecken sollten.
Eine solche Erscheinung war *L. Sergius Catilina* (108–62). Er stammte aus einer alten patrizischen Familie, hatte Mut und Tatkraft, war gewandt im Umgang mit hoch und niedrig, aber allen Lastern ergeben. Er hatte aus den Konfiskationen der Sullanischen Zeit ein großes Vermögen zusammengerafft, doch durch seinen ausschweifenden Lebenswandel bald wieder verloren. Nach der Quästur und Ädilität erlangte er die Prätur, ging als Proprätor nach Afrika und hauste dort ebenso habgierig wie sein Freund Verres in Sizilien. Der Verurteilung wegen Erpressung entging er nur durch Bestechung seines Anklägers. Für das Jahr 64 bewarb er sich um das Konsulat, fiel aber durch. Um so größere Anstrengungen machte er das nächste Jahr; nach seiner Wahl sollte eine Gewaltherrschaft mit Ächtungen und Beschlagnahme von Gütern der Reichen, mit Schuldenerlaß und Verteilung von Ämtern an die Unterdrückten kommen. Als seine Bewerbung trotz der Förderung durch Cäsar und Crassus wieder vergebens war, ging er daran, seine Anhänger in Adel und Volk zu sammeln, die Veteranen in Etrurien und die Sklaven in Kampanien und Süditalien aufzurufen. Auch wollte er Cicero und die gefährlichsten Gegner beseitigen. Der Redner und Anwalt *Cicero* war nämlich statt Catilina zum Konsul gewählt worden und bewachte alle Schritte des gefährlichen Mannes durch seine Spione. Aber er konnte nicht offen gegen ihn einschreiten, weil noch nichts Tatsächliches vorlag und Catilina im Senat viele Freunde hatte. Schließlich aber gelang es Cicero, auch den Senat und das Volk von der Richtigkeit seiner Enthüllungen zu überzeugen, als ein ehemaliger Zenturio, *C. Manlius*, von *Faesulae* aus Mannschaften aufstellte und ein Anschlag auf den Konsul und die angesehensten Senatoren verübt werden sollte.
Unter dem Eindruck von Ciceros Bericht erteilte der Senat durch das *consultum ultimum* den Konsuln die Befugnis, den Staat mit allen Machtmitteln gegen die Umtriebe der Verschwörer zu schützen. Es wurden Truppen zur Sicherung der Ruhe in der Stadt ausgehoben. Ein Mordanschlag auf Cicero scheiterte an der Wachsamkeit des Konsuls. In der Senatssitzung, zu der auch Catilina erschien und ganz unbefangen seine Unschuld beteuerte, deckte Cicero in großangelegter Beweisführung die Verschwörung auf und gab Catilina den dringenden Rat, die Stadt zu verlassen. Catilina brach tatsächlich in das Lager des Manlius nach Etrurien auf. Nun griff man in Rom rasch durch, besonders als Cicero belastendes Beweismaterial in die Hände bekam, daß die Verschwörer Verbindung mit dem keltischen Stamm der Allobroger suchten. Die Führer der Revolution in Rom wurden verhaftet; nach der außerordentlichen Vollmacht konnten die Konsuln die Todesstrafe verfügen. Aber dieses umfassende Recht wurde immer wieder als verfassungswidrig angefochten, und man forderte die Möglichkeit der Berufung an das Volk. Daher brachte Cicero die Entscheidung vor den

Senat. Cäsar erkannte dieses Verfahren ausdrücklich als gesetzmäßig an, aber er trat in klugem Abwägen für lebenslängliche Gefängnisstrafe ein, um die Bevölkerung nicht zu beunruhigen. Etliche Senatoren stimmten Cäsar bei. Hierauf ergriff Cicero das Wort und erreichte damit eine nochmalige Aussprache, bei der *Marcus Porcius Cato,* ein Urenkel des großen Cato Censorius, im Interesse des öffentlichen Wohls die Todesstrafe verlangte. Unter dem Eindruck seiner Ausführungen entschied sich der Senat schließlich dafür, und der Konsul ließ den Senatsbeschluß ausführen.
Als Catilina von den Ereignissen in Rom gehört hatte, wollte er nach Gallien weiter, mußte sich aber bei *Pistoria* zum Kampf stellen. Dort fand er, tapfer fechtend, nach verzweifeltem Widerstand mit den meisten nur schlecht ausgerüsteten Aufrührern den Tod.
Cicero wurde als Retter des Vaterlandes bejubelt, es war der Höhepunkt seines Konsulates, einer der Höhepunkte seines Lebens. Aber schon setzte gegen ihn eine Bewegung der Popularen ein, die ihm die Hinrichtung römischer Bürger zum Vorwurf machten und damit Cäsars Bedenken bestätigten. Das Volk spürte auch, daß sich Cicero nicht bemühte, den Gründen nachzuforschen, die diesen Aufstand hervorgerufen hatten, und durch soziale Reformen die Not des verarmten Volkes zu beseitigen. Die Revolution hatte noch nicht ihr Ende gefunden, sie sollte sich unter Cäsars Konsulat aufs neue erheben.

Cäsars Emporkommen

Die Lage Roms war trotz der glänzenden Erfolge im Westen und im Osten weiterhin sehr gespannt. Da war, überschattet von der Fehde und dem Tageslärm gehässiger und neidischer Parteiführer, fast unbemerkt ein Mann aufgestiegen, der die Verhältnisse entscheidend verändern sollte: *C. Julius Cäsar.*
Im Juli des Jahres 100 war Cäsar aus einer Patrizierfamilie geboren, die ihren Stammbaum bis zu Äneas führte. Sein Geburtshaus stand in der Subura, dem bescheidenen Armeleuteviertel Roms. Seine Mutter war eine würdevolle, dem Knaben innig zugetane Matrone. Den Vater hat er früh verloren. Seine Tante war mit Marius verheiratet und wies ihm daher schon in jungen Jahren Weg und Richtung zur Volkspartei. Der lerneifrige Knabe erhielt den ersten Unterricht in Latein, Griechisch und Rhetorik von einem Gallier, noch unwissend, daß er einst über dieses Volk die siegreichen Legionsadler aufpflanzen sollte. Die Rhetorik wurde später sein Hauptstudium, der künftige, ausgezeichnete Redner legte damals die Fundamente. Die Tochter Cinnas, *Cornelia,* wurde seine Frau. Als Sulla zur Macht kam, forderte dieser von ihm, er sollte sich von seiner jungen Gattin scheiden lassen. Er trotzte und floh. Cornelias Mitgift und das väterliche Vermögen

wurden konfisziert. Seine Verwandten vermittelten bei Sulla, so daß er, der scharfe Menschenkenner, der als erster das künftige Genie erahnte, von Cäsar abließ. Solange Sulla lebte, mied er Rom und leistete in Asien Kriegsdienste, vertiefte sich aber auch in griechische Studien. Bei seinem Aufenthalt in Rhodos, wo er *Apollonios Molon,* den berühmten Rhetor, hörte, dessen Unterricht schon vorher Cicero genossen hatte, fiel er Seeräubern in die Hände. Um freizukommen, sollte er zwanzig Talente zahlen. Er tadelte sie, daß sie seinen Wert zu gering einschätzten, und bot in dreister Überlegenheit fünfzig Talente. Während seine Diener das Lösegeld beschafften, trieb er Ulk mit den Piraten, las ihnen seine griechischen Verse vor, und als diese ihnen nicht gefielen, bedrohte er sie mit dem Tode bei nächster Gelegenheit. Kaum war er frei, verfolgte er sie mit geheuerten Schiffen und ließ sie ans Kreuz schlagen.

Nach Rom zurückgekehrt, wurde Cäsar durch seine richterliche Tätigkeit bekannt, wobei ihn seine scharfgeschliffene Redegewandtheit, seine lebhaften Gesten und der helle Klang seiner Stimme unterstützten. Mit reichen Spenden, wodurch er sich in große Ausgaben stürzte, gewann er die Volksgunst. Seine Schuldenlast wuchs noch, als er als Ädil mit besonders glänzenden Spielen die breiten Massen berauschte. Er wollte sich die Neigung des Volkes erhalten, falls er es einmal gegen die Macht des Senates aufrufen mußte. Nach seiner Prätur ging er als Statthalter nach Spanien. Durch umsichtige, gerechte und maßvolle Verwaltung erleichterte er die finanziellen Lasten der Provinz. Trotzdem konnte er sich auch selbst so bereichern, daß er alle Schulden, besonders die an seinen großen Gläubiger Crassus, tilgen und außerdem die römischen Staatskassen auffüllen konnte. Schon hier offenbarte sich seine ordnende Begabung, die er später bei der Einrichtung der Provinz Gallien unter Beweis stellen sollte.

Statthalter in Spanien

Das erste Triumvirat

Als Cäsar nach seiner Statthalterschaft wieder nach Rom kam, erkannte er die Übermacht des Senates, gegen die selbst der allgewaltige Pompejus zurückstehen mußte. Wollte also Cäsar die Erreichung des Konsulates durchsetzen, so mußte er sich mit jenen Männern verbinden, die gleich ihm der Senat beschattete. Dies waren Pompejus und der durch seine Verbindung mit dem Ritterstand und seine märchenhaften Geldmittel höchst einflußreiche Crassus. In kühlberechnender Voraussicht näherte er sich beiden, versprach dem Pompejus die Durchsetzung seiner vom Senat abgelehnten Forderungen, und dem Crassus sicherte er eine finanzielle Erleichterung für die diesem nahestehenden römischen Steuerpächter zu. Es kam zu einem Einverständnis der drei bedeutendsten Männer, das als *Triumvirat* eidlich bekräftigt wurde. Sein Inhalt bestimmte, nichts im Staate geschehen zu lassen, was dem Willen eines von ihnen widersprach. Somit stand dem Senatsregiment ein Dreimännerbund mit seinem Anhang gegenüber.

Cäsars Konsulat

Bei der Wahl erlangte Cäsar das Konsulat (59). Er war durch die während seiner Ämterlaufbahn gewonnene Erfahrung zum schöpferischen Staatsmann herangereift, und Pompejus, der in dem Triumvirat den führenden Platz einzunehmen hoffte, sowie Crassus wurden willenlose Werkzeuge in seinen Händen. Cäsar setzte die Forderungen des Pompejus, wie die Anweisung von Äckern an dessen Soldaten und die Bestätigung seiner in Asien getroffenen Einrichtungen, mit den Beschlüssen der Volksversammlung durch. Seinen Amtskollegen *Bibulus,* den die Optimaten bei der Wahl durchgebracht hatten, drängte Cäsar in den Hintergrund und schaltete als unumschränkter Herr, so daß Spottworte sein Konsulat als das des »Gaius und Julius« bezeichneten.

Im Hinblick auf die Gegnerschaft des Senats wollte Cäsar das Triumvirat noch fester gestalten und gab als Zeichen seiner persönlichen Bindung an Pompejus seine Tochter *Julia* diesem Mann zur Gattin. Um seinen Anhang in der Bürgerschaft noch fester an sich zu knüpfen, brachte er ein zweites Bodenreformgesetz ein, nach dem die freiliegenden Staatsgüter in Kampanien an Kolonisten mit drei oder mehr Kindern verteilt werden sollten. Die Volksversammlung nahm das Gesetz an. Die Neubürger vergrößerten die Anhängerschaft des Konsuls und drückten die Zahl der arbeitslosen Getreideempfänger in Rom beträchtlich herab.

Acta Diurna

Um dem Volk in die Verhandlungen, Sitzungen und Beschlüsse des Senats und in Tagesereignisse, die von öffentlichem Interesse waren, Einblick zu gewähren, ließ er sie von Schreibern aufzeichnen und die *»Acta Diurna«,* die Tagesverhandlungen, auf einer Tafel anschlagen und mit Hilfe eines eigenen Vervielfältigungsunternehmens durch Boten in alle Teile des Reiches verbreiten. Erpressungsversuche von senatorischen Beamten in den Provinzen stellte er durch ein eigenes Gesetz als Verbrechen unter schwere Strafe und schuf damit einen wirksamen Rechtsschutz für die oft in grausamer Weise ausgebeuteten Länder.

Cäsar setzte auch eine langfristige prokonsularische Verwaltung für wichtige Provinzen durch. Damit verankerte er die schon von Pompejus im Osten durch außerordentliche Vollmachten erlangte, über Jahre sich erstreckende Verwaltung in der Verfassung. Auf Grund dieser Neuerung übertrug ihm das Volk die Provinzen Gallia Cisalpina und Illyricum auf fünf Jahre, dazu erhielt er drei Legionen und das Recht, sich seine Legaten selbst zu ernennen. Außerdem wurde ihm auf Pompejus' und Crassus' Betreiben durch Senatsbeschluß noch die *provincia Gallia Narbonensis* mit einer weiteren Legion zugeteilt.

Bevor aber Cäsar in die Provinzen abging, mußte er dafür Sorge tragen, daß die Optimaten während seiner Abwesenheit nicht zu neuen Angriffen ausholten und das Triumvirat bestehen bleibe. Denn es war zu fürchten, daß Cicero Pompejus auf die Seite der Senatspartei ziehe. Als die Bemühungen, Cicero für sich zu gewinnen, gescheitert waren, unterstützte Cäsar die Wahl des Publius Clodius Pulcher zum Volkstribunen. Clodius brachte einen Gesetzesantrag durch, daß jeder mit Verbannung bestraft werden sollte, der römische Bürger ohne Zustimmung der Volksversammlung töte oder getötet habe. Cicero erkannte, daß der Gesetzesvorschlag auf ihn zielte, und ging noch am Tage vor der Annahme des Gesetzes freiwillig in die Verbannung nach Griechenland. Seine Briefe zeigen den noch vor wenigen Jahren so energischen Mann in einer Niedergeschlagenheit, die mit dem Gedanken an Selbstmord spielte. Sein Haus auf dem Palatin, das er erst kurz vorher für eine Riesensumme gekauft hatte, wurde geplündert und zerstört. Nach Cicero wurde auch Cato aus Rom entfernt, zwar ohne Ächtung, aber mit dem Auftrag der Volksversammlung, das Königreich *Zypern* als Provinz einzuziehen. Als Cäsar durch diesen Beschluß Rückendeckung gefunden hatte, wie er meinte, brach er im Frühling 58 nach Gallien auf.

Cäsar in Gallien

Cäsar hatte mit der Statthalterschaft in Gallien ein doppeltes Ziel im Auge. Er wollte ein kriegstüchtiges Heer gewinnen, das ihm eine Machtbasis für den späteren unvermeidlichen Kampf um die Alleinherrschaft sein sollte. Weiters beabsichtigte er, die blühende Provinz Gallia Narbonensis, die die Landverbindung zwischen Italien und Spanien sicherte, auch im Norden abzuschirmen, indem er das Imperium bis an die natürlichen Grenzen zwischen Rhein und Ozean erweiterte. Rom hatte schon zu den an die Provinz angrenzenden Völkern Beziehungen angeknüpft und mit den zwischen Saône und Loire wohnenden *Äduern* ein Bündnis geschlossen. Bei Ankunft des neuen Statthalters herrschte in Gallien große Unruhe. Die Sequaner, ein keltischer Stamm im Gebiet des *Dubis* (jetzt Doubs), deren Hauptort die starke Festung *Vesontio* (jetzt Besançon) war, standen im Kampf mit den Äduern und riefen den Suebenkönig *Ariovist* zu Hilfe, der mit großen Scharen über den Rhein ging. Unter dem Druck der vordringenden Germanen und der Übervölkerung ihres Landes brachen die *Helvetier* aus der Schweiz nach Südwesten in das Gebiet von *Tolosa* auf. Diese Vorgänge zwangen Cäsar zu militärischem Eingreifen, um dem Eindringen fremder Völkerstämme in das gallische Gebiet einen Riegel vorzuschieben. Dabei kam ihm die Aufsplitterung Galliens in kleine, untereinander uneinige Völker zugute.
Die einzelnen Stämme führte nach Abschaffung des Königtums der Adel, der, reich an fruchtbarem Land, über das meist in armseligen Verhältnissen lebende Volk herrschte. Einen politisch unbedeutenden Zusammenhalt aller

Gallier übte nur die Priesterschaft der *Druiden.* Sie waren die Betreuer der Opferhandlungen und die Bewahrer einer alten Glaubenslehre, die sie nur mündlich an die späteren Geschlechter weitergaben und die in dem Fortleben und der Wanderung der Seele ihren Hauptinhalt hatte, als auch die Träger der Rechtsprechung und der Geisteskultur sowie die Erzieher der adeligen Jugend.

Cäsar wendete sich zuerst gegen die Helvetier, deren Ansuchen um Durchzugserlaubnis durch die narbonensische Provinz er abgelehnt hatte. Bei *Bibracte* (nahe beim jetzigen Autun) zersprengten seine Legionen den Feind. Der überlebende Teil wurde in die Westschweiz zurückgeschickt, um diese gegen die vordringenden Germanen zu schützen.

Die Abwehr der Helvetier weckte in den gallischen Stämmen die Vorstellung einer zu ihrem Vorteil durchgeführten Kriegshandlung, und Cäsar gewann dadurch die Freundschaft verschiedener Gruppen, die sich an ihn um Hilfe gegen Ariovist wandten. Cäsar benützte die Gelegenheit, als Vorkämpfer Galliens den *Germanen* entgegenzutreten. Die Verhandlungen, die

Ariovist

er mit Ariovist führte, enthielten so weitgehende Forderungen, daß der Suebenkönig darauf nicht eingehen konnte. In der Gegend von *Mühlhausen* im Oberelsaß wurde das Germanenheer geschlagen. Die Überlebenden, darunter Ariovist, fluteten über den Rhein zurück, ein Teil blieb im Elsaß, kam unter römische Oberhoheit und mußte sich verpflichten, den Übergang weiterer germanischer Heerscharen über den Oberrhein abzuwehren.

Cäsar ging es natürlich nicht darum, die Gallier von dem wachsenden Druck zu befreien, sondern das Land dem Römischen Reich einzuverleiben. Den Galliern begründete er es damit, daß Rom ihnen nur auf diese Weise wirksam Schutz gewähren könnte. Aber einige Stämme fürchteten für ihre Freiheit und riefen die *Belgier* zu Hilfe, keltische Stämme mit germanischen Einwanderern vermischt, die im nördlichen Drittel Galliens wohnten und sehr kriegerisch waren. Bei ihrer Übermacht vermied Cäsar den ungleichen Kampf und wartete, bis die Verbündeten uneins wurden. Dann unterwarf er die einzelnen Stämme nacheinander und besiegte schließlich die tapferen Nervier, die energischen Widerstand leisteten. Als zur gleichen Zeit Cäsars Unterfeldherr *P. Crassus,* der Sohn des Triumvirs, auch *Aremórica,* das Küstengebiet zwischen Loire und Seine, unter römische Herrschaft brachte, reichte die Macht des Imperiums vom Rhein bis zum Ozean.

Die Verbindungen der Gallier an der Küste mit den Britannen und der Völker im nordöstlichen Gallien mit den Germanen veranlaßten Cäsar zu Vorstößen nach beiden Seiten. Die germanischen Usipeter und Tencterer am Niederrhein suchten vor den nachdrängenden Sueben auf das linksrheinische Ufer auszuweichen. Cäsar nahm ihre Fürsten, die wegen Verhandlungen zu ihm gekommen waren, treulos gefangen, griff die Mannschaften an und zersprengte sie.

Dieser Sieg veranlaßte ihn, eine Holzbrücke (zwischen Andernach und

Koblenz) über den Rhein zu schlagen, um den Feind zu schrecken und das unbekannte Gebiet auszukundschaften. Sonst zeitigte der Stromübergang kein Ergebnis, ebenso der zweite im Jahre 53, der nur die Germanen vor Einmischung in gallische Streitigkeiten warnen sollte. Die Beschreibung des Brückenbaues (Cäsar, de bello Gallico IV, 17) läßt uns die Pfahlbrücke als ein Meisterwerk der damaligen Technik erscheinen.

Rhein-übergänge

Dem ersten Rheinübergang schloß sich die erste Überfahrt über den Ärmelkanal nach *Britannien* an. Sie war aber nur mit so schwachen Kräften durchgeführt, daß Cäsar mit Mühe die Landung erzwang und sich glücklich schätzen mußte, vor Einbruch der Herbststürme wieder an die gallische Küste gelangt zu sein. Da man in Britannien reiche Bodenschätze vermutete, ließ Cäsar große Transportschiffe bauen und segelte im nächsten Jahr (54) neuerlich mit fünf Legionen nach Britannien, um es zu erobern. Er drang über die *Themse* (Támesis) hinaus in das Gebiet des *Cassivellaunus* ein und zwang ihn zur Anerkennung der römischen Herrschaft. Es war nur ein scheinbarer Erfolg. Denn der Feldherr mußte wegen Einbruches des Winters das Land verlassen. Aber durch den Zug war eine spätere Besitznahme Britanniens angebahnt.

Feldzüge nach Britannien

Gallien selbst war noch nicht befriedet. Je schwerer die bisher unabhängigen Stämme den Verlust der Freiheit und den Druck der Kriegslasten empfanden, desto mehr stieg ihr Haß und führte schließlich zu einer allgemeinen Erhebung des ganzen Landes. An die Spitze der Bewegung trat *Vercingetorix,* ein heldischer Edelmann aus dem von jeher mit Rom verfeindeten Stamm der *Arverner* (jetzt Auvergne). Er entflammte einen großen Teil der gallischen Stämme zum Befreiungskrieg und erschwerte Cäsar durch Brände und Verwüstung des Landes die Verpflegung der Truppen. Nach etlichen, beiderseits mit verbitterter Härte geführten Kämpfen hatte Vercingetorix alle seine Kräfte in der Festung *Alesia* (bei Dijon) zusammengezogen. Cäsar schloß die Stadt ein, zu deren Entsatz ein Massenaufgebot benachbarter Stämme heranrückte. Somit mußte sich der Römer nach zwei Seiten wehren. Aber er hielt durch, gestützt auf seine überlegene Taktik und die ausdauernde Tapferkeit seiner Legionäre. Er zersprengte das Entsatzheer und zwang die hungernde Stadt zur Übergabe. Vercingetorix lieferte sich selbst dem Römer aus, wurde in Ketten nach Rom geführt, sechs Jahre lang bis zum großen Triumphzug des Siegers gefangengehalten und dann erdrosselt.

Vercingetorix

Alesia setzte dem Schicksal Galliens den Schlußstein. Der Sieg brachte Rom ein Land ein, das doppelt so groß war wie Italien. Cäsar behandelte als großmütiger Sieger die Unterworfenen mit einer solchen Milde, daß für die nächste Zeit keine Erhebung mehr zu befürchten war. Das ist das zeitgebundene Verdienst, das Cäsar für sich buchen konnte. Daß er aber Gallien zum Vorfeld der antiken Kultur und zum Mittler zwischen dem Ideenkreis der Mittelmeerländer und Nordeuropas gemacht hat, ist von weltgeschichtlicher Bedeutung.

Rom hatte Cäsar durch den gallischen Krieg als einen überragenden Feldherrn und unermüdlichen Organisator kennengelernt. Er hat in den Schlachten seine Legionen, die in den ersten schweren und ungewohnten Entscheidungen noch zu versagen drohten, zu einem starken und wohlgeschulten Heer geschmiedet. Dieses Heer, Offizier und Mann, war ihm treu ergeben, und das Vertrauen auf seine Truppen ließ ihn voll Zuversicht die kommenden Probleme meistern.

Cäsar und Pompejus

Während der Feldzüge in Gallien blieb Cäsar durch seine Vertrauensleute und durch Briefe in ununterbrochener Verbindung mit Rom und nahm auch durch seine Anhänger unter den Magistraten der Stadt Einfluß auf die politischen Entscheidungen.

In Rom hatten die Parteien Banden von Unzufriedenen aufgestellt, die das öffentliche Leben beunruhigten und auch die Abstimmungen der Volksversammlungen durch Terror beeinflußten. Die Folge war, daß die römische Politik zu einem bisher unbekannten Chaos der Korruption herabsank und in eine förmliche Anarchie ausartete.

Cäsar hatte stets gefürchtet, Pompejus könnte sich wieder der Optimatenpartei nähern. Wie recht er mit seiner Besorgnis hatte, zeigte die Einstellung des Pompejus zur Rückberufung Ciceros. Die Senatsmehrheit empfand die Ausweisung als eine persönliche Demütigung. Auch im übrigen Italien war man über die Behandlung des gefeierten Retters vor der catilinarischen Verschwörung erbittert. Pompejus stimmte zu, und auch Cäsar gab endlich nach. So kam es (57) zu einem einstimmigen Volksbeschluß, durch den Cicero zurückberufen wurde. Die Menge begleitete seinen Einzug in Rom mit stürmischen Beifallsrufen. Gleich nach seinem Wiedereintritt in das politische Leben vermittelte er zwischen dem Senat und Pompejus und beantragte für diesen die Leitung der Getreideversorgung *(cura annonae)* auf fünf Jahre, eines für den ruhigen Ablauf des öffentlichen Lebens sehr wichtigen Amtes, das mit einem prokonsularischen Imperium verbunden war.

Diese neuerliche bevorzugte Stellung des Pompejus ließ Cäsar Vorsorge treffen gegen eine Annäherung zwischen Pompejus und der Senatspartei.

Konferenz von Luca

In diesem Zusammenhang kam es zu der Konferenz in *Luca* (56), bei der die Triumvirn Maßnahmen beschlossen, um die politische Macht zunächst für eine Reihe von Jahren unter sich zu verteilen. Pompejus und Crassus sollten das Konsulat für das nächste Jahr (55) übernehmen, während ihrer Amtszeit dafür sorgen, die Provinzen Spanien und Syrien auf fünf Jahre zu erhalten. Für die gleiche Zeit sollte auch Cäsars Oberbefehl in Gallien verlängert werden. Die Wahlen fielen unter dem Druck von Cäsars Soldaten wunschgemäß aus. Crassus ging nach dem Konsulatsjahr nach

Grabmal der cäsarischen Freiheitskämpfer. Rom, Via Appia

»Tribunal« der Basilika, Pompeji

Porta Nigra, Trier

Colosseum, Rom

Jupiter von Otricoli

Links: Ostia, Via della Fontana

Juno Ludovisi

Rechts: Vestali

Kopf des Apollo von Veii

Togatus mit
Ahnenbüsten

Syrien und übernahm die Kriegführung gegen die Parther, Pompejus ließ seine Amtspflichten in Spanien durch Legaten ausüben, da ihn das Amt der Getreideversorgung in Rom festhielt. Er warb durch prächtige Bauten um die Volksgunst. Das unter ihm erbaute Theater auf dem Marsfeld war das erste steinerne Roms.

Karrhai 53

Als Crassus im Jahre 53 bei *Karrhai* in Mesopotamien den Kampf gegen ein ungeheures Reiterheer der Parther zu bestehen hatte, wurde er geschlagen. Die heimtückischen Feinde lockten ihn zu Friedensverhandlungen und erschlugen ihn und sein Gefolge. Darauf fand auch das seines Führers beraubte Heer den Untergang. In dem großen Ringen zwischen Orient und Okzident war die Entscheidung gegen Rom gefallen, und die Parther blieben weiterhin unbehelligt.

Die Katastrophe von Karrhai war ein schwerer Schlag für Rom. Sie wirkte sich auch auf die Weiterentwicklung der inneren Verhältnisse aus. Bisher hatte Crassus in dem gespannten Kräfteverhältnis zwischen den beiden anderen machtvollen Mitgliedern des Triumvirats immer wieder einen versöhnlichen Ausgleich hergestellt. Nun verschärfte sich der Gegensatz zwischen den beiden Überlebenden. Der Tod Julias löste die persönliche Bindung zwischen Cäsar und Pompejus, der nun den schon lange befürchteten Anschluß an die Senatspartei vollzog. Die Wühlereien demagogischer Bandenführer, die im Solde beider Gegner standen, machten Rom zum Schauplatz unerträglicher Verhältnisse, so daß sich der Senat zu einem außergewöhnlichen Schritt entschloß.

Drei Jahre hindurch hatten die Wahlen für die hohen Ämter nicht zur vorgeschriebenen Zeit stattgefunden. Nun stellte *Bibulus* den Antrag, Pompejus zum alleinigen Konsul für das Jahr 52 zu ernennen *(consul sine collega)* und ihn mit befristeter diktatorischer Gewalt auszustatten. Damit erreichte des Pompejus politischer Einfluß seinen Höhepunkt.

Gleich nach Beginn seiner neuen Amtstätigkeit stellte er mit einer Reihe von Gesetzen die Ordnung in Rom wieder her. Einige waren mittelbar gegen Cäsar gerichtet. Dieser beabsichtigte, sich nach Ablauf seiner Statthalterschaft um das Konsulat für das Jahr 48 zu bewerben. Da er aber nicht als Privatmann nach Rom gehen und sich der Gefahr der Anklage wegen verfassungswidriger Handlungen in Gallien aussetzen wollte, ersuchte er um Genehmigung, sich als Abwesender bewerben zu dürfen. Dies wurde ihm abgeschlagen und gefordert, er solle nach Entlassung des Heeres persönlich in Rom kandidieren. Cäsar hielt durch die geschickte Taktik des Volkstribunen *Curio* lange die Entscheidung hin. Schließlich erklärte er sich bereit, seine Provinzen abzugeben und sein Heer aufzulösen, wenn Pompejus das gleiche tue. Als der Senat darauf nicht einging und dem Pompejus durch das *consultum ultimum* erhöhte Vollmachten gab, erließ Cäsar an seine Truppen den Marschbefehl und ging über den *Rubico*, das unbedeutende Grenzflüßchen zwischen Gallia Cisalpina und Altitalien.

Überschreitung des Rubico

Alea iacta est. Der Würfel ist geworfen.
Bürgerkrieg! Es rangen hier drei verschiedene Staatsformen in erbittertem Streit miteinander: die alte, durch fortgesetzte Zwiste der Stände zu Tode gehetzte Republik, in ihren letzten Zügen noch am Leben erhalten von der Senatspartei; die absolute Monarchie Cäsars; und der Prinzipat, wie ihn Pompejus erstrebte, die künftige Regierungsform im römischen Weltreich.
Cäsar begann den Marsch mit einer Legion. Es schien eine Wahnsinnstat zu sein. Seine übrigen Legionen standen noch in Gallien. In Rom verbreitete die Kunde von Cäsars Anmarsch Schrecken und Verwirrung. Zwar war des Pompejus Macht viel größer, aber seine besten Soldaten standen in Spanien. Als er nun bei *Corfinium* im Paelignerland ein neues Heer zusammenraffte, stieß der flinke Gegner ihm in die Flanke des Aufmarsches, die Stadt ergab sich nach kurzem Widerstand. Pompejus forderte im Senat die sofortige Räumung Italiens, da mit den im Augenblick erreichbaren Kräften das Land nicht mehr gehalten werden könnte. Er schien schon vorher daran gedacht zu haben, vor Cäsar nach Griechenland auszuweichen und dann unter dem Schutz seiner mächtigen Flotte das Mutterland wieder zurückzugewinnen. In einem ungeordneten Strom folgten ihm die hohen Beamten, die Mehrzahl der Senatoren und viele Adelige, die Weib und Kind im Stich gelassen hatten.
In sechzig Tagen war Italien im Besitze des Siegers, der sich gegen jeden so leutselig zeigte, daß die vom Feind angeworbenen Soldaten in Scharen zu ihm übergingen. Vorerst ließ er den fliehenden Gegner unbeachtet nach Griechenland segeln. Denn in Spanien stand eine feindliche Armee, die Verhältnisse in Rom waren nicht geklärt, und der Mangel einer Flotte machte eine Fahrt über die Adria unmöglich.
Cäsar marschierte ungehindert und waffenlos in die Stadt ein. Er verkündete eine allgemeine Amnestie und traf die ersten Notstandsmaßnahmen. Nach kurzem Aufenthalt zog er über die Pyrenäen, nachdem er zwei Legionen nach Sizilien geschickt hatte, um die Getreidezufuhr für Italien sicherzustellen. Die in Spanien stehenden Truppen des Pompejus fochten tapfer, aber sie waren ein Heer ohne Führer und wurden durch einen meisterlich geführten Feldzug zur Kapitulation gezwungen. Auf dem Rückweg nahm er *Massalia* ein und rückte in einer unübertroffenen Marschleistung über Rom, wo er wieder nur kurzen Aufenthalt machte, zum zweitenmal bis Brundisium vor. In Rom hatte man allgemein eine Wiederholung der sullanischen Proskriptionen gefürchtet. Aber Cäsar widerstrebte es, unnötig Blut zu vergießen, er begnadigte die in der Stadt verbliebenen Gegner und rief die meisten Verbannten zurück. Nach wenigen Tagen der Diktatur wurde er zum Konsul gewählt und besetzte alle wichtigen Beamtenstellen mit seinen Freunden.
Pompejus konnte es, obwohl seine starke Flotte die See beherrschte, nicht verhindern, daß Cäsar sieben Legionen über die Adria brachte und Stütz-

punkte in Epirus besetzte. Von hier aus ergriff er die Offensive, um Pompejus zum Entscheidungskampf zu zwingen. Doch der entkam Cäsars Einschließungsversuch bei *Dyrrhachion* (jetzt Durazzo). Nun rückte Cäsar in einem gewaltigen Marsch nach Thessalien, und in der Ebene von *Phársalos* fiel die Entscheidung (48). Die zahlenmäßig schwächeren Verbände Cäsars brachten dem Feind eine vernichtende Niederlage bei. Cäsar vermehrte durch seine gewohnte Großmut den Erfolg, nahm die feindlichen Soldaten in sein Heer auf, entließ die gefangenen Senatoren und Ritter.

Pharsalos 48

Pompejus ließ in feiger Flucht seine Soldaten im Stich und ritt, so schnell ihn nur sein Pferd zu tragen vermochte, an die Meeresküste, um ein Schiff besteigen zu können. Sein Plan war, den jungen König von Ägypten, Ptolemaios, aufzusuchen, dessen Familie in Dankesschuld beim Römer stand, und mit seiner Hilfe das Kriegsglück noch einmal zu versuchen. Der Besiegte mußte jedoch erfahren, daß dem Machtlosen auch der Dank versagt wird. Der königliche Hof war bestürzt, man befürchtete die Vergeltung Cäsars, wenn man den Flüchtling aufnehme. Die Höflinge rieten dem König, Pompejus zu töten. Zwei Hauptleute holten den ankommenden Gast mit einem Boot ab, und kaum legte es bei *Pelusium* am Lande an, überfielen ihn Henkersknechte und ermordeten ihn vor den Augen seiner Gemahlin. So erlosch an einsamer Düne das reichbewegte Leben des Pompejus Magnus, des Vorkämpfers der senatorischen Macht, des Verfechters einer verlorenen Sache.

Cäsar folgte seinem gefährlichen Gegner in rasender Hast gegen den Hellespont zu, um einer neuen Sammlung der feindlichen Kräfte zuvorzukommen. In Asien erfuhr er, daß Pompejus nach Ägypten aufgebrochen war. Mit geringen Kräften erschien er vor Alexandria und hörte die Kunde vom Tode seines großen Gegners.

Der Thronstreit zwischen den Geschwistern *Ptolemaios* und *Kleopatra*, die nach dem Willen des Vaters die Herrschaft gemeinsam führen sollten, weckte in Cäsar die Hoffnung, die bestehende Abhängigkeit Ägyptens von Rom durch Schlichtung des dynastischen Zwistes zu erweitern und für seine Interessen zu nützen. Als er die Entscheidung zugunsten der verführerisch schönen, hochgebildeten und politisch ehrgeizigen Kleopatra fällte, erhob sich gegen ihn ein Aufstand der Ägypter, bei dem Cäsar selbst in höchste Lebensgefahr geriet. Er ließ durch Boten Verstärkungen in Kleinasien und Rhodos anfordern. Die ägyptische Flotte, die ihm den Zugang zum Meer abgeschnitten hätte, wurde in Brand gesteckt. Dabei griff das Feuer auch auf einen angrenzenden Stadtteil über und vernichtete den Großteil der weltberühmten alexandrinischen Bibliothek. Die Verbindung mit der See war die einzige Hilfe für Cäsar und seine Mannschaften. Endlich kamen die sehnlichst erwarteten Verstärkungen aus Pergamon. Cäsar gelang es, aus der Stadt zu entkommen und sich mit dem Entsatzheer zu vereinen. Die darauf-

Alexandrinischer Krieg

folgende Schlacht entschied für Cäsar. Viele Flüchtende, darunter auch Ptolemaios, ertranken im Nil. Kleopatra wurde als Herrscherin anerkannt. Den Aufenthalt im Pharaonenland beschloß eine Reihe rauschender Feste, die die junge Königin gab, darunter auch Fahrten auf ihrem Prachtschiff zu den Städten und Tempeln an den Ufern des Nil.

Aus dieser monatelangen Rast riß den Römer ein neuer Kriegsruf. Er ließ in Ägypten eine römische Besatzung zurück und bereitete so die Besitznahme Ägyptens durch Augustus vor. In Kleinasien hatte *Pharnákes,* Mithridates' Sohn, durch Eroberung sein Reich erweitert und den römischen Statthalter geschlagen. Cäsar warf mit seinem kleinen Heer in einem fünftägigen

Zela 47

Waffengang bei *Zela* (47) diesen Feind nieder und meldete den Sieg mit den berühmten lakonischen Worten nach Rom: *veni, vidi, vici* – ich kam, sah, siegte.

Cäsar hatte überall durch Nachsicht Städte und Länder aus dem Einflußbereich der Pompejaner gelöst und vom Hellespont bis nach Ägypten seine Macht aufgerichtet. Nur in Afrika hatten die aus Pharsalos geflohenen Führer der Pompejaner ein letztes Widerstandsnest und fanden bei König *Juba* von Numidien einen starken Rückhalt.

Cäsars Stellung in Rom schien endgültig gesichert, als er aus dem Osten zurückkehrte. Auf dem Wege nach Rom trat ihm Cicero entgegen, der nach Pompejus' Auszug nach Griechenland auch Italien verlassen, aber nicht am Kampfe auf der Seite eines der beiden Machthaber teilgenommen hatte. Der Sieger erwies ihm seine schon oft bewährte Gnade. Während seines Aufenthaltes in Rom beschäftigte sich Cäsar hauptsächlich mit den Vorbereitungen des afrikanischen Krieges.

Afrikanischer Krieg

In Afrika zeigte sich wieder sein oft erprobtes Feldherrntalent, obwohl ihn ein starker Gegner unter tüchtigen Führern bedrohte. Unter ihnen war auch *Labienus,* Cäsars alterprobter Legat im gallischen Krieg, der sich bei Ausbruch des Bürgerkrieges auf die Seite des Pompejus gestellt hatte, weiter *Cato* und des Pompejus' Söhne *Gnaeus* und *Sextus.* König Juba, ein persönlicher Feind Cäsars, unterstützte die Pompejaner mit seinem Reiterheer und den Elefanten. Dennoch erlangte Cäsar in der Schlacht bei *Thapsus* (46) einen völligen Sieg. Cato nahm sich das Leben. Der Tod dieses tapferen und charakterfesten Republikaners wurde zum Symbol des Untergangs altrömischer Staatsgesinnung. Mit ihm haben auch andere Selbstmord begangen, darunter Juba. Labienus und Sextus Pompejus entkamen nach Spanien, wo sein älterer Bruder Gnaeus bereits zu einem neuen Aufstand aufforderte. Jubas Reich wurde zum größten Teil als Neuafrika *(Africa nova)* römische Provinz unter der Leitung des Prokonsuls *C. Sallustius Crispus,* des uns bekannten Historikers, eines treuen Anhängers des Imperators. Bei der Rückkehr nach Rom feierte Cäsar einen vierfachen Triumph unter verschwenderischem Prunk über Gallien, Ägypten, Pontos und Afrika.

Aber noch einmal mußte er gegen die Pompejaner ausrücken. In Spanien lagen Besatzungen, die unter Pompejus gedient hatten und die Erinnerung an ihn treu bewahrten, und außerdem fanden dessen beide Söhne unter der stets zur Empörung geneigten einheimischen Bevölkerung hilfsbereiten Anhang. Labienus organisierte durch Aushebungen aus dem Lande eine große Armee, gegen die die römischen Legaten nichts mehr ausrichteten. Sie ersuchten daher um Cäsars persönliches Einschreiten. In einem beispiellosen Eilmarsch erschien er auf der Halbinsel und bot den Feinden im Frühjahr 45 bei *Munda* (zwischen Córdoba und Málaga) die Entscheidungsschlacht an. Nach einem äußerst erbitterten Kampf siegte Cäsar. Labienus und Cn. Pompejus fanden den Tod, nur Sextus entkam.

Spanischer Krieg

Cäsars Alleinherrschaft und Ende

Als Cäsar aus Spanien zurückgekommen war, ernannte man ihn zum Diktator auf Lebenszeit. Dieser Beschluß war der Sache, wenn auch nicht dem Namen nach der erste Schritt zur Aufrichtung der Monarchie. Der Diktator hatte die Verfügung über Krieg und Frieden. Zu seinem Stellvertreter (magister equitum) während seiner Abwesenheit von Rom ernannte er den *Marcus Antonius*. Dieser war von der Pompejus-Partei zu dem Julier übergegangen, unterstützte dessen Sache im Bürgerkrieg und war sein Unterfeldherr auf dem Zuge nach Pharsalos. Während Cäsars Aufenthalt in Ägypten lag in seinen Händen allein die Verwaltung Roms und Italiens.
Neben der Diktatur erhielt Cäsar auch den Imperatortitel, der mit der höchsten militärischen Befehlsgewalt und dem obersten Richteramt verbunden war, wurde Konsul auf zehn Jahre und ließ sich die Zensur mit der Oberaufsicht über die Sitten, das Volkstribunat, wodurch er *sacrosanctus*, unverletzlich, wurde, und das Oberpriesteramt (Pontifex maximus) übertragen. Den Senat drängte er fast in die Rolle einer bloß beratenden Körperschaft zurück, die Volksversammlung behielt ihr Recht, über Gesetzesbeschlüsse abzustimmen, aber er sorgte dafür, daß seine Wünsche durchdrangen, und entwertete damit die freie Wahl. In seiner Person vereinigte er alle Gewalten eines altrömischen Königs. Nur den Namen »König« und die Krone lehnte er ab.
Sein Eigenname wurde später Titel, den sich zuerst Augustus und Germanicus beilegten und nachher alle Herrscher des Römischen Reiches führten. Als Karl der Große das weströmische Kaisertum erneuerte, war er ebenfalls »keisar«. Unsere heutige Schreibweise *Kaiser* mit ai beruht auf der Rechtschreibung der kaiserlichen Kanzlei Maximilians I., und damit auf bayrisch-österreichischer Aussprache. Die Slawen übernahmen, wohl unter deutschem Einfluß, den Namen Cäsar: poln. cesarz, tschech. cisar, russ. zar. Die Romanen hingegen bildeten den Kaisertitel nach der lateinischen Form

imperator weiter, also ital. imperatore, span. emperador, franz. empereur, und damit zusammenhängend engl. emperor.

Die höchste Würde war auch mit äußeren Zeichen verbunden. 72 Liktoren mit Lorbeer um die Rutenbündel *(fasces laureati)* begleiteten Cäsar, er hatte das Recht, auf der *sella curulis* zwischen den Konsuln zu sitzen, im Senat als erster abzustimmen und die Rennen zu eröffnen. Er trug den Purpurmantel, die hohen roten Schuhe der Könige von Alba, er schmückte meist sein Haupt mit dem Lorbeerkranz. Sein Geburtstag wurde zum Staatsfeiertag, sein Geburtsmonat, der *Quinctilis,* der im altrömischen Jahr, das mit dem März begann, der fünfte gewesen ist, wurde nach ihm *Iulius mensis* benannt. Seine Statuen wurden in allen Städten und in den Tempeln Roms neben denen der Götter aufgestellt, bei seinem Genius leisteten die Beamten ihren Eid. Schon war seine Verehrung zu so schwindelnder Höhe gestiegen, daß sie der göttlichen nahekam. So hielt die orientalisch-griechische Auffassung der Herrscherwürde in den Attributen, mit denen sich Cäsar umgab, auch in Rom ihren Einzug.

Cäsars Verwaltungsreform

Mit welchen Reformen und Verdiensten um Volk und Staat hatte sich Cäsar diese Sonderstellung und Ehrungen erworben? Gleich zu Beginn zahlte er beim Triumph jedem seiner Soldaten die doppelte Summe als üblich war, bewirtete die Bürger an 22.000 neunsitzigen Tischen, ergötzte sie durch eine Scheinseeschlacht, an der 10.000 Mann teilnahmen. Es war ihm klar, daß seine Siege sinnlos waren, wenn er nicht einen geordneten und neuen Staat aufbaute. Vor allem bemühte er sich, die zerrütteten Zustände ohne blutige Maßnahmen durch Versöhnung der Gegner zu beseitigen und hervorragende Männer aller Parteien zur Mitarbeit im Staatsleben heranzuziehen. Er half den wirtschaftlich Schwachen, unterstützte kinderreiche Familien, erließ Bestimmungen über Wucher und Konkurs, schuf Arbeitsmöglichkeiten bei öffentlichen Bauten, ordnete an, daß ein Drittel aller Arbeitskräfte auf den Gutshöfen aus Freien bestehen müßte. Die Veteranen erhielten Land und Hof. Ein wohlorganisierter Siedlungsplan, der auch die Städte Karthago und Korinth zu neuem Leben weckte, minderte die Zahl der arbeitslosen Getreideempfänger von 320.000 auf 150.000. Die Munizipien erhielten eine freiere Gemeindeverfassung, die Bewohner des nördlichen Polandes (Transpadaner) das versprochene Bürgerrecht. Gesetze wurden gegen Unruhen, politisch-agitatorische Vereine, gegen Bestechung, Verschwendung und Luxus erlassen.

Sein Steuersystem brachte den Provinzen eine fühlbare Erleichterung. Nur die indirekten Steuern, wie z. B. Ein- und Ausfuhrzoll *(portorium),* wurden fernerhin verpachtet, die direkten hingegen, mochten sie nun in Geld oder Naturalien abgeführt werden, wurden durch Staatsbeamte erhoben. Grausame Ausbeutung und Erpressungen wurden mit unnachsichtiger Strenge bestraft.

Durch die Kolonisten wurden italische Sitte und lateinische Sprache über

die Länder verbreitet, die Provinzen mit römisch-hellenischer Kultur durchsetzt. Der Bau von Straßen und Kanälen und die Einführung der Reichsmünze, des goldenen Aureus, neben dem silbernen Denar förderten Handel und Verkehr. Die künstlerisch ausgeführten Münzen trugen Cäsars Bildnis.
Rom schmückte er durch viele Bauten. Schon im Jahre 54 hatte er, um das Forum zu entlasten, auf dem Marsfeld einen neuen Versammlungsplatz für die Comitia tributa begonnen, die *Saepta Iulia,* einen quadratischen Raum von 1.500 m Seitenlänge, mit gedeckten Marmorsäulenhallen umgeben. Er wurde erst im Jahre 27 von Agrippa vollendet. Auf der Südseite des Forums begann er die *Basilica Iulia* als Hauptsitz der Gerichtsverhandlungen zu errichten. Das längst zu klein gewordene Comitium hatte seinem Plan weichen müssen, für die alte Curia, die 52 durch einen Brand zerstört worden war, eine neue, eine dritte, zu erbauen, die dann sein Erbe Augustus im Jahre 29 vollendete. Diese *Curia Iulia* war während der ganzen Kaiserzeit der Versammlungsraum des Senates bis gegen Ende des dritten Jahrhunderts, in dem der große Stadtbrand (283 n. Chr.) sie neuerlich zerstörte. Infolge dieses Neubaues mußte auch die Rednerbühne *(rostra)* auf das Forum, in die Nähe des Saturntempels, verlegt werden. Nördlich an die Senatscuria anschließend, erbaute Cäsar das prachtvolle *Forum Iulium.* Im Gegensatz zu dem alten Forum, wo im zeitlichen Nacheinander Zufall und Laune ohne architektonischen Gesamtplan die Bauten verteilten, ist das Cäsarforum ein von einer Säulenordnung umgebener, geometrisch abgegrenzter Hof, dessen Ende der Tempel der *Venus Genetrix,* der Stammmutter des julischen Geschlechtes, einnahm. Seine Marmorpracht mit hellenistisch-korinthischen Ordnungen kündet bereits von der Verschmelzung altrömischer Kraft und Würde mit griechischer Helle. Die ganze Anlage sollte nicht mehr dem geschäftlichen und politischen Treiben, sondern der Ruhe und Erholung sowie der Entlastung des Forum Romanum dienen. Die Baupläne des Diktators reichten noch über das Pomerium der Hauptstadt hinaus. Er wollte durch Umleitung des Tiber eine weitere Versandung des Hafens *Ostia* verhindern und ihn dadurch brauchbarer machen, er hatte vor, den *Fuciner See* und die *Pontinischen Sümpfe* trockenzulegen, um Rom von der Malaria zu befreien und Fruchtboden zu gewinnen. Die Durchführung aller dieser Vorhaben machte sein früher Tod zunichte. Die Trokkenlegung der Sumpfgebiete erfolgte erst in unserem Jahrhundert.
Um die Förderung der geistigen Kultur hat sich Cäsar zielbewußt angenommen. Dem hochangesehenen Gelehrten und Erforscher der römischen Altertümer *M. Terentius Varro* übertrug er die Einrichtung der öffentlichen Büchereien und ernannte ihn zum Reichsbibliothekar. Er sollte griechische und römische Literatur zusammentragen und sie in der Hauptstadt als Zeugnis des gesamten Kulturschaffens der Vergangenheit in einer großen Bibliothek vereinen. Unermüdlich widmete sich Cäsar allen Aufgaben, er war ein glänzender Redner und ein hervorragender Schriftsteller. Trotz der

Kalenderreform

Flut der Geschäfte fand er Zeit, sich um die *Kalenderreform* zu kümmern. Der Kalender der Priester zeigte einen Fehler von 67 Tagen gegen das tropische Jahr und stimmte daher mit den Jahreszeiten nicht mehr überein. Die Verbesserung führte ein Grieche aus Alexandria, der Astronom *Sosigenes,* nach dem Vorbild des ägyptischen Kalenders durch, der das Sonnenjahr mit 365¼ Tagen berechnete. Die von Ciceros geistvollem Freigelassenen *M. Tullius Tiro* erfundene Schnellschrift *(Tachygraphie),* die sogenannten *notae Tironianae,* machte er für die Aufzeichnung der Senatsdebatten nutzbar. Die Stenographen hatten eine solche Gewandtheit, daß sie, wie Seneca sagt, mit ihren Zeichen auch eine noch so rasche Rede aufnehmen konnten und die eilende Hand der schnellsten Zunge nachkam.

Verschwörung der Republikaner

Obwohl Cäsar sich größte Verdienste um den Staat erwarb und eine Politik der Versöhnung betrieb, so hatte er doch seine Widersacher. Besonders der Adel, durch die neue Staatsordnung aus seinen alten Machtpositionen vertrieben, blieb in feindlicher Abwehrstellung. Aber es waren nicht nur die Adeligen seine Gegner, sondern auch die überzeugten Republikaner, die es sich nicht vorstellen konnten, daß das seit einem halben Jahrtausend bestehende Staatssystem verfallen und einer reinen Tyrannis entgegentreiben sollte. Endlich stießen zu diesen Unzufriedenen auch alte Freunde Cäsars, die ihre Hoffnung, die sie für ihre Person auf die Revolution setzten, nicht erfüllt sahen. So führten verschiedene Motive Cäsars Gegner, Pompejaner und frühere Cäsarianer, zu einer Verschwörung zusammen. Der treibende Geist war *C. Cassius* aus vornehmem plebejischem Geschlecht. Er war nach Pharsalos zu Cäsar übergetreten, der ihn zum Prätor ernannte. Aber Cäsar fürchtete den bleichen Mann im stillen. Um so verhaßter war diesem der Diktator, und er beredete sich mit seinem Schwager *M. Junius Brutus,* der seine Ahnenreihe auf Brutus, den Befreier von der Königsherrschaft, zurückführte. Obwohl er zum engsten Freundeskreis Cäsars gehörte, machte er doch aus seiner republikanischen Gesinnung nie ein Hehl. Nachdem sich der Jüngling zu dem folgenschweren Entschluß durchgerungen hatte, übernahm er neben Cassius die Führung der Verschwörung, zu der sich mehr als sechzig Männer zusammengeschlossen hatten. Schon vorher war der Unwille über die Unterdrückung der alten republikanischen Freiheit durch Flugzettel und Aufschriften auf Wänden und Statuen zum Ausdruck gekommen. So las man öfters an den Standbildern des alten Brutus Inschriften folgenden Inhalts: »Brutus, bist du tot?« oder »Deine Nachkommenschaft ist deiner nicht würdig!«.

Es galt, rasch zu handeln. Denn Cäsar plante einen Feldzug gegen die Parther. Wenn der immer siegreiche Feldherr nach Niederwerfung des alten Erbfeindes mit neuen Lorbeeren zurückkehrte, würde er die Königskrone aufsetzen, und es gäbe keine Rettung mehr zur Wiederherstellung der alten Staatsform.

Der Aufbruch Cäsars gegen die Parther war für den 18. März (44) anberaumt, für den 15. dieses Monats, also für die *Iden des März,* war eine Senatssitzung ausgeschrieben, in der beschlossen werden sollte, daß er in Italien weiterhin die Diktatur ausübe, in den Provinzen aber das Diadem trage und den Königstitel führe, worauf der Osten schon wartete. Der Senat war zu dieser Kompromißlösung bereit. Aber die Verschwörer vereinbarten, der Entscheidung zuvorzukommen und diesen Tag zur Ausführung ihres Mordplanes zu nützen.

Ermordung Cäsars

Allerlei dunkle Vorzeichen warnten den Bedrohten, aber er wandelte arglos seinen Weg, ohne auf die Mahner zu hören. Er meinte, ein Leben voll Furcht sei schlimmer als ein unerwarteter Tod. In der Nacht vor dem Unglückstag träumte seine Gattin Calpurnia, man habe ihren Mann gemordet und ihr seine Leiche in den Schoß gelegt. Ein Opferpriester raunte ihm ins Ohr, er solle sich vor den Iden des März hüten. Cäsar verlachte den Aberglauben, er verzichtete auf jeden Schutz, er war zu stolz, um Warnern Glauben zu schenken. Am Morgen fühlte sich Cäsar unpäßlich und zögerte auf Bitten seiner ängstlichen Gattin, zur Senatssitzung zu gehen. Schon wollte er durch den Konsul Antonius absagen lassen. Der Senat hatte sich in der *Curia des Pompejus,* die an das von ihm erbaute Theater stieß, versammelt und wartete lange auf ihn, umsonst. Die Verschwörer kamen in höchste Erregung. Denn ging der Schlag an diesem Tage fehl, so waren sie alle verloren. Da schickten sie einen Senator und ließen Cäsar dringend bitten zu kommen. Er wurde umgestimmt und machte sich auf den Weg, den letzten. Ein Unbekannter reichte ihm ein Schriftstück, in dem der ganze Mordplan enthalten war. Er aber achtete auf diesen letzten Fingerzeig des Schicksals nicht, ließ das Schreiben ungelesen und betrat, umdrängt vom jubelnden Volke, die Curia, während einer der Verschworenen dessen Begleiter Antonius am Eingang in ein Gespräch verwickelte.

Cäsar machte es den Feinden leicht mit seiner alles verachtenden Sorglosigkeit. Als er sich auf dem Thronsessel niedergesetzt hatte, umdrängten ihn gegen ihre sonstige Gewohnheit viele Senatoren; einer von ihnen, *Tillius Cimber,* trat vor und bat um Begnadigung seines Bruders, der noch in der Verbannung lebte. Cäsar schlug ihm die Bitte ab. Da umfaßte er wie flehend seine Knie und riß ihm, wie zufällig, die Purpurtoga von der Schulter. Dies war das verabredete Zeichen. Schon stieß einer, *Casca,* mit dem Dolche zu, Cäsar wehrte sich mit dem Schreibgriffel. Als aber alle Verschworenen gleichzeitig auf ihn eindrangen und auch Brutus unter ihnen war, verhüllte er sein Haupt mit dem Mantel und sank, von 23 Dolchstichen getroffen, tot nieder. Alles stob entsetzt auseinander. Einsam lag der Herrscher über ein Weltreich zu des Pompejus Füßen an der Bildsäule, die er selbst seinem unglücklichen Gegner wieder hatte aufrichten lassen. Sklaven trugen die blutige Leiche Cäsars in sein Haus.

Der Untergang des Herrschers brachte den Mördern nicht den erwarteten Erfolg. Es war unter ihnen keiner, der sich als starke politische Persönlichkeit erwiesen hätte. Die breiten Schichten Roms und die alten, treuen Veteranen waren mehr erbittert als befriedigt und forderten Sühne für die Blutschuld. Überall begegnete ihnen das Werk des Diktators und kündete lauter sein Lob, als die tönernen Phrasen seiner Gegner sie von der neuen Freiheit hatten überzeugen können. Der Senat war handlungsunfähig. Die Mörder verkrochen sich in feiger Angst um ihr Leben und riefen Gladiatorenwachen zu ihrem Schutze. Der Konsul Antonius nützte die Verwirrung, suchte Verbindung mit dem Prokonsul Lepidus, der mit starken Verbänden in der Nähe Roms stand. Die Mörder, die keinen Beifall in der Menge fanden, versuchten in ratloser Ohnmacht, sich mit Antonius und Lepidus auseinanderzusetzen. Beide Teile mißtrauten dem gegenseitigen Kräfteverhältnis und suchten nach dem günstigsten Ausweg. Sie ergriffen die beiderseits dargebotene Rechte der Versöhnung. Die Mörder erhielten Amnestie, Cäsars Anordnungen blieben unangetastet, sein Testament wurde für gültig erklärt. Antonius hatte in schlau berechnender Weise seine Gegner überrumpelt. Die feierliche Bestattung Cäsars gab ihm Gelegenheit, das Testament des Diktators dem Volk zur Kenntnis zu bringen. Der Herrscher versprach darin seine Gärten als öffentliche Erholungsplätze dem Volke und vermachte jedem einzelnen Bürger aus seinem Vermögen 300 Sesterzen. In dichtgedrängten Scharen umstanden das Volk und die Veteranen die Bahre Cäsars auf dem Forum. Antonius, zuerst mit Vorsicht die Stimmung der Bürger erkundend, riß in wohlberechnender Rede die Anwesenden immer mehr mit. Die entfesselte Menge trug das Holz zusammen, legte es unter die Bahre und entzündete den Scheiterhaufen. Einige versuchten die Häuser der Verschwörer einzuäschern. Diese hatten erkannt, daß ihr Unternehmen mißlungen war, und hatten die Flucht ergriffen. Ratlosigkeit und Trauer lagen über dem ganzen Land, wer sollte Cäsars Nachfolge antreten?

Der Streit um Cäsars Erbe

In Rom fühlte sich Antonius Herr der Lage. Er war ein guter und kühner Soldatenführer, aber ein verschlagener Staatsmann, er führte einen sehr ausschweifenden Lebenswandel, trieb sich in lockerer Gesellschaft herum, vergeudete sein Geld in sinnloser Freigebigkeit und war bei den Leuten durch seine herzgewinnenden Eigenschaften beliebt. Aufsehen erregte es, wenn er durch die engen Straßen Roms, wo sonst jeder zu Fuß ging, mit seinem Löwengespann fuhr.

Antonius hatte nach der Flucht der Verschwörer alle Macht in der Hand. Das festigte seinen Plan, nicht nur Rächer, sondern auch Nachfolger Cäsars zu sein. Cicero, der auf die Nachricht von der Ermordung Cäsars herbeigeeilt war, um bei der Aufrichtung der Freiheit mitzuhelfen, und das

Versöhnungswerk gefördert hatte, verspürte gar bald den gefährlichen Haß des Antonius gegen sich und entwich nach Unteritalien. Antonius ließ sich vom Volk die Vollmacht geben, alle noch nicht veröffentlichten Verordnungen Cäsars zum Gesetz zu erklären, und übte dadurch eine schrankenlose Willkürherrschaft aus.

Da trat eine Wendung von einer Seite ein, von der es der neue Machthaber am wenigsten erwartete. Cäsar hatte seinen Großneffen C. Octavius adoptiert und in seinem Testament mit dem untrüglichen Blick des Menschenkenners als seinen Erben eingesetzt. Dieser war erst 19 Jahre alt, als ihn in Illyrien die Nachricht von seines Großoheims Tod erreichte. Er machte sich gleich nach Italien auf, wo er im Hinblick auf die Adoption unter seinem neuen Namen *C. Julius Cäsar Octavianus* sein Erbe anzutreten gedachte. Antonius sah in ihm einen gefährlichen Widersacher und verweigerte unter verschiedenen Vorwänden die Auszahlung des Vermächtnisses Cäsars. Er hoffte, durch diesen Aufschub Oktavian um die Gunst der Menge zu bringen. Dieser aber bot, um den Angriff abzuwehren, die Güter seiner Angehörigen zum Kaufe aus, um mit dem Erlös das Volk zu befriedigen. Die Kunde hievon erregte überall helle Begeisterung für den edlen Jüngling.

Der wieder auf der politischen Bildfläche erschienene Cicero griff in scharfen Worten mit seinen vierzehn Philippischen Reden gegen Antonius ein. Wegen dieser Reden brach die offene Feindschaft zwischen den beiden alten Gegnern aus. Unter Vermittlung Ciceros kam ein Bündnis zwischen Oktavian und der Senatspartei zustande, die sein Heer zur Seite brauchte. Sie erkannte das Oberkommando an, das sich Oktavian selbst angeeignet hatte, und gab ihn, den Neuling in der militärischen Laufbahn, den gegen Antonius ziehenden Konsuln des Jahres 43 *Hirtius* und *Pansa* mit prätorischem Kommando und konsularischem Rang bei. Aufgabe dieser Armee war es, Antonius, der dem *Decimus Brutus* die Statthalterschaft von Gallia Cisalpina nehmen wollte und ihn in *Mutina* eingeschlossen hatte, anzugreifen. Antonius wurde in blutigen Schlachten zur Flucht zu M. Aemilius Lepidus gezwungen. Die beiden Konsuln waren im Kampfe gefallen, und den Oberbefehl über die gesamten Streitkräfte hatte Cäsar Octavianus übernommen. Mit dieser Macht im Rücken zwang er den Senat, ihn zum Konsul zu ernennen und die gerichtliche Verfolgung der Mörder seines Adoptivvaters einzuleiten.

Mutinensischer Krieg 44—43

Oktavian wurde sich bewußt, der Senat würde ihm nur so lange die Herrschaft zugestehen, als man ihn als Werkzeug gegen Antonius brauche, und suchte daher insgeheim eine Verbindung mit Antonius und Lepidus. Auf einer Insel in einem kleinen Fluß bei *Bononia* (jetzt Bologna) trafen sich die drei Männer und schlossen das sogenannte *zweite Triumvirat* (43), das die Niederwerfung der republikanischen Partei und die Machtverteilung im Staate unter die Verbündeten zum Zwecke hatte.

Zweites Triumvirat 43

Ihre vereinten Streitkräfte rückten in Rom ein, die Volksversammlung bestätigte das Triumvirat. Um die Staatskassen zu füllen und den Mord an Cäsar zu rächen, setzte man die Namen von 300 Senatoren und 2.000 Rittern auf die Proskriptionslisten. An der Spitze der Liste stand Ciceros Name. Er versuchte, auf einem Schiff zu entkommen, wurde aber so seekrank, daß er ans Land zurückmußte. Auf der weiteren Flucht vor den Häschern des Antonius in der Nähe von *Caieta* (jetzt Gaeta) überfielen ihn Soldaten und schlugen ihm Kopf und Hände ab. Antonius ließ Kopf und Hände auf der Rednerbühne ausstellen.

Durch das fürchterliche Blutbad der Triumvirn war die Republik im Westen zusammengebrochen. Nun galt es, im folgenden Jahre die Streitkräfte nach Makedonien zu führen, wo unterdes Brutus und Cassius gewaltige Truppenmassen zusammengebracht hatten. Bei *Philippi* kam es zur größten Schlacht des Altertums von säkularer Tragweite (42). Die Republikaner wurden von Antonius vernichtend geschlagen, Cassius und Brutus endeten durch Selbstmord.

Philippi 42

Teilung des Reiches

Nicht nur der Westen, auch der Osten gehörte den Triumvirn. Die beiden Sieger teilten, ohne auf den dritten Unterzeichner des Vertrages von Bononia Rücksicht zu nehmen – er hatte sich während des Krieges der Untreue verdächtig gemacht –, das Reich unter sich. Antonius als der mächtigere der Sieger bestimmte die Zuteilung. Er nahm sich den reichen Osten. Oktavian bekam Italien und die westlichen Gebiete sowie die harte Aufgabe, 180.000 Soldaten aus den Bürgerkriegen auf Landgütern dieser übervölkerten Halbinsel unterzubringen. Außerdem hatte er den Kampf gegen Sextus Pompejus zu führen, der im Besitz von Sardinien und Sizilien mit seiner mächtigen Flotte Rom jederzeit die Getreidezufuhr sperren konnte. Der unbedeutende Lepidus wurde mit den afrikanischen Provinzen abgefunden.

Die Aufteilung zielte darauf, Oktavian nicht übermächtig werden zu lassen. Bald geriet er sogar in Schwierigkeiten. Denn es fehlte an Geld, Landgüter für eine so große Zahl von Bewerbern anzukaufen und ihnen die fällige Entschädigung zu zahlen. Die Veteranen, ihrer Macht bewußt, brauchten schließlich Gewalt und trieben die Besitzer mit Weib und Kind von ihren Höfen. Dadurch entstanden Unruhen. Nur der Tüchtigkeit seines Jugendfreundes *Vipsanius Agrippa* verdankte Oktavian den schwer erkämpften Sieg. Er verfuhr mit den Führern seiner Feinde gegen seine sonstige Gewohnheit sehr gnädig, um nicht vorzeitig einen Bruch mit Mark Anton herbeizuführen.

Das Chaos dieser Kampfzeit beendete Oktavian in politisch kluger Weise durch eine friedliche Verständigung mit dem republikanisch gesinnten Bürgertum. Er zeigte schon in seinen Anfängen, wie er der überheblichen Schrankenlosigkeit das Maß republikanischer Ordnung und Gliederung gegenüberstellte und damit trotz dem Wechsel der Staatsformen noch im

Untergrund die tragenden und ausgleichenden Kräfte altrömischer Überlieferung weiterführte. Antonius aber trieb in seiner draufgängerischen Art auf die Bahn der uneingeschränkten absoluten Monarchie und trieb eine Politik, die den weltbürgerlichen Absichten hellenistischer Machthaber entsprach. Rom sollte sein Weltregiment an den selbstherrlichen Gebieter von Alexandria abtreten. So war der bevorstehende Kampf zwischen Antonius und Oktavian schließlich nichts anderes als die unvermeidliche Auseinandersetzung zwischen Abendland und Morgenland.

Antonius und Kleopatra

Mark Antons Lebenskreis im Osten wurde durch das Zusammentreffen mit *Kleopatra* maßgeblich beeinflußt. Er ließ sie nach *Tarsos* in Kilikien kommen, wo sie sich wegen der Anklage verantworten sollte, sie habe Cassius mit Geld und Truppen unterstützt. Auf einem Prunkschiff mit Purpursegeln und golddurchwirktem Baldachin kam sie an und bezauberte Antonius so sehr, daß er ihr nach Alexandria folgte und dort in rauschenden Festen seine Herrscherpflichten vergaß. Es kam zwischen den Triumvirn zu einer neuerlichen Anerkennung der Aufteilung der Machtgrenzen, Oktavian gab Mark Anton zur Festigung der schon sehr gelockerten Beziehungen seine Schwester zur Frau, auch mit dem Nebengedanken, durch sie Antonius von dem gefährlichen Einfluß Kleopatras freizumachen.

Da in Rom unter der Seeblockade durch *Sextus Pompejus* eine große Hungersnot ausbrach, sahen sich die Triumvirn genötigt, ihn als Befehlshaber der starken Mittelmeerflotte zu bestätigen und ihm gegen die Verpflichtung, für die Verproviantierung Roms zu sorgen, den Besitz von Sizilien, Sardinien, Korsika und Achaia zuzuerkennen. Aber die Freundschaft mit Pompejus hatte keinen Bestand, die Kämpfe begannen, anfangs mit großen Verlusten für den Triumvirn. Erst 36 wurde Pompejus bei *Mylai* und *Naulochos* von Agrippa vernichtend geschlagen und auf der Flucht nach Milet ermordet.

Sizilischer Krieg 38—36

In seinen Untergang wurde auch Lepidus verwickelt. Als er auf Sizilien gelandet war und seinen Legionen erlaubte, *Messana* (jetzt Messina) zu plündern, erschien Oktavian im Lager und gewann durch seine verbindliche Art alle Truppen, so daß sie zu ihm übergingen. Er setzte Lepidus als Triumvirn ab und internierte ihn in *Circei,* wo er 13 starb. Durch das Ausscheiden des Lepidus kam Oktavian in den Besitz von Africa und Sizilien und wurde nun erst in Wahrheit Herrscher des Westens. Aber die Absetzung des Lepidus machte den Bruch zwischen den beiden Machthabern nur zu einer Frage der Zeit.

Während Oktavian seine Machtstellung immer mehr festigte, erlitt Antonius in einem Kampf gegen die Parther Mißerfolge. Schon vor Ausbruch des Krieges hatte er Octavia mit den Kindern nach Rom geschickt, angeblich zu ihrer Sicherheit, in Wirklichkeit, um wieder seine Beziehungen zu Kleopatra aufnehmen zu können. Als er später Octavia den Scheidebrief schickte, veröffentlichte Oktavian das bei den Vestalinnen in Rom niedergelegte Testament, worin Antonius die Länderschenkungen von kleinasiatischen Staaten an Kleopatra und an ihre Kinder bestätigte. Diese Wendung des Antonius zum Osten rief in Rom eine ungeheure Aufregung hervor, und die öffentliche Meinung kehrte sich völlig Oktavian zu. Der Senat erklärte Mark Anton des Triumvirates für verlustig und sagte Kleopatra den Krieg an.

Im Frühjahr 31 begann die kriegerische Auseinandersetzung zwischen beiden Machthabern. Ihre Kräfte hielten sich ungefähr die Waage. Der Unterschied lag nur in den Flotten. Oktavian hatte von Sextus Pompejus den Vorteil der kleinen, schnellen, wendigen Schiffe kennengelernt und daher seine Geschwader aus solchen taktisch den schweren Schlachtschiffen überlegenen Fahrzeugen zusammengestellt. Antonius aber vertraute auf seine schweren Acht- und Zehndecker, die mit ihren waffenstrotzenden Holztürmen schwimmenden Festungen glichen. Aber gerade diese schwerfälligen

Aktion 31

Schiffskolosse wurden ihm zum Nachteil. Bei *Aktion* (lat. Actium) im Golf vom Ambrákia an der Westküste Griechenlands trafen die Gegner zusammen (31). Den Oberbefehl über Oktavians Flotte führte Agrippa. Seine Schiffe umringten bald die ungelenken Riesenfahrzeuge des Feindes. Noch war keine Entscheidung gefallen, als Kleopatra ihre Sache für verloren hielt und davonfuhr. Sobald Antonius das Purpursegel der Königin draußen auf hoher See erkannte, gab er Befehl, auch sein Fahrzeug zu wenden, und ließ die Seinen bedenkenlos im Stich. Seine tapferen Matrosen, die sich mitten im Gefecht plötzlich von ihrem Führer verlassen sahen, setzten den verzweifelten Widerstand fort, bis schließlich ihre Schiffe auf Agrippas Befehl in Brand geschossen wurden. Das starke, aber ratlose Landheer wehrte sich ebenfalls noch einige Tage, endlich ging es zu Oktavian über. Des Antonius Herrschaft auf der Balkanhalbinsel und in Kleinasien war zusammengebrochen. Oktavian war Herrscher des Reiches.

Im nächsten Jahr folgte er dem Geschlagenen nach Ägypten, der vergeblich alle Kräfte dieses Landes zum letzten Widerstand zu sammeln suchte. Aber eine Abteilung nach der anderen fiel von ihm ab, wohl auf Kleopatras Befehl. Sie sandte ohne Wissen des Antonius Zepter und Krone als Zeichen der Unterwerfung an Oktavian. Als Antonius kein Ausweg mehr blieb, beging er Selbstmord und starb in den Armen der Königin. Ihr bewährtes Mittel, durch ihre Anmut die Gunst des Siegers zu gewinnen, das ihr bei Cäsar und Antonius geholfen hatte, versagte beim nüchternen Oktavian. Er wollte sie beim Triumphzug in Rom aufführen. Aus Besorgnis, daß sie sich selbst töten könnte, ließ er ihr alle Waffen wegnehmen und sie in ihren Gemächern einschließen. Da befahl sie einem Sklaven, ihr einen Korb Feigen zu bringen, unter denen er giftige Schlangen verbergen sollte. So starb sie durch den Biß einer Natter.

Ägypten wurde nicht römische Provinz, sondern eine Privatdomäne des Julischen Hauses unter der Regierung eines kaiserlichen Präfekten.

Das öffentliche und private Leben im 1. Jahrhundert vor Christus

Die Einwohner des Römischen Reiches

Die Gesamtbevölkerung Italiens gliederte sich in Freie, Halbfreie und Sklaven. Die Freien (liberi) waren entweder die vollberechtigten Bürger (cives), die den *populus Romanus Quiritium* bildeten, oder Fremde (peregrini), die sich ohne politische Rechte in Italien (Rom) aufhalten durften.

Bürger

Die *Bürger* besaßen das römische Bürgerrecht (civitas). Dieses gewährte im öffentlichen Leben 1. das Stimmrecht über Staatsangelegenheiten *(ius suffragii)*, also das aktive Wahlrecht im modernen Sinn, das nur persönlich in der Volksversammlung zu Rom ausgeübt werden konnte, 2. das Recht, Staatsämter zu bekleiden *(ius honorum)*, das passive Wahlrecht, und 3. das Recht der Berufung an die Volksversammlung wegen unbillig scheinender Urteile über Leib und Leben *(ius provocationis ad populum)*. In privatrechtlicher Hinsicht gab das Bürgerrecht 1. die Befugnis zum Abschluß einer nach römischem Recht gültigen Ehe *(ius conubii)*, 2. die Befugnis des Eigentumserwerbes und des Handelsverkehrs *(ius commercii)*.

Klienten

Die *Klienten* (cliens = der sich schutzsuchend anlehnt) waren in alter Zeit die zu den patrizischen Geschlechtern gehörigen Halbfreien, die wahrscheinlich nach dem Recht der Unterwerfung oder aus wirtschaftlichen Gründen ihre vollen Rechte eingebüßt hatten. Das Oberhaupt (patronus) des Geschlechtes, in dessen Schutz sie standen, hatte seine Klienten zu unterstützen und zu verteidigen. Diese wieder mußten dem Patron Ehrfurcht und Gehorsam entgegenbringen und ihm in Frieden und Krieg beistehen. Dieses Klientenverhältnis hörte nach und nach auf, als dieser Stand in dem der Plebejer aufging. In der späteren Republik und in der Kaiserzeit entwickelte sich eine neue Art von Klienten. Es waren freie Männer, die sich freiwillig einem oder mehreren Reichen anschlossen, ihn morgens besuchten (salutatio) und während des Tages auf seinen Gängen begleiteten. Der Patron unterstützte sie dafür mit Geld oder Einladungen zum Essen.

Sklaven

Die Unfreien waren rechtlose *Sklaven* (servi). Sie galten nicht als Rechtsperson. Man konnte sie daher wie anderes Eigentum nach Belieben kaufen, verkaufen, abtreten oder im Testament vererben. Sie standen in der unumschränkten Gewalt ihrer Herren, die mit ihrem Leben und ihren Kräften ganz nach Belieben schalten konnten.

Patrizier Als die ursprünglich vollberechtigten Altbürger galten die *Patrizier,* die, in Geschlechterverbänden (gentes) gegliedert, durch gemeinsame Abstammung und gleiche Opfer verbunden waren. Diese wählten unter sich Vertreter (patres) und entsandten sie in die oberste beratende Körperschaft, den Senat.

Die Patrizier lebten gänzlich abgeschlossen von der Menge der Einwohner, *Plebejer* den *Plebejern,* deren Herkunft auf Unterwerfung und Einwanderung zurückgeführt wird. Die Trennung verursachte der Umstand, daß zwischen den beiden Gruppen keine bürgerlich gültige Ehe geschlossen werden durfte.

Nach und nach erzwangen sich die Plebejer in einem langen und erbitterten Kampf die Gleichstellung mit den Patriziern und sogar den Zutritt zum Konsulat und zur Zensur. Anlaß dazu gab, daß die Patrizier auch die Plebejer zur Verteidigung des Vaterlandes heranziehen mußten. Der Heeresdienst aber bedingte die Zuerkennung politischer Rechte, unter denen die 445 erfolgte Bewilligung der Ehegemeinschaft mit den Patriziern die belangreichste war.

Seit der Gleichstellung der beiden Volksgruppen verlor allmählich der Geburtsadel seine Bedeutung, und an seiner Stelle entwickelte sich ein Amts- *Nobilität* adel in der *Nobilität* mit dem Senatorenstand *(ordo senatorius)* und ein *Geldadel* mit dem Ritterstand *(ordo equester).* Die Umstellung in der gesellschaftlichen Schichtung trat nach den Hannibalischen Kriegen ein, als unermeßliche Reichtümer nach Rom zu strömen begannen. Die kostspielige Ämterlaufbahn konnten nur sehr vermögende Bürger ergreifen und durch die Bekleidung der kurulischen Ädilität zur Würde eines *homo nobilis* gelangen. War ein Plebejer kurulischer Ädil geworden, so galt er als *homo novus* und begründete für seine Familie den Zugang zur Nobilität. Ein solcher »homo novus« war Marcus Tullius Cicero. Diese Männer suchten die Staatsämter als ihr ausschließliches Eigentum in Anspruch zu nehmen und Fremde davon fernzuhalten. Im Bewußtsein ihrer hohen Stellung nannten sie sich *Optimaten* (die Bestgesinnten) oder auch *boni cives* (die guten Bürger) und bildeten den Kern des Senatorenstandes. Ihr einziges Vorrecht war das *ius imaginum,* das darin bestand, die von ihren Vorfahren abgenommenen wächsernen Masken (cerae) in kleine tempelartige Kästchen zu stellen (armaria). Diese durch Farben belebten Wachsabgüsse wurden mit Täfelchen versehen, die den Namen, die Würde und die Taten der Verstorbenen meldeten. Auch wurden diese Ahnenbilder im Kasten durch Laubwerk oder gemalte Linien untereinander so verbunden, daß sie einen Familienstammbaum bildeten.

Ritterstand Aus einer militärischen Klasse, den 18 Reiterzenturien, ging der *Ritterstand* hervor, der sich aus den reichsten freigeborenen Bürgern zusammensetzte. Als seine militärische Bedeutung später schwand, entwickelte sich aus den Reitern eine Geldaristokratie von bleibender politischer Bedeutung, der zweite Stand nach den Senatoren. Die Ritter erwarben sich, da den Senatoren jede geschäftliche Tätigkeit untersagt war, als Steuerpächter (publicani) durch Pachtung der Staatseinkünfte (vectigalia), durch Aufführung öffentlicher Bauten, Bankgeschäfte u. a. große Reichtümer. Zutritt hatten nur Freigeborene, wenn sie mindestens 400.000 Sesterzen besaßen.

In Italien gab es neben den römischen Vollbürgern noch latinische Bürger und Bundesgenossen (socii). Rom zeigte ein großes diplomatisches Geschick, daß es die unterworfenen Gemeinden nicht als Untertanen behandelte, sondern sie sich als *Bundesgenossen* verpflichtete, ihnen Recht und Pflicht abgestuft nach ihrem Verhalten zu Rom und ihrer Eigenart zuerkannte, ihnen die eigene Verwaltung und Gerichtsbarkeit und das Heer beließ, das sie allerdings im Kriegsfall ausnahmslos der Hauptstadt zur Verfügung stellen mußten. Dessenungeachtet verweigerten ihnen die Römer das Bürgerrecht. Erst mit blutigem Aufstand erreichten sie die Erfüllung ihrer Wünsche. Die *Latiner* nahmen als Volk, von dem die Römer abstammten, gegenüber den anderen Bundesgenossen eine bevorzugtere Stellung ein. Dies wurde auch in der üblichen Ausdrucksweise »socii nominisque Latini« hervorgehoben. Die Latiner hatten das Recht der Eheverbindung und des Handelsverkehrs mit Rom und eine erleichterte Möglichkeit, das römische Bürgerrecht zu erwerben.

Bundesgenossen

Latiner

Die Staatsgewalt

In gewöhnlichen Zeiten der römischen Republik war die Staatsgewalt zwischen Volk, Senat und den Magistraten in ziemlich gleicher Weise verteilt.

Das Volk *(populus)* besaß die höchste Macht und souveräne Gewalt. Ihm fiel die Gesetzgebung zu samt der Beschlußfassung über Krieg und Frieden, es führte die Wahl der jährlich wechselnden Beamten durch und hatte bis zur Einrichtung der Geschworenengerichte (seit 149) auch die Strafgerichtsbarkeit (populus Romanus iubet).

Volksversammlung

Die Volksgewalt wurde ausgeübt in den *comitia,* den Volksversammlungen. Die ältesten davon waren die *comitia curiata,* die patrizischen Volksversammlungen. Sie wurden von den Königen, später von den Konsuln, Prätoren und Diktatoren abgehalten und verloren ihre Bedeutung, als die Patriziergeschlechter ihre bevorzugte Stellung einbüßten. Sie entschieden ursprünglich über die Wahl des Königs, über Zuerkennung des *imperium,* d. h. des militärischen Oberbefehls, und der *auspicia,* d. h. des Rechts der Vogelschau, und über Krieg und Frieden. Die Rechte der *comitia curiata* gingen allmählich auf die Zenturien- und Tribusversammlungen über, so daß ihnen nur die Priesterwahl, die Erteilung des Oberbefehls und die Adoptionsbestätigung übrigblieb.

Comitia curiata

Comitia centuriata

Die *comitia centuriata,* die Zenturiatsversammlungen, bestanden seit dem König Servius Tullius und umfaßten die ganze Bürgerschaft, also die Patrizier und Plebejer. Sie wurden von Beamten mit *imperium,* also von den Konsuln, Prätoren und Diktatoren einberufen. Die Zensoren beriefen das Volk nur zur Abhaltung des Zensus und Durchführung des Lustrums nach Zenturien ein. Der Versammlungsplatz war regelmäßig das Marsfeld (campus Martius). Vor Beginn wurden Auspizien angestellt; waren sie ungünstig, wurde die Versammlung verschoben, ebenso bei Gewitter oder Regen während der Komitien. Gewöhnlich wurde die zu behandelnde Angelegenheit vor der Versammlung von einem Magistrat mit den Bürgern besprochen. Man nannte eine solche »Wählerversammlung«, in der nicht abgestimmt wurde, eine *contio.* Die Sonderversammlung eines Teiles der Bürgerschaft, z. B. der Plebs, nannte man *concilium.*

Die *comitia centuriata* hatten als Befugnisse: 1. Sie wählten die höheren Beamten (magistratus maiores) wie Konsuln, Prätoren, Diktatoren und Zensoren. 2. Sie hatten die richterliche Entscheidung als Berufungsinstanz in politischen Strafprozessen, z. B. bei Hochverrat. Diese Befugnis hatten sie aber nur bis zur Einführung der Geschworenengerichte (quaestiones perpetuae). 3. Sie beschlossen über Krieg und Frieden, über Verträge und Bündnisse. 4. Sie erteilten den gewählten Zensoren die amtliche Vollmacht zur Abhaltung der Schätzung (census). Die Beschlüsse der *comitia centuriata* unterlagen aber dem Bestätigungsrecht des Senates (patrum auctoritas). Die Versammlung nahm folgenden Verlauf: Der den Vorsitz führende Magistrat begründete in einer Rede seinen Antrag (rogatio), den er dann zur Abstimmung brachte. Die Abstimmung war ursprünglich mündlich, die *rogatores* notierten die Stimmen mit Punkten. Seit 139 wurde schriftlich und geheim abgestimmt mit kleinen Täfelchen (tabella oder tessera). Die Zenturien traten durch einen schmalen Zugang (pons) gesondert in einen durch Seile umfriedeten Raum (ovile). Der Vorsitzende teilte die *tesserae* aus, die die Wähler in die Stimmkörbe (cista) warfen. Bei Wahlen schrieb man den Namen des Kandidaten auf die *tessera,* bei Gesetzesanträgen erhielten die Bürger zwei Täfelchen. Auf dem einen standen die Buchstaben U R (= uti rogas = wie du beantragst – also »ja«), auf dem anderen ein A (= antiquo = ich lasse es beim alten – also »nein«). Waren alle Stimmen abgegeben, wurden sie gezählt (diribitio = Wahlprüfung). Die Täfelchen wurden zur allfälligen Überprüfung in Beuteln (loculi) zurückgelegt. Das Ergebnis ließ der Vorsitzende durch einen Herold verkünden.

Comitia tributa

Die plebejisch-patrizischen *comitia tributa,* also die Versammlungen der ganzen Bürgerschaft, waren aus den plebejischen Sonderversammlungen (concilia plebis) während des Ständekampfes hervorgegangen. Sie wurden nach den Tribus (den örtlichen Stadt- und Landbezirken) von den Volkstribunen auf Grund des *ius cum plebe agendi,* von den plebejischen Ädilen oder mit ihrer Zustimmung von den Konsuln einberufen und geleitet. Die

Tributkomitien fanden meist auf dem Forum in der Nähe der Rednerbühne statt, nur bei Wahlen auf dem Marsfeld. Der Wahlvorgang war der gleiche wie bei den *comitia centuriata.* Die Tributkomitien hatten 1. die niederen Beamten (magistratus minores), also die kurulischen Ädilen, Quästoren und Militärtribunen, 2. die außerordentlichen Beamten (magistratus extraordinarii), z. B. *tresviri coloniae deducendae,* zu wählen. 3. Sie übten die Gerichtsbarkeit in unpolitischen Prozessen bei Vergehen, die mit Geldstrafen belegt wurden, wie z. B. bei Wucher. 4. Sie hatten das Recht der Gesetzgebung im weitesten Umfang. Ebenso wie bei den *comitia centuriata* war auch hier die Zustimmung des Senates erforderlich.

Alle Komitien durften nur an bestimmten Tagen (dies comitiales) stattfinden und mußten von den einberufenden Magistraten schon eine gewisse Zeit vorher durch Edikt angekündigt (comitia edicere) und der Gegenstand der Tagesordnung veröffentlicht werden (promulgare). Das durch Abstimmung (suffragium) angenommene Gesetz stellte man, in Erztafeln getrieben, auf dem Forum oder Kapitol aus oder befestigte es an der Wand eines Tempels (figere legem).

Senat

Der Senat, eigentlich der Rat der Alten (senex), war zur Königszeit eine beratende Körperschaft des obersten Magistrates. Er war zusammengesetzt aus den Vätern (patres), d. h. aus den Häuptern der vornehmen Geschlechter, und blieb auch in der ganzen späteren Zeit aristokratisch. Das Recht, Gesetze zu beschließen oder Befehle zu geben, hatte er nicht, aber die Bescheide dieser adeligen und ehrwürdigen Alten entbehrten nicht einer gewissen autoritativen Wirkung. In der Zeit der Ständekämpfe erhielten auch Plebejer aus den reichsten und angesehensten Geschlechtern Zutritt zum Senat. Die plebejischen Senatoren bildeten als *conscripti* (= die in der Liste mit den Senatoren Zusammengeschriebenen) mit den patrizischen Senatoren oder Vätern den Senat, daher die Anrede »patres [et] conscripti«. Auf die Volksversammlung nahm er Einfluß durch die Bestätigung der Beschlüsse, die erst durch die Genehmigung der Väter (patrum auctoritas) rechtsgültig wurden.

In Notfällen konnte er die Verfassung zeitweilig aufheben, indem er den Konsuln durch das *senatus consultum ultimum* unumschränkte Vollmacht übertrug, den gegebenen Umständen entsprechend eigenmächtig zu handeln.

Die Zahl der Senatsmitglieder schwankte im Laufe der Jahrhunderte. Romulus soll nur 100 gewählt haben, gegen Ende der Königszeit waren es 200, unter Sulla hatte der Senat 400 und zur Zeit Cäsars 900 Mitglieder. Die staatsrechtliche Stellung des Senates war so, daß ein selbstherrliches Regiment gegen den Willen der Magistrate unmöglich war. Denn diese machtvolle Körperschaft konnte nur durch die Konsuln oder im Einverständnis mit ihnen durch die Prätoren und Tribunen einberufen werden (senatum vocare, cogere). Der Versammlungsort war eine von Augurn geweihte Stätte, das *templum*, entweder der Tempel des Jupiter Capitolinus oder des Jupiter Stator, der Tempel der Concordia, des Apollo auf dem Marsfeld, meistens aber die Curia.

In den Aufgabenbereich des Senates fielen: 1. das Kultwesen – Opfer und Spiele für besondere Fälle, Buß- und Dankfeste (supplicationes); Einweihung von Tempeln; *lectisternia*, d. i. die Bewirtung von Göttern an Festtagen, indem man neben den Tisch mit den Speisen ein Bett (lectus) stellte, auf dem bekränzte Götterbilder wie Menschen beim Gastmahle lagen; 2. die Finanzverwaltung – der Senat entschied über Einnahmen und Ausgaben von Staatsgeldern, genehmigte die Verpachtung des *ager publicus* und der indirekten Steuern an die Steuerpächter (publicani); 3. die Aufsicht über alle Staatsbeamten; 4. die auswärtigen Angelegenheiten – völkerrechtliche Beziehungen und der diplomatische Verkehr durch die Gesandten; 5. Verfügungen bei Kriegsausbruch – Ernennung der Feldherren; Aushebung von Legionen; Bestimmung ihrer Stärke und Zahl; Verteilung der Truppen; Auszeichnung und Bestrafung der Befehlshaber; 6. Verfügungsrecht über die Provinzen.

Verlauf einer Senatssitzung

Der Verlauf einer Senatssitzung war folgender. Der vorsitzende Beamte eröffnete die Sitzung. Dann erstattete er Bericht über die Tagesordnung (referre ad senatum). Erschien ihm eine sofortige Abstimmung mit Ja oder Nein untunlich, eröffnete er die Debatte, indem er den *princeps senatus*, d. h. denjenigen Senator, der in der Liste zuoberst stand, in späterer Zeit die *consules designati*, zuerst befragte; hierauf die übrigen nach dem Ehrenrang, den ein jeder je nach seinem Amt einnahm (sententiam rogare). Der Gefragte äußerte entweder stehend seine Meinung, wobei er auch vom Thema abschweifen konnte (relationem egredi). Mitunter mißbrauchte man die Redefreiheit, um eine Beschlußfassung zu hintertreiben (diem dicendo consúmere). Oder der Gefragte erklärte sitzend seine Zustimmung (verbo assentíri). Bei der Abstimmung traten die Senatoren auf die Seite dessen, dem sie beistimmten (pedibus in sententiam alicuius ire). Man entschied mit absoluter Mehrheit, der verbindliche Beschluß hieß *senatus consultum*, abgekürzt S.C. Die Senatsverhandlung wurde bei offenen Türen geführt, die Zuhörer folgten von draußen der Beratung. Die Beschlüsse wurden, mit Ausnahme seltener Fälle der auswärtigen Politik, nicht geheimgehalten, ja in späterer Zeit sogar veröffentlicht.

Die Voraussetzung für die Aufnahme in den Senat war die Bekleidung der Quästur und ein Mindestalter von dreißig Jahren. Abzeichen des Senators waren der breite Purpurstreifen auf der Tunika (latus clavus), Schuhe aus rotem Leder mit speziellem Schnitt und der goldene Ring. Bei den Spielen hatten die Senatoren Ehrenplätze.

Die Senatoren führten die Politik nach dem ungeschriebenen Lebensgesetz des Brauches der Ahnen (mos maiorum). Die von Geschlecht zu Geschlecht fortdauernde, aus reicher Erfahrung gewonnene Überlegenheit mußte sich gegen die leicht beeinflußbare Stimmung der Komitien, die manchmal gar abwegigen Sonderbestrebungen der Beamten und nicht zuletzt gegen die Gefahren einer jährlich wechselnden Regierung wie ein ruhender Pol auswirken und gab dieser Körperschaft das achtunggebietende Ansehen im eigenen Staat und vor den Völkern der Ökumene. Seine Geltung spricht aus den berühmten Anfangsbuchstaben, die viele Denkmäler kennzeichnen, S.P.Q.R. = Senatus Populusque Romanus = der Senat und das Volk von Rom.

Magistratur

Neben dem Volk und dem Senat waren die vom Volk gewählten Beamten die Träger der Amtsgewalt. Die wesentlichen Unterschiede zwischen der römischen Beamtenschaft und der in modernen Staaten waren folgende: 1. Die Ämter wurden bloß als Ehrenstellen *(honores)* ohne irgendein Gehalt verwaltet. 2. Die Amtsdauer war auf ein Jahr beschränkt *(Annuität)*, mit Ausnahme der Zensoren, die für 5, später für 1½ Jahre gewählt wurden. 3. Jedes Amt, das der Prätoren ausgenommen, wurde von einem Kollegium von zwei oder mehreren gleichberechtigten Kollegen geführt *(Kollegialität)*, die das Recht der Interzession, des Einspruches gegen die Amtsführung des anderen, hatten. 4. Der Staat besetzte die Ämter ohne Prüfung der Befähigung. Dies kann man sich daraus erklären, daß die Staatsführung einfacher organisiert war, vieles, was jetzt Sache des Staates ist, der privaten Betreuung überlassen blieb und den Beamten ein bezahltes, gutgeschultes Kanzleipersonal (scribae im Ritterrang) zur Verfügung stand. Auch war es dem einzelnen bei der größeren Öffentlichkeit des politischen Lebens leichtgemacht, auf dem Forum alle Vorgänge kennenzulernen und sich dadurch auf die eigene Tätigkeit vorzubereiten.

Wer sich um ein Amt bewarb (*candidatus*, nach der *toga candida* so genannt, die man trug, wenn man die Mitbürger um ihre Stimmen bat), meldete sich beim wahlleitenden Beamten und mußte bestimmte Voraussetzungen nachweisen, wie z. B. freie Geburt, einen unbescholtenen Lebenswandel, körperliche und geistige Gesundheit. Die Ablegung einer militärischen Dienstzeit war gebräuchlich. Die Ämterfolge führte vom Quästor über den Ädil oder Tribun, Prätor zum Konsul. Auch wurde ein bestimmtes Mindestalter gefordert, das durch die *lex annalis* (180) für die Quästur das 30. Lebensjahr, für die Ädilität das 37., für die Prätur das 40. und für das Konsulat das 43. festlegte. Der Tag des Amtsantrittes war seit 153 der 1. Januar. Bis zum Amtsbeginn hießen die Gewählten *designati. Magistratus* bezeichnet sowohl abstrakt das Amt als auch konkret den Amtsträger. Die Amtsgewalt hieß *potestas.* Sie gab das Recht, Auspizien einzuholen, das Volk zu einer beratenden Versammlung zu berufen (ius contionem habendi), Verordnungen in seinem Wirkungskreis zu erlassen (ius edicendi), gegen Amtshandlungen der Kollegen einzuschreiten (ius intercedendi). Die *potestas* war beschränkt durch die befristete Amtsdauer, Kollegialität und Verantwortlichkeit nach Amtsablauf vor dem Volke.

Man teilte die Beamten ein in 1. *magistratus maiores* (= höhere Beamten): Konsul, Diktator, Prätor und Zensor, und in 2. *magistratus minores:* Ädil und Quästor. Die *magistratus maiores* bildeten mit den kurulischen Ädilen die *magistratus curules,* benannt nach ihrem Amtsabzeichen, der *sella curulis,* einem elfenbeinernen Klappstuhl ohne Arm- und Rückenlehne, auf dem sie bei Amtshandlungen saßen.

Konsul An der Spitze des Staates standen zwei *Konsuln.* Sie wurden durch die *comitia centuriata* gewählt und hatten die Aufgabe, Senat und Komitien einzuberufen, den Vorsitz zu führen und deren Beschlüsse zu vollstrecken. Im Kriege übernahmen sie den Oberbefehl über die Truppen. Die Rechtsprechung oblag ihnen nur bis zur Einführung der Prätur (357). Als Zeichen ihrer Würde gingen ihnen zwölf Liktoren mit den *fasces* (Rutenbündeln) voran. Die Konsuln trugen die *toga praetexta* und saßen auf der *sella curulis.* Nach ihnen wurde das Jahr benannt (z. B. M. Tullio Cicerone C. Antonio coss. = im Jahr 63). Die Geschäfte führten sie abwechselnd nach Monaten. Nach Ablauf des Amtsjahres gingen sie als Prokonsuln in eine Provinz. Sie waren als *consulares* (ehemalige Konsuln) die angesehensten Mitglieder des Senats.

Diktator In Zeiten der Not wurde von dem amtierenden Konsul mit Zustimmung des Senats ein *Diktator* ernannt (dictatorem dicere), der sich selbst den *magister equitum* zum Gehilfen bestimmte. Der Diktator war der höchste außerordentliche Beamte mit unumschränkter militärischer und bürgerlicher Gewalt, war unverletzlich (sacrosanctus) und nicht rechenschaftspflichtig. Gegen ihn konnten selbst die Volkstribunen nicht einschreiten. 24 Liktoren gingen ihm voraus. Nach Erledigung seiner Aufgabe, für die er ernannt war, spätestens nach sechs Monaten, legte er zusammen mit dem *magister equitum* sein Amt nieder.

Prätor Die *Prätoren* waren die höchsten richterlichen Beamten, die im Rang den Konsuln folgten. Sie bildeten keine kollegiale Behörde. Der höchste war der *praetor urbanus,* er war zuständig für Rechtsfälle zwischen römischen Bürgern. Der *praetor peregrinus* erledigte in Rom die Streitsachen zwischen einem Bürger und einem Fremden oder zwischen Fremden untereinander. Die Einführung der Geschworenengerichte (quaestiones perpetuae) seit dem Jahr 149 und die wachsende Zahl der Provinzen erforderten eine immer größere Anzahl von Prätoren (bis 16). Diese verwalteten vor Sulla die Provinzen, und seit Sulla leiteten sie die Strafgerichtsbarkeit in den *quaestiones.* Ein Prätor hatte sechs Liktoren. In Vertretung des Konsuls konnten sie mit einem militärischen Kommando betraut werden und erhielten auch das Recht, Volk und Senat zu berufen und deren Verhandlungen zu leiten (ius agendi cum senatu et populo). Nach ihrer Amtstätigkeit erhielten sie als Proprätoren die Statthalterschaft einer Provinz mit voller militärischer und richterlicher Gewalt.

Nach des Servius Tullius Verfassung veranstaltete der höchste Magistrat alle fünf Jahre eine Schätzung des Vermögens des Volkes. Diese diente als Grundlage für die Einteilung und Feststellung der Leistungen und Rechte der Bürger. Die Aufgabe besorgten anfangs die Konsuln. Seit dem Jahre 443 bestellte man zwei *Zensoren,* ursprünglich für fünf, dann auf eineinhalb Jahre. Da fast nur Konsularen mit diesem einflußreichen Amt betraut wurden und es keiner Verantwortung unterlag, galt es als das würdevollste der republikanischen Ämter.

Zensor

Die Zensoren hatten folgende Aufgaben: 1. Sie mußten die *Schätzung* durchführen. Die Bürger traten in der Reihenfolge der Tribus auf dem Marsfelde an, nannten Namen, Alter, Heimat, Familien- und Vermögensstand nach bestem Wissen (ex animi sententia). Diese Selbsteinschätzung überprüften die Zensoren und stellten die Listen der Senatoren, Ritter und Bürger nach ihren Klassen auf. Falsche Angaben wurden mit hohen Geldstrafen belegt. Wer nicht zur Schätzung erschien, wurde als Sklave verkauft. Nach dem Vermögen wurde die Abgabe bestimmt (tributum). 2. Aus der Tätigkeit der Zensoren entwickelte sich eine allgemeine *Sittenkontrolle* (regimen morum). Die Zensoren rügten (notare) bei jedem alles, was in seinem öffentlichen und privaten Leben gegen die Sitte (mos maiorum) verstieß, aber nicht gerade vor Gericht geahndet wurde, wie böswilliges und rücksichtsloses Verhalten gegen die Familie, Meineid, Treulosigkeit, Verschwendungssucht, Nachlässigkeit im Staatsdienst, und vermerkten das Tadelnswerte mit einer *nota censoria* in der Steuerliste. Genügte dieses nicht zur Sühne, so wendete man harte Strafen an wie Ausstoßung aus dem Senat (senatu movere) oder aus der Ritterschaft (equum adimere) oder Versetzung aus der reicheren ländlichen Tribus in eine städtische (tribu movere) oder Ausstoßung aus der Tribus (aerarium facere, d. h. Versetzung in die letzte Steuerklasse, die den Betreffenden völlig rechtlos machte, civis sine suffragio). Die Strafe erstreckte sich über ein Lustrum, so benannt nach dem Sühneopfer (lustratio), das den Abschluß der Schätzung bildete, alle fünf Jahre wiederholt wurde und dadurch den Ausdruck »lustrum« gleichbedeutend mit »quinquennium« = Zeitraum von fünf Jahren machte. 3. Den Zensoren oblag die *Neuaufstellung der Senatorenliste* aus den Verzeichnissen der gewesenen Magistrate, die nach ihren Verdiensten würdig waren, die ausgeschiedenen Senatoren zu ergänzen. 4. Die Zensoren waren mit der *Oberverwaltung des Staatsschatzes* betraut, sie verpachteten die Staatseinkünfte und Staatsländereien (ager publicus) und sorgten für die Errichtung und Instandhaltung der öffentlichen Bauten, Straßen und Anlagen.

Ädil

Die Einrichtung des Amtes der *Ädilen* stammt von den Plebejern. Die zwei Ädilen waren ursprünglich die Gehilfen der Volkstribunen, die die plebejische Gemeindeklasse im Tempel (aedes) der Ceres verwalteten. Diese Beamten (aediles plebis) wurden 493 eingesetzt. Sie übernahmen die Polizei der Stadt (cura urbis), die Aufsicht über die Märkte, das Verkehrswesen und die Feuerwachen (vigiles), endlich auch die Vorbereitung der Spiele (cura ludorum). Seit 366 wählten auch die Patrizier jährlich zwei Ädilen, die sogenannten *aediles curules*, weil sie die *sella curulis* benützen und die *toga praetexta* tragen durften. Diesen oblag die Besorgung der großen Spiele (ludi Romani zu Ehren Jupiters) und die Beaufsichtigung der patrizischen Tempel. Auch war die Versorgung der Hauptstadt mit Getreide und dessen Verteilung (cura annonae) Aufgabe der Ädilen wie die Überwachung der Maße und Gewichte und der Lebensmittel. Obwohl die Veranstaltung der Spiele den Ädilen viel Geld kostete, wurde doch die Ädilität, die Vorstufe zu den höheren Ämtern, von den jungen Bewerbern sehr begehrt, weil sie Gelegenheit gab, sich beim Volk für die weitere politische Laufbahn zu empfehlen.

Quästor

Die *Quästoren* (von quáerere, untersuchen) waren ursprünglich Untersuchungsrichter, in historischer Zeit Finanzbeamte. Anfänglich zwei, zu denen seit 421 zwei weitere kamen, so daß nun zwei den Staatsschatz (aerarium) verwalteten, der sich im Saturntempel auf dem Forum befand und in dem außer dem Münzvorrat noch die öffentlichen Urkunden und in Friedenszeiten die Feldzeichen hinterlegt waren. Die zwei anderen begleiteten als Kriegszahlmeister die Konsuln auf ihren Feldzügen, bestritten alle Ausgaben für das Heer und vertraten gelegentlich auch den Oberbefehlshaber. 287 vermehrte man ihre Zahl wegen der Provinzen auf acht, Sulla ließ zwanzig, Cäsar vierzig wählen. Die Aufteilung auf ihre Amtsbereiche erfolgte durch das Los. Die Quästur war die erste Stufe der Ämterlaufbahn. Mit ihr erwarben die Söhne der senatorischen Familien den Sitz im Senat. In Italien sorgten sie für den pünktlichen Eingang der ordentlichen Abgaben, in den Provinzen waren sie ähnlich den Heeresquästoren die Gehilfen und Vertreter des Statthalters mit richterlicher und militärischer Gewalt.

Volkstribun

Ein besonderes Amt war das der *Volkstribunen*. Dieses hatte das von allen Ämtern ausgeschlossene und von Schulden hart bedrängte Volk im Ständekampf (494) mühsam erstritten. Die *tribuni plebis*, erst 2 oder 5, dann 10, durften nur Plebejer sein und waren unantastbar. Zuerst hatten sie als Anwälte der Plebs nur das *ius auxilii*, konnten also zum Schutz der Plebejer gegen jede ungerechte Maßregel der Beamten oder des Senats einschreiten. Das Vetorecht, *ius intercessionis*, gab den Tribunen auch die Möglichkeit, gegen Verwaltungsmaßnahmen der Beamten, gegen Senats- und Volksbeschlüsse, ja sogar gegen Amtshandlungen der eigenen Kollegen Einspruch zu erheben. Da die Tribunen jederzeit für einen Hilfsbedürftigen erreichbar sein mußten, durften sie das Weichbild Roms nicht auf einen vollen Tag verlassen. Im Senat hatten sie anfangs nur das Recht, vor den Türen des Amtsgebäudes sitzend, gegen volksfeindliche Beschlüsse ihr Veto einzulegen. Allmählich bekamen sie Sitz und Stimme im Senat, auch das Recht, Anträge zu stellen und die Senatssitzungen zu leiten. Das Ansehen und der Wirkungskreis dieses Amtes waren so groß, daß Cäsar und seine Nachfolger ihre Stellung auf der ihnen verliehenen tribunizischen Gewalt aufbauten.

Die Magistrate brauchten zur Ausführung ihrer Amtsgeschäfte eine immer größere Zahl von Helfern, *Amtsdienern* (apparitores) und *Staatssklaven* (servi publici). Die wichtigsten unter den *apparitores* waren die *Schreiber* (scribae), die die Rechnungsbücher führten, Protokolle abfaßten und Akten schrieben. Sie erlangten durch ihre Bildung und Sachkenntnis einen großen Einfluß auf minder versierte Magistrate. Von geringerem Rang waren die *Liktoren,* die den höheren Magistraten mit den Fascen vorangingen. Die *fasces* waren ein Rutenbündel (Symbol der körperlichen Züchtigung) mit einem Richtbeil (securis, Symbol des Henkeramtes). Das Symbol der Doppelaxt stammte von den kleinasiatischen Völkern und kam über Etrurien nach Rom. Im Stadtgebiet, wo das Volk die Blutgerichtsbarkeit innehatte, wurden die *fasces* ohne Beil getragen. Der Rang des Beamten bestimmte die Zahl der begleitenden Liktoren. Sie waren meist Freigelassene. Zu den Unterbeamten sind noch die Amtsboten (viatores) und die Herolde (praecones) zu zählen. Die niederen Polizeidienste besorgten die Staatssklaven (servi publici). *Unterbeamte*

Die Staatsverwaltung

Rom war die *urbs*, die Hauptstadt; von ihr ging alle Regierung aus, an die Anwesenheit in der Hauptstadt war die Ausübung der wichtigsten bürgerlichen Rechte gebunden. Die italischen Städte hatten je nach ihrer Entstehungsgeschichte und der Art, wie sie dem römischen Staat einverleibt wurden, verschiedene rechtliche Stellungen. Gewöhnlich wurde zur Sicherung eines eroberten Landes gegen feindliche Überfälle und gegen Aufstände der unterworfenen Stämme eine *Kolonie* (colonia) angelegt. Die Kolonisten, die wie eine Art militärischer Besatzung waren, behielten das volle römische Bürgerrecht, traten also in ein bevorrechtetes Verhältnis zu den alten Einwohnern, die aber nach und nach die rechtliche Gleichheit erlangten. Die Kolonien erhielten eine der Mutterstadt nachgebildete Verfassung und Verwaltung. Die Auswahl der Kolonisten erfolgte entweder auf Grund freier Meldungen, oder es wurden durch militärische Aushebung die Personen und Familien von den Konsuln dazu bestimmt. Seit der Zeit der Gracchen hatte die Anlegung von Kolonien einen veränderten Zweck, sie dienten zur Versorgung ärmerer Bürger, aber auch zur Unterbringung aufrührerischer Bewohner der Großstadt. Seit Sulla gründete man ausschließlich Militärkolonien, um ausgediente Soldaten mit Ackerboden für ihre Verdienste zu belohnen. *Kolonie*

Die *Munizipien* (municipia) waren ursprünglich die autonomen Gemeinden Latiums. Ihre Bürger hatten gegenüber Rom die gleichen Pflichten (munia) wie die römischen Bürger selbst. Seit dem Latinerkrieg waren die Rechte der Munizipien sehr verschieden. Es gab Gemeinden mit Vollbürgern, solche *Munizipium* ohne Stimm- und Ehrenrechte, doch hatten diese meistens das Ehe- und Handelsrecht. Ihre Rechtsprechung unterstand dem Stadtprätor. Als die Lex Iulia municipalis (90) allen Munizipien Italiens das volle Bürgerrecht verlieh, da erhielt das Wort municipium die Bedeutung »italische Landstadt«. Sie hatte ihre Magistrate, die *duumviri* = Zweimänner, ihren Gemeinderat (ordo decurionum) und ihre Verwaltung.

civitates foederatae

Die *civitates foederatae* waren Gemeinden, die auf Grund eines Sondervertrages (foedus) zu Rom in einem bestimmten Rechts- und Bundesverhältnis standen. Sie mußten Soldaten zum römischen Heer stellen, die aber nicht im Legionsverband, sondern als eigene Hilfstruppen (auxilia) kämpften. Nach der Lex Iulia wurde auch diesen Gemeinden das volle Bürgerrecht gegeben.

Provinz

Der Name *provincia* bedeutete ursprünglich den Tätigkeitsbereich eines Beamten, dann die Verwaltung eines unterworfenen Landes. Wenn die Römer ein erobertes Land als Staatseigentum behalten wollten, verwandelten sie es in eine Provinz. Die Einrichtung erfolgte durch den Feldherrn mit einem Beirat von zehn Senatoren. In den Provinzen, die zur Aufrechterhaltung der Ruhe ein Heer erforderten, führte ein Prokonsul die Verwaltung, in den ruhigen ein Proprätor. Der Statthalter hatte in der Provinz die höchste militärische und richterliche Gewalt. Ihm zur Seite standen Legaten und ein Quästor. Die Amtsdauer betrug in der Regel ein Jahr. Zur Rechtsprechung bereiste der Statthalter meist im Winter oder Frühjahr die Provinz und hielt in den Hauptstädten an bestimmten Terminen Gerichtstage ab (conventus agere). Die Steuereinhebung besorgten Steuerpächter. Vielfach galt die Erlangung einer Provinz für den Statthalter als eine Gelegenheit, die Einwohner durch Erpressungen auszuplündern und sich für die kostspieligen Aufwendungen in den Jahren der Ämterbewerbung zu entschädigen. Den Provinzialen stand allerdings das Recht zu, nach verflossener Amtsdauer den Statthalter wegen Erpressungen (de repetundis) anzuklagen. Augustus teilte im Jahre 27 die Provinzen in senatorische, die keiner militärischen Besatzung bedurften, und in kaiserliche, die unter einem *legatus Augusti pro praetore* standen und in denen sich Augustus selbst die Gesamtverwaltung vorbehielt. Eine Sonderstellung hatte Ägypten, das ein Krongut des Augustus war und unter dem Befehl eines kaiserlichen Präfekten stand.

Die Finanzgebarung

Die Einnahmen des römischen Staates teilten sich in ordentliche und außerordentliche. Die *ordentlichen Einnahmen* waren: 1. die Pachtgelder (vecigália) – *véctigal,* von véhere, eigentlich Fuhrgeld, war die älteste und bedeutendste Einnahme des Staates aus den Domänen (ager publicus) in Italien und den Provinzen, aus dem Waldbesitz und Weidegrund, den Fischereien der Seen, den Bergwerken (metalla), wozu auch die Salzgewinnung (salinae) gehörte; 2. die Provinzialabgaben, und zwar die Personalsteuern (tributum capitis) für Kapital und Erwerb, der Bodenzins (tributum soli) für das Grundeigentum; 3. indirekte Steuern, wie Ein- und Ausfuhrzoll (portorium). An *außerordentlichen Einnahmen* flossen dem Staate zu: 1. die Vermögenssteuer (tributum ex censu), die von römischen Bürgern nach Maßgabe des Zensus zur Deckung von Kriegskosten eingehoben, nach glücklichem Feldzug aber meist aus der Beute zurückgezahlt wurde; 2. die aus dem Verkauf der Kriegsbeute gelösten Gelder (manubiae) und die Erträge aus Verwaltungs- und Gerichtsstrafen (multae); 3. die Erträge aus Vermögenskonfiskationen.

Die *Staatsausgaben* der Römer erstreckten sich auf: 1. den Götterkult, wie Tempel, Opfer, Feste, Spiele, wobei den größten Teil der bisweilen wahnsinnig hohen Kosten die Spielgeber deckten; 2. die Heereskosten für Kriegsgerät, Sold (stipendium), Pferde, Verpflegung; 3. die Getreidespenden; 4. die Beträge für auswärtige Angelegenheiten, wie Empfang und Aussendung von Gesandten, für Repräsentationskosten der höchsten Beamten und Provinzstatthalter; 5. das Gehalt der niederen Beamten und die Aufwendung für die Staatssklaven. Ausgaben wie Besoldung der höheren Beamtenschaft oder Aufwendungen für die Jugenderziehung, die vorwiegend der privaten Obsorge überlassen blieb, entfielen im römischen Staatshaushalt.

Die Oberleitung der Finanzgebarung stand dem Senate zu. Er veranlaßte die Steuerausschreibungen, bewilligte die Summen für die öffentlichen Bauten, ordnete die Heereslieferungen an usw. Wichtige Aufsichtsrechte hatten auch die Zensoren. Die Quästoren besorgten die Zahlungen und führten die Rechnungen. Die einzige Staatskasse während der republikanischen Zeit befand sich im Saturntempel auf dem Forum.

Der Staat hob die Steuern nicht unmittelbar ein, sondern verpachtete sie an den Meistbietenden, gewöhnlich auf fünf Jahre. Vorwiegend waren es Ritter, die sich als die reichsten Leute auf die Pachtungen einlassen konnten, die Provinzen ausbeuteten und sich ein Riesenvermögen erwarben.

Das Rechtswesen

Die Schaffung eines auf wissenschaftlicher Grundlage aufbauenden Rechtes war die größte Leistung des römischen Volkes. Sie hielt die Waage mit der tiefen und verantwortungsbewußten Einsicht in das Wesen der Philosophie und der Demokratie, die wir den Griechen verdanken.

Die alte Form des Rechtes hat ihre Grundlage in der selbstherrlichen Gewalt des Vaters (patria potestas) über seinen Hausstand (familia), das sind Frau und Kinder und das Gesinde (servi). Über diese steht ihm das Züchtigungs-

patria potestas

recht, ja das Recht über Leben und Tod zu. Nur den Göttern war er für sein Tun Rechenschaft schuldig.

Blutrache

Blutschuld wurde in ältester Zeit durch die Blutrache gesühnt, die als eine Verpflichtung der Familie und der weiteren Angehörigen galt. Aber bald ging die Verfolgung und Bestrafung eines solchen schweren Frevlers in den Bereich der Gemeinde über.

Die durch Brauch und Sitte der Ahnen überkommenen Rechtssatzungen wurden, um mit der fortschrittlichen Rechtsanschauung Schritt zu halten, den Forderungen der Zeit angepaßt und in den Gesetzen der Zwölf Tafeln um 450 schriftlich festgelegt. Diese Bezeichnung läßt darauf schließen, daß die Gesetze auf zwölf Bronze- oder Holztafeln aufgeschrieben und öffentlich ausgestellt worden sind. Die Gesetze wurden der Ausgangspunkt für die ganze weitere Rechtsentwicklung Roms. Der Einfluß griechischen Rechtes, vor allem der Gesetze Solons, auf die Bestimmungen der Zwölf Tafeln ist erwiesen. Sie steuerten der Willkür patrizischer Parteilichkeit, da von nun an jedem die Nachprüfung möglich war. Ergänzt wurden die Gesetze durch die Beschlüsse des Senats und durch die Gesetze, die von den Komitien angenommen wurden, endlich durch die Edikte der Prätoren. Es war Sitte, daß jeder Prätor bei Amtsantritt Bekanntmachungen herausgab, wie er in Zweifelsfällen zu verfahren beabsichtige. Seit Augustus kamen zu den erwähnten Rechtsquellen noch die kaiserlichen Verordnungen hinzu.

Zwölftafelgesetz

Die römischen Juristen schieden zwischen Staatsrecht (ius publicum), also den Bestimmungen über die Pflichten und Rechte des Staates gegenüber den Bürgern und das Verhältnis des einzelnen gegenüber dem Staat, und dem Privatrecht (ius privatum), das den Verkehr zwischen den Bürgern sichern sollte. Bei allen Rechtsfällen herrschte die vollständige Gleichheit jedes Bürgers vor dem Gesetz. Dadurch trugen die römischen Rechtsanschauungen schon früh den Keim ihrer weiterwirkenden Beispielhaftigkeit durch den Lauf der Jahrhunderte in sich.

Privatrecht

Der große Ausbau des römischen Privatrechtes erfolgte nach den Hannibalischen Kriegen. Die römischen Rechtsgelehrten teilten das Privatrecht in Sachenrecht, Obligationenrecht, Familienrecht und Erbrecht ein. Im *Sachenrecht* haben die Römer die grundsätzliche, bis heute noch anerkannte Unterscheidung von Besitz (possessio) und Eigentum (dominium) festgelegt. Besitzer ist, wer über eine Sache tatsächlich verfügt, Eigentümer der, dem das unumschränkte Verfügungsrecht über eine Sache zusteht. Eigentumsrecht erlangt man durch Erbschaft oder Erwerbung. Das *Obligationenrecht* ist das Recht der Schuldverhältnisse. Unter Obligation versteht man das Verhältnis zweier Personen, von denen die eine (creditor) ein gewisses Recht der anderen (debitor) gegenüber hat. Nach der Meinung der römischen Juristen entstehen alle obligatorischen Rechte entweder durch Übereinkunft, durch einen Vertrag (contractu), dessen Einhaltung auf gesetzlichem Weg erzwungen werden kann, oder durch ein Vergehen (delicto). Denn nach römischer Auffassung bewirken auch widerrechtliche Beschädigungen Obligationen, Verbindlichkeiten, insofern sie Klagen begründen, die die Herstellung des gestörten Zustandes bezwecken. Nach dem *ius civile* ergeben sich Obligationen aus den folgenden vier Arten von Delikten: 1. Diebstahl (furtum), 2. Ehrenkränkung und Verletzung der Person (iniura), 3. widerrechtliche Beschädigung der einem anderen gehörenden Sachen (damnum iniura datum), 4. Raub (rapina). Es ist also bei den Römern verschiedenes im Privatrecht enthalten, was nach moderner Auffassung in das Strafrecht gehört, wie Diebstahl und Raub. In ein Schuldverhältnis geriet einer durch Anleihen und Hypotheken (Pfandrechte an Liegenschaften). Darlehen wurden gewöhnlich gegen eine Hypothek auf Grundbesitz oder gegen Sicherstellung durch bewegliche Güter ausgegeben. Bei Versäumnis der Tilgungsfristen mußte sich der zahlungsunfähige Schuldner dem Gläubiger zur Verfügung stellen, in alter Zeit konnte er zur Arbeit herangezogen oder in Haft genommen werden, 326 hat die Lex Poetelia diese Bestimmung verboten.

Das *Familienrecht* umschließt das Eherecht, die Stellung der Frau in der Ehe, die väterliche Gewalt, die Verwandtschaftsverhältnisse (agnatio = Blutsverwandtschaft von männlicher Seite, cognatio = Blutsverwandtschaft von weiblicher Seite, affinitas = das durch Verheiratung zwischen den Familien der beiden Ehegatten entstehende Verwandtschaftsverhältnis, die Schwägerschaft). Die Feststellung der verwandtschaftlichen Beziehungen war wichtig für die uralte römische Einrichtung der Vormundschaft (tutela), wodurch handlungsfähige Personen (tutor) die Leitung der Rechts- und Vermögensangelegenheiten handlungsunfähiger Personen übernehmen, und weiter für das Erbrecht. Das alte strenge *Erbrecht* wurde durch das prätorische Recht gemildert. Die prätorische Erbfolge berücksichtigt vorzugsweise die gesetzlichen Erben, aber sie bedenkt auch alle, die der Erblasser billigerweise hätte berücksichtigen sollen. Bei einer Erbschaft mußte man auch die allfälligen Schulden und andere Verbindlichkeiten des Verstorbenen mit übernehmen. Nach prätorischem Recht war ein Testament gültig, wenn es mit den Siegeln von sieben Zeugen versehen war.

In dem Rechtswesen der Römer sehen wir schon eine hohe, dem modernen Geist nahekommende Gestaltung, wobei die Entwicklung des Privatrechtes über das öffentliche Recht hinausgewachsen ist und noch jetzt in den europäischen Rechtssystemen fortlebt.

Prozeßverfahren

Je nachdem es sich um Vergehen gegen das Gemeinwesen (delicta publica) oder Verletzungen der Rechte des einzelnen (delicta privata) handelte, war auch die Prozeßordnung verschieden.

Die Prozesse wurden öffentlich auf dem Forum geführt. Hier standen die halbkreisförmigen Tribünen (tribunalia), auf denen sich der Vorsitzende und die Geschworenen zur Gerichtsverhandlung versammelten. Der vorsitzende Prätor saß auf der *sella curulis*, die Geschworenen auf Bänken (subsellia).

Vor allem erregten die Strafprozesse die Neugierde der Menge. Daher umgab eine große Menschenschar den Gerichtsplatz. Ein wichtiges Organ fehlte im antiken Strafprozeß, der öffentliche Ankläger. Die Einrichtung des Staatsanwaltes war den Römern unbekannt. Die Anklage ging von einem Bürger aus. Dabei konnte es vorkommen, daß mit der Anklage aus Rachsucht und Neid Mißbrauch getrieben wurde. Aber man war der Meinung, es sei immer noch besser, wenn einer, unschuldig angeklagt, freigesprochen werde, als wenn ein Schuldiger wegen Fehlens eines Anklägers niemals sein Vergehen sühnte.

Die Rechtsprechung im Strafprozeß stand ursprünglich dem König zu, seit 509 den Konsuln und seit 366 den Prätoren. Der König soll jedoch der Volksgemeinde bisweilen ein Begnadigungsrecht *(provocatio ad populum)* eingeräumt haben. Daraus entwickelte sich zu Beginn der Republik eine immer größere rechtliche Befugnis der Volksgemeinde, so zwar, daß die Zenturiatskomitien die letzte Instanz in allen Straffällen wurden. Später setzte man für besondere Kriminalfälle außerordentliche Kommissionen auf Volksbeschluß ein (quaestiones extraordinariae). Aus diesen erwuchsen die ständigen Geschworenengerichte (quaestiones perpetuae), in denen die Prätoren den Vorsitz führten. Der Vorsitzende hielt sich an die jährlich entworfene Liste der Geschworenen (album iudicum) und wählte für jeden Prozeß die entsprechende Zahl aus und beeidete sie.

Der Aufgabenkreis der Quästionen war nach Straffällen eingeteilt, so daß z. B. die eine Kommission nur für Fälle von Erpressungen, eine andere nur für die von Amtserschleichungen zuständig war.

Das Strafrecht befaßte sich mit folgenden Verbrechen: Hochverrat (perduellio), Verletzung der Hoheit des römischen Volkes durch Aufruhr, Überschreitung der Amtsgewalt (maiestas laesa), Unterschlagung von Amtsgeldern (peculatus), Amtserschleichung (ambitus), Mißbrauch der Amtsbefugnis, besonders zu Erpressungen in den Provinzen (pecuniae repetundae), Gewalttätigkeit (vis), Unzucht (incestum), Mord (parricidium), Fälschung von Testamenten, Urkunden und Münzen, Meineid und Verleitung dazu (falsum), Tempelraub (sacrilegium).

Strafprozeß

Über den Verlauf der Verhandlungen vor den Quästionen sind wir genau unterrichtet. Da es keine Staatsanwälte gab, hatte jeder Bürger (Frauen, Unmündige und Bescholtene ausgenommen) das Recht zur Klage (actio). Bei mehreren Anklägern wurde vom Gerichtshof durch eine Untersuchung der Hauptankläger (accusator) bestimmt.

Hielt der Prätor die Anklage für begründet, so ließ er in Gegenwart des Beklagten den Kläger die Klage wiederholen (nominis delatio). Wurde kein Einwand erhoben, so nahm der Prätor die Anklage in die Prozeßliste auf (nominis receptio). Der Angeklagte (reus) mußte sich einem Verhör (interrogatio) durch den Prätor unterziehen. Bewies er ihm seine Unschuld, so war der Prozeß beendet. Konnte er sich nicht rechtfertigen, schrieb der

Prätor den gerichtlichen Termin aus (diem dicere). An diesem fand die Untersuchung (cognitio) vor dem Richter statt. Blieb der Angeklagte der Verhandlung fern, wurde er in contumaciam (d. h. wegen seiner Auflehnung, die er durch seine Abwesenheit bekundete) verurteilt. Waren aber beide Parteien zugegen, so sprach zuerst der Kläger, dann der Angeklagte und dessen Verteidiger (patroni). Der Angeklagte trug Trauerkleider (vestis sordida). Anwesend waren auch meist seine Verwandten und Freunde (advocati), die durch ihr Erscheinen und ihr persönliches Gewicht die Richter dem Geklagten günstig stimmen wollten.

Nach Frage und Antwort der Parteien (altercatio), die nicht nur die Gerechtigkeit ihrer Sache beweisen, sondern auch zugleich durch mancherlei andere Mittel auf das Gefühl der Richter wirken wollten, folgte das Beweisverfahren (probatio). Als Beweismittel dienten Geständnisse, Urkunden, eidliche Zeugenaussagen. Die Zeugen konnten in Strafsachen zur Aussage gezwungen werden (testimonii denuntiatio). Bei Sklaven wurde die Aussage durch Anwendung der Folter (eculeus) unterstützt. Nach Schluß des Beweisverfahrens entschieden die Geschworenen, und zwar ohne vorhergehende Beratung, über Schuld und Unschuld des Geklagten (in consilium ire) durch Abgabe von Stimmtäfelchen mit den Buchstaben C (condemno) und A (absolvo). Je nachdem der Geschworene freisprechen oder verurteilen wollte, tilgte er den Buchstaben C oder A; bei Enthaltung der Stimme löschte er beide, was soviel hieß wie non liquet = es ist nicht klar. Stimmenmehrheit entschied.

Der Vorsitzende verkündete (pronuntiare) das Stimmenverhältnis und sprach das Urteil. Die Vollstreckung des Urteils konnte sofort erfolgen, eine Berufungsinstanz gab es nicht, auch war eine Begnadigung nicht möglich.

Die Strafen waren gesetzlich festgelegt. Es waren Geldbußen (multae), die Strafe der Ächtung, verbunden mit Einziehung des Vermögens und mit Verlust des Bürgerrechtes (aquae et ignis interdictio) und die Todesstrafe (summum supplicium). Die Todesstrafe bestand gewöhnlich in der Enthauptung mit dem Beil (securi percuti). Ältere Todesstrafen waren die Herabstürzung vom Tarpeischen Felsen, einem steilen Abhang an der Südseite des *mons Capitolinus,* und das Aufhängen (infelici arbori suspendi). Aus dieser Strafe scheint die Kreuzigung hervorgegangen zu sein, die ursprünglich bloß für verbrecherische Sklaven in Anwendung kam, später auch Freie, die aber nicht römische Bürger waren, traf. Hochverräter, wie Catilinas Mitverschworene, wurden im Gefängnis erdrosselt (laqueo gulam frangere). Schon in früher Zeit konnte man den Strafen durch eine freiwillige Verbannung (exilium) entgehen, wenn man noch vor der Fällung des Urteils Rom verließ. Doch kam das Exil gegen Ende der Republik auch als Strafe auf, gestattete aber dem Betroffenen die Wahl seines Aufenthaltes außerhalb Italiens. Es war mit dem Verlust des Vermögens verbunden, während die Verweisung (relegatio), wie sie Ovid traf, nicht zur Beschlagnahme des Vermögens und zum Verlust der bürgerlichen Rechte führte, den Verstoßenen jedoch zwang, in einer ganz bestimmten Stadt, meist sehr weit von Rom entfernt, Aufenthalt zu nehmen. In der Kaiserzeit verurteilte man Verbrecher auch zu Zwangsarbeit in den Bergwerken, Steinbrüchen und Salinen, zu Gladiatorengefechten und zu Kämpfen mit wilden Tieren (condemnatio ad ferrum, ad bestias).

Zivilprozeß

Beim Zivilprozeß mußte der Kläger (actor) seinen Gegner selbst auffordern, mit ihm vor dem Prätor zu erscheinen (in ius vocare). Weigerte er sich mitzugehen, so ersuchte der Kläger Anwesende, ihm vor dem Prätor zu bezeugen, daß er jenen vorschriftsmäßig geladen habe. Es verblieb ihm dann noch die Möglichkeit, ihn mit Gewalt vor den Prätor zu schleppen (in ius rápere). Hielt sich der Beklagte im Hause verborgen, ließ ihn der Prätor vorladen. Kam er nicht, so wurde er »in contumaciam« verurteilt. Später wurde das pünktliche Erscheinen vor Gericht durch eine Bürgschaft (vadimonium) sichergestellt, die bei Versäumnis verfiel. Nachdem beide Gegner vor dem Prätor erschienen waren, legten sie ihre Gründe dar. Der Prätor prüfte das Streitobjekt, legte den Parteien das Verzeichnis der Richter vor. Die drei einigten sich über den Richter (iudex). Der weitere Prozeßverlauf war dem des Strafprozesses ähnlich, das verkündete Urteil war unabänderlich.

Bei den weltweiten Verbindungen Roms ergab sich die Notwendigkeit, auch die Beziehungen zu den anderen Völkern durch Verträge (foedus) zu regeln. Dabei war zu bedenken, daß manche Stämme ein viel höheres Alter aufwiesen und daher schwer ihre Überlieferungen aufgeben wollten. Deshalb erhielt der Prätor die Vollmacht, das jeweilige örtliche Recht mit dem römischen in Einklang zu bringen. So entstanden allmählich die Grundlagen für

Völkerrecht

ein *Völkerrecht* (ius gentium). Schon früher beachteten die Völker untereinander aus überkommenem Brauchtum bestimmte Übereinkünfte wie z. B. den Schutz des Handelsverkehrs, die Sonderstellung ihrer diplomatischen Vertreter, die Gewährung eines Waffenstillstandes zur Bestattung ihrer Gefallenen. Aus der Geschichte Roms ist ein Vertrag Roms mit Karthago überliefert, in dem die Stadt der Punier sich das Handelsmonopol im westlichen Mittelmeer sicherte, dafür jedoch Rom die territoriale Herrschaft in Latium zugestanden hatte. Die Verhandlungen und Verträge mit fremden Staaten schlossen Gesandte (legati) ab, deren Person als heilig galt. Beleidigungen römischer Gesandter ahndete Rom mit strengen Maßnahmen.

Breiten Raum im Rahmen der völkerrechtlichen Beziehungen füllten die Bestimmungen über Krieg und Frieden aus. Machte sich ein Volk einer Ungerechtigkeit schuldig, so forderte Rom durch seine *Fetialen,* Mitglieder eines römischen Priesterkollegiums, mit ihrem *pater patratus,* dem Bundespriester, an der Spitze, Genugtuung. Wurde diese verweigert, so wurde nach bestimmten Formeln der Krieg erklärt. Dadurch wurde das fremde Volk zum Feind (hostis), und es erwuchs dem römischen Volk das Recht, die

Beute für die Staatskasse und zur Verteilung unter die Soldaten zu verkaufen, die Grundstücke in den *ager publicus* zu verwandeln und die Feinde zu Sklaven zu machen. Nicht immer ging man mit der letzten Strenge vor, oft wurden Eigentum und persönliche Freiheit teilweise oder gänzlich verschont. Auch der Friede wurde unter bestimmten Formeln von den Fetialen geschlossen. Das Völkerrecht erfuhr im Laufe der Jahrhunderte unter der Forderung immer neuer Verhältnisse in kluger Anpassungsfähigkeit verschiedene Umgestaltungen und entwickelte sich zu einer solchen Vollkommenheit, daß die im Westen einbrechenden Völkerstämme es als ein willkommenes Vorbild für ihre eigenen Rechtssatzungen übernahmen.

Das Heerwesen

Rom hat seine Herrschaft über die bekannte Welt des Altertums mit seiner einzigartigen Heeresorganisation aufgebaut. Um sich im Wettkampf mit den Völkern zu behaupten, mußte es daher etruskische, griechische, keltische und samnitische Einflüsse für die Zusammensetzung, Bewaffnung und Kampfesführung des römischen Heeres geltend machen. Der von Kindheit an im Römer geweckte militärische Geist und die im dafür günstigsten Alter im Feldlager erhaltene Unterweisung in der Kriegskunst erzogen ihn zum tüchtigsten Soldaten seiner Zeit, der zwar gelegentlich in Schlachten besiegt wurde, aber niemals einen Krieg verlor.

Für den Römer war Bürger und Soldat das gleiche. Die in Zenturien abstimmende politische Volksversammlung war nichts anderes als das in militärischer Zucht nach Kampfformationen aufmarschierende Heer. Es wurde nach Zenturien gegliedert. Die Wehrpflicht lastete auf denen, die nach der Höhe ihres Grundvermögens imstande waren, sich auszurüsten. Denn der Staat zahlte ursprünglich keinen Sold und keine Bewaffnung. Daher stellte der vermögende Adel die Reiter, die wohlhabenden Bürger bildeten die schwere Infanterie, ausgerüstet mit Schwert und Stoßlanze, ledernem Brustpanzer, erzbeschlagenem Lederhelm (galea), Rundschild (clipeus) und Beinschienen (ocreae). Die Minderbemittelten leisteten den Dienst mit Wurfspieß und Schleuder.

Die Hauptmacht des Heeres lag wie bei den Griechen in der Infanterie. Die Schlachtordnung bis ungefähr zum Jahre 400 war die anscheinend von den Etruskern übernommene Phalanx von 500 Mann in der Front und 6 Mann in der Tiefe, also 3.000 Mann. Dazu kamen noch 1.200 Leichtbewaffnete, die als Plänkler oder zur Rückendeckung dienten.

Bürgerheer des Camillus

Um diese Zeit soll Camillus, der Eroberer von Veii, an Stelle der starken Phalanx die bewegliche Aufstellung nach Manipeln eingeführt haben. Danach waren die Soldaten jeder Legion (von légere = auswählen), deren durchschnittliche Stärke 4.200 Mann betrug, entsprechend ihren Dienstjahren und ihrer Tüchtigkeit in drei Treffen gegliedert. Das vorderste Treffen bildeten die 1.200 *hastati* (hasta = Speer), jüngere, aber vollausgebildete Krieger in zehn Manipeln geordnet, das zweite Treffen, die 1.200 *principes,* zeigte die gleiche Gliederung. Im dritten Treffen standen die 600 *triárii,* die erprobtesten Männer, ebenfalls zu zehn Manipeln, aber nur in einer Stärke von 60 Mann. Während des Kampfes der beiden Vordertreffen rasteten die Triarier als Reserve in kniender Stellung. Sie griffen erst ein, wenn der Ausgang des Kampfes schon sehr gefährdet war. Um die Beweglichkeit noch zu erhöhen, teilte man den Manipel in zwei Zenturien unter dem Kommando je eines *centurio.* Die Legionsreiterei war in zehn *turmae* oder Schwadronen zu je 30 Mann eingeteilt und mit der langen Stoßlanze bewaffnet.

Söldnerheer des Marius

Diese Manipelaufstellung hatte sich in der Folgezeit bei dem schweren Abwehrkampf mit den nördlichen Kriegsvölkern als zu feingliedrig und kraftlos erwiesen. Daher faßte Marius in seinem neugeschaffenen Heer die in den drei Linien hintereinanderstehenden Manipel zu einer neuen Heeresabteilung zusammen, der Kohorte, einer widerstandsfähigen und doch beweglichen Kampfeinheit. Daraus ergab sich folgende Einteilung: Die Legion hatte zehn Kohorten, die Kohorte drei Manipel, der Manipel zwei Zenturien. Die Schlachtordnung war ähnlich der Manipularstellung, die *acies triplex.* Die ersten vier Kohorten der Legion bildeten in Abständen das Vordertreffen, während je drei Kohorten, auf die Lücken ihrer Vorderreihe gedeckt, das Mittel- und Hintertreffen ergaben.

Die *legionarii* wurden seit Marius nicht mehr nach dem Zensus ausgehoben, sondern er öffnete auf dem Umwege der freiwilligen Werbung auch den besitz- und berufslosen Bürgern den Zugang zur Aufnahme in das Heer. Der durchschnittlich durch zwanzig Jahre ausgeübte Dienst wurde zu einem neuen Beruf, der Soldat erhielt einen Sold, Anteil an der Beute und bei Entlassung aus dem Heer, die nun dem Verlust des Berufes gleichkam, eine staatliche Versorgung durch Landzuteilungen. Die ausgedienten Soldaten, die freiwillig im Dienst blieben, hießen *veterani.* Ausgediente Soldaten, die sich über Aufforderung des Feldherrn (daher evocati) zu weiterem Dienst als bevorzugte Truppe verpflichteten, bildeten die Leibgarde des Feldherrn *(cohors praetoria),* sie hatten den Rang von Zenturionen. In dieser Kohorte dienten auch vornehme junge Römer, die sich unter den Augen des Feldherrn in der Kriegskunst ausbilden wollten.

Reiter und Leichtbewaffnete stellten die Hilfstruppen *(auxilia).* Sie waren im Gegensatz zum Legionssoldaten, für den der Besitz des römischen Bürgerrechtes Voraussetzung war, entweder in den Provinzen ausgehoben oder aus fremden Völkern gegen Sold angeworben. So dienten zu Cäsars Zeit Söldner aus Gallien, Spanien und Germanien als Reiter, während die kretischen Bogenschützen und balearischen Schleuderer als die vorzüglichsten Leichtbewaffneten galten. Eine besondere Abteilung bildeten die *fabri,* die

ungefähr unseren heutigen Artillerie- und Pioniertruppen entsprechen. Sie unterstanden einem eigenen Kommandanten, dem *praefectus fabrorum.* Den Fußtruppen und Reitern waren Trompeter und Hornisten beigegeben, die die Signale zum Angriff und Rückzug, zum Aufbruch und Haltmachen gaben, die Zeiten des Essens und der Nachtwachen verkündeten.
Die Legionen trugen Nummern, dazu noch Beinamen, die sich auf Abkunft, Gottheiten, Verdienste und anderes bezogen, wie z. B. Legio II Italica, III Augusta, XIV Gemina Martia Victrix, XV Apollinaris.

Offiziere

Den Oberbefehl über das Heer (imperium) führten die Konsuln, Legionskommandanten waren die *legati,* Männer senatorischen Ranges. In Abwesenheit des Feldherrn übernahm der älteste Legat (legatus pro praetore) das Kommando. Den Legaten jeder Legion waren sechs Kriegstribunen (tribuni militum) unterstellt. Diese höheren Offiziere gehörten dem Senatoren- oder Ritterstande an. Sie bildeten unter dem Vorsitz des Oberbefehlshabers den Kriegsrat.
Zum Offiziersstand gehörten weiter der Generalintendant oder Quästor im senatorischen Rang, dem die Feldkasse, die Auszahlung des Soldes, die Verteilung der Verpflegung und der Beute oblagen. Dazu kamen die *praefecti,* ritterlichen Standes, die Befehlshaber der Pioniere, der Reiterei und der Hilfstruppen.

Unteroffiziere

Die Unteroffiziere oder Zenturionen waren die Führer der einzelnen Zenturien, die aus den Legionssoldaten hervorgegangen waren und ihre wichtige Stellung allein ihrem Dienstalter und ihrer vorzüglichen militärischen Leistung verdankten. Die Zenturionen hatten die Disziplin aufrechtzuerhalten und trugen deshalb als Kommandostab einen Stock aus Rebholz (vitis). Der höchste Zenturio unter allen war der *centurio primi pili* oder kurz *primipilus* genannt. Der Name geht zurück auf die alte Bezeichnung *pilus* für den Manipel. Es war der Zenturio der ersten Zenturie des ersten Manipels der ersten Kohorte. Er wurde auch dem Kriegsrat zugezogen.

Kleidung

Als Kleidung trug der Legionär das wollene kurzärmelige Untergewand der Römer (tunica), das bis zum Knie reichte, mit einem Gürtel (cingulum) zusammengehalten wurde, an dem das Wehrgehenk (balteus) befestigt war. Darüber legte er den auf der rechten Schulter durch eine Spange zusammengehaltenen, bis zu den Knien reichenden, vorn offenen wollenen Kriegsmantel (sagum). Die Füße steckten in ledernen Schnürstiefeln (caligae), die die Zehen frei ließen. Der Feldherr trug noch den scharlachroten, goldgestickten Feldherrnmantel (paludamentum).

Waffen

Als Schutzwaffen (arma) dienten Panzer, Helm, Schild. Der Panzer (lorica, von lorum = Riemen) war ein Riemenpanzer mit aufgelegten Metallplatten. Der Helm aus Metall (cassis), öfters mit Helmbusch (crista) geziert oder aus Leder (galea), hatte Backenlaschen, Stirn- und Nackenschirm. Als Schirm diente zuerst der erzene Rundschild (clipeus), später der viereckige hölzerne Langschild, mit Leder überzogen und mit einem Metallrand eingefaßt,

0,75 m breit und 1,30 m lang, außen in der Mitte zierte ihn ein eiserner Buckel (umbo), innen in der Mitte befand sich eine Handhabe. Auf dem Marsch trug man ihn in einem Überzug (tegimentum) auf dem Rücken.
Als Angriffswaffen (tela) dienten Wurfspeer und Schwert. In ältesten Zeiten trugen die Römer die lange Stoßlanze (hasta), später den Wurfspeer (pilum). Er bestand aus zwei je 1 m langen Teilen, dem unten zugespitzten Holzschaft und dem Speereisen, an dem nur die Spitze gehärtet war, so daß es sich beim Eindringen in den getroffenen Gegenstand krumm bog. Somit konnte der Speer nur schwer wieder herausgezogen werden und war zum Gegenwurf unbrauchbar. Die Tragweite des Speeres betrug 30 m. Der Angriff begann mit einem salvenartigen Abwurf der Pilen, dann ging man zum Nahkampf mit dem Schwert über. Das Normalschwert (gladius) der Römer, von den Spaniern im Zweiten Punischen Krieg übernommen, war zwei drittel Meter lang, zweischneidig, gerade, ohne Korb. Es diente hauptsächlich zum Stechen und stak in einer hölzernen, metallbeschlagenen Scheide (vagína) und hing an der rechten Seite.
Die Reiter führten ein längeres Schwert und einen leichten, oben und unten spitzen Wurfspieß, der mit einem Schwungriemen versehen war und an diesem zurückgezogen werden konnte. Ebenso wie die Reiter hatten die Leichtbewaffneten als Schutz den kleineren Rundschild (parma), als Angriffswaffen ein Schwert und mehrere leichte Wurfspeere. Die Bogenschützen (sagittarii) waren mit dem 1,20 m langen Bogen (arcus) und mit 50 cm langen Rohrpfeilen bewaffnet. Die Schleuderer (funditores) warfen Steine oder Blei- und Tonkugeln.

Feldzeichen

Die ersten *Feldzeichen* (signa) finden wir bei den Manipeln. Ihr Träger hieß *signifer*. Er war kenntlich an einem Wolfs- oder Löwenfell, das, über den Kopf gezogen, auf den Rücken hinunterhing und dessen Vordertatzen auf der Brust des Trägers gekreuzt waren. Die Feldzeichen waren Stangen mit metallenen Bildern, Kränzen, Medaillons und Adlern. Das heiligste Feldzeichen der Legion war der silberne oder goldene *Adler* (aquila), der mit erhobenen Flügeln auf einer Stange sitzt, seit Marius eingeführt. Er genoß als *numen legionis* religiöse Verehrung und wurde von einem Adlerträger (aquilifer) geführt. Es galt als eine schwere Schmach, den Adler an den Feind zu verlieren. Die Feldzeichen wurden in Friedenszeiten der Republik im Ärarium zu Rom aufbewahrt, bei Lagerung des Heeres wurden die Feldzeichen mit der Metallspitze des Holzschaftes in die Erde gestoßen, der Legionsadler stand vor dem Prätorium, die Manipelzeichen vor den Manipeln.
Die *signa* gaben die Bewegungen der Truppen an, ja sie traten in der Militärsprache symbolisch an die Stelle des Heeres. Dies ersehen wir aus den vielen metonymischen Ausdrücken: signa ferre, movére, convéllere = aufbrechen, signa inferre = angreifen, signa vértere = kehrtmachen, signa relinquere = desertieren. Man verwendete auch Fähnchen (vexillum). Solch

ein Fähnlein war ein viereckiges, verschiedenfarbiges Tuch, an einem Querholz über dem Schaft befestigt. Es war das Feldzeichen der Reiterschwadronen, der Hilfstruppen oder kleiner Abteilungen, die zu besonderen Unternehmungen auszogen. Die Aufpflanzung eines purpurnen Fähnleins auf dem Feldherrnzelt oder auf dem Admiralschiff war das Zeichen zur Eröffnung des Kampfes (vexillum propónere).

Marschordnung

Das Heer auf dem Marsch gliederte sich in drei Abteilungen. An der Spitze befand sich die aus Reitern und Leichtbewaffneten bestehende Vorhut (primum agmen), dann folgte das Hauptheer (agmen), und den Zug beschloß die Nachhut (novissimum agmen) wieder mit Reiterei und Leichtbewaffneten. Der Troß (impedimentum) mit den Troßknechten (calones) war entweder geteilt, so daß jeder Legion das Gepäck nachgeführt wurde, oder vereinigt und in die Mitte genommen. War ein feindlicher Angriff zu befürchten, so marschierte das Heer in Schlachtordnung (acies instructa) ohne Gepäck. Die Aufklärung über das Gelände und den Feind geschah durch einzelne Späher oder durch größere Streifscharen. Ein gewöhnlicher Tagmarsch (iter iustum) mit Waffen und Gepäck betrug ungefähr 30 km. Eilmärsche (iter magnum) brachten natürlich größere Tagesleistungen. Über Flüsse ging man an einer Furt oder schlug Schiffs- oder Pfahlbrücken.

Das schwere Gepäck, wie Kriegsmaschinen, lederne Zelte, Handmühlen, Waffenvorräte, Schanzpfähle, führte der Troß auf Lastwagen und Tragtieren (iumenta) mit. Das persönliche Gepäck (sárcina), das der Soldat zu tragen hatte, war rund 20 kg schwer und bestand aus Mundvorrat für einen halben Monat, Kochgeschirr, Beil, Säge, Spaten, Schanzkörben und Stricken. Das Gepäcksbündel trug man an einer Stange über der linken Schulter, konnte es also rasch ablegen, um kampfbereit (expeditus) zu sein.

Verpflegung und Sold

Die Verpflegung war einfach, aber ausgiebig. Die Soldaten erhielten Weizen, den sie selbst mahlen und zubereiten mußten. Der daraus gekochte Brei war eine Hauptnahrung und entsprach unseren Kartoffeln. Dazu kam Brot, Wein, Gemüse, Käse und selten Fleisch. Dieses war auch nicht sehr beliebt, Cäsars Soldaten beklagten sich, als sie einmal statt der Getreideration Fleisch bekamen. Die Besoldung erstreckte sich auf das ganze Jahr und erhöhte sich durch den Anteil an der Beute. Besonders ausgezeichnete Legionäre beschenkte der Feldherr gelegentlich. Nach Ablauf der Dienstzeit hatte der Ausgediente (eméritus) Anspruch auf eine Geldsumme oder Ackerzuteilung.

Lager

Der römische Soldat sicherte fast immer die nächtliche Rast durch Anlage eines Lagers (castra). Dadurch bewahrte er sich vor Überfällen, verschaffte sich das Gefühl eines verhältnismäßig sicheren Ruheplatzes und eines Stückes Heimat im Feindesland. Der Feldherr schickte Mannschaften voraus, die den Lagerraum möglichst am Abhang eines Hügels in der Nähe von Wasser, Holz und Futter auswählen und durch Lanzen abstecken sollten (castra metari). Sofort nach Eintreffen begannen die Legionäre die Schanzarbeit. Der Graben (fossa) war gewöhnlich 4 m breit und 3 m tief. Mit der geförderten Erde wurde ein Wall (vallum) aufgehäuft. Die Größe des Lagers richtete sich nach der Zahl der unterzubringenden Legionen und der Größe des Trosses. Der Grundriß blieb aber immer gleich, ein Rechteck, das sich in vier Tore in der Mitte jeder Lagerseite öffnete. Das einem allfälligen Angriff des Feindes entgegengerichtete Tor war die *porta praetoria*, ihr gegenüber lag die *porta decumana*, links die *porta principalis sinistra*, rechts die *porta principalis dextra*. Zu diesen Toren führten zwei Hauptstraßen, die sich im rechten Winkel kreuzten: die *via principalis* zwischen den Seitentoren und die um die Hälfte schmälere *via praetoria* mit ihrer Fortsetzung, der *via decumana*, als Verbindung der beiden anderen Tore.

In jeder Hälfte des vorderen Teiles lag, wenn das Lager für ein konsularisches Heer abgesteckt war, eine Legion und eine der Legion beigegebene Kavallerieabteilung (ala) der Bundesgenossen. Die Zelte waren aus Leder, in jedem nächtigten gewöhnlich zehn Soldaten, im Winter errichtete man statt der Zelte mit Stroh gedeckte Baracken (casa).

Den hinteren Teil des Lagers nahm das Feldherrnzelt (praetorium) mit dem Altar und der Rednerbühne ein, von der der Feldherr zu den versammelten Soldaten sprach. In der Nähe standen die Zelte der Offiziere der Leibgarde und der Abteilung der besonders zuverlässigen (extraordinarii) Bundesgenossen. Der Zwischenraum zwischen den Zeltreihen und der Umwallung sollte das Lager vor Feuer und plötzlichen Überfällen schützen. Dorthin brachte man das Gepäck und das Vieh.

Der Wachtdienst war bei Tag und Nacht streng geregelt, die Zeit von Sonnenuntergang bis Sonnenaufgang teilte man in vier Nachtwachen (vigilia prima—quarta) zu je drei Stunden. Am Abend gab der Feldherr die Parole (téssera) auf einem Holztäfelchen aus. Runden prüften die Wachsamkeit der Posten. Am Tag blieb der Wachtdienst (excubiae) aufrecht, nur mit verringerter Mannschaft. Bei längerem Aufenthalt nahm ein stärker befestigtes Lager (castra stativa) die Truppen auf, das je nach der Jahreszeit ein Sommerlager (castra aestiva) oder ein Winterlager (castra hiberna) war.

Beim Aufbruch in die Schlacht ließ man das Gepäck zurück. Die rote Fahne auf dem Feldherrnzelt und ein Tubasignal gaben das Zeichen zum Angriff. Die Eröffnung des Kampfes erfolgte mit Kriegsgeschrei und einem verwirrenden Hagel der Speere. In dieser Verbindung von Ferneinsatz und dem unmittelbar darauf folgenden sturmartigen Einbruch mit gezücktem Schwert in die feindlichen Reihen lag der unwiderstehliche Eindruck des ungestümen römischen Überfalles (impetus).

Befestigte Plätze nahmen die Römer, wo es anging, unmittelbar beim Anmarsch im Sturm (ex itinere oppugnare), indem sie die Gräben ausfüllten und die Verteidiger durch Geschosse von den Mauern vertrieben. Gelang dies, so rückten die Belagerer vor, indem sie sich mit dem Schilddache (testudo) schützten, das dadurch gebildet wurde, daß sich das erste Glied durch die Schilde deckte, die anderen beiden die Schilde über die Köpfe hielten und damit die ganze Frontreihe abschirmten. Man erbrach die Tore und erstieg auf Sturmleitern (scalae) die Mauern.

Belagerung

War aber der Platz zu fest, so mußte man in einer Belagerung (obsidio) die Übergabe durch Abschließung von aller Zufuhr und jedem Ersatz erzwingen. Man umgab die Stadt mit Wall und Graben (circumvallatio). Innerhalb dieser wurde ein Damm (agger) aus Erde, Stein und Holz immer näher an die Fußpunkte der Stadtmauer herangeführt, um sie von hier anzugreifen. Auf dem Damm errichtete man Türme von mehreren Stockwerken, damit sie die Stadtmauern überragten, und schoß mit Wurfmaschinen (ballistae, catapultae) Steine und Feuerbrände in die Stadt. Die Türme hatten Fallbrücken, die man auf die Mauern niederließ und so einen Zugang schaffte. Zum Schutz der Angreifer dienten auf Rädern fortbewegbare Hütten, mit nassen Fellen gegen Brand geschützt. Die Geschütze glichen riesenhaften Armbrüsten und schleuderten entweder als leichtere Wurfmaschinen (catapultae) Pfeile und Bleikugeln oder als schwerere (ballistae) Steine und Balken. Als Sturmbock diente ein langer, wuchtiger, unter einem Schutzdach hängender Balken, an seinem vorderen Teil mit einem schweren, eisernen Widderkopf (aries) bewehrt. Er wurde von der Bedienungsmannschaft möglichst weit zurückgezogen, schnellte dann mit großer Kraft gegen die Mauer und schlug durch wiederholten Anprall Breschen.

Für besondere Verdienste erhielten die Soldaten Auszeichnungen. Neben der Belobung vor der ganzen Heeresversammlung und schnellerer Beförderung wurden Armbänder (armillae), Halsketten (torques) und runde Metallplatten, mit getriebener Arbeit verziert, verliehen, die unseren Medaillen nicht unähnlich waren und wie Orden an Riemen auf der Brust getragen wurden. Die Offiziere erhielten Ehrenlanzen (hastae purae) und Ehrenfähnlein (vexilla). Wer einem Bürger im Gefecht das Leben rettete, wurde mit einem Bürgerkranz aus Eichenlaub (corona civica), wer als erster die feindliche Mauer erstieg, mit einem Mauerkranz (corona muralis) ausgezeichnet.

Für den Feldherrn bestand die höchste Ehrung darin, daß ihm das Heer den Titel *imperator* gab, der Senat ein Dankfest (supplicatio) beschloß und dem siegreichen Imperator den Triumph zuerkannte. Die Bedingungen für die Bewilligung eines *Triumphes* waren: Der Feldherr mußte in einem rechtmäßigen und gesetzlich erklärten Krieg gegen auswärtige Feinde und in einem selbständigen Oberkommando die Grenzen des Reiches erweitert und über 5.000 Feinde niedergemacht haben. Weiter durfte er vor der erfolgten Zustimmung durch den Senat mit seinem Heer nicht die Stadt betreten, sondern mußte vor den Toren warten.

Triumph

Der Zug stellte sich auf dem Marsfeld zusammen, zog über das Forum Boarium, den Circus Maximus um den Palatinischen Hügel zum Osteingang des Forums, wo heute der Titusbogen steht, und führte entlang der Via Sacra zum Jupitertempel auf dem Kapitol. Den Zug eröffneten die Magistrate und Senatoren, dann folgte ein Musikchor der Spielleute des Heeres, die weißen Opferstiere, Beute, Abbildungen der eroberten Städte, die vornehmsten Gefangenen, des Feldherrn Liktoren in purpurner Tunika mit lorbeerumwundenen Fascen, daran schloß sich die lorbeerumkränzte Quadriga des Triumphators, von Schimmeln gezogen. Darauf stand der Sieger mit der *tunica palmata* und der Purpurtoga, dem Lorbeerkranz, das Gesicht mit Mennige rot gefärbt, ein mit einem Adler gekröntes elfenbeinernes Zepter in der Linken und einen Lorbeerzweig in der Rechten haltend, in allem ein getreues Abbild des höchsten Gottes. Ein Staatssklave hinter ihm hielt die goldene Krone Jupiters über dem Haupt. Dann reihten sich seine Unterbeamten (apparitores) und Kinder an. Den weiteren Zug der Soldaten eröffneten Reiterschwadronen, zuletzt kam unter Triumphgesang die siegreiche Armee, mit Lorbeer geschmückt, umbraust von dem Jubel der die Straßenränder säumenden Menge. Gegen Ende des Forums auf dem Platz vor dem Saturntempel wurden die Gefangenen aus dem Zug geführt und meist sofort nach dem Triumph hingerichtet. Auf dem Kapitol verrichtete der Feldherr im Jupitertempel ein Gebet, legte den Lorbeerzweig vor der Jupiterstatue nieder und brachte das feierliche Opfer (suovetaurilia) dar. Gastmähler, festliches Treiben und oft eine Bewirtung der Soldaten und des Volkes beendeten die Feier. In der Kaiserzeit blieb der Triumph fast allein dem Kaiser und seiner Familie vorbehalten, die verdienten Feldherren erhielten bloß die Zuerkennung der *ornamenta trumphalia,* d. h. des Rechtes, bei gewissen Festlichkeiten mit der *tunica palmata, toga picta* und dem Lorbeerkranz zu erscheinen.

Die ersten Ansätze zur Errichtung der römischen Kriegsflotte fallen in die Zeit um 300, gleichzeitig mit dem Aufblühen des Seehandels nach Tarent und Karthago. Aber erst im Verlauf der Kämpfe um Sizilien im Ersten Punischen Krieg nahm man den Bau einer großen Kriegsflotte in Angriff, wobei die griechischen Städte Unteritaliens und Syrakus ihre Erfahrungen im Schiffsbau den Römern zur Verfügung stellten. Von diesen dürften sie auch die Kampfweise mit den Enterbrücken übernommen haben. Indes blieb das Seewesen der Römer bis zum Ende der Republik in bescheidenen Grenzen; denn nach der Niederringung Karthagos konnte ja kein fremder Staat die Seeherrschaft Roms ernstlich gefährden. Erst in der Kaiserzeit sorgten die Cäsaren für eine große Flotte zur Sicherung des Reiches und zum Schutz des Handels.

Die Schiffe waren teils große Kriegsschiffe (naves longae), teils leichtere Fahrzeuge (liburnae), teils Transportschiffe (naves onerariae). Die Kriegsschiffe gliederten sich nach der Zahl der lotrecht übereinander angebrachten Ruderreihen in Fünfruderer (quinqueremes), Vierruderer (quadriremes), Dreiruderer (triremes) und Zweiruderer (biremes). Die Kriegsschiffe hatten am Bug in Wasserhöhe oder tiefer angebrachte Schnäbel (rostra), mit denen man die feindlichen Fahrzeuge in den Grund zu bohren versuchte. Die gebräuchlichste Form waren die Dreiruderer, ungefähr 50 m lang, 5 m breit und 5 m hoch. Das Vorderdeck hieß *prora*, das Hinterdeck *puppis*, das Steuer *clavus*. Jedes Schiff hatte einen umlegbaren Mastbaum (malus) mit einer Rahe (antemna), an der das viereckige Segel befestigt war. Statt der Ankerketten hatten die Römer Taue (funes). Der Admiral (dux, praefectus classi) war gewöhnlich ein Konsul; sein Schiff hieß *navis praetoria*. Die einzelnen Schiffe hatten Tribunen oder Zenturionen (praefecti navium) als Kommandanten, ihnen waren die Steuerleute (gubernatores) und Aufseher über die Ruderknechte (hortatores) unterstellt. Die Mannschaft umfaßte durchschnittlich 50 Matrosen (nautae), 300 Rudersklaven (remiges) und als militärische Bemannung 120 Legionssoldaten (milites classiarii). Man zog im Winter die Schiffe ans Land und ließ sie im Frühjahr wieder in See (subdúcere, dedúcere naves). Die Häfen waren stark befestigt und hatten Werften (navalia). Rom besaß in der Kaiserzeit vier große Kriegsflotten: in den Häfen zu Misenum bei Neapel, zu Ravenna, zu Forum Iuli (Fréjus in Frankreich) und zu Byzantion (classis Pontica).

Die Sklaven

Mit dem Wort »familia« bezeichnete der Römer die Summe aller Hausgenossen, sowohl die Freien als auch die Unfreien, die Dienerschaft (famulus). Der Herr des Hauses (pater familias) konnte mit dem Leben und den Kräften seiner Sklaven ganz nach Belieben schalten. Der Ausdruck Sklave entwickelte sich erst später, der Römer kennt nur die Bezeichnungen »servus«, »puper«, »famulus«. Der Sklave galt nach juridischem Begriff nur als Sache (mancipium). Man konnte ihn daher wie jedes andere Eigentum kaufen, verkaufen, abtreten, im Testament vererben. Er durfte nichts besitzen, konnte keine rechtmäßige Ehe eingehen und hatte auch kein gesetzliches Mittel, wenn sein Herr in den Arbeitsforderungen über das Maß hinausging oder im Umfang der Strafen keine Grenzen kannte. Allerdings gehörten diese Fälle zu den Ausnahmen. Im allgemeinen bemühten sich die Herren, die Sklaven im eigensten Interesse gut zu behandeln. Man gestattete dem Sklaven, sich die Ersparnisse aus dem Arbeitslohn und gelegentliche Geldspenden zu einer kleinen Barschaft (peculium) anzulegen, um sich damit aus der Sklaverei loszukaufen oder sogar seinerseits Sklaven zu halten, die für ihn den Dienst versahen. Er durfte sich aus seinen Mitsklavinnen (conserva) eine Frau wählen und mit ihr ein *contubernium* (Sklavenehe) schließen. Die Kinder aus einer solchen Verbindung waren wieder Sklaven. Den ersten Rechtsschutz setzte im Jahre 61 n. Chr. die Lex Petronia mit dem Verbot, Sklaven ohne richterliche Entscheidung den

Rechtliche Stellung

wilden Tieren in der Arena auszuliefern. Laut trat auch der Philosoph Seneca für die Anerkennung der Menschenwürde im Sklaven ein. In der Folgezeit wurde, wohl durch den Einfluß der Stoa, unter Traian und Hadrian die Rechtlosigkeit der Sklaven beseitigt.

Sklave wurde: 1. nach dem *ius gentium* das Kind (verna) einer Sklavin, der Kriegsgefangene und der von Seepiraten Geraubte, 2. nach dem *ius civile* der Bürger, der sich dem Zensus oder dem Kriegsdienst entzogen hatte, und in ältester Zeit der zahlungsunfähige Schuldner. Diese unmenschliche Maßregel wurde aber schon im 4. Jahrhundert aufgehoben.

Mit der Ausdehnung des Reiches vergrößerte sich die Zahl der Sklaven. Sie stammten aus den verschiedensten Nationen und wurden je nach ihren Fähigkeiten für den Dienst im Hause, in der Landwirtschaft, in Großbetrieben und im Gemeinwesen verwendet. In aller Öffentlichkeit bot man sie auf dem Forum oder auf ihm benachbarten Plätzen zum Verkauf an. Ein Schildchen am Halse nannte Herkunft, Alter, Vorzüge und Mängel; danach richteten sich die Preise.

Hatte man früher in einem Haushalt nur einen oder wenige Diener, so wuchs die Zahl mit dem Ausgang der Republik und in der Kaiserzeit gewaltig, besonders wenn man noch die Sklaven hinzurechnet, die auf den Latifundien und in den gewerblichen Betrieben beschäftigt waren und dort

Arbeit

Arbeiten verrichteten, die heute großteils Maschinen erledigen. Der Römer ließ sich gern bei den verschiedenen Tätigkeiten bedienen. Außerdem fehlten ihm viele Einrichtungen, die uns heute eine Selbstverständlichkeit sind, so z. B. der Wasserzufluß, die elektrische Beleuchtung. Damals mußten das Wasser zugetragen, die vielen Lampen täglich vorbereitet und in Betrieb erhalten werden. Der häusliche Dienst in der Stadt umfaßte die Verwaltung des Heimes, die verschiedenen Verrichtungen im Haushalt, Reinigung und Pflege der Wohnung, die Arbeiten in der Küche, Besorgung der Stallungen, Leistungen für die persönliche Betreuung der Familie beim Bad, Haarschneiden, Frisieren, Ankleiden und die Bedienung bei den Mahlzeiten. Es gab auch Aufgaben, die eine höhere Bildung erforderten, wie Erledigung der Korrespondenz, ärztliche Fürsorge, Vorlesen, Unterricht und Beaufsichtigung der Kinder. Meist herrschte in der Enge der Hausgemeinschaft ein herzliches, vertrautes Verhältnis zwischen Herrn und Sklaven, der Herr sorgte für ihre Gesundheit und ihr Wohlergehen, willfahrte ihren gerechten Wünschen.

Je mehr aber die Zahl des Gesindes zunahm und je lockerer die Verbindung zwischen Herrn und Sklaven wurde, desto unzuverlässiger wurde die Arbeitsleistung, desto härter waren die Mittel, mit denen Gehorsam und Dienst erzwungen wurden. Auf den Latifundien und in den gewerblichen Großbetrieben, Bergwerken, Ziegeleien, bei Bauten usw. führten Verwalter (vilicus) die Aufsicht, die, selbst Unfreie, die Sklaven rücksichtslos und grausam behandelten. Versetzung von Haussklaven in diese Arbeitsgruppen

galt immer als Erschwerung und Strafe. Fluchtversuche waren nicht selten, Flüchtlinge ließ man in Ketten arbeiten, um eine Wiederholung zu verhindern. Man kennzeichnete sie mit Brandmarken auf der Stirn, schmiedete ihnen eiserne Ringe um den Hals, die den Namen und die Anschrift des rechtmäßigen Besitzers trugen, dazu das Ersuchen enthielten, den Sklaven gegen eine Belohnung zurückzubringen.
Als besonders schwere Strafe galt die Einreihung unter die Gladiatoren zu den blutigen Fechterspielen oder zu Kämpfen mit den wilden Tieren im Amphitheater.
Den Sklaven gab ihre stetig wachsende Zahl das Bewußtsein ihrer Macht; die oft recht harte Arbeit und überaus grausame Behandlung in den Massenbetrieben entfachte die Empörung und führte schließlich zur bewaffneten Erhebung.
Die Geschichte berichtet von zwei großen Aufständen in Sizilien und von einem Sklavenkrieg in Unteritalien unter Spartakus.
Manche Reiche hielten sich außer ihren eigenen Dienstleuten noch Sklaven, die sie gegen entsprechende Bezahlung vermieteten.
Nicht nur in privaten Stellungen, sondern auch im öffentlichen Dienst, im Gemeindewesen als Gehilfen der Priester und Beamten, als Personal für die Instandhaltung der Wasserleitungen, bei der Feuerwehr (vigiles), im Wachdienst, auf der Flotte als Ruderknechte (remiges) verwendete man Sklaven (servi publici).
Die Sklaverei war, auch wenn sie in noch so humanen Formen verlief, ein schwerer und drückender Zustand, schon das Bewußtsein der Unfreiheit und Ungleichheit gegenüber den anderen Menschen allein bedeutete ein bitteres Los. Aber es war nicht unwiderruflich. Über diesem notvollen Leben leuchtete als Zukunftshoffnung die Freilassung (manumissio). Es gab drei Formen der feierlichen Entlassung aus der Rechtsgewalt des Herrn: 1. durch Aufnahme als römischer Bürger in die Zensusliste (manumissio censu), 2. durch die Entlassungserklärung des Herrn vor dem Prätor, wobei dieser das Haupt des Sklaven mit dem Freilassungsstab (vindicta) berührte (manumissio per vindictam), 3. durch testamentarische Erklärung seines Herrn (manumissio testamento). In späterer Zeit führte das prätorische Recht nach griechischem Vorbild einfachere Formen ein. Der Freigelassene, der in Beziehung auf die Stellung zum Staate »libertinus«, gegenüber seinem Herrn »libertus« hieß und zu dessen Klienten zählte, nahm dessen Vor- und Familiennamen an in Verbindung mit seinem früheren Sklavennamen als »cognomen«; so hieß z. B. der Freigelassene Ciceros M. Tullius Tiro. Freigelassene waren von Staatsämtern und dem Militärdienst in der Legion ausgeschlossen und konnten bis zum Ende der republikanischen Zeit keine Ehe mit Freigeborenen schließen. Erst in der dritten Generation waren die Nachkommen im Vollbesitz der bürgerlichen Rechte und unterschieden sich nicht mehr von den Freien.

Freilassung

Die Dichtung

Wie der frühere Abschnitt über die Literatur gezeigt hat, stand die römische Dichtung anfänglich ganz unter der Einwirkung der griechischen Poesie.

Lucretius Carus

Nun trat in dem wahrscheinlich zu Rom geborenen *T. Lucretius Carus* (um 99–55) ein Dichter ans Licht, der zwar den Vorwurf zu seinem Lehrgedicht *»De rerum natura«* (Über das Wesen des Seienden) aus dem Stoffkreis der hellenistischen Dichtung nahm, der aber aus seiner wirklichkeitsnahen Wesensart und seinem persönlichen Erleben die philosophischen Ideen Epikurs selbständig erarbeitete. Ziel seines in sechs Büchern abgefaßten Werkes war, die Naturlehre der Epikureischen Philosophie darzulegen, Epikur als Befreier der Menschheit von den zwei größten seelischen Nöten, der Furcht vor den Göttern und der Todesangst, zu preisen sowie die Menschen aus den erschütternden Greueln der Bürgerkriege zu höherem Selbstbewußtsein und zu beglückendem Frieden des Inneren hinzuleiten. Trotz der Schwierigkeit, einen so gelehrten Stoff in dichterischer Form zu behandeln, und dem Ringen mit der noch ungelenken, altertümlichen lateinischen Sprache, bricht immer wieder in den frei behandelten Hexametern die Kraft des großen Dichters hervor. Mit gläubiger Begeisterung schildert er die durch ewige Gesetze bestimmte Ordnung des Weltalls und dessen kleines Spiegelbild der menschlichen kulturellen Leistungen. Gern folgt der Leser auch seinen fesselnden Abschweifungen und den vielen packenden Episoden wie z. B. der von der Pest in Athen.

Der letzten Bearbeitung seines Werkes tat der frühe Tod des Dichters Abbruch. Das Werk kam in Ciceros Hände, wurde aber wahrscheinlich erst aus dessen Nachlaß veröffentlicht. Es ist eine der bedeutendsten Schöpfungen der römischen Dichtung und von Einfluß auf die Weltliteratur seit der Zeit des Humanismus.

Um die Mitte des ersten Jahrhunderts bildete sich in Rom ein Kreis junger Talente, die die Dichtung großen Stils ablehnten, in feingeschliffenen Epigrammen, in gelehrten und gekünstelten Elegien und in den Strophen des melischen Liedes der alexandrinischen Poesie ihre Vorbilder sahen. In unmittelbare Berührung mit dieser Richtung kamen die Römer durch *Parthenios* von Nikaia, der im Jahre 73 als Kriegsgefangener nach Rom kam. Er befreundete sich hier mit Catull. Diese Dichter nannten sich *Neoteriker* (die Neueren), behaupteten aber doch trotz ihrer bewußten Hinwendung zur hellenistischen Manier ihre ursprüngliche Kraft römischen Empfindens.

Neoteriker

Catull

Das bedeutendste Mitglied war *C. Valerius Catullus* (87–57). Er war zu Verona als Sohn eines wohlhabenden Vaters geboren, auf der Halbinsel *Sirmione* am Gardasee besaß er ein Landhaus. Sein Weg führte ihn mit zwanzig Jahren nach Rom, wo er in dem Historiker Cornelius Nepos und in den Neoterikern C. Helvius Cinna und C. Licinius Calvus Freunde

gewann. Zwei Ereignissen verdanken wir Catulls schönste Dichtungen, dem Tode seines Bruders, der früh in Kleinasien starb, und der Liebe zu *Clodia,* die er als »Lesbia« in seinen Gedichten feiert.
Clodia war die Schwester des durch Ciceros Verbannung bekannten Volkstribunen *P. Clodius Pulcher.* Aus hochadeligem Geschlecht entsprossen, hatte Clodia ihren Vetter Q. *Caecilius Metellus Celer,* einen Mann von geringer Begabung, geheiratet, der 59 starb. Catull war von ihrer Schönheit geblendet.
Aber die vornehme Frau schenkte dem Dichter nur eine Zeitlang ihre Gunst, dann wendete sie sich anderen Verehrern zu. Catull war in seinem Liebesschmerz ganz gebrochen und ging, um sein Leid zu vergessen, mit dem Proprätor C. Memmius nach Bithynien. Auf der Rückreise besuchte er das Grab seines Bruders in Troas. Ohne seinen inneren Frieden gefunden zu haben, kehrte er in sein geliebtes Landhaus nach Sirmione zurück. Die letzten Jahre verlebte er in Rom.
Zu den unsterblichen Liebesliedern auf Lesbia kamen noch Widmungsgedichte an seine Freunde und auch schneidende Spottverse auf Personen, die seine Unzufriedenheit erregt hatten; selbst Cicero und Cäsar traf sein sicher zielender Hohn. Catulls Gedichte sind uns in einem einzigen Buch überliefert, die Anordnung stammt vom Verfasser. Die erste Gruppe enthält kleine Gedichte (»nugae«), in denen er seiner Liebe, Freundschaft, Ablehnung Ausdruck verleiht. Die großen Dichtungen Attis, Epithalamium Pelei et Thetidis, Coma Berenices sind ganz im gelehrten Stil der Alexandriner. Die im elegischen Distichon verfaßten Epigramme schließen die Sammlung. Catull war der erste römische Dichter, der die griechischen Metren, den Jambus, den Hendekasyllabus, den Glykoneus u. a. meisterlich handhabte.

Die Geschichtsschreibung

Zur Zeit der Gracchen finden wir in der Geschichtsschreibung wieder die Gepflogenheit, die Geschichte im engen Anschluß an die amtlichen *annales maximi* in der von Jahr zu Jahr fortschreitenden Anordnung als Jahrbücher zu behandeln. Die hauptsächlichsten Vertreter dieser Richtung waren *L. Calpurnius Piso* (Konsul, 133) mit seinem Geschichtswerk *Annales* von den Anfängen Roms bis in seine Zeit, Q. *Claudius Quadrigarius,* der in seinem Werk die Geschichte vom Gallischen Brand (390) an bis auf seine Zeit erzählte, und der wenig wahrheitsliebende und leichtgläubige *Valerius Antias.* Er vermengte in seiner umfangreichen annalistischen Darstellung historischen Tatsachenbericht mit phantastischer Ausschmückung in dem unangemessenen Streben, seine »gens Valeria« ungebührlich glänzen zu lassen. Dadurch trug er viel zur Verfälschung der römischen Geschichte bei, und der Schaden war um so größer, da ihn Livius und Plutarch als Quelle benützten.

Die Gewohnheit der Annalisten, römische Gesamtgeschichte zu schreiben, verließ erst wieder *L. Coelius Antipater,* der eine Geschichte des Zweiten Punischen Krieges in sieben Büchern verfaßte mit dem Bemühen, die in eifriger Quellenberücksichtigung erforschten Tatsachen in lebhafter und kunstmäßiger Sprache darzustellen. Er wurde damit der Begründer der geschichtlichen Einzelschrift, der historischen Monographie, in Rom. Seine Geschichte des Hannibalischen Krieges wurde von Livius als Quellenbuch sehr hoch geschätzt und fleißig benützt.

Zeitgeschichte

Von der historischen Monographie ist der Weg zur Zeitgeschichte nicht mehr weit. Diese schuf *P. Sempronius Asellio,* der Militärtribun im Numantinischen Kriege, indem er in seinen »Rerum gestarum libri« zum erstenmal Zeitgeschichte darstellt. Da Asellio den ursächlichen Zusammenhängen nachging, kann sein Werk auch als pragmatische Geschichtsschreibung angesehen werden.

Diese Neuerung, Zeitgeschichte oder, wie es damals hieß, eine »historia« zu schreiben, fand bald Nachfolge bei *L. Cornelius Sisenna,* der als Legat des Pompejus im Seeräuberkrieg auf Kreta (67) starb. Sein Geschichtswerk in 12 Büchern behandelte vor allem die Zeit Sullas. Es sind davon nur kurze Bruchstücke auf uns gekommen.

In dieser Zeit entstand auch die erste Autobiographie. Sulla hinterließ ein Memoirenwerk von 22 Büchern, das dessen Freigelassener für die letzte Zeit vor dem Tode des Diktators ergänzte. Der Buchhändler und Verleger von Ciceros Schriften, *T. Pomponius Atticus* (109–32), gab einen »Liber annalis« heraus, der eine zeitlich geordnete tabellarische Übersicht von der Gründung Roms bis zum Jahre 49 mit genauer Verzeichnung der geschichtlichen Daten enthielt. Atticus verbrachte den Großteil seines Lebens in den philosophischen Kreisen Athens. Dieser Umstand trug ihm auch den Beinamen Atticus ein.

Der von Antipater und Sisenna eingeschlagene Weg fand seinen Höhepunkt in den historischen Monographien von Sallust und Cäsar.

Sallust

C. Sallustius Crispus (86–34) wurde in dem sabinischen Landstädtchen Amitermum aus einer ehrsamen plebejischen Familie geboren. Als junger Mann kam er nach Rom, wendete sich der politischen Laufbahn zu und stellte sich in dem Kampf zwischen Pompejus und Cäsar auf des letzteren Seite. Im Jahre 52 war er Volkstribun. Im Jahre 50 wurde er von den Zensoren angeblich wegen seines zügellosen Privatlebens, in Wirklichkeit als Anhänger Cäsars aus dem Senat gestoßen. Im Bürgerkrieg kämpfte er auf seiten Cäsars, der ihn wieder in den Senat brachte. Als Prätor zeichnete er sich (46) im Afrikanischen Krieg aus und erhielt nach dem Sieg bei Thapsus als Prokonsul die Provinz Africa nova. In dieser Stellung soll er ungeheure Reichtümer gesammelt haben. Nach Cäsars Tod widmete er sich für den Rest seiner Jahre der Geschichtsschreibung. Mit dem erworbenen Vermögen legte er im Norden Roms die wegen ihrer Ausdehnung und Pracht berühmten Gärten, die »horti Sallustiani«, an. In der Ruhe seines herrlichen Gutes entstanden drei Hauptwerke: die beiden erhaltenen Monographien *»De coniuratione Catilinae«* (Die Catilinarische Verschwörung) und *»De bello Iugurthino«* (Der Jugurthinische Krieg). Seine Zeitgeschichte der Jahre 78 bis 67, die *Historiae*, ist uns nur in kleineren Bruchstücken erhalten.

Sallusts Schriften sind die Werke eines Mannes, der an der Befreiung des Volkes aus der Unterdrückung leidenschaftlich Anteil genommen, der die wirtschaftlichen Nöte und den Tiefstand der öffentlichen Moral aus eigener Anschauung kannte und als Mithandelnder die Kräfte der geschichtlichen Wandlung verspürt hatte. Dies gab seinen Werken die unmittelbare Wirklichkeitsnähe und den unschätzbaren Wert. Man fühlt, wie ihm seine verhaltene Leidenschaft den Blick für die Korruption der Adelspartei geschärft, aber ihn auch nicht blind gemacht hat für die Schwächen und Ausschreitungen seiner eigenen Parteileute. Über den beiden Gegnern steht ihm das Idealbild der alten »res publica« mit ihrer unvergleichlichen Manneszucht, der »virtus«. Aus dem bitteren Schmerz über die Fehler und die Selbstsucht der beiden Parteien und ihrer Führer hebt sich die Sehnsucht nach einer gründlichen Erneuerung des römischen Staates. Bei dem Rückblick erinnert er sich auch wieder an die alte Sprache, weckt sie zu neuem Leben und schmückt sie durch Knappheit und Strenge, kraftvolle Aneinanderreihung der Satzteile, durch Stabreim und Abwechslung.

Cäsar

Neben dem Werk Sallusts stehen die beiden Werke *Cäsars*, die »Commentarii de bello Gallico« und die »Commentarii de bello civili«. Cäsar hat nicht nur als Feldherr und Staatsmann Geschichte gemacht und damit das Bild seiner Zeit verändert, er hat auch die weltgeschichtlichen Ereignisse, an denen er führenden Anteil hatte, für die Nachwelt schriftlich festgelegt.

Die *»Commentarii de bello Gallico«* (Berichte über den Gallischen Krieg) umfassen sieben Bücher, jedem der sieben Kriegsjahre in Gallien (58–52) entspricht ein Buch. Das Fehlende, die Geschehnisse in den Jahren 51–50, ergänzte nach Cäsars Tod sein Unterfeldherr A. Hirtius. Cäsar hat in diesen Berichten seine Taten verewigt in einer so unübertrefflichen Klarheit und anspruchslosen Schlichtheit, daß sie den Anschein eines objektiven, folgerichtigen Bildes der politischen und militärischen Vorgänge erwecken. Sie gehen hervor aus den Dienstberichten des Prokonsuls an den Senat. Es fehlt ihnen jedes Pathos kunstmäßiger Geschichtsschreibung, dadurch gewinnen sie um so mehr an Glaubwürdigkeit. Dem dient auch die Einführung seiner selbst als einer dritten Person, wodurch der Bericht gleichsam aus dem Bereich persönlicher Rechtfertigung und selbstbespiegelnder Eitelkeit gehoben wird. Die Commentarii zeigen die Kämpfe in Gallien, die Notwendigkeit der Unterwerfung dieses Landes, um den Römerbesitz gegen Westen abzuschirmen. Sie berichten von den fremden, bedrohlichen Völkerschaften der Gallier und Germanen, ihren bunten Sitten und Gebräuchen, ihren Stammesfehden, von ihren trotzigen und todesmutigen Häuptlingen, von dem fremden, waldigen, unheimlichen Land, dem Rheinübergang, der abenteuerlichen Fahrt zu der geheimnisvollen Insel Britannien.

Die *»Commentarii de bello civili«* (Berichte vom Bürgerkrieg), in drei Büchern, sind flüchtiger hingeworfen und infolge Cäsars Ermordung unvollendet geblieben. Cäsar spricht nicht als Statthalter vor dem Forum des Senates, er verantwortet sich vor dem staatlichen Recht als Herrscher des Reiches, der zum Streit gezwungen ist durch den unbilligen Haß unfähiger und widersetzlicher Optimaten und durch den Neid ihres Führers Pompejus. Er zeigt die damalige Ökumene als Schauplatz des Krieges. Italien, Spanien, Griechenland, Asien, Ägypten und Numidien, die Völker der Erde als Hilfsscharen seiner tapferen Legionen, das unermeßbare Wagnis des Übergangs über den Rubico mit allen seinen Folgen für das Schicksal der späteren Welt.

Die Commentarii sind für das Volk geschrieben. Daher die klare, schlichte Sprache, die einfachen Sätze, die allgemeine Verständlichkeit. Nie vorher wurde eine römische Schrift in einem so mustergültigen Latein verfaßt, mit dieser geradezu klassischen Sprachgestaltung stellt sich Cäsar neben Cicero, den Großmeister und das unübertroffene Muster in der Beherrschung der lateinischen Sprache.

In die Zeit des Sallust und Cäsar fällt auch das Wirken von Cornelius Nepos, der zum erstenmal versucht, einen synchronistischen Abriß der Weltgeschichte zu schreiben.

Nepos *Cornelius Nepos* (Vorname unbekannt, um 100—25) stammte von einer wohlhabenden Ritterfamilie aus dem transpadanischen Gallien. Frühzeitig übersiedelte er nach Rom und lebte hier seinen Studien und dem Umgang mit Cicero, Atticus und Catull. Seine Schriften sind nur aus Bruchstücken bekannt. Ganz verloren sind das dreibändige Werk »Chronika« und die »Exempla«, eine Sammlung von Beispielen altrömischer Sittenstrenge. Aus seinem Hauptwerk »De viris illustribus« (Lebensbeschreibungen berühmter Männer) besitzen wir das Buch »De excellentibus ducibus exterarum gentium« mit 23 Biographien und aus dem Buch »De historicis Latinis« die Viten des älteren Cato und des Atticus. Nepos verfolgte den Zweck, Kenntnisse der Weltgeschichte und Weltliteratur unter dem Publikum, namentlich unter der römischen Jugend, zu verbreiten. Daher ist seine Sprache volkstümlich und für die Unterhaltung eines weiteren Leserkreises bestimmt. Als wissenschaftliche Geschichtswerke können seine Biographien nicht betrachtet werden; denn sie bringen viel Anekdotenhaftes, zeigen Neigung zu moralischer Reflexion und weisen Irrtümer auf.

Männer in der Toga, Marmorrelief

Augustus

Redner

Arringatore (Redner), etruskisch

Links: Pompeius

Opferrelief (Suovetaurilia)

Löwenrelief

Rechts unten: Schafrelief

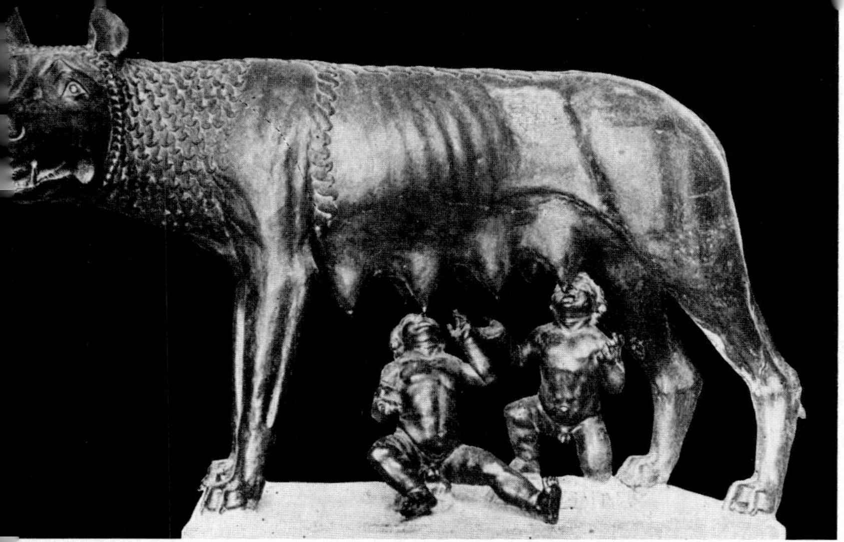

Wölfin,
griechisch-
etruskisch

Rückseite:
Relief am
Titusbogen
(Sieben-
armiger
Leuchter)

Die rednerische Bildung

Eine gewisse Ausbildung in der Beredsamkeit war ein Grunderfordernis jedes vornehmen Römers; wer das Wort nicht beherrschte, konnte nicht hoffen, eine Stellung in der Öffentlichkeit zu erringen. Rhetorische Übungen gehörten zu den notwendigen Fächern des Jugendunterrichtes. War der alte M. Porcius Cato noch ein Vertreter der kraftvoll natürlichen, von den griechischen Theorien unbeeinflußten Redeweise, so machte sich schon bei den Griechen der Einfluß der griechischen Rhetoren geltend und wurde durch Hortensius, einen um acht Jahre älteren Zeitgenossen Ciceros, herrschend und bestimmend.

Q. Hortensius Hortalus

Q. *Hortensius Hortalus* (114—50) war der berühmteste Redner vor Cicero, hatte ein ungewöhnliches Gedächtnis, sprach meist aus dem Stegreif. Seine glänzende, lebendige Redeweise zog berühmte Schauspieler an, die sein Gebärdenspiel und seine Vortragsweise studierten und auf der Bühne nachahmten. Durch seine Rednergabe hielt er die Hörerschaft des ganzen Forums in Bann. Er war der Liebling des Adels und wurde durch seine Kunst einer der reichsten Männer Roms. Er huldigte dem Asianismus. Diese Stilrichtung entstand in den nach Befreiung von den Persern durch Alexander den Großen aufblühenden Jonierstädten Kleinasiens und legte den Hauptwert auf einen überladenen Schmuck der Rede durch farbige Sprache, schwülstige Verzierung und einen fast singenden rhythmischen Tonfall. Als Reaktion gegen diese bombastische Ausdrucksweise verpflichteten sich die jüngeren Redner zu einer ruhigeren und reineren Sprechweise, zum sogenannten Attizismus, für den vor allem Cäsar eintrat.

Den Gipfel erreichte die römische Beredsamkeit mit Cicero, der selbst die griechischen Rhetoren seiner Zeit weit überragte.

Cicero

M. Tullius Cicero (106—43) stammte wie sein Landsmann Marius aus der kleinen Volskerstadt Arpinum. Sein Vater war römischer Ritter. Er zeichnete dem Sohn seinen künftigen Weg vor, er sollte aus dem niederen Adel, dem die Familie angehörte, den Zugang in die hohe Beamtenschaft erlangen, wodurch sich ihm der Eintritt in den Senat eröffnete. In Rom widmete sich der junge Cicero dem Studium der Redekunst, Rechtswissenschaft und dazu noch der Philosophie, abwechselnd bei einem Epikureer, einem Akademiker und einem Stoiker. Zähe und zielsicher ging er an die Arbeit in einer Weise, die alle Erwartungen überstieg. Zu seiner unvergleichlichen Arbeitskraft und Arbeitslust kamen noch seine glänzende Begabung, seine geistige Beweglichkeit und sein scharfer Verstand hinzu. Er suchte Verbindung mit den bedeutenden Köpfen seiner Zeit, mit italischen und auswärtigen Körperschaften, und bemühte sich, aus diesem vielmaschigen Netz persönlicher Beziehung reichen Nutzen zu ziehen. So durchlief der »homo novus« (Emporkömmling) aus einer Familie, die noch kein kurulisches Amt bekleidet hatte, die Ämterlaufbahn bis zum Konsulat (63).

Die öffentliche Aufmerksamkeit zog er schon (80) durch die in einem Strafprozeß gehaltene Verteidigungsrede für Sextus Roscius auf sich, worin er einem Günstling des mächtigen Sulla, Chrysogonos, unerschrocken entgegentrat und sich damit den ersten Anwälten Roms ebenbürtig an die Seite stellte. Eine zweijährige Reise führte ihn (79) nach Griechenland und Kleinasien und diente ebenso der Herstellung seiner angegriffenen Gesundheit wie der weiteren Ausbildung in der Redekunst bei Apollonios Molon auf Rhodos und philosophischen Studien. In Athen schloß er einen Freundesbund fürs Leben mit Pomponius Atticus, seinem späteren Verleger. Nach seiner Rückkehr nach Rom heiratete er Terentia, durch die-er Vater zweier Kinder, Marcus und Tullia, wurde.

Die Quästur verwaltete er in Sizilien mit solcher Umsicht und Milde, daß ihm die Bevölkerung den Prozeß gegen den berüchtigten Proprätor Verres übertrug, der drei Jahre hindurch die Insel aufs rücksichtsloseste ausgeplündert hatte. Er klagte Verres an (70) und siegte über seinen Gegenanwalt, den berühmten Hortensius. Verres ging freiwillig in die Verbannung, Cicero aber war von nun an unbestritten Roms hervorragendster Redner. Als Prätor verhalf er durch seine erste Staatsrede (66) dem Antrag des Volkstribunen Manilius zur Annahme, Pompejus den Oberbefehl im Krieg gegen Mithridates zu übertragen. Während seines Konsulates (63) deckte er die Catilinarische Verschwörung auf und rettete den Staat vor schwerer Gefahr. Er, den man einst wegen seiner unscheinbaren Herkunft verspottet hatte, wurde mit dem Ehrentitel »pater patriae« begrüßt.

Aber auf den höchsten Triumph folgte bald der Umschwung. Seine Widersacher erhoben sich gegen ihn wegen gesetzwidriger Hinrichtung der Verschwörer, denen man die Berufung an die Volksversammlung verwehrt hatte. Der Volkstribun Clodius, hinter dem die Macht der Triumvirn Pompejus, Cäsar und Crassus stand, setzte (58) Ciceros Verbannung durch. Er ging nach Thessalonike in Makedonien. Nach eineinhalbjährigem Aufenthalt in der Fremde wurde er durch einstimmigen Volksbeschluß wieder zurückberufen.

Die Verhältnisse der Folgezeit zwangen ihn zum unfreiwilligen Verzicht auf Teilnahme am öffentlichen Leben. Er widmete sich in den Jahren 56–52 der schriftstellerischen Tätigkeit und schrieb seine großen Werke »De oratore« (Vom Redner) und »De re publica« (Der Staat). In den Jahren 51 und 50 verwaltete er als Prokonsul die Provinz Kilikien. Die Soldaten riefen ihn zum Imperator aus, aber die höchste Ehre, den Triumph, verhinderte der Ausbruch des Bürgerkrieges zwischen Cäsar und Pompejus. Nach langem Schwanken entschied er sich für Pompejus und folgte ihm nach Griechenland, aber an der Schlacht bei Pharsalus nahm er nicht teil. Der Sieger Cäsar behandelte Cicero mit Milde und gestattete ihm die Rückkehr nach Rom. Cicero benutzte die unfreiwillige Muße zur Abfassung rhetorischer und philosophischer Schriften. Schwer traf ihn der Verlust der

Freiheit und der Tod seiner geliebten Tochter Tullia (45). Als sich nach der Ermordung Cäsars M. Antonius der Herrschaft bemächtigte, trat Cicero als Führer des Senates in den 14 »Philippinischen Reden« für die Wiederherstellung der Republik gegen Antonius auf, aber er war Kämpfer auf verlorenem Posten. Der junge Oktavian, den Cicero gegen Antonius ausspielen zu können vermeinte, vereinigte sich mit diesem und mit Lepidus zum zweiten Triumvirat (43). Die neuen Machthaber konnten den unermüdlichen, unbelehrbaren Greis, dessen Macht über die Gemüter sich eben gezeigt hatte, nicht in ihrem Rücken schalten lassen. Cicero wurde auf die Ächtungsliste gesetzt und auf dem Fluchtweg zur Küste bei Caieta von seinen Mördern erreicht (43).

Cicero hatte seine größten Leistungen als Redner vollbracht. Dazu befähigten ihn besonders günstige geistige und körperliche Anlagen. Ihm waren alle Kunstgriffe einer erfolgreichen Beredsamkeit vertraut, er packte seine Zuhörer bei ihrer Eitelkeit, ihrem Patriotismus, ihrer Frömmigkeit, er belustigte sie mit geistvollen Anekdoten, ergötzte sie mit seinem lebensprühenden Humor. Er traf den Gegner schonungslos mit wirklichen und angedichteten Fehlern, überschüttete ihn mit einer Fülle rhetorischer Fragen, deren Beantwortung schwierig oder für den Angegriffenen höchst peinlich war. Er häufte Anklage auf Anklage, deren reißender Strom den Gegner niederstieß und mundtot machte. Die noch ungelenke lateinische Sprache hat Cicero in ungeahnter Weise zu berückender Anmut und eleganter Leidenschaftlichkeit gesteigert, ihren Rhythmus geschmeidigt, ihren Wortschatz vermehrt. Unvergänglich bleibt sein Name auch verknüpft mit der Vollendung der lateinischen Kunstprosa.

Die Zahl der Reden, die vollständig auf uns gekommen sind, beträgt 58. Von etwa 20 Reden sind nur Bruchstücke, von 35 bloß die Titel überliefert. Für fast die Hälfte, 25, sind Strafprozesse die Anlässe, für 4 sind es Privatprozesse. Diesen Reden vor den Gerichtshöfen stehen 28 Staatsreden gegenüber, 20 davon vor dem Senat, 8 vor dem Volk gehalten. Die Rede »De domo sua« hielt Cicero vor dem höchsten Priesterkollegium.

Cicero sprach im allgemeinen frei; dies war nötig, weil man im vorhinein nicht auf alle Einwürfe und Zwischenfälle, die im Verlauf einer Gerichtssitzung oder Senatsdebatte vorkamen, Rücksicht nehmen konnte. Seine Reden wurden von Stenographen aufgenommen und später, meist überarbeitet und erweitert, durch Veröffentlichung möglichst großen Kreisen zugänglich gemacht. Die Publikation besorgte sein vertrauter Freund T. Pomponius Atticus. Er war Buchhändler und Verleger, ließ eine große Zahl von Sklaven als Abschreiber ausbilden und brachte Abschriften der hervorragendsten Autoren serienweise auf den Markt.

Von Ciceros Reden seien nur einige hervorgehoben: Pro Roscio Amerino, In Verrem (6 Reden), De imperio Cn. Pompei, In Catilinam (4 Reden), In M. Antonium orationes Philippicae (14 Reden).

Zu den Reden kommen noch Ciceros rhetorische Schriften. In ihnen sucht er die klassischen Schulreden der Griechen für Redner mit den praktischen Berufserfordernissen des römischen Lebens in Einklang zu bringen. Neben zwei weniger wichtigen Arbeiten, »Brutus de claris oratoribus«, einer Geschichte der Beredsamkeit bei den Griechen und in der früheren Zeit Roms, und dem »Orator«, der von der besten Art des Redens handelt, führt das Hauptwerk dieser Schriftengruppe den Titel: »De oratore«, in drei Büchern (55). Das Werk, in Dialogform abgefaßt, ist das erste Zwiegespräch, das uns erhalten ist. Die Hauptfiguren der Abhandlung sind die beiden bedeutendsten Redelehrer Ciceros, L. Crassus und M. Antonius, der Großoheim des Triumvirs. Der Dialog führt zu dem Ergebnis, der Idealredner solle nicht nur die rhetorische Technik beherrschen, sondern sich auch eingehend mit der allgemeinen Staats- und Rechtslehre, der Psychologie und Ethik beschäftigen. Auf Grund dieses enzyklopädischen Wissens wird er die nötige Menschenkenntnis besitzen und die Möglichkeit erlangen, durch seine Reden auf die Zuhörer zu wirken und sie in seinem Sinn zu lenken. In Cicero hat diese Vereinigung höchster rednerischer Begabung mit einem umfassenden Wissen seine Erfüllung gefunden und ihm einen unbestrittenen Ruhmesplatz in der römischen Geisteswelt für seine Zeit und für die kommenden Jahrhunderte gesichert.

Die Philosophie

Die Berührung mit den Griechen durch die Eroberungen im Osten fand bei den Römern ein geteiltes Echo. Viele nahmen mit großem Eifer die neuen kulturellen und künstlerischen Einflüsse auf, ahmten ihre Lebensführung nach, übernahmen den Luxus in der Kleidung und in der Wohnung, viele andere aber sahen in dem neuen Zustrom eine Bedrohung ihrer alten Art und Sitte, eine Gefahr für ihre eigenen Leistungen. Nur in einem kleinen Teil der vornehmen römischen Gesellschaft, vor allem in dem Kreis um Scipio Aemilianus, einten sich die Werte altrömischer Eigenart und die neuen kulturellen Einwirkungen des Hellenismus zu einem glücklichen Zusammenschluß. Von da gingen im persönlichen Verkehr mit den griechischen Gelehrten und Philosophen auch die ersten Anfänge der Beschäftigung der Römer mit der griechischen Philosophie aus. Als nüchterne, wirklichkeitsnahe Menschen brachten die Römer vorzugsweise jenen Lehren ihr Interesse entgegen, die sie nutzbringend dem praktischen Leben anpassen konnten. Dieser Zielsetzung kamen die großen Strömungen der Stoiker und Epikureer entgegen. Beide wendeten sich den praktischen Erfordernissen des Lebens zu und suchten den Menschen Trost und Halt zu geben, sie zur Glückseligkeit (Eudämonie) zu führen, die Stoiker durch das Hinlenken auf das Freisein von allen Leidenschaften und Gemütsbewegungen, durch die Gewinnung der Seelenruhe, der stoischen Ruhe, die über Not, Härte und Todesfurcht hinweghilft, die Epikureer durch die Bezwingung von körperlichen und seelischen Schmerzen, durch Befreiung von Unruhe und Angst, durch ein Leben fern von den hochgehenden Wogen der Politik. Die Römer huldigten einem philosophischen Eklektizismus, also dem Auswählen jenes brauchbaren, praktisch anwendbaren Gutes, das ihrem römischen Charakter entsprach.

Panaitios

Die stoische Lehre fand in Rom weite Verbreitung durch *Panaitios* aus Rhodos (um 180—99), der einige Jahre in Rom verbrachte. Auch in Rhodos, wo er die meiste Zeit lebte, suchten ihn viele junge Römer auf. Er legte das Hauptgewicht auf die praktische Ethik. Jeder Mensch sollte sich einer sittlichen Lebensführung befleißen, indem er die vier großen Tugenden verwirklichte, die Klugheit (prudentia), die auf der Erkenntnis der Wahrheit beruht, die Gerechtigkeit (justitia), auf der das Leben der Gemeinschaft fußt, die Tapferkeit (fortitudo), die über die materiellen Dinge erhebt, und die Mäßigung (modestia), die in der Bändigung der Triebe ein sittliches Verhalten ermöglicht. Der Schüler des Panaitios, *Poseidonios* aus Apameia in Syrien, war der berühmteste Universalgelehrte des hellenistischen Zeitalters und der einflußreichste Stoiker. Er kam mehrmals nach Rom und stand mit führenden Männern in Fühlung. Nach seiner Meinung lag die wesentliche Ursache für die Größe des Römerreiches in der außerordentlichen Anpassungsfähigkeit und Aneignungskraft, mit der sich Rom mit den geistigen Gütern seiner Nachbarn auseinandersetzte. Cicero erhielt seine Kenntnis der stoischen Lehre vor allem in dessen Schule zu Rhodos.

Cicero

Für *Cicero* war die Beschäftigung mit der Philosophie von seiner Studienzeit an immer nur ein Mittel und Weg, um auf diese Art zu einer festen Grundlage für eine praktische Lebensweisheit zu gelangen. Freilich haben seine umfassende Bildung und seine als Redner geübte Begabung, die Dinge von verschiedenen Seiten anzusehen und darzustellen, ihn immer wieder zu einer gewissen Skepsis, einem Wesenszug der von Platon begründeten Akademie, gegenüber den Lehrmeinungen der verschiedenen Philosophen geführt. Sie haben ihn von einem blinden Autoritätsglauben abgehalten. Dadurch kam er zu jener wertvollen Grundhaltung, die durch voraussetzungslose Forschung die Wahrheit ergründen will. Auch er ist als echter Römer ein Eklektiker, aber bestrebt, die gemeinsamen und gleichartigen Hauptlehren der damaligen Denkersysteme miteinander zu verschmelzen und daraus vor allem für die Ethik, die als praktisches Ziel der Philosophie dem Römer besonders vor Augen stand, einen sicheren Standpunkt zu gewinnen.

Mit den sechs Büchern »De re publica« (Der Staat) eröffnete Cicero die Reihe seiner philosophischen Schriften. Sie sind uns nur in Bruchstücken erhalten. Es war kein Zufall, daß er gerade mit einem staatswissenschaftlichen Thema begann. Denn dieser Stoff entsprach dem politisch sehr regen Römervolk und lag auch Cicero sehr nahe, der lebenslang in der Teilnahme an den öffentlichen Geschäften seine größte Aufgabe sah. Der Autor bedient sich der Dialogform; ein Kreis von hochgebildeten Männern um den jüngeren Scipio unterhält sich über Probleme des römischen Staates, über die Arten der Verfassung und die beste Staatsform. Jede der drei dem antiken Staat geläufigen Verfassungen birgt Gefahren in sich, die Monarchie kann in eine Tyrannis, die Aristokratie in die Oligarchie und endlich die Demokratie in eine ungeordnete Pöbelwirtschaft übergehen, wenn nicht Sicherungen gegen solche Übergänge in die Verfassung eingebaut sind. Nach seiner Meinung ist die beste Verfassung eine aus den dreien gemischte, wie sie der griechische Staatsmann und Geschichtsschreiber Polybios bereits in dem altrömischen Staat verwirklicht sah: in der harmonischen Vereinigung der demokratischen Macht der Volksversammlung, der aristokratischen Gewalt des Senates und der dem Königtum ähnlichen Staatsführung durch die auf ein Jahr gewählten Konsuln. Cicero sah in den Unruhen seiner Zeit die drohenden Zeichen des Verfalles des römischen Staates und wollte ihn durch seine Schrift vor Anarchie wie Despotie warnen.

Das Werk *»De finibus bonorum et malorum«* (Vom höchsten Gut und vom größten Übel), fünf Bücher, enthält eine vergleichende Zusammenstellung der Lehren der wichtigsten griechischen Schulen zu diesem Thema, der epikureischen, der stoischen und der des Antiochos von Askalon, dessen Philosophie die Ethik in den Brennpunkt seiner Lehre stellt. Das Tusculanum, Ciceros Landsitz bei der Villenstadt Tusculum am Nordhang der Albanerberge (beim jetzigen Frascati), ist der Schauplatz seiner *»Tusculanae disputationes«* (Tusculanische Gespräche) über Fragen der praktischen Lebensweisheit. Cicero spricht mit einem Ungenannten über die Furcht vor dem Tod, über die Beeinträchtigung des Seelenfriedens durch Schmerz, Kummer und andere Gemütserregungen und kommt zu dem Schluß, daß die Tugend allein genüge, um ein glückliches Leben zu führen. In das Reich des Metaphysischen stößt seine Abhandlung *»De natura deorum«* (Über das Wesen der Götter) in drei Büchern vor, in denen er den Gottesbegriff der philosophischen Schulen einander gegenüberstellt. Das Buch *»De officiis«* (Über die Pflichten) ist in Briefform an seinen damals in Athen studierenden Sohn gerichtet. Es behandelt Fragen der praktischen Ethik, des sittlich Guten (honestum) und des Nützlichen (utile) und den Konflikt zwischen beiden. Beachtenswert ist auch die an Atticus gerichtete Apologie des Alters *»Cato maior, de senectute«* (Über das Greisenalter) und *»Laelius, de amicitia«* (Über die Freundschaft), die nach Laelius, dem Freunde des jüngeren Scipio, benannt ist. Cicero weist darauf hin, daß das Alter nur der notwendige Abschluß einer natürlichen Entwicklung sei und ein tätiges und tüchtiges, nach sittlichen Grundsätzen geführtes Leben die beste Gegenwehr wider alle Klagen gegen das Alter sei, wie Abnahme der geistigen und körperlichen Kräfte, Minderung des Lebensgenusses und Furcht vor dem Tode. In der Abhandlung »De amicitia« will er nicht in abstrakter Form über das Wesen der Freundschaft philosophieren, sondern diese aus seiner Lebenserfahrung heraus als ein wichtiges Gut empfehlen, auf das sich die Glückseligkeit des einzelnen wie die Wohlfahrt und der Friede des Staates aufbaut.

Straßen und Wasserleitungen

Die fortschreitende Ausbreitung des Römischen Reiches machte den Ausbau eines weitverzweigten Straßennetzes für den Kriegsfall, für die Verwaltung und auch für den Handel notwendig. Den ersten großzügigen Straßenbau begann der Zensor Appius Claudius 312 mit der Anlage der Via Appia. Es war eine 8 m breite und etwa 540 km lange Kunststraße, die von Rom über Tarracina bis Capua führte. Später wurde sie über Benevent und Tarent bis Brundisium verlängert. Sie führte über Schluchten und Flüsse, durchschnitt steile Höhen. Wie solid der Bau war, beweist ihre Dauer. Noch jetzt, nach fast 2.300 Jahren, ist sie zum Teil in Benützung. Für eine sehr lange Verwendungszeit war auch der sorgsame *Unterbau* der römischen Straßen berechnet. Er war ungefähr 1 m hoch und bestand aus 4 Lagen. In der untersten war festgestampftes Steingeröll, darüber lagen gebrochene und mit Mörtel gemauerte Steine, in der dritten Steinschotter und Ziegel, mit Mörtel gebunden, und als Abschluß eine reine Kiesschicht oder eine mit Kies und Sand gemischte. Für diesen *Straßenbelag* trat bei sehr stark benützten Verkehrsstraßen eine feste Decke aus harten Gesteinsarten wie Granit, Lava, Basalt oder Kalkstein. Die großen polygonal gearbeiteten Platten waren sorgsam ineinandergefügt. Die Fahrstraßen säumten auf beiden Seiten 70 cm hohe steinerne Einfassungen. In bestimmten Entfernungen, besonders bei Wegkreuzungen, hatte man Erweiterungen und passend geformte Steine angebracht, um den Reitern das Auf- und Absteigen zu erleichtern, ebenso Ruhesitze für müde Wanderer. Die Straßen hatten im Abstand von 1.000 Doppelschritten *Meilensteine,* die die Entfernung von der Hauptstadt in Schritten angaben. Ausgangspunkt der kaiserlichen Straßen war jene mit Gold überzogene Marmorsäule auf dem Forum Romanum. *Straßenbau*

Nach dem Muster der Via Appia entstanden 241 die Via Aurelia, 220 die Via Flaminia. Beide Straßen führten von Rom nach Norden, die erstere längs der Küste nach Pisa, die letztere nach Ariminum. Weitere Straßen nach Norden waren die Via Cassia, Via Clodia, beide durch Etrurien, und die Via Salaria, die alte Salzstraße von den Salinen an der Tibermündung in Richtung auf Reate. Nach Süden führte noch die Via Latina parallel zur Via Appia nach Capua. *Straßennetz*

An diese Hauptlinien schlossen sich Fernverbindungen an, die die Provinzen mit dem Mutterland aufs engste verknüpfen sollten. 187 baute der Konsul M. Aemelius Lepidus die Via Aemilia, eine 240 km lange Heeresstraße von Ariminum über Bonomia nach Placentia. Dadurch war Gallia Cisalpina verkehrstechnisch erschlossen. Durch die Fortsetzung von Placentia bis Mediolanum gelangte man zu einem Hauptkreuzungspunkt, von dem aus Straßen nach Gallien, Helvetien, Rätien und weiter nach Germanien und Britannien führten. Das Hindernis der Alpen wußten römische Ausdauer und Baukunst so gut zu überwinden, daß diese Gebirgswege auch heute noch zu befahren sind. Nach Gallien zogen zwei Verbindungen, die eine über den Kleinen St. Bernhard, die andere über den Mont Genèvre nach der Rhone, wo sie auf das gallische Straßennetz stießen. Dessen südlicher Mittelpunkt war Lugdunum (Lyon), von wo Linien zur Mittelmeerstraße nach Burdígala (Bordeaux) an der Garonnemündung, nach den Knotenpunkten des Inneren Cénabum (Orléans), Lutetia Parisiorum (Paris), Durocortorum (Reims), der Hauptstadt der Remer, sowie über Vesontio (Besançon) nach dem Rhein führten. Von Reims ging eine große Straße über Augusta Suessionum (Soissons) und Samarobriva Ambianorum (Amiens) bis Portus Gesoriacus (Boulogne), der Überfahrtsstelle nach Britannien. Hier war das nahe Londinium (London) Ausgangspunkt des britischen Straßensystems, das die römischen Stellungen und Ansiedlungen bis zum Hadrianswall miteinander verband.
Die Straße von Mediolanum nach Brigantium (Bregenz) zweigte hier nach Osten zur Donau ab und verband die Uferstädte Castra Régina (Regensburg), Lauriacum (Lorch), Vindobona (Wien) und Carnuntum nebst einer Abbiegung nach Juvavum (Salzburg). Nach Westen führte die andere Abzweigung von Bregenz über Augusta Rauracorum (Augst bei Basel) den Rhein abwärts nach Argentoratum (Straßburg), Colonia Nemetum (Speyer), Borbetomagus (Worms), Colonia Agrippina (Köln) bis Lugdunum Batavorum (Leiden).
Von Ariminum führten auch Verbindungen nach dem 181 als latinische Kolonie gegründeten Aquileia, dem Ausgangspunkt des Verkehrs über Emona (Laibach), Celeia (Cilli) nach Poetovium (Pettau an der Drau), und von hier weiter nach Aquincum (Ofen) oder über Savaria (Steinamanger), Scarabantia (Ödenburg) nach Carnuntum an der Donau. Von Emona zweigte der Überlandweg über Siscia (Sissek), Sirmium (Mitrowitz), der Hauptstadt von Unterpannonien, Sardica (Sofia), Hadrianopolis (Adrianopel) nach Byzantion ab.
Seit Ende des zweiten Jahrhunderts entstand eine Fernverbindung im Anschluß an die Via Aurelia über die Via Aemilia Scauri, Via Julia Augusta und Via Domitia vom Ligurischen Golf die Küstenlinie entlang bis zu den Pyrenäen. Nach Osten hin führte die Via Egnatia von Apollonia an der Makedonischen Küste nach Thessalonike mit Anschlüssen nach

Kleinasien. Die Via Appia fand ihre Fortsetzung in der Via Popilia. Von Rhegium setzte man nach Messina über und erreichte in westlicher Richtung Lilybaeum, von wo man auf der kürzesten Seeverbindung nach Karthago gelangte. Von dort führte das afrikanische Straßennetz nach Süden bis zum Rande der Wüste, während zwei Stränge der Nordküste entlangliefen, nach Westen bis Rusaddir, nach Osten bis Alexandria.
Die sanft gewölbten Fahrwege der Städte waren von Bordsteinen der höher gelegenen *Gehsteige* (margines) eingefaßt. Sie waren gleichfalls mit großen polygonalen Platten, meist Basaltlava, gepflastert. Die Herstellung und Erhaltung der Gehsteige oblag den Hauseigentümern, daher war die Pflasterung auch jeweils verschieden: bald nur Naturboden, bald Steinplatten, bald ein aus Ziegelbrocken hergestelltes rohes Mosaik. Das Regenwasser der Fahrstraßen lief durch Abzugsöffnungen in unterirdische Kanäle. An gewissen Stellen wurden zum Übergang von Gehsteig zu Gehsteig über den vertieften Fahrweg *Trittsteine* gelegt. Sie waren groß, von ovaler Form und von gleicher Höhe wie die Wege der Fußgänger und je nach Breite des Fahrdammes bis zu fünf an der Zahl. Sie verraten uns mit ihren Zwischenräumen die sehr schmale Spurweite der Wagenräder.

Verkehr

Der Verkehr war sehr schwierig, bloß in den Hauptstraßen konnte man einem begegnenden Fahrzeug ausweichen, sonst war dies nur an Kreuzungen möglich. Am Tag war der Wagenverkehr in den Städten mit wenigen Ausnahmen verboten. Vornehme Leute ließen sich in der Sänfte durch die Stadt tragen. *Straßenbeleuchtung* fehlte in den antiken Städten. Die Bewohner benützten bei nächtlichen Gängen Fackeln und vom 4. Jahrhundert n. Chr. an auch Wachskerzen, die ihnen Diener vorantrugen. Es war oft recht schwer, sich im Dunkeln der engen und winkeligen Gassen zurechtzufinden. Dazu kam, daß die Römer ihre Häuser nicht mit Nummern, oft auch die Straßen nicht mit Namen versahen. Man machte *Ortsangaben* in der Weise, daß man ein bekanntes Gebäude oder Monument, einen Garten oder eine sonstige Sehenswürdigkeit in der Nachbarschaft nannte, von denen man sich zu dem gesuchten Haus durchfragte. Die große Hilfe, die uns heute die Zahl bei Hausnummern, Wagennummern, bei Jahresangaben und Aktenstücken usw. bietet, war der Antike völlig unbekannt.
Für die Wasserversorgung des Hausbedarfes dienten Zisternen. Sie sollten im Notfall, wenn die Leitung versagte oder bei einer Belagerung vom Feind zerstört wurde, den erforderlichen Wasserbedarf decken. Zur Herbeiführung der riesigen Wassermengen aus den Bergen für die Erfordernisse der Stadt dienten kunstvoll angelegte Wasserleitungen, *Aquädukte.* Rom war eine besonders wasserfrohe Stadt, man zählte im 4. Jahrhundert n. Chr. 11 Aquädukte, 11 Thermen, 856 Privatbäder und 1.352 Brunnen und Wasserspiele. Der Bau der Leitungen war eine einzigartige, originale Leistung der Römer, die Wasserwege führten oft meilenweit über Talsenken und Flüsse auf Pfeilern und Bogen und durch Felsenstollen. Sie trotzten

Aquädukte

den Jahrtausenden, und ihre monumentalen Pfeilerreihen sind auch jetzt noch eine Zierde der römischen Campagna. Die Fontana di Trevi in Rom wird noch jetzt von einer antiken Wasserleitung, der Aqua Virgo, gespeist. Eine der kunstvollsten Brücken ist der gewaltige *Pont du Gard,* der zu der römischen Trinkwasserleitung von *Nemausus* (jetzt *Nîmes*) gehörte. Die Römerstadt Colonia Augustus Nemausus wurde von Augustus gegründet und war die bedeutendste Südgalliens und eine der schönsten des ganzen Imperiums. Der Aquädukt verbindet die beiden Ufer des *Gardon* durch eine dreifache, übereinandergestellte Brückenführung von 6 ungleich großen Bogen in der unteren Reihe, 11 in der Mitte und 35 niedrigen im oberen Stock aus mörtellos gefügten Hausteinen. Auf diesen Bogen ruht die Trinkwasserleitung. Der mächtige Bau hebt sich fast 50 m über die Talsohle und hat eine Länge von 269 m. Er wurde auf Anordnung Agrippas, des Schwiegersohnes des Augustus, 19 v. Chr. aufgeführt.

Die Wasserführungen waren gemauerte Kanäle von rechteckigem Querschnitt, oben meist halbkreisförmig geschlossen, oft 2 oder 3 übereinander, wie es z. B. die Aquäduktreste der Aqua Claudia (67 km lang) und des Anio novus (93 km lang) über der Porta Maggiore in Rom zeigen. Die Römer haben überall, wo sie größere Stadtanlagen ausführten, für einwandfreie Trinkwasserzuleitungen gesorgt. Daher sehen wir noch verstreut in verschiedenen Gegenden Reste dieser mächtigen Systeme, wie z. B. zu Segovia in Spanien, mit einer Maximalhöhe von 31 m, aus einer Art von Granit mörtellos gefügt.

Das nach Rom einfließende Wasser wurde vor seiner Verteilung in sogenannten Wasserschlössern (castellum) gespeichert, die meist drei gleich große Sammelbecken enthielten. Das eine versorgte die öffentlichen Brunnen und Bassins, das zweite die Bäder, das dritte die Wohnhäuser, wohin das Wasser in Bleirohren gelangte.

Kanalisation

Entsprechend dem starken Wasserzufluß verfügte Rom auch über eine großangelegte *Kanalisation.* Der älteste, vermutlich bis in die Zeit der etruskischen Besetzung zurückreichende Kanal ist die Cloaca maxima. Sie hat einen Durchmesser von mehr als vier Metern und ist noch heute in Verwendung. In die Kanäle mündeten auch die Abwässer der öffentlichen und privaten *Aborte.* Viele davon waren mit Einrichtungen für ständig laufendes Spülwasser versehen und genügten damit sanitären Anforderungen, die auch in unserem Jahrhundert nicht besser befriedigt werden können.

Die Kleidung

Tunika

Das eigentliche Haus- und Arbeitskleid war die aus zwei wollenen Stoffstücken zusammengenähte *Tunika.* Sie reichte ein wenig unter die Knie, war eng geschlossen und ursprünglich ärmellos, nur mit Armschlitzen versehen.

Erst in späterer Zeit erhielt sie lange Ärmel (tunica manicata). Sie wurde von einem Gürtel (cingulum) über den Hüften zusammengehalten. Seit 200 kam mit der Verweichlichung und dem steigenden Luxus die Sitte auf, zwei oder oft sogar mehr Tuniken zu tragen (tunica interior und tunica exterior). Da die Römer den Faltenwurf bei den Griechen schätzengelernt hatten, pflegten auch sie die Tunika weiter zu schneiden und in viele zierliche Falten zu legen. Die bis zu den Knöcheln reichende, aus feinstem Stoff gefertigte *tunica talaris* diente den Männern als Hochzeitskleid.
Um den Rang gewisser Personen in der Kleidung zum Ausdruck zu bringen, war die Tunika der Senatoren mit dem breiten Purpurstreifen (tunica laticlavia), die der Ritter mit einem schmalen (tunica angusticlavia) besetzt, der vom Hals bis zum Saum hinablief. Der triumphierende Feldherr trug eine mit goldenen Palmen bestickte Tunika (tunica palmata). Diese Tuniken wurden gürtellos getragen.

Toga

Trat der Römer in die Öffentlichkeit, so zog er über die Tunika die *Toga*, die Nationaltracht des freien römischen Bürgers im Frieden, zugleich sein offizielles Staatskleid. Sie wurde in ihrer großartigen Faltengebung und reichen Stoffülle zum Symbol der Herrschaft der dem Römerreich angehörigen Bürger über die anderen Völker.
Die Toga war durch ihren besonderen Schnitt sowie durch das viel Zeit erfordernde Anlegen an den Körper das eigenartigste Kleidungsstück des Altertums. Sie bestand aus einem schweren, weißen, ungefähr elliptisch geschnittenen Wollstoffstück, das rund 5 m lang und 3,5 m breit war. Wie die Toga getragen wurde, können wir heute noch aus vielen antiken Statuen mit einiger Mühe erschließen. Der Stoff wurde der Länge nach in zwei ungleiche Hälften zusammengelegt und sorgfältig in Längsfalten geordnet, die man des Nachts mit Holzklammern sicherte. Dann wurde er, die Bruchlinie am Halse und der kleinere Umschlag obenauf, mit den vorbereiteten, dichten Längsfalten über die linke Schulter geworfen, so daß vorn ungefähr ein Drittel der Länge bis zu den Füßen hinabfiel. Den übrigen Teil zog man über den Rücken, führte ihn unter dem rechten Arm nach vorn und legte ihn quer über die Brust hinweg auf die linke Schulter, wobei der Stoff noch den linken Arm völlig bedeckte. Mit besonderer Sorgfalt wurde das Mittelstück der Toga in weite, kunstvolle Falten gelegt, die über den Leib bis zur Mitte des Beines hinabfielen. Man nannte diesen malerischen Gewandbausch *sinus.* Dann zog man unter dem »sinus« das vordere hinabhängende Ende heraus, verbreiterte es und ließ es entsprechend überfallen. Dadurch entstand gleichsam ein Knoten, »nodus« oder »umbo« genannt, der der Stoffdrapierung einen gewissen Halt gab. Der über den Rücken gelegte obere Teil konnte hochgezogen werden, um nötigenfalls den Kopf zu bedecken. Die Verhüllung des Hauptes war beim Gebet und bei der Darbringung des Opfers üblich. Es ist klar, daß die Toga mit ihrem äußerst komplizierten Faltenwurf keine für den alltäglichen Ge-

brauch berechnete Kleidung war. In den meisten Fällen war sie aus naturfarbigem, gelblichweißem Wollstoff gefertigt. Eine reinweiße Toga trug der Bewerber um ein öffentliches Amt, die *toga candida.* Daher leitet sich unser Ausdruck Kandidat ab. Die Oberbeamten, ein Teil der Priester und die frei geborenen Knaben trugen die mit einem Purpurstreifen umsäumte *toga praetexta.* Die *toga sordida* war das grauschwarze Gewand der Trauernden und Angeklagten. Den goldbestickten Purpurmantel (toga purpurea und picta) trugen Triumphatoren sowie Cäsar und die Kaiser.

Paenula Eine Ersatzoberkleidung fand der Römer in der *Paenula,* einem völlig geschlossenen oder auch vorn offenstehenden, glockenförmigen Reise- und Regenmantel aus dichtem, kräftigem Stoff, der ärmellos war und den ganzen Körper bedeckte. Er konnte auch mit einer Kapuze (cucullus) versehen sein und diente hauptsächlich als Schutz gegen Kälte und Regen. Frauen benützten ihn auf der Reise.

Sagum Der aus dickem Wollzeug gefertigte Mantel der römischen Soldaten, das *Sagum,* war auf der Schulter von einer Nadel (fibula) zusammengehalten. Er verdrängte die Toga aus dem militärischen Gebrauch und wurde bis zum Untergang des Reiches von den Legionären beibehalten. Wie die Toga das Zeichen des Friedens, so war das Sagum ein Zeichen des Krieges (sagum sumere, sich kampfbereit machen; saga ponere, die Waffen ablegen). *Paludamentum* Den purpurfarbenen Kriegsmantel, das *Paludamentum,* trugen die im Felde stehenden Konsuln, Diktatoren, und später galt er als Zeichen der kaiserlichen Gewalt.

Beinbekleidung lernten die Römer erst spät von den gallischen und parthischen Kriegern kennen. In Rom trugen die Männer keine Hosen, Kränkliche umwickelten die Beine bei kalter Witterung mit Schenkelbinden. Die Arbeiter trugen kurze, dunkelfarbige Kleider, die Bauern verwendeten vorwiegend weichgegerbtes Schafleder; bei der Arbeit war man oft nur mit einem Lendenschurz bekleidet.

Als Fußbekleidung zu Hause benützten Männer und Frauen *Sandalen* (soleae). Bei Tisch pflegte man sie abzulegen. In der Öffentlichkeit trug man zur Toga *Schuhe* (calcei) aus schwarzem Leder, die die Füße bis zu den Knöcheln umschlossen. Die Senatoren und die Beamten kurulischer Ämter hatten Schuhe von meist rotem Leder mit höherer Sohle. Die Soldaten benützten lederne *Halbstiefel* (caligae). Zwischen der männlichen und weiblichen Fußbekleidung war kein wesentlicher Unterschied. Nur waren die Frauenschuhe von feinerem, weicherem Leder, hatten lebhaftere Farbe (sie waren meist rot und golden) und Verzierungen und gelegentlich auch kostbaren Schmuck (z. B. Perlen).

Der Römer zeigte sich in der Öffentlichkeit ohne *Kopfbedeckung.* Nur im Theater und auf der Reise benützte man den breitkrempigen Hut (petasos). Die Mütze (pilleus) kennzeichnete den Freigelassenen.

Die Römer der Frühzeit trugen das *Haar* in langen Locken. Erst vom 3. Jahrhundert an wurde es kurz geschnitten. In der Kaiserzeit freute man sich wieder an einer kunstvoll gepflegten Frisur und ließ das Haar entweder mit dem Kamm (flexo ad pectinem capillo) oder mit der Brennschere (calamistrum) in Locken kräuseln. *Haartracht des Römers*

In den ersten Jahrhunderten ließ man den *Bart* nach Belieben wachsen, nur selten wurde auch schon das Rasieren geübt, wie archäologische Funde von Rasiermessern bezeugen. Mit dem Einströmen hellenistischer Einflüsse nach den Punischen Kriegen wurde auch das Rasieren Sitte. Der Eroberer von Syrakus, Claudius Marcellus, war der erste Römer, der auf Münzen bartlos dargestellt ist. Reiche hielten sich unter ihren Sklaven eigene Barbiere (tonsores), die übrigen besuchten die Friseurläden (tonstrinae). Die ersten Barbiere kamen aus Griechenland. Die Mode, sich zu rasieren, hielt sich bis in die Zeit des Kaisers Hadrian. Da dieser ein von Narben entstelltes Gesicht hatte, ließ er sich den Bart wachsen. Sein Vorbild brachte den kurzen Vollbart allgemein zu neuen Ehren, und diese Gepflogenheit hielt sich bis zu Kaiser Konstantin, nach dessen Beispiel die Römer in der Folgezeit wieder die Rasur vorzogen. Wer Trauer hatte, ließ Bart und Haupthaar ungeschoren. Ebenso erschien ein Angeklagter mit ungepflegtem Haar und unrasiert vor dem Richter. Die Kyniker und Stoiker trugen in bewußter Unterscheidung von den übrigen Vollbart.

Der einzige Schmuck des Mannes war ein Ring am Ringfinger der linken Hand, der gleichzeitig zum Siegeln diente. Der Abdruck des Siegelringes ersetzte im Altertum die Unterschrift. Mit dem zunehmenden Luxus der Kaiserzeit steckte man viele Ringe an, darunter oft sehr kostbare mit geschnittenen Steinen.

Die Kleidung der Frau bestand aus der Tunika, die bis zu den Füßen reichte, oben und unten gleich eng war und kurze Ärmel hatte. Man fertigte dieses Untergewand zuerst aus Wolle, dann aus Baumwolle (carbasus) oder auch aus Seide an. Darüber zog die Frau die *Stola,* das Oberkleid, das ungefähr denselben Schnitt wie die Tunika zeigte und unten mit einer Falbel (instita) geziert war. Zum Schürzen des Gewandes diente den Reichen ein aus kostbarem Metall gefertigter und mit Perlen besetzter Gürtel. Die Frauen niederen Standes benützten als Gürtel eine Schnur oder ein buntgesticktes Band. Sie waren fast immer nur mit einer einfachen grobwollenen Tunika bekleidet und benützten bloß bei Schlechtwetter eine wollene Decke als Schultermantel. Aus diesem einfachen Umhang entwickelte sich dann die *Palla,* die wie die Toga angelegt wurde und den ganzen Körper umhüllte. Die Straßentoilette vervollständigte oft ein langer Schleier (flammeum). Die Braut trug eine einfache Tunika ohne Saum, mit einem wollenen, doppelt geknoteten Gürtel zusammengehalten, einen safrangelben Mantel, gelbe Schuhe und einen orangefarbenen Schleier. Die Farbe der Kleider war in früher Zeit vorwiegend ein natürliches Weiß. Später

Stola

Palla

waren auch bunte Obergewänder in flimmernd spielenden Tönungen von Rot, Gelb und Grün gebräuchlich, wofür uns die bemalten Terrakotten und die Wandgemälde Pompejis Zeugen sind. Nur die Tunika blieb stets weiß.

Der *Damenhut* war den Römerinnen unbekannt. Man ging barhäuptig oder bedeckte den Kopf mit dem Zipfel der Palla oder mit einem schalartig gewickelten Kopftuch.

Handschuhe (manicae) zog man nur zum Schutz gegen Kälte an. In den Bausch der Toga oder Palla steckte man das *Schweißtuch* (sudorium), das aber nicht zum Putzen der Nase benutzt werden durfte.

Haartracht der Römerin

Die weibliche *Haartracht* der republikanischen Zeit war einfach: vorn glattgescheiteltes, hinten am Nacken in einen Knoten geschlungenes Haar oder die über der Stirn aufgesteckten und um den Kopf gewundenen Zöpfe. Unter dem Einfluß griechischer Frisuren wurde die Haartracht komplizierter und individuell wechselnd. Es erforderte von der Friseurin (ornatrix) viel Geschick, Mühe und stundenlange Arbeit, die gewünschten kunstvollen Frisuren aufzubauen. Wenn das eigene Haarmaterial nicht ausreichte, ergänzte man es durch Haarteile. Das Färben der Haare mit Färbemittel (sapo) wurde besonders geübt, als das rotblonde Haar der gefangenen germanischen Frauen Anlaß zu dieser neuen Modefarbe gab. Mit solchem Haar ergänzte man auch das eigene, und die Haare der Germaninnen wurden Gegenstand eines regen Handels.

Schmuck

Wenn die Dame frisiert und geschminkt war, legte sie mit Hilfe der Ornatrix ihren *Schmuck* an. Außer den Ringen trugen die Frauen Spangen (fibulae), Ohrgehänge (inaures), Haarnadeln (acus crinales), golddurchwirkte und mit Edelsteinen besetzte Bänder, die ins Haar eingeflochten wurden (mitrae), Halsbänder (monilia), Armbänder (armillae), Reifen um die Knöchel (periscelides). Diamanten verwendete man nur als Ringschmuck, ansonsten Edel- und Halbedelsteine, Perlen und auch Bernstein. Der Aufwand in Schmuckstücken aller Art steigerte sich mit der Zeit so, daß Seneca sagen konnte: Die römischen Frauen tragen ein Vermögen mit sich.

Das Gastmahl und die Speisen

In der ältesten Zeit pflegte der Römer eine höchst einfache Lebensweise, und daher waren auch Speisen und Tischsitten sehr bescheiden. Die Hauptnahrung bestand aus Brot, Käse, Getreidebrei, Hülsenfrüchten, Gemüse, Obst. Nur Reiche leisteten sich Fisch oder Fleisch, Wein trank man nur verdünnt. Speisen süßte man mit Honig, Zucker war unbekannt. Zwiebel (caepa) und Knoblauch (allium) waren eine beliebte Würze. Mit dem Aufkommen des Olivenanbaues verwendete man Öl, das an die Stelle der Butter im Haushalt trat. Erst im zweiten Jahrhundert kam eine Umstellung in der Lebensweise, Luxus, Genußsucht und Wohlleben verdrängten die schlichte Einfachheit.

Der Römer stand früh etwa gegen 6 Uhr auf. Das Frühstück (ientaculum) bestand aus Brot, Käse, Eiern, Milch. Zum Mittagessen (prandium) gegen 12 Uhr nahm man in Eile, meist stehend (sine mensa), ein paar Bissen zu sich (gustabat), kalte Kost, vielfach Reste vom Vortag, Fleisch, Früchte, und trank dazu mit Honig gesüßten Wein (mulsum) oder gewürzten, mit Wasser gemischten Glühwein (calda). Die Hauptmahlzeit, das Abendessen (cena), fiel etwa in die 10. Stunde (4 Uhr nachmittags) und endete sehr verschieden, je nachdem, ob es sich um ein einfaches Essen oder ein Festmahl handelte. *Mahlzeiten*

Die *cena* nahm man in alter Zeit im Atrium ein, erst unter griechischem Einfluß verlegte man die Abendmahlzeit in das *Triclinium.* Wir reden heute von der Tafelrunde, sitzen aber an langen Tischen, die das Gespräch nur mit dem nächsten Tischnachbarn ermöglichen. Die Alten hielten streng darauf, daß sich jeder der Gäste mit jedem unterhalten konnte. Um einen in der Mitte stehenden Tisch reihten sich drei Ruhebänke, nach dem griechischen Vorbild *Klinen* genannt. Danach hieß der Speiseraum mit den drei Klinen Triclinium. Die vierte Seite des Tisches wurde für die bedienenden Sklaven freigehalten. Man saß nicht bei Tisch, sondern aß in Nachahmung griechischer Gewohnheit *liegend.* Das Lager war nicht flach, sondern nach der Tischseite erhöht; es bot für drei Personen Platz. Man bestieg es von der Außenseite und lag (accubare) auf die Mitte des Tisches zu ausgerichtet, den Ellbogen des linken Armes auf einen Polster gestützt. So hatte man zum Essen nur die rechte Hand frei.

Die Ruhebetten wurden unterschieden: Das vornehmste Lager war der *lectus medius,* das Ruhebett ohne Gegenüber. Auf ihm befand sich auch der Ehrenplatz, der *locus consularis,* der an den ersten Platz des *lectus imus* anstieß, wo der Hausherr lag. *Lectus summus* und *lectus medius* waren für die Gäste, *lectus imus* für den Hausherrn, dessen Frau und eine der Familie besonders nahestehende Person bestimmt. Waren mehr als neun Personen beim Gastmahl, so mußten mehrere Tische aufgestellt werden. Die Besucher wurden vom Türsteher (nomenclator) gemeldet. Man legte die Schuhe ab, Sklaven wuschen den Gästen die Hände und gelegentlich auch die Füße.

Die Mahlzeit begann mit dem Tischgebet (deos invocare). Diener stellten die Speisen und den Weinkrug auf den Tisch, auch ein Salzfäßchen (salinum) und das Essigkrüglein (acetabulum). Jeder Gast konnte nach Belieben zugreifen. Man gebrauchte Löffel, Messer und Zahnstocher (dentiscalpium). Gabeln verwendete man nur für Schnecken, ansonsten bediente man sich der Finger. Deshalb war öfteres Waschen nötig. Sklaven reichten nach jedem Gang wohlriechendes Wasser und Handtuch (mantéle). Sie zerteilten auch die Speisen, so daß das Messer fast überflüssig wurde. *Gastmahl*

Jede reichere Mahlzeit umfaßte drei deutlich abgesonderte Gänge. Zuerst die Vorspeise (*gustatio* oder *promulsis*). Sie bestand aus appetitanregenden kalten Gerichten, bei denen die Eier nie fehlten. Zur *gustatio* trank man *mulsum,* weshalb dieses Voressen auch *promulsis* genannt wurde. Bei der *cena,* der eigentlichen Mahlzeit, wurden die schweren Gerichte serviert, vor allem reichlich Fleisch in verschiedenen Zubereitungen. Dazu trank man italischen und griechischen Wein. Während des Mahles wurde der Wein durch einen Filter (colum) in den Mischkrug (cratér) gegossen (liquare), weil man damals noch keinen völlig klaren Wein herstellen konnte. Sklaven verdünnten den schweren Wein im Mischkrug mit Wasser und schöpften ihn in die Becher. Der Römer trank auch gern warm. Gegen Bier empfanden Griechen und Römer eine Abneigung. Es galt als das Getränk kulturell tiefer stehender Völker. Der Nachtisch (secundae mensae) brachte allerlei Backwerk, Käse, griechische Mandeln, Obst. Abfälle der Tafel warf man, wie es Brauch war, unter den Tisch. Ein uns noch erhaltenes Mosaik stellt so einen nicht gekehrten Fußboden dar.

commissatio

Zuweilen ging der Nachtisch in ein Trinkgelage (commissatio) über. An ihm nahmen nur Männer teil. Sie schmückten sich mit Blumen, setzten Kränze auf und verwendeten wohlriechende Salben. Man wollte damit vornehmlich den üblen Geruch der qualmenden Öllampen überdecken. Ein *rex convivii* oder *arbiter bibendi,* also ein Tafelpräsident, wurde gewählt. Dieser bestimmte das Verhältnis, in dem der Wein zu mischen war, und regelte den weiteren Verlauf des Abends. Die Unterhaltung richtete sich nach der Gesellschaft. Neben Gesprächen über gelehrte Fragen, über Politik und Tagesereignisse gab es auch Vorlesungen von Dichtern, Gesangsvorträge zur Leier, aber auch in anspruchsloseren Kreisen Vorführungen von Possenreißern und Tänzerinnen.

Speisen

Die Tierwelt hatte den Hauptanteil an der römischen Tafel. Vor allem war Schweinefleisch sehr beliebt. Daneben kam auch das Fleisch vom Ochsen, Wildesel und der Haselmaus auf den Tisch. Sehr gern wurde Wild gegessen, vor allem das Wildschwein, das man in den Eichen- und Buchenwäldern zog, weiter Hirsch und Hase. Man erfreute sich an Enten, Hühnern und Tauben, die man oft bis 5.000 in Taubenhäusern zog. Als Leckerbissen galten Fasane (phasiani), die man aus Südrußland vom Flusse Phasis nach Italien brachte; auch Pfaue wurden eingeführt. In hohen Ehren standen Flamingos, Störche und Kraniche. Auch kleine Vögel, wie zum Beispiel die Krammetsvögel, brachte man auf den Tisch. Feine Fische waren sehr beliebt. Man züchtete sie meist in großen Fischteichen (piscinae) der Villen am Meer, die mit Salzwasser gefüllt waren, vor allem die sehr schmackhaften Muränen. Als erlesene Tafelkost galten die Austern. Der Austernpark des Lucriner Sees war durch Jahrhunderte berühmt. Neben Austern wanderten auch andere Muschelarten in die römische Küche. Brot war seit Beginn des zweiten Jahrhunderts das gebräuchliche Nahrungsmittel und

hatte den aus Getreide bereiteten Brei verdrängt. Es gab Schwarzbrot (panis rusticus) und feines Luxusbrot (panis candidus).
In großem Ansehen stand der Koch. Er herrschte in der Küche, umgeben von Kesseln, Kannen, Kasserollen, Löffeln, lauter Gegenständen, die bei den Ausgrabungen in Pompeji zutage gefördert wurden und im Museo Nazionale zu Neapel zu sehen sind. Auch liegt uns ein wohl nicht vor dem 3. Jahrhundert n. Chr. entstandenes Kochbuch (de re coquinaria) vor, das der berühmte Feinschmecker M. Gavius Apicius schrieb, der zur Zeit des Tiberius gelebt hat; wir wollen daraus einige kurze Beispiele zitieren: *Apicius*
Spanferkel mit Gemüse gefüllt *(Porcellum hortolanum)*
Beine das Ferkel von der Gurgel her aus, so daß es wie ein Sack wird. Fülle es mit einer Mischung von gehacktem Huhn, Drosseln, faschiertem Eingeweide des Ferkels, lukanischen Würstchen, entsteinten Datteln, getrockneten Zwiebeln *(bulbi),* Schnecken ohne Gehäuse, Malven, Rüben, Lauch, Sellerie, gekochtem Kohl, Koriander, Pfefferkörnern, Pinienkernen und schließlich 15 Eiern und *liquamen,* das mit gemahlenem Pfeffer gemischt ist. Nähe das Ferkel zu und brate es an. Dann gib es zum Braten in die Röhre. Wenn es gar ist, schneide es am Rücken auf und übergieße es mit der folgenden Sauce: gestoßener Pfeffer, Raute, *liquamen, passum,* Honig, etwas Öl; bringe dies zum Kochen und binde mit *amulum.* (*Liquamen* = eine Art Fischsauce; *passum* = spezieller Kochwein; *amulum* = eine Art Stärkemehl.)
Schnecken, auf andere Art
Lege die Schnecken lebend in Milch mit Weizenmehl, wenn sie fett genug sind, koche sie.
Flamingo *(In phoenicoptero)*
Rupfe den Flamingo, wasche und dressiere ihn und lege ihn in einen Topf. Füge Wasser, Salz, Dill und etwas Essig hinzu. Wenn er halb gar ist, mache ein Bündel aus Lauch und Koriander und lasse es mitkochen. Kurz vor dem Garwerden gieße *defrutum* hinzu, um Farbe zu geben. Gib Pfeffer, Kümmel, Koriander, Laserwurzel, Minze und Raute in den Mörser; stampfe; befeuchte mit Essig, gib Jerichodatteln *(caryota)* dazu und gieße etwas von der Brühe darüber. Gib dies in denselben Topf, dicke mit *amulum* an. Lege den Vogel auf eine Platte, gieße die Sauce darüber und serviere. Dasselbe Rezept kann auch für einen Papagei verwendet werden. (*Defrutum* = Most, der auf ein Drittel seines Volumens eingekocht wurde.)

Die Zeitrechnung

Nach der Berechnung Varros setzte man das Jahr der Gründung Roms mit 753 v. Chr. fest. Die Angabe der Jahre erfolgte seit 509 nach den Namen der beiden jährlichen Konsuln und blieb bis zur Abschaffung des Konsulates durch Kaiser Justinian in Gebrauch.

Der alte Kalender

Ursprünglich scheint das römische Jahr (annus), wie die Namen der letzten Monate andeuten, nur 10 Monate oder 304 Tage gezählt und mit dem März begonnen zu haben: Martius, Aprilis, Maius, Junius, Quinctilis (nach Cäsars Geburtsmonat Julius), Sextilis (Augustus, nach Octavianus genannt), September, October, November, December. Numa soll den Januarius und den »Sühnemonat« Februarius (von februa, -orum = das Reinigungsopfer am Jahresschluß) hinzugefügt haben. Das zwölfmonatige Jahr umfaßt, da März, Mai, Juli und Oktober von alters her 31 Tage, der Februar 28 und die übrigen 7 Monate 29 Tage hatten, im ganzen 355 Tage, entsprach also dem Mondjahr. Um mit dem Sonnenjahr, das in der Landwirtschaft eine große Rolle spielt, in Übereinstimmung zu kommen, schalteten die mit der Ordnung des Kalenders betrauten Pontifices in unregelmäßigen Abständen einen Monat ein. Da durch das willkürliche Verfahren die römische Zeitrechnung im Jahre 47 einen Fehler von 67 Tagen gegen das tropische Jahr zeigte, sah sich Cäsar als Pontifex maximus veranlaßt, mit Hilfe des alexandrinischen Mathematikers und Astronomen Sosigenes Ordnung zu schaffen. Er verlängerte das Jahr 46 (annus confusionis) um 3 Monate. Den Jahresbeginn verlegte er auf den seit 153 üblichen Antrittstag der Konsuln, den 1. Januar 45, und ließ den nach ihm benannten Julianischen Kalender mit einer Jahresdauer von 365 Tagen – nach je 4 Jahren mit 366 Tagen – in Kraft treten. Vorbild dafür war ihm das in Ägypten geltende Sonnenjahr. Dieser Kalender erfuhr, da er im Ablauf von 129 Jahren einen Tag zuviel gegenüber dem Sonnenjahr aufwies, unter Papst Gregor XIII. im Jahre 1582 eine Verbesserung durch den Italiener Luigi Lilio, der das Jahr mit 365, jedes 4. Jahr mit 366 Tagen beließ, mit Ausnahme der durch 400 teilbaren Jahrhunderte. Diese Zeitrechnung ist heute Gemeingut fast aller Nationen. Die Monate erhielten ihre noch heute gültige Dauer, der Schalttag (dies intercalaris) wurde als doppelter 24. Februar gezählt: dies bis sextus ante Kal. Mart. Deshalb führt das Schaltjahr den Namen *annus bisexilis* oder *annus bisextus*.

Cäsars Kalenderreform

Zählung der Monatstage

Die Römer zählten die Tage des Monats nicht wie wir von einem festen Termin, dem ersten Monatstag, sondern von drei Haupttagen an, die Markttage waren. Diese sind die *Kalendae* am 1., die *Nonae* am 5. und die *Idus* am 13. Im März, Mai, Juli und Oktober fielen die Nonen und Iden zwei Tage später auf den 7. und 15. Demnach heißt am 1. Januar: Kalendis Januariis; am 5. Februar: Nonis Februariis, am 15. März: Idibus Martiis. Der Vortag des Haupttages wird durch »pridie« mit dem Akkusativ des festen Tages bezeichnet: 4. Januar: pridie Nonas Januaris, 12. Dezember: pridie Idus Decembres. Jeder übrige Tag wurde durch Rückwärtsrechnung von den folgenden Nonae oder Idus oder Kalendae bestimmt, wobei die Römer bei den Kalenden zwei Grenztage, bei den Nonen und Iden einen Grenztag mitzählten, z. B. am 22. Mai: a. d. XI. Kal. Jun., am 3. Juli: a. d. V. Non. Jul.

Die römische Woche enthielt 8 Tage, *nundinum,* d. h. Neuntage, weil der Zieltag mitgezählt wurde. Mit dem Christentum wurde die im Orient übliche siebentägige Woche eingeführt. Den Tag teilten die Römer in 12 Stunden von je nach der Jahreszeit bald längerer und bald kürzerer Dauer und ebenso die Nacht in 4 Wachen (vigiliae), jede zu drei Nachtstunden. Um die Tageszeit anzugeben, bediente man sich im täglichen Leben nur annähernder Zeitbestimmungen: mane (Morgen), ad meridiem (Vormittag), meridies (Mittag), de meridie (Nachmittag), suprema sc. tempestas diei (Abend), nox (Nacht). Zur Bestimmung der Zeit dienten Sonnen- und Wasseruhren, die in Rom erst durch die Griechen bekannt wurden.

Wochentage

Die Maße

Für Abmessungen von Entfernungen bediente sich der Mensch der Maßeinheiten, die ihm durch Teile seines Körpers nahegelegt waren, wie Elle, Spanne, Fuß. So hatte auch der Römer als Längenmaßeinheit den Fuß, der rund $^1/_3$ Meter war. 5 Fuß ergeben einen Doppelschritt *(passus),* also ungefähr 1,5 m. Mille passus oder ein *milliarium,* die römische Meile, betrug also 1,5 km. Zum Flächenmaß verwendete man als Einheit das *iugerum* = Morgen = rund 2.500 m², also $^1/_4$ ha.

Längenmaße

Die Hohlmaße entlehnten die Römer von den Griechen. Für Flüssigkeiten gebrauchte man die *Amphora,* ein zweihenkeliges, enghalsiges Tongefäß, unten spitz zulaufend, um es in die Erde oder in die durchlöcherten Felder eines Schanktisches zu stecken; sie faßte 26 Liter. Der *sextarius* war ein Trinkgefäß und enthielt rund $^1/_2$ Liter. Für Trockenes, z. B. Getreide, verwendete man den *modius* oder Scheffel = rund 9 Liter, und den *sextarius* = $^1/_2$ Liter. Die meisten Waren wurden nach dem Hohlmaß verkauft; ja selbst zur Bestimmung der Schiffsgröße nahm man die Amphora als Maßeinheit. Das Gewicht fand vorzüglich bei Metallen und da insbesondere bei der Münze Verwendung. Es scheinen verschiedene Pfunde im Römischen Reich nebeneinander bestanden zu haben. In der Kaiserzeit gab es eine *libra* (Pfund) = $^1/_3$ kg, geteilt nach dem Duodezimalsystem in 12 *unciae* ($^1/_{12}$ Pfund).

Hohlmaße

Das Zeitalter des Augustus 30 v. Chr. — 14 n. Chr.

Innenpolitik

Die Kämpfe um Aktion und Alexandrien haben die Vorherrschaft des Westens über den Osten auf Jahrhunderte gesichert. Der Idee, daß Rom Mittelpunkt des Reiches bleiben sollte, hatte Oktavian gegen das hellenistisch-römische Königtum des Antonius zum Siege verholfen.

Solange Oktavian im Osten weilte, sorgten Agrippa und Maecenas für die Ruhe in Italien. *M. Vipsanius Agrippa* (62–12) war ein Jugendfreund Oktavians. Er hatte sich nach Cäsars Ermordung in den folgenden Kämpfen zu seinem erfolgreichsten Heerführer entwickelt. Er siegte über Sextus Pompejus und schlug Antonius und Kleopatra bei Aktion. Im Jahre 21 gab ihm Oktavian seine Tochter Julia zur Frau. Er führte viele Kommandos in den Provinzen, aber auch im Innern des Reiches zeigte er ein großes organisatorisches Talent und schmückte Rom mit Bauten, von denen das Pantheon am berühmtesten wurde. *C. Cilnius Maecenas* (um 70 bis 8), römischer Ritter, aus einer alten etruskischen Adelsfamilie, zu Arretium geboren, war ein sehr einflußreicher Diplomat, kluger Freund und freimütiger Berater Oktavians und führte die heiklen Verhandlungen mit Antonius und Sextus Pompejus. Während der Abwesenheit des Kaisers lag die Regierung zu Rom in seinen Händen. Der hochgebildete Mann sammelte die damaligen Dichter, vor allem Horaz, um sich, förderte sie in ihrem Schaffen und zog dadurch die Dichtkunst in den Dienst des Kaiserhauses. Maecenas sah in der genußreichen Freude eines musischen Lebens den Inhalt seines Daseins. Durch seine freigebige und hochherzige Gönnerschaft gegenüber Künstlern und Dichtern erlangte sein Name sprichwörtliche Berühmtheit (Mäzen).

Agrippa

Maecenas

Oktavian war der einzige von den Triumvirn, der noch die Oberbefehlshaberstelle über alle Streitkräfte zu Lande und zu Wasser und die Statthalterschaft über die Provinzen hatte. Aber er, der früher in kalter Grausamkeit Bluturteile vollstrecken ließ, war nun, wohl durch das Schicksal seines Großoheims belehrt, in vorsichtiger Weise darauf bedacht, wenigstens dem Schein nach zur Beruhigung seiner Mitbürger die mit blutigen Erinnerungen verbundene Bürde durch gesetzmäßige Vollmachten zu ersetzen. Die Alleinherrschaft blieb sein erstrebtes Ziel, aber er bediente sich dazu der alten Formen des Regierungsapparates der Republik. So suchte er einen

Ausgleich zwischen der geschichtlichen Staatsordnung und den Forderungen der neuen Zeit zu finden. Den Weg zu seinem Ziel ging er berechnend und zurückhaltend und doch wieder kühn zugreifend mit nachtwandlerischer Sicherheit. Als er mit der Siegesbeute aus Ägypten zurückkehrte, machte er sich Volk und Heer durch reiche Geschenke für seine künftigen Absichten geneigt. Jahr für Jahr ließ er sich zusammen mit Agrippa das Konsulat und die zensorischen Befugnisse übertragen. Dadurch waren beide ermächtigt, die Senatsliste zu revidieren und mißliebige Personen zu entfernen. Auf diese Weise wurden 190 Senatoren ausgeschlossen. Im gleichen Jahre wurde er zum *Princeps civium et senatus* ernannt, das heißt als Erster Bürger Roms bezeichnet. Als solcher hatte er das Vorrecht, im Senat als erster seine Stimme abzugeben. Diesen Titel bevorzugte der Kaiser, da er nicht als absoluter Herrscher, sondern als Erster Bürger erscheinen wollte. Den Titel Cäsar, den Oktavian seit der Adoption durch seinen Großonkel trug, führten alle männlichen Mitglieder des Julischen Hauses, später nur die Söhne und Enkel der Kaiser, seit Hadrian bloß der Thronerbe, während der Kaiser sich selbst als Cäsar Augustus bezeichnete.

Der Prinzipat

Im folgenden Jahr 27 legte Oktavian seine außerordentliche Gewalt nieder, die er seit 43 mit dem Triumvirat erworben hatte. Zum Dank für seine Rückgabe verliehen ihm Senat und Volk den Namen Augustus (der Erhabene), der ihn zu einem höheren Wesen machte. Damit war der erste Schritt zu der späteren Vergöttlichung der Kaiser nach hellenistischem Vorbild getan. Im weiteren Verlauf der Regierung erhielt Augustus die tribunizische Gewalt auf Lebenszeit mit dem erweiterten Recht, Senat und Volksversammlung zu berufen und gegen ihre Beschlüsse einschreiten zu dürfen. Auf dieser dauernden tribunizischen Gewalt, dem prokonsularischen Imperium und dem Oberbefehl über das Heer beruhte die Macht des Prinzipates. Das Wort »Prinzipat« ist von *princeps* abgeleitet und die Bezeichnung für diese Herrschaftsform. Nach dem Tode des Lepidus erhielt er auch die lebenslängliche Würde eines Pontifex maximus. Damit lebte in der Personalunion des obersten Priesters mit dem Herrscher die Macht des alten Königtums wieder auf. Seit Augustus blieb das Oberpriesteramt mit der Kaiserwürde verbunden.

Um auch in der äußeren Erscheinung sein Herrschertum zum Ausdruck zu bringen, trug Augustus bei festlichen Gelegenheiten die goldgestickte Purpurtoga und den Goldkranz, also die Abzeichen des Triumphators. Der Monat Sextilis wurde nach ihm August benannt, und er bekam das Recht, sein Bildnis auf Münzen prägen zu lassen.

Senat

Den Senat hatte Augustus durch sorgfältigste Auslese aus den vermögendsten und tüchtigsten Bürgern, auch aus den Provinzialen erneuert und ihm erweiterte Rechte gegeben. Er behielt die meisten seiner alten Befugnisse, verwaltete die Staatskasse (aerarium) und leitete durch die von ihm ernannten Prokonsuln die senatorischen Provinzen. Das waren vor allem jene, deren Verwaltung schon in befriedeten Bahnen verlief, wie Sizilien, Sardinien, Asien, Africa, während andere wie Gallien, Spanien, Ägypten, die eines besonderen militärischen Schutzes bedurften, direkt dem Kaiser unterstanden und an ihrer Spitze Legaten mit dem Rang von Proprätoren hatten. Die Senatoren besetzten die Gerichtshöfe, aus ihren Beratungen (consulta) gingen die Gesetze hervor, sie stellten alle hohen Beamten. So teilte der Form nach der *princeps* die Regierung mit dem Senat, drängte ihn aber später zu einer bloß beratenden Körperschaft herab, indem er einen Staatsrat von fünfzehn Mitgliedern zusammen mit den hohen Beamten schuf, mit denen er vollgültige Beschlüsse faßte.

Volk Am schwersten war es dem *princeps,* den Schein vom Fortbestehen einer politischen Mitwirkung der Bürgerschaft zu retten. Die Beschlußfassung über Gesetze wurde der Volksversammlung entzogen. Nur die Wahlen ließ er ihr, doch so, daß er sie leitete und die zu wählenden Beamten teils geradezu nannte, teils durch seine Empfehlung durchbrachte, wobei er sich nicht scheute, nach gut republikanischem Beispiel Stimmen erbettelnd von Bürger zu Bürger zu gehen. Aber auch als die Volkswahl ganz fiel, behielt das Bürgerrecht so viel Wert und Ehre, daß man sich in den Wegfall wirklicher Macht leicht fand. Denn der Bürger nahm an den öffentlichen Spenden und Spielen teil, wurde im Zivil- und Militärdienst entschieden bevorzugt und ihm das Aufsteigen in die höheren Stände erleichtert.

Heerwesen Die Zahl der Legionen beschränkte er von 50 auf 25. Veranschlagt man die Stärke einer Legion auf 6.000 Legionäre und 4.000 Hilfstruppen, so wird das ganze Heer etwa 250.000 Mann gezählt haben. Das war eine ansehnliche Truppenmacht. Aber bei der gewaltigen Ausdehnung des Reiches vom Atlantischen Ozean bis zum Euphrat und von der Nordsee bis zur afrikanischen Wüste war der bewaffnete Schutz doch recht unzureichend. Die Hauptmacht stand am Rhein, an der Donau und am Euphrat. Im Innern waren keine Reserven. Nur neun Prätorianerkohorten (cohortes praetoriae), die neue kaiserliche Leibgarde unter dem Kommando von zwei Prätorianerpräfekten, lagen in und um Rom. Die Polizeitruppen, die für die öffentliche Sicherheit zu sorgen hatten, waren dem Stadtpräfekten unterstellt.

Provinzen Rücksichtslos ging Augustus gegen die herrschenden Mißstände in den Provinzen vor. Alle Beamten waren fest besoldet, das System der Verpachtung der Kopf- und Grundsteuer wurde abgeschafft. Die Steuereinhebung erfolgte auf Grund einer Schätzung. Das Bürgerrecht wurde auch auf die Provinzen ausgedehnt. Römische Kaufleute und Unternehmer siedelten sich an und verbreiteten zusammen mit den Legionären römische Kultur. Augustus bereiste die Provinzen und unterstützte notleidende Städte, baute solche wieder auf, die durch Krieg oder Erdbeben zerstört waren, legte Straßen an und ermöglichte den Provinzen, Handelsbeziehungen mit anderen Ländern anzubahnen. So blühte langsam ein neues Leben auf.

Finanzreform Durch die Beamtenbesoldung und die Kosten für das ständig beibehaltene

Heer und die in Misenum und Ravenna stationierte Reichsflotte wurden die Aufgaben des Staates so vermehrt, daß die alte Staatskasse, das *aerarium Saturni,* sie nicht mehr bestreiten konnte. Die Abfertigung der Veteranen aus den Bürgerkriegen deckte Augustus zum größten Teil aus der ägyptischen Beute. Für den Heeresbedarf schuf er eine Militärkasse, das *aerarium militare.* Da der Kaiser an einer geordneten Finanzgebarung des Reiches größtes Interesse hatte, beanspruchte er die Kontrolle über das gesamte Steuerwesen auch in den senatorischen Provinzen durch kaiserliche Prokuratoren. Die Kopfsteuer (tributum capitis) und die Grundsteuer (tributum soli) wurden in den Senatsprovinzen den Gemeinden auferlegt und hießen *stipendia.* In den kaiserlichen wurden sie direkt eingehoben und hießen *tributa.* Italien selbst war von Steuern befreit.

Da die Staatskasse nicht ausreichte, übernahm Augustus eine Reihe von Ausgaben auf die kaiserliche Kasse (fiscus), in die die Einnahmen aus den kaiserlichen Provinzen, vor allem aus Ägypten, und Anteile von den Abgaben der senatorischen, besonders der dort erhobenen Zölle flossen. Er bestritt für Rom die Getreidespenden an das Volk, das Feuerlöschwesen, die Wasserleitung, die Regulierung des Tiber, für Italien den Ausbau des umfangreichen Straßennetzes.

Alle Bestrebungen des Kaisers zielten darauf hin, das altrömische Familienrecht wiedererstehen zu lassen, um dadurch die innere Kraft des Römertums zu stärken. Er förderte die Eheschließungen, belohnte den Kinderreichtum, gab Gesetze gegen unvernünftigen Luxus und Verwilderung der öffentlichen Sittlichkeit. Um kein Vergehen straflos zu lassen, kein Rechtsgeschäft zu verzögern, vermehrte er die Gerichtstage und die Geschworenenhöfe und gab selbst das Beispiel eines unverdrossenen Richters. Er sprach fleißig Recht, zuweilen bis in die Nacht hinein; wenn er unpäßlich war, in seiner Sänfte auf dem Tribunal, ja auch zu Hause von seinem Lager aus. Seine Rechtsentscheide zeichneten sich durch Überlegung und große Milde aus. Der Kaiser bildete im straf- und zivilrechtlichen Verfahren die höchste Instanz. Seine Erlässe (edicta) und Anordnungen (constitutiones) hatten Rechtsgültigkeit.

Außenpolitik

Seit den Tagen Sullas hatten die furchtbaren Bürgerkriege bitterstes Elend über die antike Welt gebracht. Die Menschheit verlangte nach Ruhe und Frieden und dem frohen Genuß des Lebens. Augustus wußte, daß es die beste Sicherung seiner Herrschaft wäre, wenn er diesem Wunsch nachkomme. Daher verzichtete er auf die Unterwerfung der Parther. Sie wagten unter seiner Regierung keinen Einfall auf römisches Gebiet, ja sie fanden sich bereit, die seit Crassus' und Antonius' Niederlagen noch in ihrer Gewalt befindlichen römischen Feldzeichen und Kriegsgefangenen auszuliefern (20).

Feldzüge nach Spanien und in die Alpenländer

Ernster lagen die Verhältnisse in Spanien. Seit Cäsars Tod hatten dort die Waffen nicht geruht. Augustus zog selbst nach Spanien, aber erst Agrippa unterwarf die unüberwindlichen Bergvölker. Zum Dank für die siegreiche Rückkehr des Kaisers gelobte der Senat, ein Heiligtum und einen Altar der Friedensgöttin zu errichten. Im Jahre 9 wurde der vollendete Bau der Ara Pacis Augustae geweiht.

Im Jahre 16 gab ein Einfall der Pannonier und Noriker in das istrische Küstenland Veranlassung, gegen das nördliche Vorgelände der Alpen aufzubrechen und die bequeme Linie der Donau zur befestigten Grenze des Römischen Reiches zu machen, um die Alpen mit ihren unsicheren Wegen und Pässen zu einem starken Bollwerk Italiens umzugestalten. So wurden durch die Stiefsöhne des Augustus, Drusus und Tiberius, *Rätien* (Graubünden und Tirol), *Vindelizien* (die Schwäbisch-Bayrische Hochebene), *Norikum* (der größte Teil der heutigen österreichischen Bundesländer bis zum Wienerwald) und *Pannonien* (der anschließende Teil Österreichs und Westungarn) unterworfen. Eine neue Heeresstraße, die *Via Claudia Augusta*, durch das Etschtal über Trient, Bozen, Reschenscheideck nach Augusta Vindelicorum (Augsburg) stellte die Verbindung Italiens mit dem nördlichen Alpenvorland her. Da zur Zeit der Besetzung der Alpengegenden auch *Mösien* (das ehemalige Serbien und Bulgarien) zur Provinz eingerichtet wurde, bildete die Donau mit dem größten Teil ihres Laufes die natürliche Grenze des Römischen Reiches gegen Norden. Zur Erinnerung an die Niederwerfung der westlichen Alpenvölker und der Befriedung der Alpen von der Adria bis an das Ligurische Meer erstand nördlich von dem heutigen Monaco ein mächtiges Siegesdenkmal, die Tropaea Augusti bei *Turbia* (jetzt La Turbie), an dessen Sockel die 44 Namen der Alpenvölker zu lesen waren, die unter Augustus unter die Herrschaft Roms kamen.

Die Kultur der keltischen Bewohner der Alpen war damals schon ziemlich hoch entwickelt. Sie siedelten teilweise in Städten und betrieben Bergbau nach Eisen, Gold und Salz, besonders bei Hallstatt in Oberösterreich. Sie standen schon seit längerer Zeit in regem Handelsverkehr mit Italien. Dies veranlaßte nun eine starke römische Einwanderung in diese Gebiete. Von Aquileia ging ein Straßennetz über die Alpenpässe, wie Brenner, Radstädter Tauern, Neumarkter Sattel, und verband die neuen Provinzen untereinander und mit Italien. Aus den zur militärischen Sicherung angelegten Standlagern entwickelten sich blühende Städte, die größtenteils heute noch bestehen, so Augusta Vindelicorum (Augsburg), Castra Régina (Regensburg), Castra Batava (Passau), Lauriacum (Lorch), Vindobona (Wien) und Carnuntum. Im Innern erstanden Juvavum (Salzburg), Ovilava (Wels), Virunum (auf dem Zollfelde in Kärnten), Veldidena (Wilten bei Innsbruck), Poetovium (Pettau an der Drau).

Eine ähnliche Sicherung wie an der Donau erfolgte am Rhein durch Kastelle, darunter Mogontiacum (Mainz) und Castra Vetera (bei Xanten) gegen die Germanen. Augustus begnügte sich damit, diese Grenze gegen den wachsenden germanischen Druck zu halten. Als aber die mit den Usipetern und Tencterern verbündeten Sugamber den Rhein überschritten und plündernd über Gallien herfielen, erschien Augustus in Gallien, um eine große Offensive vorzubereiten. Mit der Führung des Krieges wurde Drusus betraut.

Nero Claudius Drusus (38—9), Sohn der Livia aus erster Ehe, Stiefsohn des Augustus, war ein schöner Mann mit angenehmen Umgangsformen, ein tapferer Soldat und tüchtiger Feldherr. Er beschwichtigte bald die Gallier, rückte über den Rhein vor und durchzog Germanien bis an die Weser und Elbe. Aber auf dem Rückzug stürzte der Feldherr mit dem Pferde, brach den Schenkel und starb an den Folgen einer inneren Verletzung im Jahre 9. Tiberius holte auf kaiserlichen Befehl die Leiche seines Bruders nach Rom, wo sie im Mausoleum des Augustus beigesetzt wurde. Dann vollendete er die Unterwerfung Deutschlands zwischen Rhein und Elbe.

Marbod

Nur *Marbod,* der König der Markomannen, der sich in die vom Herkynischen Wald geschützten und von den Boiern verlassenen Gebiete zurückgezogen hatte, gründete dort ein mächtiges Reich und bedrohte die noch nicht gefestigte Herrschaft der Römer in Norikum und Pannonien. Augustus schickte Tiberius mit zwölf Legionen gegen ihn. Aber kurz bevor die Heere aufeinanderstießen, brach im Rücken des Tiberius ein furchtbarer Aufstand der Illyrier und Pannonier los, der bald die meisten Stämme zwischen Donau und Balkan ergriff und nicht bloß diese neuen Eroberungen, sondern auch Makedonien und Italien selbst bedrohte. Tiberius mußte umkehren und drei Jahre den Aufruhr bekämpfen, unterstützt von seinem Stiefsohn Germanicus. Marbod verzichtete auf die Ausnützung der Lage und schloß Frieden.

Die Nachricht von der fehlgeschlagenen Unternehmung der Römer mußte die eben unterjochten Stämme des westlichen Germanien mit neuer Hoffnung auf Freiheit beleben. Das übrige tat der neue Statthalter *P. Quinctilius Varus,* ein eitler Höfling, der sich schon als Statthalter von Syrien durch Erpressungen verhaßt gemacht hatte. Er reizte die Germanen durch Ausschreitungen seiner Mannschaft und Offiziere, gegen die man sich nicht wehren durfte, durch allerlei Ränke, mit denen römische List überall Zwietracht säte, und vor allem durch Einführung des römischen Rechtes und des römischen Kaiserkultes. Es bildete sich eine starke romfeindliche Partei.

Arminius

Diese überfiel unter Führung des kühnen und umsichtigen Cheruskerfürsten Arminius, der die römische Kriegskunst in römischen Diensten kennengelernt hatte, im Teutoburger Walde zwischen Ems und Weser (9 n. Chr.) die drei Legionen des Varus und vernichtete sie samt drei Reiterabteilungen und sechs Kohorten der Bundesgenossen. Die drei Legionsadler wurden von den Germanen erbeutet. Varus kehrte in der Verzweiflung nach Römerweise das Schwert gegen die eigene Brust. Die römischen Festungen wurden erbrochen, selbst das starke Aliso, ein von Drusus gegründetes Kastell an dem Flusse Lippe, fiel in die Hand der Germanen. Ihrem Heerführer Arminius hatte Tacitus in seinen Annalen ein bleibendes Denkmal gesetzt als dem »Befreier Germaniens, der es wagte, das römische Volk nicht in seinen Anfängen, wie andere Könige und Häuptlinge, herauszufordern, sondern in der glänzendsten Blüte des Reiches«. Tiberius stellte im folgenden Jahre die Sicherheit am Rhein wieder her, aber Augustus entschloß sich, die Reichsgrenze an den Rhein zurückzuverlegen, und das östlich vom Rhein gelegene Gebiet blieb von der Herrschaft der Römer fortan frei. Die Schlacht im Teutoburger Wald erhielt somit weltgeschichtliche Bedeutung, weil sie die Romanisierung Deutschlands verhinderte.

Der alternde Kaiser suchte in weiser Beschränkung seinem Reich den Frieden zu erhalten. Er blickte mit Stolz auf die gesicherten Grenzen, die sich über drei Erdteile dehnten. Als es zum Sterben kam, riet er seinen Nachfolgern, sich mit dem größten Reich zu begnügen, das es je gegeben hatte. Der Flächeninhalt des Römischen Reiches zur Zeit des Augustus betrug rund 8,650.000 km^2. Im Vergleich dazu haben die Vereinigten Staaten von Amerika 9,346.420 km^2.

Persönlichkeit des Augustus

Marmor und Erz haben sein Bild überliefert, erhöht in der Pose des Feldherrn, des Priesters, des Herrschers, ja verklärt im Glanz apollinischer Vergöttlichung. Sie lassen nichts ahnen von Augustus' wirklicher Wesensart. Er war klein, maß 1,66 m und war durchaus nicht stattlich. Aber das wurde aufgewogen durch seinen ebenmäßigen Wuchs und die Anmut seiner Bewegungen. Er war von äußerst zarter Gesundheit, hatte manche Krankheit durchgemacht. Rheumatismus quälte seine Glieder, er war sehr empfindlich gegen Sonne und Kälte. Um der Hitze zu entgehen, reiste er stets des Nachts; wo es ging, fuhr er zur See. Körperliche Anstrengungen ermüdeten ihn, er vertrug in seinen besten Jahren das Reiten nicht mehr, ließ sich gelegentlich mit der Sänfte aufs Schlachtfeld bringen. Immer wieder suchte er Ärzte auf. Von den Kriegsstrapazen hielt er sich bald nach dem Bürgerkriege fern und übte weiterhin den Körper nur noch mit Ballspiel und Spaziergängen. Zum Zeitvertreib angelte er. Seine Mahlzeiten waren sehr einfach. Derbes Brot, Käse, Fische, Obst. Er hielt strenge Diät, speiste bei Gastmählern vorher oder nachher und nahm während des Mahls nichts zu sich. Wein trank er nur sehr wenig. Nach dem Abendessen legte er sich auf sein Ruhebett und arbeitete die Rückstände von seinen Tagesgeschäften auf. Oft ging Augustus erst spät in der Nacht ins Bett und schlief dann unruhig 7 Stunden. Sein Stadthaus in der Nähe des Marktes und sein Wohnhaus auf dem Palatin waren auffallend bescheiden. Sie bestanden nur aus Ziegeln, waren weder mit Marmorsäulen noch mit Mosaiken geschmückt. Dennoch ist der Name des schlichten Gebäudes auf dem Palatin, »Palatinum« genannt, unsterblich geworden, denn aus diesem Namen ist das Wort »Palast« abgeleitet, womit spätere Fürsten ihre herrlichen Wohnbauten bezeichneten.

Nach außen trat der Herrscher fast wie ein Privatmann auf. Er trug eine einfache, oft nachlässige Kleidung, ging vielfach zu Fuß durch die Straßen oder ließ sich in offener Sänfte tragen. Mit dem Volk stand er in vertrautem Umgang und ließ sich gern ansprechen. An Audienztagen erwies er auch den Geringsten bei Entgegennahme von Bittschriften solche Freundlichkeit, daß er einmal einem Bittsteller scherzend zurief, er reiche ihm ja sein Ansuchen mit solcher Ängstlichkeit wie einem Elefanten ein Geldstück. (Die Leute legten nämlich den Elefanten, die durch die Straßen geführt wurden, Münzen in den Rüssel als Trinkgeld für die Treiber.) Bei Wahlen erschien er selbst an der Urne und gab seine Stimme ab. Während sich der Senat bei Cäsars Erscheinen erhob, mußten die Senatoren, wenn Augustus die Curia betrat und ebenso wenn er den Saal verließ, auf ihren Plätzen sitzen bleiben.

Sein Arbeitsfleiß war sehr groß, trotz seinen vielen Ämtern erfüllte er alle Verpflichtungen mit Gewissenhaftigkeit. Er führte regelmäßig die Senatssitzungen, besuchte seine Legionen und Provinzen und kümmerte sich um unendliche Einzelheiten seiner Regierungsgeschäfte. Sene Reden bereitete er mit großer Sorgfalt vor und las sie dann, um ja kein Wort auszusprechen, das er später bereuen mußte. Er war sehr abergläubisch, achtete auf Vorzeichen und Auspizien und ließ sich durch Traumgesichte beeinflussen. An seine Aufgaben schritt er mit Vorsicht. Er war ein Gegner der Übereilung und ein Vorbild der Gerechtigkeit, der Milde und Güte. Erst im Alter verfiel er in Unduldsamkeit, gestattete keinen Einspruch und ließ auch Angriffe der Literaten und Geschichtsschreiber ahnden. Auf dem Lebensweg des Augustus sind seine Tüchtigkeit und das Glück die Führer gewesen. Die Zeit war reif geworden für die neue Regierungsform der Monarchie, und das Volk hat in seiner tiefen Erschöpfung und Friedenssehnsucht das große Aufbauwerk des Kaisers nicht gestört.

Sicherung der Thronfolge

Augustus war in dritter Ehe mit *Livia Drusilla* vermählt. Er hatte von seiner zweiten Gemahlin eine Tochter *Julia* und bekam durch die Heirat mit Livia zwei Stiefsöhne, *Tiberius* und *Drusus*. Diese kamen rasch zu Amt und Würden und bewährten sich als Feldherren auf verschiedenen Kriegsschauplätzen. Nach Recht und Verfassung war die Vererbung des Prinzipates unzulässig; denn die Kaiser empfingen ihre Macht durch Volk und Senat. Aber schon Augustus hatte als Adoptivsohn Cäsars dessen Erbe in Anspruch genommen und bemühte sich, die dynastische Idee ins Volk zu pflanzen und die Erblichkeit der Monarchie zu einer Selbstverständlichkeit zu machen. Da er selbst keinen Sohn hatte, verheiratete er seine Tochter Julia mit *M. Claudius Marcellus,* dem Sohn seiner Lieblingsschwester Octavia, und bezeichnete ihn damit als seinen Nachfolger. Als Marcellus

mit 19 Jahren starb, zerbrach diese Hoffnung. Um die Herrschaft dem Julischen Hause zu erhalten, verheiratete er die junge Witwe mit seinem besten Jugendfreund Agrippa. Die Söhne aus dieser Ehe, Gaius und Lucius, adoptierte der kaiserliche Großvater, aber die beiden Prinzen starben in jungen Jahren. Da entschloß sich der Kaiser, nachdem auch sein geliebter Stiefsohn Drusus in Germanien gestorben war, den ihm persönlich unsympathischen Sohn der Livia, Tiberius, zu adoptieren. Tiberius wurde gezwungen, sich von seiner geliebten Gattin zu trennen und sich mit des Kaisers Tochter Julia zu vermählen. Die Ehe wurde wieder aufgelöst, weil Julia wegen ihres unsittlichen Lebenswandels auf die kleine Insel Pandataria, nahe bei Ischia, verbannt wurde. Tiberius mußte, obgleich selbst Vater eines erwachsenen Sohnes, den *Germanicus*, den Sohn seines verstorbenen Bruders Drusus, adoptieren. In Hofkreisen hieß es, Augustus beabsichtige, diesen zu seinem Nachfolger zu machen. Doch hatte sich Augustus, sowenig er den verschlossenen, finsteren Stiefsohn leiden mochte, der Erkenntnis nicht verschließen können, daß er nach geistiger Reife wie militärischer Erfahrung der geeignetste Nachfolger sei. Und Livia tat das übrige, um ihrem Sohn den Thron zu sichern. Knapp vor seinem Tode hielt sich Augustus in Kampanien auf, von dessen mildem Klima er Heilung erhoffte. Als er sich immer schwächer fühlte, ließ er Tiberius zu sich rufen und verhandelte lange mit ihm. Still und friedlich verschied er in den Armen Livias im 76. Lebensjahr zu Nola bei Pompeji in dem Hause, in dem einst sein Vater gestorben war.
Ein gütiges Geschick hat ihm eine Zeitspanne von 44 Regierungsjahren vergönnt, in der er Rom den Glanz und Segen des Friedens, des wirtschaftlichen Aufstieges und des goldenen Zeitalters der Kunst und Dichtung geben und den Neubau des Reiches festigen konnte. Als er tot war, lebte von seinen Enkeln nur noch einer, der schwachsinnige Agrippa Posthumus. Augustus hat sich im Zwiespalt zwischen der Rücksicht auf das Reich und sein dynastisches Gefühl für das Wohl des Vaterlandes entschieden und dem Agrippa seinen Stiefsohn Tiberius vorgezogen. Kurz nach dem Tod Augustus' fand Agrippa ein gewaltsames Ende. Tiberius war der alleinige Erbe.

Die Kultur des Augusteischen Zeitalters

Augustus hatte sich in seinem Werk die Wiedererweckung des heimischen Volkstums und der Vätersitte zum Ziel gesetzt. Dies war auch ein Grund dafür, daß er die Monarchie in die überkommenen Formen des republikanischen Staates fügte. Der Ehrenname »pater patriae«, den Augustus durch Beschluß von Senat und Volk erhielt, war gleichzeitig eine Anknüpfung an Romulus, der zum erstenmal diesen Titel empfangen hatte.

Religion

Die heimische alte Religion war nach den Punischen Kriegen stark von hellenistischem Geist erfüllt worden, und orientalische Kulte zogen in Rom ein, wie der ägyptische Isisdienst, die Religion des Serapis, der Kult der Magna Mater, die iranische Mithrasverehrung u. a. Augustus wollte die alten religiösen Vorstellungen der Römer erneuern und die fremden Einflüsse zurückdrängen. Daher förderte er seit 28 den Wiederaufbau von 82 verfallenen Tempeln und Heiligtümern. Dem Gott Apollo, den er als besonderen Schutzgott des Julischen Hauses ansah, baute er einen prächtigen Tempel am Palatin und setzte Apollo und Diana dem Kapitolinischen Götterpaar gleich. Er bemühte sich um die Wiederbelebung das Larenkultes, indem er an jedem Kreuzweg außer den Laren compitales, den Schutzgottheiten der Grenz- und Kreuzwege und ihrer Anrainer, auch dazwischen einen *genius Augusti* aufstellen ließ und damit in vorsichtig neuernder Weise auch für die Verehrung des Herrschers eine Stätte schuf. Später finden wir die göttliche Verehrung des Augustus in offiziellen Kulten in der Verbindung mit dem der Göttin Roma. Der bekannteste Tempel dieses Kultes ist der Roma-Augustus-Tempel von Ankyra (heute Ankara), wo man eine Abschrift des vom Kaiser verfaßten Berichtes über seine Taten fand.

Wissenschaft

Unter Augustes wurde Rom nach dem Vorbild der Städte im Osten, wie Athen, Rhodos, Alexandria, immer mehr eine Stadt wissenschaftlicher Studien. Zu gleicher Zeit wie Livius verfaßte der Gallier *Pompejus Trogus* eine Universalgeschichte unter dem Titel »Historiae Philippicae«, in der er entsprechend dem die Welt umfassenden Zeitgeist vor allem die nichtrömischen Völker behandelt. Das Werk ist uns nur in gekürzter Fassung erhalten, nämlich in einer Epitome (Auszug) des *Justinus.*

Die Rechtswissenschaft hat Q. *Mucius Scaevola,* der Konsul von 95, begründet. Er stammte aus der Familie der großen Juristen und war von ihnen der bedeutendste. Er hat das Zivilrecht in 18 Büchern systematisch behandelt, immer mit dem Blickpunkt auf die Praxis. Den Kennern des Zivilrechtes eröffneten sich glänzende Aussichten, als man unter der monarchischen Regierung ihrer als Beiräte bedurfte. Daher hatten die großen Rechtslehrer einen starken Zustrom von Studenten. Unter den Juristen dieser Zeit, die im Auftrag des Kaisers ein neues Recht schaffen sollten, erwarben sich *C. Ateius Capito* und *M. Antistius Labeo* große Namen. *C. Julius Hyginus,* der gelehrte Freigelassene des Kaisers und Bibliothekar der Palatinischen Bibliothek, schrieb zwei Werke, ein astronomisches und eine Sammlung griechischer Sagen, aus denen Schiller den Stoff für sein Gedicht »Die Bürgschaft« entnommen hat.

Mit größter Ausführlichkeit und Fachkenntnis behandelt der Architekt und Festungsbaumeister des Augustus, *M. Vitruvius Pollio,* in seinem Werk »De architectura«, 10 Bände, die Ausbildung der Architekten. Diese müssen Talent haben, zeichnen können, Arithmetik und Geometrie gelernt haben und schließlich sich auch in Geschichte, Philosophie, Rechtskunde,

Astronomie und Musik auskennen, um auf Grund dieser Allgemeinbildung den künstlerischen Aufgaben ihrer Zeit gerecht zu werden. Der Renaissance ist dieses Bildungsideal zum Vorbild geworden. Vitruv hält es für die wichtigste Aufgabe des Baukünstlers, daß er die Einzelteile nach den Gesetzen des Ebenmaßes in das richtige Verhältnis zum Ganzen bringt.

Bibliotheken Schon in voraugusteischer Zeit hatte Rom Bibliotheken, allerdings in Privatbesitz. Uns ist dies von Aemilius Paulus und von Sulla überliefert. Die erste öffentliche griechisch-lateinische Bibliothek hat *C. Asinius Pollio,* Heerführer unter Cäsar und Antonius, eingerichtet. Damit stand der Aufschwung des römischen Buchhandels im engsten Zusammenhang. Seit *T. Pomponius Atticus* die vielen Schriften seines Freundes Cicero durch Hunderte geschulter Sklaven in Massen abschreiben ließ und die so hergestellten Auflagen auf den Markt brachte, entstanden bald ähnliche Betriebe größeren Stils, so die der Gebrüder *Sosius,* die Horaz' Gedichte verlegten.

Plastik Wie Literatur und Wissenschaft, so fand auch die Kunst um diese Zeit immer mehr Liebhaber. Bei Reisen und Feldzügen im griechischen Osten wurde es Sitte, die Schätze der plastischen Kunst zu besichtigen und womöglich nach Italien zu schaffen. Man suchte nach Vasen und Tafelgerät, nach Marmorstatuen und Gemälden. Um Rom den repräsentativen Schmuck zu geben, brachte man griechische Statuen in die Tiberstadt oder ließ sie kopieren. Viele der heute verlorenen Kunstwerke sind uns auf diese Weise noch in Nachbildungen erhalten. Man ging auch daran, in Rom selbst Porträtbüsten großer Persönlichkeiten zu schaffen. Aber man war noch nicht dahintergekommen, das Bewundernswerte und Verehrungswürdige bedeutender Menschen zu gestalten. Die Figuren stecken in der Hülle der Toga, werden ihrer Persönlichkeit beraubt unter dem gleichmachenden Faltenwurf. Nur der Kopf ragt heraus. Er wird in einer wirklichkeitsnahen, individuellen Natürlichkeit geformt. Dadurch erleben wir die Figuren mit ihrer Alltagsphysiognomie, mit ihren sorgendurchpflügten Mienen, den abgezehrten, faltigen, knöchernen oder aufgedunsenen, satten Gesichtern. *Ara Pacis* Gute Beispiele dafür bieten die Relieffiguren der *Ara Pacis.* Es ist eine im Freien auf einem Sockel stehende Opferstätte ohne Dach, von fensterlosen Wänden eingeschlossen. Seine Form dürfte durch den Altar von Pergamon und durch die Athenäenprozession auf dem Fries des Parthenon beeinflußt sein. Auf den Wandfeldern ist eine feierliche Prozession von Senatoren, Priestern, Vestalinnen, Kindern unter Führung des Kaiserpaares, der kaiserlichen Familie dargestellt. Gemessenen Schrittes ziehen die Menschen vorüber, gleichgerichtet, gleichmäßig in die Toga gehüllt, gleich in der Haltung der Arme, mehr militärische Ordnung als festliches Schreiten.

Von den vielen Büsten und Standbildern, die man dem Augustus während seiner Regierungszeit gesetzt hat, ist eine große Zahl auf uns gekommen.

Das bedeutendste ist wohl die Marmorstatue von 2,04 m Höhe, die man 1863 unweit von Rom bei der Villa der Kaiserin Livia in *Primaporta* entdeckt hat und die jetzt im Braccio Nuovo des Vatikans steht. Wer die Geschichte dieser Zeit erlebt hat, konnte die Bilder auf der Reliefverzierung des Panzers leicht lesen. Die Parther, durch Jahrzehnte die unbesiegbaren Gegner der Römer, haben aus Achtung vor dem neuerstandenen Reich die römischen Feldzeichen, die sie in der Schlacht bei Carrhae im Jahre 53 dem Triumvirn Crassus abgenommen hatten, freiwillig zurückgegeben als Symbol friedlichen Zusammenlebens der beiden Staaten. In der Mitte des Panzers übergibt ein Parther dem von der Wölfin begleiteten Mars Ultor feierlich die Trophäe. Rechts und links von den Mittelfiguren kauern traurige Frauen, Personifikationen überwundener Volksstämme, auf der linken Bildseite Germania in dickem, pelzgefüttertem Mantel, ein Schwert haltend, dessen Knauf mit einem Adler geziert ist, auf der andern Pannonia mit dem keltischen Eberfeldzeichen und der Tiertrompete. Unterhalb dieser Frauengestalten reiten Apollo auf dem Greif, Diana auf der Hirschkuh. Dazwischen die Erde mit dem Füllhorn der Fruchtbarkeit im Frieden.

Malerei

Die Malerei war bei den Römern eine beliebte und altüberlieferte Kunst. Sie erfuhr durch den Einfluß griechischer Meister ihre Vervollkommnung im Verfahren, in der Feinheit der Linienführung und in der reichen Abstufung der Farben. Man schmückte Tempelwände und das Hausinnere mit Ornamenten und mythischen sowie heroischen Szenen in Fresko, malte Bühnendekorationen und stellte große Bilder bei Triumphzügen zur Schau. Die Ausgrabungen in Pompeji (Via dell'Abbondanza) zeigen, daß manchmal auch die Außenwände Malereien in warmen Farben trugen, die neben geometrischen Mustern meist Abbildungen der Hausgötter oder Szenen aus dem täglichen Leben darstellten, wobei letztere den Händlern oder Handwerkern als Aushängeschild dienten.

Reste von Wandgemälden in den Museen geben Zeugnis von der großen Farbenfreude, der Anmut und der perspektivischen Kunst, die oft weite Ausblicke in die Landschaft vortäuschen. Doch sie geben keine Vorstellung von den sich ergänzenden Wechselbeziehungen der Bildgruppen zueinander, von der Funktion, die die Bilder im architektonischen Rahmen der Zimmer erfüllten, und von ihrem oft fein abgestimmten Zusammenhang mit den Besitzern der Häuser. Man muß sich vorstellen, wie angenehm es war, statt auf die glatte, fensterlose, einengende Wand schauen zu müssen, sich an Gärten und Feldern, Bäumen, Blumen und Bächen, streifenden Tieren und flatternden Vögeln erfreuen und aus der Beschränkung des Raumes in die Weiten der Kolonnaden, Lauben und Parkanlagen enteilen zu können.

Gemma Augustea

Mit dem Zuzug griechischer Künstler unter Augustus kam auch die Kunst des Steinschneidens nach Rom. Die berühmteste Arbeit ist die sogenannte *Gemma Augustea*. Sie zeigt Augustus auf dem Thron mit dem Zepter, mit nacktem Oberkörper, um den Unterleib die Toga geschlungen. Der wachende Adler unter ihm schafft die Beziehung zwischen dem Kaiser und Jupiter. Neben Augustus die Stadtgöttin Roma, die Herrin des Erdkreises. Zwischen dem Paar oben im Medaillon das Geburtsgestirn des Kaisers, der Steinbock. Auf der rechten Seite ist Tellus mit dem Füllhorn, die Erde mit den zwei Kindern, Symbol der Fruchtbarkeit, dahinter ein bärtiger Mann, Personifikation des Meeres, und eine Frau mit Mauerkrone, die Ökumene, die Verkörperung des unterworfenen Erdkreises, die einen Eichenkranz über dem Haupt des Herrschers hält. Neben Roma ein kaiserlicher Prinz im Panzer, C. Cäsar. Ganz links steigt ein Mann, lorbeerbekränzt, in Tunika und Toga, mit langem Zepter aus dem von der geflügelten Viktoria gelenkten Triumphwagen. Eine Apotheose des Tiberius, der, aus Germanien zurückgekehrt, den pannonischen Triumph feiert und, bevor er zum Kapitol emporsteigt, seinen Stiefvater begrüßt, der bei der Feier den Vorsitz führt. Unter der Fußplatte des Triumphalreliefs ein zweites Relief. Links richten Legionäre ein Siegeszeichen auf. Darunter kauern Gefangene, ein bärtiger Mann und eine verzweifelte Frau, den Kopf zwischen den Händen haltend. Rechts zwei römische Soldaten, von denen der eine einen bittenden Mann, der andere eine widerstandslose Frau bei den Haaren mit sich schleppt.

Die Dichtung

In Rom kam der Brauch auf, Zusammenkünfte zu bilden, bei denen Autoren einem geladenen oder öffentlichen Publikum ihre Werke vorlasen. Augustus besuchte oft solche Vorlesungen. Durch diese Einrichtung war auch ärmeren Schriftstellern die Möglichkeit gegeben, ihre literarischen Erzeugnisse einem größeren Publikum zur Kenntnis zu bringen. Denn es gab zwar Verleger, die in ihren Schreibstuben durch Sklaven Abschriften anfertigen ließen, aber man mußte diese Arbeiten sehr teuer bezahlen, ja selbst die Manuskripte berühmter Autoren honorierten Verleger oft nicht, übernahmen sie höchstens kostenlos zur Vervielfältigung und zum Verkauf.

Vergil 70—19

Der bedeutendste Dichter der Augusteischen Zeit, der gefeiertste Poet der Römer überhaupt, *P. Vergilius Maro,* war auf einem weltfernen Bauernhof zu *Andes* nahe bei Mantua im Jahre 70 geboren. Der Wohlstand der Eltern ermöglichte ihm eine höhere Ausbildung in Cremona, Mailand und endlich in Rom. Nach Vollendung seiner Studien kehrte Vergil in sein Heimatdorf zurück und widmete sich, da ihm seine schwächliche Gesundheit die Beamtenlaufbahn nicht erlaubte, der angeborenen Neigung folgend, der Betreuung des väterlichen Gutes und der Beschäftigung mit Wissenschaft und Poesie. Dieses ruhige Leben wurde im Jahre 41 durch die

Zuweisung seines Landbesitzes an Oktavians Veteranen empfindsam gestört. Aber auf die Fürsprache von Freunden, deren Gunst Vergil durch seine bisherigen poetischen Arbeiten erworben hatte, erhielt er von Oktavian, der auf den jungen Dichter bereits aufmerksam geworden war, seinen Besitz zurück.

Nach dem Erscheinen seiner ersten Gedichtsammlung, der Bucolica, erwarb er sich die Freundschaft bedeutender Männer, erregte auch die Aufmerksamkeit des Maecenas und fand Aufnahme in seinen Kreis. Damit war das Leben des Dichters in feste Bahnen gelenkt, er erfuhr von dem freigebigen Maecenas vielfache Ermunterung zu weiterem dichterischem Schaffen. Auch kam er durch ihn in noch engere Beziehungen zu Oktavian. Aber in der Hofluft fühlte sich der schüchterne Mann, der seine bäuerliche Herkunft nie verleugnete, nicht recht wohl. Er zog sich nach Kampanien zurück und arbeitete und feilte zu Neapel in betriebsamer Abgeschiedenheit an seinem großen ländlichen Lehrgedicht, den Georgica. Nur ab und zu tauchte er in der Hauptstadt auf, wo er auf dem Mons Esquilinus neben Maecenas' Gärten sein piniengesäumtes Haus besaß. Er entzog sich in seiner Bescheidenheit gern den Blicken des neugierigen Publikums. Nach den Georgica schuf er sein großes Epos, eine römische Ilias, das Loblied auf die neue Zeit des Augustus, seine Aeneis, die aus Urzeiten das römische Schicksal heraufführte bis zu seinem Höhepunkt, Ahnenmythos und die Geschichte des Weltreiches zu einem gewaltigen, unvergänglichen Werk der Weltliteratur zusammenfügte. Mit unermüdlichem Eifer feilte er an der Erzählung, verfeinerte er die Verse und die Sprache. Im Jahre 19 reiste er nach Griechenland, um hier an sein berühmtestes Werk letzte Hand zu legen. Da erkrankte er in Athen und ließ sich von Augustus zur Rückkehr bewegen. Während der Überfahrt verschlimmerte sich sein Leiden. Als er in Brundisium gelandet war, raffte ihn die Krankheit in wenigen Tagen dahin (19). Seine sterblichen Überreste brachte man nach Neapel, seiner Lieblingsstadt, und bestattete sie an der nach Puteoli führenden Straße.

Der Dichter wird uns geschildert als ein Mann von großer Statur, dunkler Gesichtsfarbe und bäuerlichem Aussehen, doch von schwacher Gesundheit. Daher war er sehr enthaltsam in Speise und Trank, er besaß eine angenehme Stimme, war aber sehr ungewandt in der Unterhaltung. Alle rühmten seine Herzensgüte, seine Einfachheit, seine Sittenreinheit. Sein Freund Horaz nannte ihn eine *anima candida.*

Die ersten dichterischen Lorbeeren erwarb sich Vergil durch seine zehn Hirtengedichte, die *Bucolica,* später auch Eklogen genannt. Vorbild war ihm darin der griechische Dichter Theokrit, um 305 in Syrakus geboren, der das Leben und Empfinden der sizilischen Hirten mit echtem Lokalkolorit vorführte. Vergils Hirten sind mehr oder weniger verkleidet. Unter dem Hirtengewand stecken Gestalten seiner Umwelt, Gönner, Freunde, selbst der Kaiser, dem er für die Erhaltung seines Landgutes dankt, oder

Bucolica

es bergen sich hinter den Versen Ereignisse aus seinem Leben oder Bilder der Zeit. Echt ist nur die Landschaft, die die Luft seiner bäuerlichen Heimat atmet. Ihr Zauber weckte in der Großstadtjugend die romantische Sehnsucht nach dem schon ganz entfremdeten Landleben, und darum genossen die Hörer mit Beifall das friedvolle Pastorale seiner Hexameter. Weit über den Themenkreis der bukolischen Poesie hebt sich die vierte Ekloge. Sie erzählt von einem Knaben, der das Reich des Zwistes überwinden und das goldene Zeitalter des Friedens heraufführen wird, in dem sich alle Wunschträume der Menschheit erfüllen. Das Rätsel um den Knaben deuteten die späteren Christen und besonders die Kirchenväter als eine messianische Weissagung. Dadurch trugen sie viel zur Verehrung Vergils im Mittelalter bei.

Georgica Auf Anregung seines Gönners Maecenas schrieb er die *Georgica*, ein Lehrgedicht in vier Büchern über den Ackerbau, die Baumkultur, Viehzucht und Bienenpflege. Den lehrhaften Grundton wußte er bald durch Naturschilderungen, bald durch größere und kleinere Episoden kurzweilig zu unterbrechen und zu beleben. Dem Vorhaben des Augustus war die Dichtung willkommen, denn er wollte seine Soldaten zur Landarbeit entlassen und damit zu Ruhe und Frieden zurückführen, dem Staate seinen ungestörten Bestand sichern. Wieviel dem Kaiser an dieser Dichtung lag, kann man daraus ermessen, daß er sich, als er auf dem Rückweg ermüdet in dem kampanischen Städtchen Atella rastete, von dem Dichter das ganze Werk vorlesen ließ.

Bald nach der Vollendung der Georgica begann der Dichter mit der Arbeit *Aeneis* an seinem großen Epos, der *Aeneis*. Es war ein glücklicher Griff, mit dem von Venus und Anchises stammenden Äneas das Werk zu beginnen und dem Helden die Mission zu geben, das römische Volk zu begründen und Vorläufer jenes Mannes zu sein, auf dessen Friedensherrschaft über die Ökumene der Weltenlauf seit mehr als einem Jahrtausend zielstrebig hinsteuerte. Es geht nicht nur um die Größe des Reiches, sondern auch um die Erkenntnis der Grenzen der schöpferischen Gaben und das Bewußtwerden der ureigensten Aufgaben.

Mit Seheraugen hat Anchises in prophetischer Vorschau seinen Sohn Äneas den Weg durch die ruhmvolle römische Geschichte von dem bescheidenen Anfang bis zu dem stolzen Bau geführt, an dem Generationen gearbeitet haben und den Augustus vollendete. Aber den fortdauernden Ruhm erwarb Vergil mit jenen Teilen seiner Aeneis, in denen er, frei von staatspolitischen Gedanken, reines ewiges Menschenschicksal schildert, wie das Elend des Trojanischen Krieges, die Zerstörung dieser Stadt, die notvolle Flucht armer Menschen und die Liebestragödie von Äneas und Dido, wo zwei Menschen ihr persönliches Liebesglück dem höheren Ruf des Staates aufopfern. Dieses Buch wurde mit besonderer Vorliebe und Anteilnahme oft und oft vorgelesen, wie uns schon Ovid bezeugt.

Als der Dichter auf dem Sterbebette lag, war es sein Wunsch, man möge die Aeneis, an deren Vollendung er verhindert war, vernichten. Doch Augustus beauftragte zwei Freunde Vergils mit der Herausgabe. Sie unterzogen sich mit großer Ehrfurcht vor dem Werk dieser Aufgabe, wofür die unvollständigen Verse und manche inhaltliche Widersprüche Zeugnis geben. Vergils Dichtungen genossen schon bei seinen Zeitgenossen eine hohe Wertung. Man gebrauchte gern Merkverse, kritzelte Zeilen an die Hauswände, grub sie in Metall und Stein und gebrauchte sie sogar zu abergläubischen Zwecken (sortes Vergilianae).

Wie Vergil, so kam auch Horaz aus ländlichem Umkreis nach Rom, und wenn er auch ein näheres Verhältnis zur Hauptstadt gewann, so zieht die Erinnerung an die Heimat doch durch sein ganzes Leben. Q. *Horatius* *Horaz 65—8* *Flaccus* wurde zu *Venusia* in Apulien als Sohn eines Freigelassenen im Jahre 65 geboren. Der Vater, der ein kleines Gut hatte, setzte alles daran, seinem Sohn eine bessere Ausbildung zu geben, und übersiedelte daher nach Rom. Bei dem Pädagogen Orbilius Pupillus, einem Verehrer der alten Literatur, las er die Odyssee und Ilias in lateinischen Übersetzungen. Wichtiger als der Lehrer war der Einfluß des Vaters, der an Vorkommnissen des Alltagslebens dem Jungen den Blick für die Schwächen der Menschen schärfte, um den Sohn von allen Lastern fernzuhalten. Nach Abschluß der herkömmlichen Studien begab er sich zu seiner höheren Ausbildung in der Philosophie nach Athen, wohin die vornehmen Römer ihre Söhne zu schicken pflegten. Dort kam er mit anderen römischen Studenten in den Kreis des Brutus und Cassius und nahm in seiner Begeisterung für die Sache der sterbenden Republik als *tribunus militum* an der Schlacht bei Philippi teil. Aber mit dem unglücklichen Ausgang des Kampfes zerriß auch das geistige Band, das ihn an das alte Freiheitsideal knüpfte. Niedergeschlagen nach Hause zurückgekehrt, fand er sein väterliches Gut an die Veteranen verteilt. Aber durch Vergil wurde er mit Maecenas bekannt und erhielt durch diesen zunächst eine Beamtenstelle als *scriba quaestorius.* Diese Beamten hatten die staatlichen Rechnungsbücher zu führen, das Archiv zu betreuen und die »Römische Staatszeitung« (Acta Diurna) herauszugeben.

Seine ersten Dichtungen hatten einen Erfolg, der den Lauf seines ferneren Lebens bestimmte. Sie führten ihn in den vertrauten Kreis des Maecenas, der ihn von materiellen Sorgen, von der Last des Berufes und dem Leben in der lärmenden Großstadt befreite. Maecenas schenkte ihm ein Landgut in den Sabiner Bergen, wo er sorgenfrei bis zu seinem Tode (8) der Dichtkunst und dem geselligen Verkehr mit seinen Freunden leben konnte.

Er starb zwei Monate nach seinem Freund Maecenas, neben dessen Grab auf dem Esquilin er zur letzten Ruhe beigesetzt wurde.

Zu seinen frühesten Werken gehören die *Satiren,* in denen er sich an Lucilius anlehnte. Er folgte dessen Grundsatz: Ridentem dicere verum. Mit heiterem

Spott schildert er soziale und literarische Schwächen und erzählt von Vorkommnissen aus seinem eigenen Leben. Sermones, Plaudereien, nennt sie der Dichter bescheiden, die nur der Hexameter aus der Sprache des alltäglichen Lebens hebt. Ungefähr zur gleichen Zeit entstehen seine *Epoden*. Mit diesem Namen bezeichnete man Gedichte, in denen abwechselnd auf eine längere eine kürzere Zeile (Epodos) folgt. Horaz nannte sie *iambi* und weist damit auf sein Vorbild Archilochos von Paros hin, der mit seinen Jamben alle ihm angetane Unbill rächen wollte. Horaz' Jamben sind versöhnlicher, gleichen inhaltlich seinen Satiren.

Seine Berühmtheit aber liegt in seinen vier Büchern der *Oden*. Mit diesen hat er die Versmaße der äolischen klassischen Lyrik in die römische Literatur eingeführt und damit eine neue Epoche der lateinischen Dichtung begründet. Er nahm sich Alkaios, Sappho und Anakreon zum Muster. Die Lieder sind von mannigfachstem Inhalt, Liebe, Freundschaft, Geselligkeit beim Wein, Natur, Lebensweisheit, Preis des Sängers. Den Höhepunkt erreichten die sogenannten Römeroden des dritten Buches, die in feierlich ernster Mahnung die Wiedergeburt des römischen Volkes und Rückkehr zur alten Vätertugend fordern. Das vierte Buch preist die segensvolle Regierung des Augustus. Zur großen, von Augustus veranstalteten Jahrhundertfeier (17) erhielt Horaz den ehrenden Auftrag, den von 27 Knaben und 27 Mädchen zu singenden Festhymnus, das Carmen saeculare, zu dichten.

In seinen späteren Jahren kehrte Horaz zur lehrhaften Dichtung zurück. In poetischen Briefen, *Episteln,* in denen er sich an bestimmte Personen wandte, plaudert er über Fragen der Lebensweisheit, über Literatur und Kunst. Berühmt wurde der letzte Literaturbrief unter dem Titel *ars poetica* (Dichtkunst), in dem er Wesen und Aufgabe der Dichtung bespricht und vom Dichter Genie, philosophische Studien und sorgsame Arbeit verlangt.

Tibull
um 55—19

Mit Horaz eng befreundet war der Elegiker *Albius Tibullus*. In der Elegie dieser Zeit wird die persönliche Liebesempfindung das Hauptmotiv. So besang schon *C. Cornelius Gallus* (geboren 69 zu Forum Julii in Gallien) seine Geliebte, die Schauspielerin *Lycoris*. Der Name ist nach der Gewohnheit der römischen Dichter nicht der wirkliche. Tibull hat die Elegie von mythologischem Beiwerk befreit, sie will nur als Stimmungsbild verkünden, was in des Dichters Seele vorgeht. Von seinem Leben und seiner Persönlichkeit wissen wir nur das, was wir aus seinen Gedichten herauslesen können. Er gehörte dem Kreise des *M. Valerius Messala* an, der 31 mit Oktavian das Konsulat bekleidete. Als Messala nach Osten zog, begleitete ihn Tibull, erkrankte aber in Kerkyra (Korfu). Nach Rom zurückgekehrt, ist er von Abscheu gegen den Krieg erfüllt und sehnt sich nur danach, an der Seite seiner Geliebten seiner friedlichen ländlichen Beschäftigung nachzugehen. Den größten Teil seines Lebens verbrachte Tibull in der Stille seines bei Tibur gelegenen Landgutes. Er starb noch in der Zeit seiner Blüte im selben Jahre wie Vergil (19).

Unter seinem Namen ist uns eine Elegiensammlung überliefert, deren erste zwei Bücher die Gedichte Tibulls enthalten. Die Geliebte, die er in seinem ersten Buch besingt, nennt er *Delia;* ihr wahrer Name soll *Plania* gewesen sein. Das zweite Buch schildert uns eine neue Liebe zu *Nemesis.* Zwei Leitgedanken gehen durch alle Elegien, die Sehnsucht nach Liebesglück und nach der friedlichen Wonne der ländlichen Natur. Nicht ein hoher Platz in der Ämterreihe, nicht dichterischer Ruhm waren sein Streben.

Wie Tibulls Leben, so ist auch das des Properz uns nur aus seinen Werken in notdürftigen Einzelheiten bekannt. *Sextus Propertius* war ein Umbrer und vermutlich in Asisium (Assisi) geboren. In der Zeit der Ackerverteilung verlor auch er einen Teil seines Grundbesitzes. Dennoch konnte er in Rom eine höhere Ausbildung durchmachen und bald mit seiner ersten Elegiensammlung die Aufmerksamkeit des Publikums auf sich lenken. Auch der Zugang zu Maecenas öffnete sich ihm. Diesem Gönner widmet er das zweite Elegienbuch. Properz war das Leben in der Hauptstadt mit ihrer vornehmen Gesellschaft, ihren vielen Genüssen und ihrer feinen Geistigkeit sehr willkommen. Hier lernte er die schöne und hochgebildete *Cynthia* kennen – ihr eigentlicher Name soll *Hostia* gewesen sein –, die im Mittelpunkt seiner Liebeselegien steht. Neben den Tönen der Liebe verherrlicht der Dichter auch die Geschichte Roms und die Taten des Kaisers.

Sextus Propertius um 47—15

Seine Gedichte sind erfüllt von mythologischer Gelehrsamkeit, daher oft schwer verständlich. Die Perle seiner ganzen Lyrik ist die berühmte *Cornelia-Elegie,* die *regina elegiarum.* Cornelia, die Tochter des P. Cornelius Scipio und der Scribonia, der späteren Gattin des Augustus, war frühzeitig ihrem Gemahl, dem L. Aemilius Paulus Lepidus, durch den Tod entrissen worden. Ihr Schatten wurde aufgestört durch die Klagen des Gatten, sie bittet ihn, vom Jammern abzulassen, es sei ihm zum Troste gesagt, ihr schuldloses, reines Leben gebe ihr ein Recht auf ein gutes Los in der Unterwelt.

Ein unmittelbarer Schüler des Properz war Ovid. Als Kind wohlhabender Eltern ist *P. Ovidius Naso* 43 zu Sulmo im Paelignerland geboren. Schon in früher Jugend drängte es ihn zur Dichtung. Von der Beamtenlaufbahn, die er nach dem Wunsche des Vaters einschlagen sollte, wollte er nichts wissen. Im Besitz eines ansehnlichen Vermögens, lebte er nur seinem dichterischen Berufe. Die Hauptstadt bot ihm anregenden Verkehr mit den ersten Dichtern seiner Zeit. Bald hatte er sich neben dem älteren Vergil und Horaz zu einem der berühmtesten Dichter der Augusteischen Zeit emporgearbeitet. Seine erste Schaffensperiode umfaßte Liebespoesien. Sie setzte mit den Liebeselegien, *Amores,* ein, deren Mittelpunkt *Corinna* ist, eine Frau aus der Phantasie des Dichters. Mit diesen Elegien trat der Zweiundzwanzigjährige zum erstenmal vor die Öffentlichkeit. Nach dem Zwischenspiel der Tragödie *Medea,* die uns verloren ist, folgten die *Heroides,* fingierte Briefe sagenberühmter Frauen an ihre Gatten oder Geliebten. Weiter die »Liebeskunst«, *ars amatoria,* die »Heilmittel der Liebe«, *remedia*

Ovid 43 v. bis 17 n. Chr.

amoris und »Über Schönheitsmittel«, *de medicamine faciei* – lauter Werke, womit er die Herzen der vornehmen römischen Gesellschaft gewann.

Auf diese Gruppe folgen die Sagengedichte. Die bedeutendsten sind die »Verwandlungen«, *Metamorphoses,* in 15 Büchern mit etwa 250 Fabeln. Sie hat er durch die Kunstmittel der chronologischen Reihung, der Gleichheit und des Gegensatzes, durch inhaltliche Beziehung in feinen Übergängen zu einem kunstvollen, geschlossenen Epos gereiht, das von der Erschaffung der Welt aus dem Chaos bis zur Apotheose Cäsars, in rund 13.000 Hexametern, führt. Ihm liegt als Leitgedanke der Glaube an eine Fortdauer nach dem Tode zugrunde, die nach primitiver Vorstellung durch den Übergang in andere Wesen, besonders in ein Himmelsgestirn, erreicht wird. Das zweite große Werk dieser Zeit ist der Festkalender, *Fasti,* der die einzelnen Gedichte nach den Tagen des Kalenders reiht, daher den Stoff nicht zu einer inneren Einheit rundet. Denkwürdige Tage für das römische Volk ziehen an uns vorüber, wiederholt ergibt sich die Gelegenheit zu einer Huldigung für das Kaiserhaus. Gegenwart wechselt mit mythologischer Vorzeit, Götterwelt mit menschlichem Raum. Auf 12 Bücher entsprechend den 12 Monaten war der Festkalender berechnet, blieb aber mit 6 Büchern, die den Jahrkreis vom Januar bis zum Juni umfassen, unvollendet.

Wie ein Blitz aus heiterem Himmel traf den Fünfzigjährigen die Strafe der lebenslänglichen Relegation. Er mußte nach Tomi (Constanza) in Mösien am Schwarzen Meer, südlich von der Donaumündung. Für die Gründe seiner Ausweisung sind wir nur auf die Äußerungen des Dichters angewiesen. Er dürfte als angeblicher oder wirklicher Mitwisser des lasterhaften Lebens der Kaisertochter Julia in den Skandal verwickelt worden sein. Anlaß zu dieser Vermutung gab auch der Umstand, daß Julia in demselben Jahre von Augustus verbannt wurde.

Schon auf der Überfahrt hatte er die Dichtung begonnen, die uns als Klagelieder, *Tristia,* erhalten sind. Zu ihnen gesellen sich die Briefe vom Schwarzen Meer, *Epistulae ex Ponto.* Sie sind voll von Erinnerungen an vergangene glückliche Zeiten, berichten von der Überfahrt, von dem elenden Dasein in dem unwirtlichen, unkultivierten Land, von dem Heimweh, von der Hoffnung. Vor allem aber erheben sie die Bitten an Freunde und einflußreiche Fürsprecher in Rom, man möge Augustus zur Gnade bewegen. Aber der Kaiser, der sogar die Entfernung aller Dichtungen Ovids aus den öffentlichen Bibliotheken befohlen hatte, zeigte sich unversöhnlich und starb, als ein kleiner Hoffnungsschimmer am grauen Himmel der Aussichtslosigkeit aufleuchtete. Tiberius ließ den Verbannten unbeachtet, und auch die Erwartungen auf eine Fürsprache durch Germanicus erfüllten sich nicht. So kam der Tod nach neunjähriger Verbannung (17 n. Chr.).

Monumentum Ancyranum

Die Prosa hatte nicht den Aufschwung genommen wie die Poesie. Dennoch hinterließ die Zeit zwei bedeutende Denkmäler, das *Monumentum Ancyranum,* den Rechenschaftsbericht des Kaisers Augustus, und das monumentale

Geschichtswerk des Livius, das auf Jahrhunderte hinaus Quelle und Vorbild werden sollte.

Kaiser Augustus ließ schon zu seinen Lebzeiten auf dem Marsfeld für sich und seine Familie ein Mausoleum errichten. Nach seiner letztwilligen Verfügung wurden davor zwei eherne Säulen aufgestellt und darauf der Bericht über seine Taten eingemeißelt, den er selbst ausgearbeitet und bei den Vestalischen Jungfrauen hinterlegt hatte. Von dem Original in Rom ist uns nichts erhalten. Dagegen fand man eine Abschrift in lateinischem Text mit griechischer Übersetzung auf der Marmorwand des Tempels des Augustus und der Roma in Ankyra, der ehemaligen Hauptstadt Galatiens. Die Inschrift enthält 35 Kapitel, die nach ihrem Inhalt in drei Gruppen gegliedert sind: 1. die Ämter und Ehrungen, die Augustus erlangt hat; 2. seine Aufwendungen für Staat und Bürgerschaft, wie Getreidespenden, Bauten, Spiele, Weihegeschenke; 3. seine politischen Taten in Krieg und Frieden und ihre Anerkennung in Rom. In diesem Dokument wägt Augustus seine Ehrungen gegen seine Taten ab in einer schlichten Sprache, die wegen ihrer sachlichen Kürze von jedermann leicht verstanden werden konnte.

Ungefähr ein Viertel blieb uns von dem großen Geschichtswerk *»ab urbe condita libri«* des Livius erhalten, womit er dem Selbstbewußtsein des römischen Volkes großartigen und lebendigen Ausdruck gab. *Titus Livius* wurde 59 in Patavium (Padua) geboren. Er verleugnete nicht die Sprache seiner Heimat. Zeitgenössische Kritiker fanden in seinen Büchern eine gewisse Patavinitas, Abweichungen von der Hochsprache Roms. Er war in den Zeiten der Machtkämpfe zwischen Pompejus und Cäsar aufgewachsen, erlebte die Bürgerkriege, die Greuel der Proskriptionen und den Untergang der von ihm hochgeschätzten Republik. Er faßte den Plan eines großen Werkes, das die römische Geschichte von der Gründung der Stadt bis auf seine Zeit darstellen sollte. Diese Arbeit konnte nur in Rom erfolgen. Zur Zeit der Schlacht bei Aktion kam er in die Tiberstadt und wurde, obwohl überzeugter Republikaner, der Freund des Augustus. Denn dieser wußte doch, daß der in stiller Zurückgezogenheit lebende Historiker ein unpolitischer Mann war und ihm nicht gefährlich werden konnte. Livius ließ sich von dem Glanz der Weltstadt nicht blenden, er sah, daß Habsucht, Verschwendung und Sinnengenuß immer mehr die alten Sitten verdrängten. Gestorben ist Livius in seinem Geburtsort im Jahre 17 n. Chr. Sein großes Geschichtswerk umfaßte 142 Bücher, von denen uns nur 35 erhalten sind. 1 bis 10, die Ereignisse von der Ankunft des Äneas in Italien bis zum dritten Samnitenkrieg, dann 21 bis 45, die Zeit vom Zweiten Punischen Krieg bis zum Triumph des L. Aemilius Paulus in Rom nach der Unterwerfung Makedoniens im Jahre 167. Die Bücher 41 bis 45 sind nur lückenhaft in einer einzigen Handschrift erhalten, die sich in der Österreichischen Nationalbibliothek zu Wien befindet (Codex Vindobonensis 15). Das Gesamtwerk führte bis zum Tode des Drusus im Jahre 9. Livius schrieb über vierzig

Livius 59 v. bis 17 n. Chr.

Jahre an seiner Geschichte. Um den Stoff übersichtlich zu gliedern, hat er das Werk bis zum Buch 90 in Dekaden zu inhaltlichen Einheiten zusammengefaßt. Erst dann gab er diese Gruppierung auf. Die Darstellung der vom Autor nicht erlebten Vergangenheit reicht bis zum Buch 108, diese Bücher sind also Annalen, mit dem Buch 109 hebt die Zeitgeschichte an, der Abschnitt der Historien. Einen Ersatz für die verlorenen Bücher bieten die Periochae, Auszüge aus allen Büchern mit Ausnahme der Bände 136 und 137.

Livius hat, dem Brauch seiner Zeit folgend, nicht wie moderne Forscher für die Darstellung der Vergangenheit historische Dokumente, Gesetze, Verträge, Senats- und Volksversammlungsbeschlüsse eingesehen, sondern folgte ohne kritische Prüfung den römischen Annalisten, wie sie ihm unterkamen. Die beste Quelle lieferten ihm die Historien des Polybios, des ersten Vertreters einer pragmatischen Geschichtsschreibung.

Livius, der nie ein Staatsamt bekleidet hat, fehlt der aus eigener Erfahrung gewonnene Einblick in das Wesen und Leben des Staates, seine militärischen Kenntnisse sind gering, er kennt die wichtigsten Örtlichkeiten nicht aus eigener Anschauung, da er wohl über Padua und Rom nicht hinausgekommen ist. Aber der Eifer treibt ihn, der Wahrheit überall recht nahe zu kommen, und vor allem ist er darauf aus, den Ideen seines Herrschers folgend, aus den Bildern der Vergangenheit jene aufbauenden Kräfte der Götterfurcht, der Sittlichkeit und der Vaterlandsliebe aufzuzeigen, die Rom groß gemacht hatten und auch die Krise seiner Zeit überwinden sollten. So zieht eine moralische und patriotische Grundhaltung wie ein roter Faden durch sein Werk. Diese edle Begeisterung, die den Dichter trägt, reißt auch den Leser mit. Den Glanzpunkt seiner Darstellung bilden die Reden. Sie sind von dramatischer Bewegung und anschaulicher Frische, leuchten in das Seelenleben der Helden, entwickeln Motive der Handlung und formen plastisch die Charaktere. Dazu kommt eine treffsichere Sprache, ein gewandter, feingeglätteter Stil.

Gleich dem Nationalepos Vergils mündet auch die römische Nationalgeschichte des Livius in den großen Strom der Augusteischen Staatserneuerung und wird ein politisches Werkzeug der Ideen des Kaisers.

Die Baukunst

Die Bemühungen des Kaisers um die Neugestaltung des Reiches haben sich auch in dem äußeren Bild der Hauptstadt ausgewirkt. Eine lebhaftere Bautätigkeit hatte allerdings schon früher eingesetzt. Sulla führte den durch Brand zerstörten *Tempel des Jupiter Capitolinus* in prächtiger Weise wieder auf und ließ Säulen vom Olympieion aus Athen bringen, um das höchste Heiligtum Roms mit Säulen des herrlichsten Tempels seiner Zeit zu schmükken. Im Jahre 78 bekam das Forum seine Westabgrenzung. Der Konsul Q. Lutatius Catulus ließ aus gewaltigen Steinblöcken das *Tabularium* errichten als Archiv für die *tabulae,* die staatlichen Urkunden, Verträge und Rechnungen. Er hatte keinen günstigen Baugrund gewählt. Denn der Abhang des Kapitols fällt steil gegen das Forum ab. Aber ein unbekannter römischer Baumeister hat durch gewölbte Unterbauten, die zweckmäßige Depoträume abgaben, die höheren Kanzleien gestützt. Mit weiten Bögen, die von dorischen und jonischen Halbsäulen überblendet sind, schaut der Bau in das Ruinenfeld des Forums. Die frühere *Curia Hostilia,* im Revolutionsjahr 52 eingeäschert, wurde neu aufgeführt. Sie erhielt den Namen *Curia Iulia.* Pompejus erbaute auf dem Marsfeld das *erste steinerne Theater* Roms (55), nachdem Pompeji als Provinzstadt schon lange zwei Steintheater hatte. Der Bau schloß sich an griechische Vorbilder an, war aber doch eine römische Neuschöpfung, weil er nicht nach griechischer Art den Zuschauerraum einem Bergabhang einfügte, sondern mit Hilfe von Gewölben auf ebenem Gelände das Zuschauerrund trug und mit dem Bühnengebäude zu einem geschlossenen Ganzen vereinte. Heute sind nur bescheidene Reste vorhanden. Die Formen des Häuserblocks südlich der Kirche S. Andrea della Valle zeichnen noch die alte Theateranlage nach. Hinter dem Theater dehnten sich Gärten und großartige Hallen. Die umgebende Mauer unterbrachen Nischen und halbrunde, zum Sitzen eingerichtete Erweiterungen, sogenannte Exedren, deren berühmteste die *Curia Pompei* war, in der die schicksalsschwere Senatssitzung des 15. März 44 abgehalten wurde. Einen besonderen Auftrieb erfuhr die Bautätigkeit unter Cäsar, aber sein gewaltsames Ende hinderte die Durchführung seiner Pläne. Erst Augustus vollendete die Bauvorhaben seines Vorgängers. Das Stadtgebiet wurde von ihm in *14 Regionen* eingeteilt, 13 auf dem linken und eine auf dem rechten Ufer, die *regio Trans Tiberim,* an die heute noch der Name Trastévere erinnert. Die Curia Iulia auf dem Forum wurde vollendet und die Anlage des *Cäsarforums* mit dem Venustempel zu Ende geführt. Drei Säulen mit korinthischen Kapitellen und einem Gebälkstück erinnern an die einstige Pracht.

Dem Andenken seines Adoptivvaters widmete Augustus den *Tempel des vergöttlichten Cäsar* auf dem Forum.

Der Kaiser wurde auf dem Palatin geboren. Nach der Schlacht bei Aktion zog er sich wieder dorthin zurück und ließ sich zu Repräsentationszwecken ein Haus erbauen, aber einfach und bescheiden. Es ließ nicht ahnen, daß hier der Herrscher der damaligen Welt residierte. Um diesen Kern bauten spätere Kaiser immer weiter sich ausdehnende Anlagen, die wohl noch mit ihrem Namen an den Gründer *(Domus Augustana)* gemahnten, in ihrer luxuriösen Pracht aber nicht mehr die alte Baugesinnung verrieten. Um so prachtvoller ließ er den zum Dank dem Apollo geweihten Tempel nahe seinem Hause auf dem Palatin aufführen.

Domus Augustana

Im Jahre 363 ging der Tempel in Flammen auf, und die Marmorquadern wanderten im frühen Mittelalter in die Kalköfen. Mit dem Tempel in Verbindung stand eine lateinische und griechische Bibliothek.

Im Mittelpunkt des Bauvorhabens stand für Augustus die Errichtung eines *Tempels für Mars Ultor* auf einem eigenen Forum. Er hatte den Bau des Heiligtums nach der Schlacht bei Philippi gelobt, um damit den Stammvater der Julischen Dynastie zu ehren, der die Rache an den Cäsarmördern gelingen ließ. Das Augustusforum, das sich an das Cäsarforum im rechten Winkel anschloß, war ein rechteckiger, an drei Seiten von Säulenhallen eingefaßter Platz von 110×150 m Grundfläche. Seine Rückseite war zum Schutz gegen Feuergefahr und zur Abdeckung des Ausblickes auf die häßlichen Wohnquartiere mit einer 36 m hohen Mauer aus mächtigen Peperinquadern abgeschirmt.

Augustusforum

Die Anlage des Tempels war im Grundgedanken ähnlich dem Cäsars. Eine Vorhalle, zu der eine Freitreppe führte und die eine doppelte Reihe von 8 korinthischen Marmorsäulen stützte, setzte sich zu beiden Seiten in Säulenreihen fort, von denen noch drei mit einem Stück der Zella erhalten sind. Die Apsis umschloß die Kultbilder des Mars und der Venus. Im Innern waren auch die von Crassus verlorenen und von den Parthern zurückgegebenen Feldzeichen aufbewahrt. Die Seitenränder schlossen Säulenhallen ab, die sich symmetrisch zu je einer großen Halbrundnische ausweiteten, in denen Vorträge und Sitzungen abgehalten wurden.

Marcellustheater

Einen Plan Cäsars ließ Augustus zur Wirklichkeit werden, das *Marcellustheater*. Es erhob sich als ein für Rom charakteristischer Freibau auf ebenem Gelände unweit vom Kapitol. Augustus hat es nach seinem frühverstorbenen Neffen Marcellus benannt. Es ist ein Travertinbau in drei Arkadengeschossen. Die Verkleidung der Wände bilden Halbsäulen mit Gebälken. Unten die römisch-dorische, im Mittelstock die ionische und oben die korinthische Säulenordnung. Der Zuschauerraum faßte an die 10.000 Personen. Die Bühnenwand, die sich bis zur Höhe des Baues erhob, täuschte gemalte Architektur von Säulen und Gebälken und Durchblicken vor, die später auch an den Wänden der Wohnhäuser aufscheint, oder war mit wirklichen Nischen, Säulen, Giebeln und Mosaikverzierungen geschmückt.

Das Theater wurde im Mittelalter als Burg ausgebaut. Durch die Umbauten gingen das eigentliche Szenengebäude und das dritte Geschoß des Zuschauerraumes verloren. Hinter dem Theater steht die sogenannte *Porticus Octaviae*. Sie war eine zweireihige, einen Tempelbezirk umschließende Säulenhalle, von Augustus erneuert und dem Andenken seiner Schwester gewidmet. Nur geringe Reste des Eingangsbaues sind davon erhalten.

Augustus hatte im Jahre 28 auf dem Marsfeld zwischen der Via Flaminia und dem Tiber für sich und seine Familie eine monumentale Grabstätte errichtet. Bei dieser Gelegenheit sei ein kleiner Rückblick auf die römischen Grabanlagen gegeben.

Wir finden verschiedene Arten von Grabstätten, die durch die Vermögensverhältnisse der Familien und durch die Bestattungsart beeinflußt waren. Es seien einige wesentliche Beispiele angeführt: Die Scipionen hatten ihr Erdbegräbnis an der Via Appia. Das Begraben außerhalb der Stadt längs der großen Straßen war uralter Brauch. In unregelmäßig in den Tuff eines Hügels eingegrabenen Gängen standen vor der Wand die aus einfachen, leicht zu bearbeitenden Peperinplatten gefügten Sarkophage. Als Beispiel dafür können wir den in den Vatikanischen Museen stehenden Sarkophag des Scipio Barbatus sehen. Es gibt aber auch viele kostbare Sarkophage, wie zum Beispiel den gleichfalls in den Vatikanischen Museen aufgestellten Sarkophag der hl. Helena aus rotem Porphyr, mit Reliefs von gefangenen Barbaren und römischen Reitern geschmückt, oder den figurenreichen, prachtvoll gearbeiteten Sarkophag aus weißem Marmor der beiden Brüder im Lateranmuseum. An der Via Appia steht der große Rundbau der Caecilia Metella, der wegen des Frieses von Stierschädeln und Girlanden im Volksmund noch heute den Namen Capo di Bove führt. Der Durchmesser beträgt 20 m, die Zinnen wurden erst im Mittelalter aufgesetzt, als das Grabmal als Burg verwendet wurde. Caecilia Metella war die Tochter des Quintus Caecilius Metellus, des Eroberers von Kreta (69). *Grabstätten*

An der Porta Maggiore in Rom kündet ein seltsamer Grabbau von der beruflichen Tätigkeit des Bäckers *M. Vergileius Eurysaces.* Vertikale und horizontale Getreidemaße türmen sich aufeinander, oben läuft ein Fries mit realistischer Darstellung der Broterzeugung.

An der Porta San Paolo, im Altertum Porta Ostiense genannt, steht die 37 m hohe Pyramide des Prätors *C. Cestius.* Er gehörte den Septemviri an, die die Opfermahle für die Götter bereiteten. Cestius wurde ein Opfer der Proskriptionen nach Cäsars Ermordung. Die Pyramide sollte laut testamentarischer Verfügung binnen 330 Tagen nach dem Tode des Cestius erbaut sein. Die ägyptische Form des Grabmals erklärt sich wohl aus der Zeit, wo Ägypten dem Römischen Reich eingegliedert wurde.

Eine besondere Art der Bestattung, die bei großem Aufnahmevermögen nur wenig Bodenfläche beanspruchte, boten die *Columbarien.* Sie dienten als Gräber der Armen, der Freigelassenen, sie führten ihren Namen nach der Ähnlichkeit mit Taubenschlägen (columba = Taube). Es waren große Gewölbe, in deren Wänden und Mittelmauern sehr viele kleine halbkreisförmige Nischen zur Aufnahme von Aschenurnen angebracht waren. Jede Nische war für zwei Urnen eingerichtet und wurde durch einen Deckel mit Namensaufschrift verschlossen.

Dem gleichen Zweck, nutzbares Gelände zu sparen, dienten die *Katakomben,* unterirdische Friedhöfe religiöser Gemeinden, die damit der Idee des Zusammenbleibens auch nach dem Tode Ausdruck verliehen.

Die Großen des Reiches aber wollten durch monumentale Grabbauten auch späteren Geschlechtern ihren Ruhm verkünden. So hatte sich Augustus ein

Mausoleum des Augustus

mächtiges *Mausoleum* erbaut. Das Grabmal bestand aus einem Zylinder von 87 m Durchmesser, darüber war ein großer, bis zur Spitze mit Zypressen bepflanzter, gewaltiger Erdhügel aufgeschüttet, auf dessen Spitze die eherne Kolossalstatue des Kaisers stand. Das ganze Monument erhob sich bis zu 44 m Höhe. Im Innern war das Mausoleum durch konzentrische Ringe in viele kleine Kammern eingeteilt und barg die Urnen des Kaisers und seiner Familie. Zu beiden Seiten des Eingangs des Grabmals war an Pfeilern aus Bronzetafeln der Tatenbericht des Augustus, das Monumentum Ancyranum, angebracht. Daneben standen je ein Obelisk, von denen der eine jetzt hinter der Kirche S. Maria Maggiore, der andere bei dem Brunnen der Dioskuren auf dem Quirinalsplatz aufgestellt sind. Das Augustusmausoleum war seit dem 11. Jahrhundert eine Festung der Colonna, bis sie Friedrich II. zerstören ließ. Auf dem Sockel erhob sich der beste Konzertsaal Roms, bis er 1935 dem Spaten der Archäologen weichen mußte. Zwischen dem Grabmal und dem Tiber wurden die Reste der Ara Pacis aufgestellt.

Bauten des Agrippa

Der bedeutendste Helfer bei der Bautätigkeit des Augustus war sein Schwiegersohn Agrippa. Er errichtete für das Volk auf dem Marsfeld die ersten *Thermen.* Vor dem Eingang stellte er den Apoxyomenos des Lysippos auf, die Statue des Ringers, der sich nach dem Wettkampf das am Körper haftende Öl und den Sand abschabt.

Die *Aqua Virgo,* die von ihm gebaute Wasserleitung, brachte das beste Trinkwasser, speist jetzt noch die berühmte Fontana de Trevi und die Brunnen der Piazza di Spagna, del Popolo und Navona.

Pantheon

Die Krone eigener und gewaltiger römischer Bauleistung in Augusteischer Zeit ist Agrippas *Pantheon.* Das römische Volk nennt den Bau heute La Rotonda und drückt mit dieser Bezeichnung das ganz Eigenartige dieses Werkes aus, das Element des Runden, das sonst nirgends in der Architektur mit solcher Vollkommenheit wiedergegeben worden ist.

Nachdem das Pantheon 80 n. Chr. zum erstenmal, unter Trajan zum zweitenmal abgebrannt war, wurde es von Hadrian vollständig neu aufgebaut (120–125 n. Chr.).

Das Heiligtum setzt sich aus einer tempelartigen Vorhalle und einer gewaltigen Zella zusammen, die unten zylindrisch aufsteigt und in eine Halbkugel aus Steinmörtel übergeht. Die Vorhallen tragen 16 nicht kannelierte Granitsäulen mit korinthischen Marmorkapitellen. Den bronzenen Dachstuhl ließ Urban VIII. zu Geschützen für die Engelsburg und für den Bronzebaldachin des Papstaltares, den Bernini formte, einschmelzen. Die Ziegelwand des Rundbaues ist 6,20 m dick. Durch mächtige, noch antike Bronzetore betritt man das Innere. Die unbeschreibliche, von keinem Rundbau der Welt übertroffene Wirkung des Innenbaues beruht auf seinen Proportionen, die Höhe beträgt 43,30 m und ist gleich dem Durchmesser. Ebenso ist die Innenhalbkugel gleich hoch wie der zylindrische Unterteil. Wir haben also die Konstruktion einer Raumkugel in höchster Vollendung vor uns. Das Wundervollste aber an diesem Innenraum ist die Verwendung des Lichtes. Durch kein Glas gebrochen oder getrübt, fällt es durch eine im Scheitel der Kalotte befindliche runde Öffnung von 9 m Durchmesser ein und durchströmt mit allen Wandlungen von grellstem Sonnenlicht bis zu milder Dämmerung und silbernem Mondschein wohlig alle Teile. Die Lichtwirkung in der Antike war sicherlich noch durch die mit Gold reich verzierten Kassetten erhöht. Michelangelo nahm sich die Maße des *Pantheon* zum Vorbild für die Peterskuppel. Die Gliederung der Wand in 7 Nischen durch Säulen, ebenso der bunte Marmorschmuck der Wände entsprechen im wesentlichen dem antiken Bild. Der Kuppelbau wurde 391 n. Chr. als heidnisches Heiligtum geschlossen, 609 vom byzantischen Kaiser Phokas der Kirche geschenkt. Papst Bonifaz IV. richtete das Pantheon nach Überführung von Märtyrergebeinen aus den Katakomben als Kirche S. Maria dei Martiri ein. Zwischen der zweiten und dritten Säulennische ruht Raffael unter einem flachgewölbten Bogen.

Das Pantheon in Rom

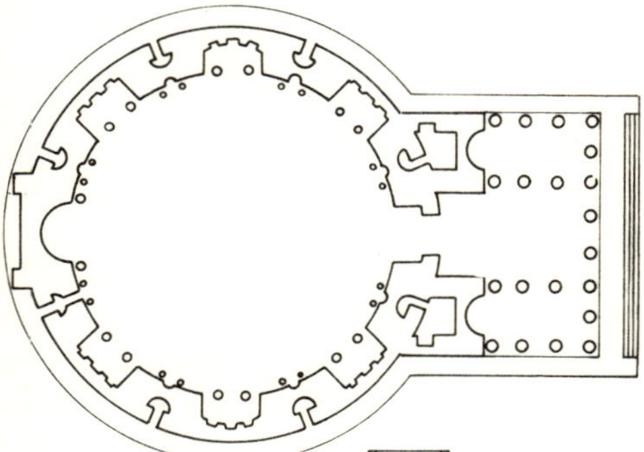

Grundriß

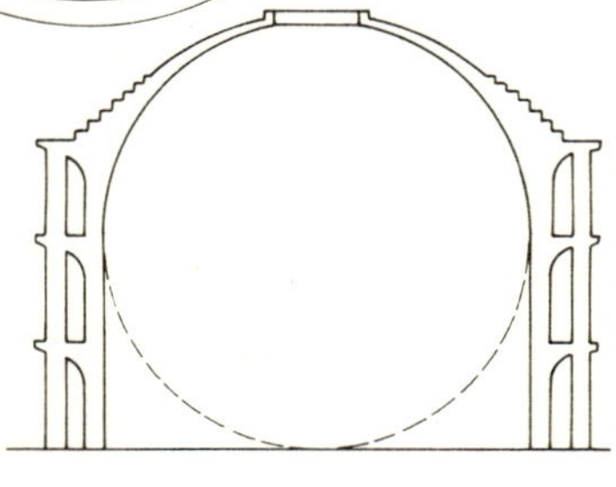

Aufriß

Das Julisch-Claudische Kaiserhaus 15—68 n. Chr.

Augustus war es nicht vergönnt, einem Nachkommen seines Blutes die Herrschaft der Welt zu hinterlassen. Da entschloß er sich schweren Herzens, den ihm persönlich nicht genehmen Stiefsohn *Tiberius Claudius Nero* zum Mitregenten und Thronfolger zu ernennen.

Augustus hätte keinen besseren Mann zum Nachfolger wählen können als Livias ältesten Sohn aus erster Ehe. Er hatte sich in den Kriegen gegen die Vindeliker, Pannonier und Germanen als ein überragender Feldherr bewährt und war ein erfahrener Kenner aller Zweige der Staatsverwaltung. Aber er war durch die sein ganzes Leben hindurch dauernde Zurücksetzung verbittert. Die gewaltsame Trennung von seiner Gattin Vipsania, die Schmach seiner unglücklichen Ehe mit Julia, seiner wiederholten Übergehung in der Nachfolge durch Augustus, sein jahrelanges Exil in Rhodos haben ihn mit Mißtrauen und Menschenverachtung erfüllt. Als Tiberius die Regierung übernahm, war er 55 Jahre. Der Thronwechsel vollzog sich in Rom ohne alle Schwierigkeiten. Der Senat übertrug dem neuen Princeps die kaiserlichen Rechte mit aller Feierlichkeit. Tiberius erhöhte die Macht des Senates, indem er den Komitien das Wahlrecht nahm und es ihm übertrug. Er selbst fühlte sich nur als Haupt dieser Körperschaft. Daher lehnte er alle Titel ab, die nach dem Königtum zielten, nannte sich nur *princeps senatus* und wies unmißverständlich jede Schmeichelei zurück. Die inneren Angelegenheiten des Reiches überwachte er dauernd und verwaltete sie mit größter Sparsamkeit. Seine Bürger schützte er vor Bedrückung durch gewalttätige Beamte, unterstützte ins Unglück geratene Familien und notleidende Städte. Er trat der Verschwendungssucht durch sein eigenes gutes Beispiel entgegen. Für die Provinzen bedeutete seine Regierung eine segensreiche Zeit. Zur Aufrechterhaltung von Zucht und Ordnung traf er zweckmäßige Maßnahmen. In dieser Absicht zog er wohl auch die gesamte Garde, die Prätorianer, in einem festen Lager jenseits des Viminals zusammen, deren Präfekt (praefectus praetorio) bald der mächtigste Mann nach dem Kaiser wurde.

Aufstand der Legionen an Donau und Rhein

Den Regierungswechsel hatten die Legionen an Donau und Rhein zu Aufständen benützt, die Legionäre forderten Abkürzung der Dienstzeit von 25 Jahren auf 16, Solderhöhung und Diensterleichterung. Die Unruhen an der Donau wurden bald von Drusus und Seianus, dem späteren Gardepräfekten, niedergeschlagen. Ernster war die Lage am Rhein, wo die stärksten Verbände des ganzen Reiches standen und zum erstenmal Stimmen laut wurden, ihren Feldherrn Germanicus zum Kaiser auszurufen. Germanicus wies dies entrüstet zurück, aber die Empörung fand erst ihr Ende, als Agrippina, die vom Heer sehr geschätzte Gemahlin des Oberfeldherrn, mit ihrem Sohn Caligula und anderen Frauen der Offiziere das Lager verließ. Da schämten sich die Legionäre, gelobten Treue und verlangten, gegen den Feind geführt zu werden. Tiberius, froh des Aufstandes Herr geworden zu sein, erklärte sich mit dem Kriegszug gegen die Germanen einverstanden.

Zug gegen die Germanen

In den Jahren 14 bis 16 n. Chr. unternahm Germanicus Einfälle in Mittel- und Norddeutschland. Dabei drang er bis zur Walstatt der unglücklichen Varusschlacht im Teutoburger Wald vor, wo er die Gebeine der noch unbegrabenen Legionäre nach einer würdigen Totenfeier bestatten ließ. Der Einmarsch in das Gebiet der Cherusker hatte zwar gezeigt, daß der Römer den Feind nicht fürchtete, aber die Kämpfe hatten trotz einigen Siegen, zuletzt bei Idisiaviso an der Weser, zu keinem Erfolg für Rom geführt, weil Arminius klug eine letzte Entscheidung vermied und die Rückzüge durch Überfälle und die Ungunst der Gegend und des Klimas für die Römer sehr verlustreich waren. Augustus hatte Tiberius geraten, die Grenzen des Reiches nicht mehr zu erweitern. Tiberius, dieser Mahnung eingedenk, berief Germanicus zurück und ließ ihn einen glänzenden Triumph feiern. *Thusnelda,* die Gattin des Arminius, die durch Verrat ihres Vaters Segestes in die Hände der Feinde gefallen war, schritt mit ihrem kleinen Sohn *Thumelicus* im Triumphzug des Siegers.

Tiberius begnügte sich, die Rheingrenze zu halten und die Germanen ihren Stammesfehden zu überlassen. Die Ereignisse der nächsten Zeit sollten der abwartenden Politik des Kaisers recht geben. Zwischen Marbod, dem König des Markomannenreiches in Böhmen, und den sächsischen Volksstämmen unter Führung des Arminius kam es zu einem Krieg. Arminius erfocht einen schweren Sieg, und Marbod, von seinen Landsleuten und den Römern im Stich gelassen, wurde von Catvalda gestürzt und gezwungen, auf römisches Gebiet zu fliehen. Er lebte noch 18 Jahre, in Ravenna interniert. Arminius aber wurde bei dem Versuch, die Stämme unter seiner Königsgewalt zu vereinigen, im Alter von 37 Jahren von seinen Verwandten ermordet (19 n. Chr.).

Germanicus erhielt trotz dem erfolglosen Ausgang der Germanenkriege von Tiberius den Auftrag, die Verhältnisse im Osten zu ordnen, wo Rom seinen Machteinfluß in Armenien verloren hatte. Germanicus stellte die römische Oberhoheit wieder her und knüpfte mit dem Partherkönig freundschaftliche Beziehungen an. Seine Erfolge wurden aber durch Kompetenzstreitigkeiten mit dem Statthalter von Syrien, Cn. Calpurnius Piso, einem herrschsüchtigen Mann, getrübt. Der Zwist wurde noch durch die Feindschaft der Frauen beider Männer, der Agrippina und der Plancina, Gattin Pisos, verstärkt. Als Germanicus plötzlich erkrankte und starb, da verbreitete sich das von Agrippina genährte Gerücht, er sei von Piso vergiftet worden. Obwohl sich in dem Prozeß Pisos Unschuld herausstellte, gab sich der Statthalter doch den Tod (20). Das Volk, das Germanicus und seine Familie abgöttisch verehrte, verdächtigte Tiberius als den mittelbaren Urheber des Todes des kaiserlichen Prinzen, und der Haß gegen den Kaiser wuchs seit dieser Zeit. Diese gemeinen Gerüchte und die Umtriebe veranlaßten Tiberius, sich des schon von Cäsar erlassenen Hochverratsgesetzes zu bedienen, um diese Angriffe gegen die Staatshoheit einzudämmen. Allerdings führte diese Maßnahme bald zu einem abscheulichen Denunziantenwesen und schweren Mißbrauch.

Obwohl Tiberius wiederholt gegen die Übergriffe einschritt und vor allem der Senat als oberste Gerichtsbehörde durch seine Liebedienerei vor dem Kaiser und seinen Günstlingen die Verantwortung trug, so wurden doch die Greuel dieser Majestätsprozesse dem Tiberius angelastet. Es war das tragische Geschick des Kaisers, daß er dem Treiben des Senates nicht gewachsen war. Verbittert und menschenscheu, zog er sich immer mehr zurück, sein düsteres und verschlossenes Wesen steigerte sich durch die unwürdigen Ränke am Kaiserhofe bis an den Rand des Verfolgungswahns.

Seianus

Nur ein einziger verstand es meisterhaft, das ganze Vertrauen des Kaisers zu gewinnen, der Gardepräfekt *L. Aelius Seianus*. Seine Machtstellung benützte er, um sich im Heer und Senat einen Anhang zu sichern. In seinem grenzenlosen Ehrgeiz strebte er nach der Mitregentschaft und der Thronfolge. Es galt, die zu beseitigen, die seinem Plan im Wege standen. Er stiftete des Tiberius Schwiegertochter *Livilla* an, ihren Gatten *Drusus* mit Gift zu ermorden, und versprach ihr die Ehe. So starb Drusus, ohne daß zunächst an ein Verbrechen gedacht wurde. Seianus redete dem alternden Kaiser zu, den von ihm längst als drückend empfundenen Regierungslasten aus dem Wege zu gehen, ohne doch das Zepter selbst aus der Hand zu geben. Tiberius ging darauf ein und zog sich ohne Aufsehen auf die Insel Capri zurück. Seianus stand auf der Höhe seiner Macht und übte als Vertreter des Kaisers ein Schreckensregiment in Rom aus. Nun galt es als letztes Ziel, die Nachfolge zu erreichen.

Der Kaiser erfuhr von den hochverräterischen Plänen. Da er sich gegen den Mächtigen nicht offen vorzugehen getraute, ließ er ihn plötzlich durch den Stadtpräfekten *Macro* verhaften und am selben Tag hinrichten. Die schwere Enttäuschung trieb den Kaiser zur völligen Verzweiflung an der Menschheit. Noch hielt ihn sein gewohntes Pflichtgefühl aufrecht, die Staatsgeschäfte sorglich zu führen, aber seine Kräfte erschöpften sich rasch, und das Leben wurde ihm zur Last. Die Unruhe hatte ihn von Ort zu Ort getrieben, bis ihn in seiner Villa am Cap Misenum der Tod erreichte.

Über Tiberius hat die Nachwelt manchen Schatten gebreitet. So lesen wir bei Sueton (75—150 n. Chr.), Tiberius sei der Trunksucht ergeben gewesen und habe einmal »einen ganz namenlosen Kandidaten des Quästoramtes den

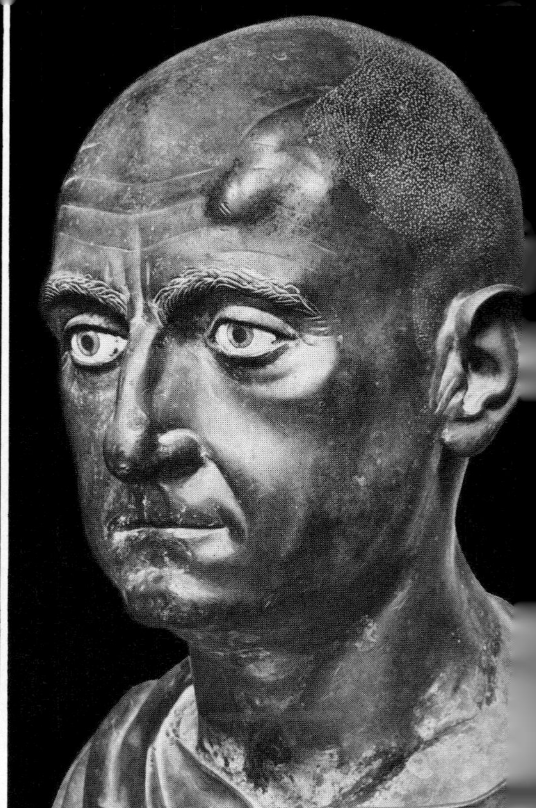

Nero

Vorderseite: Pyrrhos

Von links nach rechts:
Hannibal, Scipio Africanus,
Cicero

Vespasian

Traian

Hadrian

Constantinus

Rechts außen: Caracalla

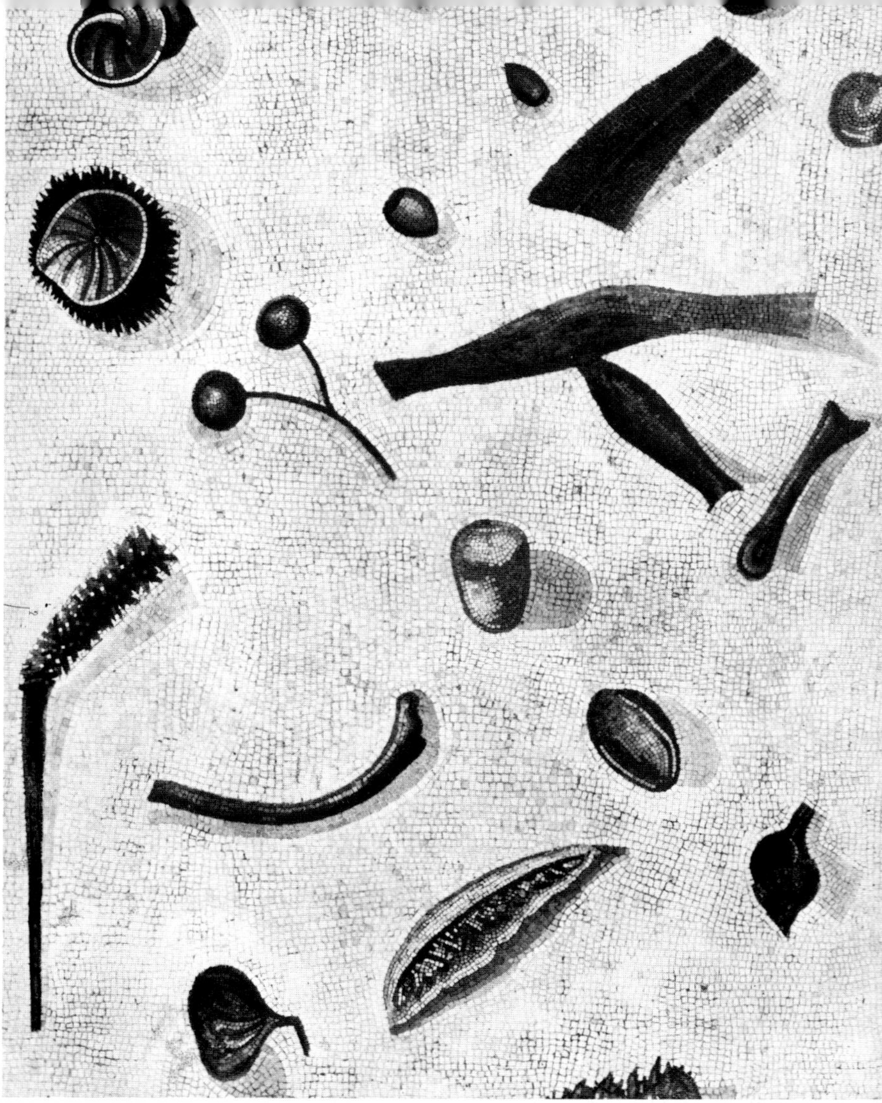

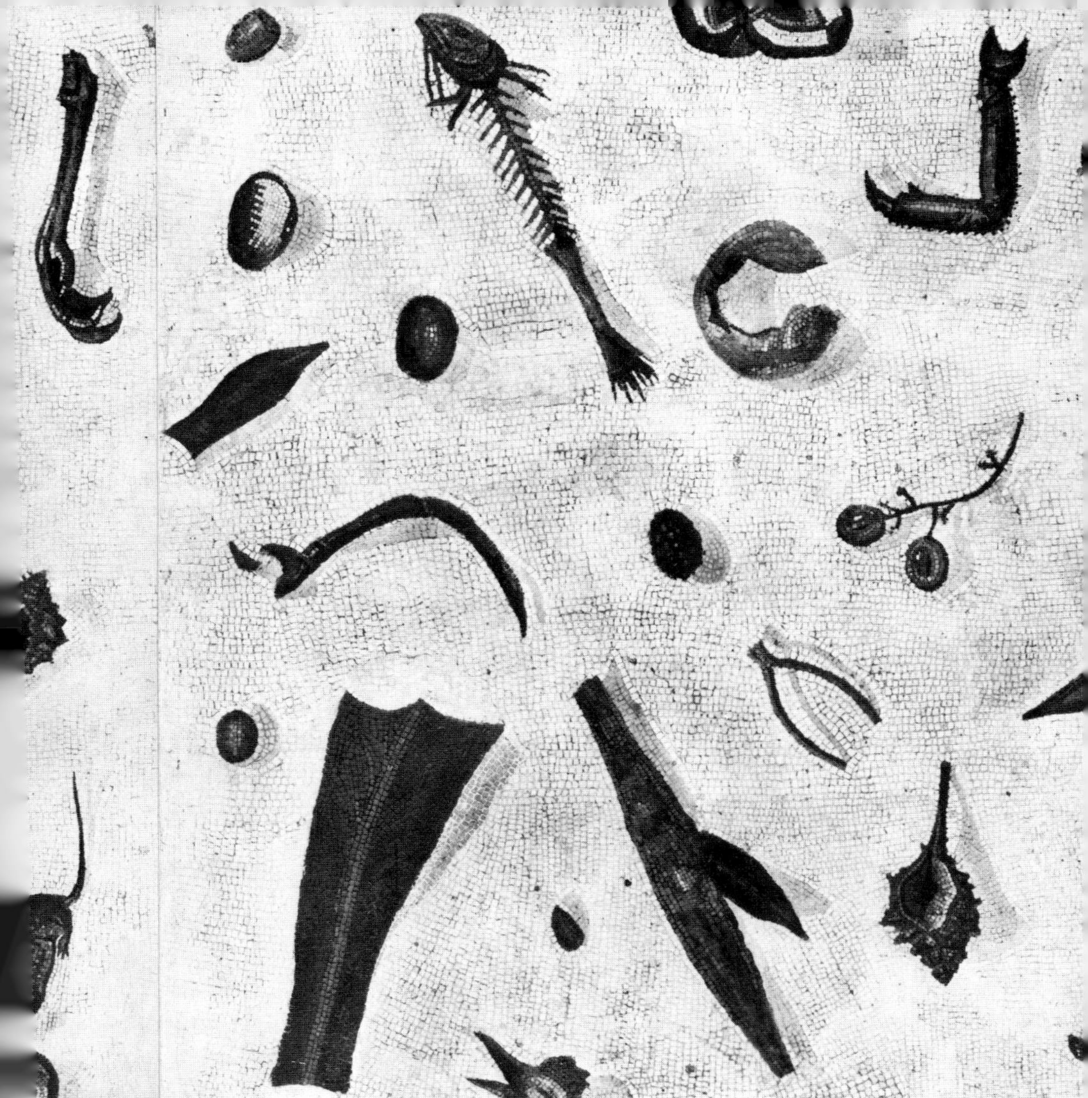

Oben: Mosaik, einen nicht gekehrten Fußboden
nach einem Gastmahl darstellend

Bronzeleuchter

Mosaik eines pompejanischen Hauses

adeligen Mitbewerbern vorgezogen, weil jener beim Schmaus auf sein Zutrinken eine Amphora Wein (= 26,26 Liter) ausgetrunken hatte«. Und: »Wenige Tage, nachdem er zu Capri gelandet, ließ er einem Fischer, der in einem Augenblick, wo er sich gerade der Einsamkeit überließ, unerwartet vor ihn hingetreten war und ihm eine ungewöhnlich große Seebarbe als Geschenk dargeboten hatte, mit demselben Fisch das Gesicht zerhauen, weil der Mann von dem hinteren Teil der Insel her über steile, unwegsame Felsen mühsam zu ihm hingeklettert war. Als sich der Mensch, während er abgestraft wurde, noch Glück wünschte, daß er nicht auch einen ungeheuren Meerkrebs, den er gleichfalls gefangen, mit zum Geschenk gebracht habe, befahl er, ihm auch mit dem Meerkrebs das Gesicht zu zerfleischen.« Auch der große Geschichtsschreiber Tacitus ist ihm nicht gerecht geworden.

Erst die kühle Ruhe moderner Historiker hat der Wahrheit zum Durchbruch verholfen. Er war eine ganz bedeutende Erscheinung, führte die innere Verwaltung mit großer Ordnung und Sparsamkeit, brachte die Provinzen zu segensvoller Blüte und hinterließ das Reich nach außenhin gesichert und stark. Seine Herrschaft war ein Beweis dafür, daß Augustus bei Bestimmung seines Nachfolgers eine gute Wahl getroffen hatte.

Caligula 37—41

Auf Tiberius folgte *C. Cäsar Caligula.* Diesen scherzhaften Beinamen, Caligula = Soldatenstiefelchen, hatte er von den Soldaten erhalten, da er im Lager des Germanicus aufgewachsen war. Er war der letzte Sohn des Germanicus und durch seine Mutter Agrippina, Julias Tochter, der letzte Kaiser aus der Familie des Augustus. Durch Geisteskrankheit, unvernünftige Erziehung und Schmeichelei hatte er so sehr jeden vernünftigen Maßstab verloren, daß er als das Urbild des sogenannten Cäsarenwahnsinns gilt.

Im Anfang seiner Regierung gewann er Volk und Senat für sich, indem er dem Volk das Wahlrecht wiedergab, niedrige Steuern und reiche Spiele versprach und 90 Millionen Sesterzen, das Vermächtnis des Tiberius und der Livia, an die Bürgerschaft verteilte. Auch in den Provinzen stand er in hohem Ansehen, weil er freigiebig das römische Bürgerrecht verlieh. Aber die von des Tiberius Sparsamkeit gefüllten Staatskassen leerten sich bald durch seine hemmungslose Verschwendungssucht. So erzählt Seneca von ihm, daß er an einem Tag um 10 Millionen Sesterzen speiste, eine Summe, die dem Jahresertrag von drei Provinzen gleichkam. Die Majestätsprozesse nahmen wieder in erschreckender Weise zu. Denn sie boten Gelegenheit zu Vermögenseinziehungen. Der Kaiser war sehr erfinderisch, sich Geld zu verschaffen. Er schreckte dabei auch vor den Strafen der Verbannung, des Gefängnisses, ja der Hinrichtung nicht zurück. Immer mehr steigerte sich seine Grausamkeit – immer drückender wurde sein Schreckensregiment, immer schmachvoller sein Lebenswandel, immer abwegiger und verrückter sein Dünkel, ein dem Jupiter ebenbürtiger Gott zu sein. Er ließ zwischen Palatin und Kapitol eine Brücke bauen, damit die beiden höchsten Götter des Erdballes, Jupiter und er selbst, ungestört miteinander sprechen könnten. Um sich einen wohlfeilen Triumph zu verschaffen, unternahm er einen lächerlichen Feldzug gegen Germanien, der mit der Flucht des Kaisers vor dem Anmarsch des Feindes endete.

Die Unmenschlichkeit, der Wahnwitz und die Unfähigkeit machten Caligula zum Gegenstand des Hasses, der Erbitterung und Rachelust. Aus den Reihen der eigenen Prätorianer, deren Gunst er sich lange durch reiche Geschenke erhalten hatte, erstanden die Retter und erlösten die Welt von dem neunundzwanzigjährigen Unhold (41 n. Chr.).

Sein Gedächtnis wurde in feierlicher Weise ausgelöscht (damnatio memoriae), seine Bildnisse vernichtet, sein Name auf Inschriften, Papyri und Münzen getilgt.

Nach der Ermordung des Caligula erhob sich im Senat sofort eine starke Partei, die die Abschaffung des Kaisertums durchsetzen und die republikanischen Ordnungen wiederherstellen wollte. Doch ehe der Senat zum Handeln kam, war die Frage der Thronbesetzung entschieden. Prätorianer und Volk wünschten nicht die Rückkehr zur senatorischen Herrschaft. Die Prätorianer riefen folgenden Tages den Claudius, den sie im Lager bei sich hatten, zum Kaiser aus und leisteten ihm den Eid.

Claudius 41—54

Tiberius Claudius Nero Germanicus, der Bruder des Germanicus und Onkel des Caligula, kam erst mit 49 Jahren zur Regierung. Schon in seiner Jugendzeit wurde er wegen seiner körperlichen und geistigen Schwäche mit Verachtung behandelt. Er stotterte, wackelte mit dem Kopf und hinkte. Augustus und Tiberius hatten ihn von der Öffentlichkeit ferngehalten. Dennoch fehlte es ihm nicht an gutem Willen, sich Bildung zu erwerben; er erlangte große Kenntnisse in der Geschichte, hatte Livius zu seinem Lehrer und verkehrte viel mit griechischen Gelehrten. Aber seine Gelehrsamkeit war weltfremd, sein Naturell schwach und grausam, von Frauen und Freigelassenen geleitet.

Unter seiner Regierung ist manche wichtige Neuerung geschehen. Straßenbauten schlossen die Provinzen enger an Italien, namentlich Gallien und die westlich vom Rhein gelegenen Städte wie Mainz, Köln und Trier. Köln wurde aus einem Militärlager zu einer bürgerlichen Ansiedlung und erhielt nach Agrippina den Namen Colonia Agrippinensium (50 n. Chr.). Der längst geplante Feldzug nach Britannien, der bereits Cäsar beschäftigt hatte, wurde aufgenommen. Römische Kaufleute hatten mit der Insel einen regen Verkehr angebahnt. Die Rheinarmee vollzog die Überfahrt und Landung ohne Schwierigkeit. Der Kaiser schlug das feindliche Heer der Inselkelten, nahm Camalodunum (bei Colchester) ein und feierte in Rom einen glänzenden Triumph. Seinen zweijährigen Sohn nannte er Britannicus. In den weiteren Jahren wurde Südengland besetzt und zur römischen Provinz gemacht. Mauretanien wurde in zwei Provinzen eingeteilt: in Mauretania Tingitana (Marokko) und Mauretania Caesariensis (Westalgerien).

CALEDONIA
Vallum Antonini
Glasgow
HIBERNIA
Vallum Hadriani
Segedunum
Monapia I.
Eburacum
Mona I.
Mancunium
Deva
Viroconium
Venta
Camalodunum
Verulamium
Glevum
Londinium
Isca
Portus Novus
Portus Itius
GALLIA

Britannien

Eine ausgezeichnete Finanzverwaltung sorgte für die Aufführung von vielen bedeutenden Nutzbauten. So war der Wunderbau der *Aqua Claudia* sein Werk, deren Kolossalbogen noch die verträumte Campagna zieren und beim Lateran in die Stadt einbiegen. Der versandete Hafen von Ostia wurde durch Neuanlagen wieder dem Verkehr erschlossen, der Fuciner See durch einen langen Tunnel reguliert. Mit großem Eifer nahm sich der Kaiser der Rechtsprechung an, schaffte die neuerlich auflebenden Majestätsprozesse ab und erleichterte das Los der Sklaven.

Messalina Seine erste Gemahlin, *Valeria Messalina,* gebar ihm den Sohn Britannicus. Drei Kaiser vor ihm hatten keinen männlichen Erben. Aber sie war noch lasterhafter als Julia und überdies sehr gefährlich. Als sie ihren Liebhaber *Silius* zur Herrschaft erheben wollte, setzte es *Narcissus,* der Leiter der kaiserlichen Kanzlei, durch, daß er alle Vollmachten gegen Messalina und Silius bekam und sie beide beseitigen ließ.

Nach Messalinas Hinrichtung heiratete Claudius seine Nichte *Agrippina,* die Tochter des Germanicus. Sie hatte ihm nur ihre Hand gereicht, um ihren Sohn aus erster Ehe, Domitius, zur Regierung zu bringen. Sie wußte Britannicus immer mehr und mehr zu verdrängen, verlobte ihren Sohn mit des Claudius Tochter *Octavia* und ließ ihn als Nero Claudius vom Kaiser adoptieren. Als Claudius, von Narcissus gewarnt, dem eigenen Sohn den Platz der Nachfolge sichern wollte, ließ Agrippina ihren Gatten während des Abendessens vergiften. Am nächsten Tage wurde der siebzehnjährige Nero mit Hilfe Senecas und des Gardepräfekten Burrus von den Prätorianern zum Kaiser ausgerufen.

Nero 54—68 *Nero Claudius Cäsar* hatte sich gegen seinen Stiefbruder Britannicus, der in Claudius' Testament als Thronfolger vorgesehen war, mit Hilfe der Garde als Kaiser durchgesetzt. Seine Mutter Agrippina, die gehofft hatte, unter ihrem Sohn die maßgebende Stellung zu behaupten, wurde zurückgedrängt. Ihre Macht wurde durch den einflußreichen Seneca, den Erzieher des jugendlichen Nero, den gefeierten Philosophen seiner Zeit, und den alterprobten Prätorianer Burrus gebrochen.

Das Reich erfreute sich anfangs einer glücklichen Zeit, der Kaiser wendete sich gegen das Regiment der Freigelassenen, versprach dem Senat die Wiederherstellung seiner alten Rechte und verkündete ein Zeitalter unparteiischer Gerechtigkeit. Auch außenpolitisch blieb die Macht des Reiches erhalten. Nur in Britannien war der Friede eine Zeitlang bedroht. Aber der Statthalter Suetonius stellte schließlich die Ruhe wieder her.

Solange Seneca und Burrus ihren Einfluß auf die Regierung Neros behielten, bannten sie jede Gefahr. Aber als die Schattenseiten im Charakter Neros, jahrelang mühsam verhüllt, durchbrachen, setzte das Schreckensregiment ein. Anlaß gab ihm seine Mutter, die, aus ihrer Machtstellung verdrängt, sich dadurch zu rächen suchte, daß sie dem beiseite gestoßenen Britannicus zum Thron helfen wollte. Nero ließ den Adoptivbruder vergiften. Burrus und Seneca brachten nicht den Mut auf, die verhängnisvolle Entwicklung des Kaisers zu hemmen. Nero wollte auch seine Mutter aus dem Wege räumen. Aber gegen diese vorsichtige und tatkräftige Frau mußte er mit aller Schlauheit zu Werke gehen. Er fand dabei in dem Flottenkommandanten von Misenum, Anicetus, einen gewissenlosen Helfer. Dieser ließ eine Barke bauen, die auf dem Meer durch einen Handgriff in ihre Teile auseinanderfallen sollte. Gelang der Anschlag, dann war Agrippinas Tod ein Unglück, wie es zur See leicht geschehen konnte. Nero verbrachte die schönen Märztage des Jahres 59 am Golf von Neapel im Seebad *Baiae*. Auf einmal heuchelte er tiefes Verlangen nach Versöhnung mit der Mutter und lud sie zu sich ein. Als sie kam, empfing sie der kaiserliche Sohn mit Umarmung und geleitete sie nach ihrer Villa in der Nähe von Baiae. Am Nachmittag sollte große Tafel beim Kaiser sein. Am Strande schaukelte die Todesbarke, die, mit Anicetus und kaiserlichen Matrosen an Bord, sie zu seinem Palast bringen sollte. Indes zog sie den Landweg vor, und das Schiff fuhr ihr nach. Beim Mahle war Nero die Liebenswürdigkeit selbst und dehnte es über die Zeit aus, damit die hereingebrochene Dunkelheit die Rückfahrt zu Wasser ratsam erscheinen lasse. Beim Scheiden geleitete er sie zum Schiff und verfolgte sie lange mit den Blicken. Es war eine herrliche Sternennacht, die See ruhig: da, als man kaum ins freie Wasser gekommen war, brach das mit Blei beschwerte Dach der Deckkajüte krachend zusammen. Allein über Agrippina und der Kammerfrau hatten sich die Balken gekreuzt und der Mechanismus des Schiffes versagt. Agrippina verlor auch in diesem Augenblick des Entsetzens nicht ihre Besonnenheit. Als sich die Bemannung auf die eine Seite drängte, um das Schiff mit Gewalt zum Kentern zu bringen, sprang sie in die Flut.

Ein Fischernachen brachte die Schwimmende ans Land. Sie sandte sogleich frohe Botschaft von ihrer glücklichen Rettung an den Kaiser, um, wenn möglich, den Argwohn, daß sie den Verderbenstifter erraten habe, zu zerstreuen und weiterer Gewalttat vorzubeugen. Nero war zu Tode erschrokken. Da unternahm es Anicetus, den Kaiser von seiner Furcht zu befreien. Mit einer Abteilung Marinesoldaten marschierte er noch in der Nacht durch die erregte Menschenmenge, umstellte Agrippinas Villa und drang in das Innere ein. Agrippina ahnte, was kam, und empfing den Todesstreich.

Von jetzt an gab es für den Kaiser keine Schranken mehr. Er überließ sich unter Mißachtung des früher bevorzugten Senates und seiner bisherigen Berater ganz seinen Launen und Ausschweifungen. Der allmächtige Mann wurde der Gardepräfekt *Tigellinus*, der alle Ausschreitungen Neros unterstützte, um sich selbst seine Stellung zu sichern. Der Kaiser verstieß seine edle Gemahlin *Octavia* und ließ sie bald darauf töten, um den Weg zu einer neuen Ehe freizumachen. Er heiratete eine der verruchtesten Frauen aus der ritterlichen Aristokratie, *Poppäa Sabina*.

Infolge der grenzenlosen Verschwendung Neros trat bald ein finanzieller

Brand Roms Zusammenbruch ein, der durch die furchtbare Feuersbrunst des Jahres 64 in Rom noch gesteigert wurde. Von den vierzehn Bezirken blieben nur vier verschont. Alles andere war ein Trümmerhaufen. Für die obdachlose Menge ließ Nero Sorge tragen. Nothütten wurden errichtet, die noch erhaltenen öffentlichen Gebäude, die kaiserlichen Gärten den Leuten eingeräumt, Gerätschaften und Lebensmittel zu Wasser und zu Lande herbeigeschafft. Das hinderte aber nicht, daß sich das Gerücht behauptete, der Kaiser habe selbst das Feuer angestiftet. Nero hatte nach dem Brande die Möglichkeit, die Hauptstadt, die bisher im zeitlichen Nacheinander, nach Zufall und Notwendigkeit ohne städtebaulichen Gesamtplan gewachsen war, nach dem Vorbilde der hellenischen Großstädte nach einer einheitlichen Idee wiederaufzubauen. Dadurch entstand die Weltstadt in neuem Glanze geradliniger Straßen, mächtiger Wohnhäuser mit Laubengängen und prachtvoller Tempel und Paläste. Aber zwei Umstände erregten große Mißstimmung. Einmal, daß Nero in verschwenderischer Pracht mit allem erdenkbaren Luxus für sich einen weitläufigen Prunkpalast, das *Goldene Haus,* errichten ließ. Der

Christenverfolgung zweite Umstand war der, daß er für das Brandunglück die junge Christengemeinde Roms, deren Name bei diesem Anlaß zum erstenmal und mit blutigen Lettern in der römischen Überlieferung aufschien, zum Sündenbock machte und sie mit den grausamsten Strafen verfolgte, deren Unmenschlichkeit selbst die Christenfeinde abstieß.

Der weitverbreitete Unwille gegen den kaiserlichen Mörder von Mutter, Stiefbruder, Gattin und so vielen Unschuldigen hatte eine Verschwörung zur Folge. Männer des Hochadels und Offiziere der Prätorianer vereinigten sich unter der Führung des begabten, aber wenig tatkräftigen *C. Calpurnius Piso,* um dem schamlosen Treiben ein Ende zu setzen. Allein die Verschwörung wurde entdeckt und kostete Piso und vielen anderen das Leben. Auch der greise Seneca, der dem entarteten Zögling längst ein Dorn im Auge war, mußte sterben.

Die letzten Hüllen der schandbaren Regierung fielen, als der Kaiser 66/67 Griechenland aufsuchte. Er überschüttete Hellas mit Wohltaten und gab Achaia die Freiheit zurück. Die griechischen Städte mußten ihre Spiele auf ein und dasselbe Jahr zusammenlegen, damit er in allen auftreten und um den im voraus bestimmten Preis kämpfen konnte.

Aber schon während seiner Abwesenheit war in Rom die Unzufriedenheit mit der Neronischen Herrschaft immer unverhohlener hervorgetreten. Die Entscheidung kam von den Legionen an den Reichsgrenzen. Die spanischen Legionen riefen ihren Führer *Sulpicius Galba* zum Kaiser aus. Tigellinus, der Präfekt der Garde, billigte diesen Schritt der Legionen, und der Senat erklärte Nero für geächtet. Er flüchtete, und als ihn Reiter greifen wollten, machte er einen Selbstmordversuch und fand durch die Nachhilfe des letzten Getreuen sein Ende. Ein Leben voll grausiger Dämonie versank in die Nacht des Todes, und damit erlosch das Julisch-Claudische Haus (68).

Die Kämpfe um die Nachfolge unterbrachen auf die Dauer eines Jahres (69 n. Chr.) den inneren Frieden des Reiches. Jeder der drei größeren Truppenkörper an den Grenzen erhob den Anspruch, den verwaisten Thron mit seinem Oberbefehlshaber zu besetzen. Der von den spanischen Legionen und den Truppen in Obergermanien zum Kaiser ausgerufene *Sulpicius Galba* verlor bald durch übergroße Sparsamkeit bei den Soldaten seinen Anhang und wurde durch den von den Prätorianern erhobenen *M. Salvius Otho* gestürzt. Dieser kam aus dem engsten Freundeskreis Neros und suchte durch Klugheit und Unterstützung des Senates die Herrschaft zu führen. Aber schon nach einem Vierteljahr erlag er im Kampfe gegen den von den rheinischen Legionen zum Imperator erhobenen *Aulus Vitellius*.

Vierkaiserjahr 69

Vitellius war noch weniger den Aufgaben der Regierung gewachsen. Sein krankhafter Trieb zu Tafelfreuden und Nichtstun machte ihn zum Herrscher völlig untauglich. Unter diesen Umständen fühlten sich die Legionen in Ägypten, Syrien und Palästina dazu berufen, den Thronstreit durch Erhebung ihres Feldherrn, des *Titus Flavius Vespasianus*, zu entscheiden. Nach längeren Kämpfen wurde Vitellius getötet und Vespasianus von der Hauptstadt anerkannt.

Die Flavier
69—96 n. Chr.

Vespasian 69—79

Titus Flavius Vespasianus gehörte einer bürgerlichen Familie aus der Gegend des sabinischen Reate an. Sein Vater hatte als Zolleinnehmer und später als Bankier zu Aventicum in Helvetien ein Vermögen verdient. Vespasian selbst war als Soldat und Verwaltungsbeamter im Dienste der Kaiser ergraut. Er war eine einfache Natur, kaltblütig gegen Schmeichelei wie Tadel, arbeitsam und verständig, ein wahrer Sparmeister, erfahren in den Geschäften des Krieges und des Friedens, daher der geeignete Mann, das am Rande des Verderbens stehende Reich wieder auf festen Grund zu stellen.

Als er zum Kaiser ausgerufen wurde, bekriegte er gerade die Juden, die sich infolge des harten Druckes gegen den von Nero eingesetzten Statthalter erhoben und die schwache römische Besatzung in Jerusalem niedergemacht hatten. Er überließ die Weiterführung des Krieges seinem Sohn Titus und ging nach Rom.

Jerusalem galt als fast uneinnehmbar. Denn die riesigen Mauern spotteten den römischen Belagerungsmaschinen und standen mit Ausnahme der Nordseite auf steilen Felsabhängen. Daraus erklärt sich, daß die Belagerung des Titus im Jahre 70 volle fünf Monate dauerte. Nach der Erstürmung wurde die Stadt zerstört, und der prächtige Tempel Salomons ging in Flammen auf. Ein großer Teil des jüdischen Volkes zerstreute sich nach den verschiedensten Ländern. Vespasian feierte mit seinem siegreichen Sohn Titus einen Triumph, bei dem der siebenarmige Leuchter aus dem Allerheiligsten des Tempels einen Hauptschmuck bildete. Unter den Gefangenen befand sich der jüdische Geschichtsschreiber *Josephus Flavius,* der aber bald seine Freilassung erreichte und in griechischer Sprache sieben Bücher über den jüdischen Krieg und zwanzig Bücher über die alte Geschichte der Juden schrieb. Der Senat errichtete später dem Sieger jenen Triumphbogen, der unter den ehrwürdigen Ruinen des Forums noch heute einen hervorragenden Platz einnimmt.

Aufstand der Bataver

Noch gefährlicher als der jüdische Krieg war für das Reich der Aufstand der Bataver, eines germanischen Stammes im Rheindelta, der sich, frei von Abgaben und nur zur Heeresfolge verpflichtet, unter der Führung seines Landsmannes *Julius Civilis* gegen Vitellius erhoben hatte und nach dessen Tod den Kampf auch gegen die neue Regierung fortsetzte. Viele Römerkastelle an der Rheinlinie wurden zerstört, bis *Petilius Cerialis* den Oberbefehl über die gegen die Bataver operierenden Truppen übernahm. Civilis mußte vor der Übermacht über den Rhein weichen. Seine Völker waren kriegsmüde, sein Heimatland in den Händen des Feindes, der Krieg mit der gesamten Römermacht aussichtslos, so nahm er den unter erträglichen Bedingungen angebotenen Frieden an. Dieser stellte im ganzen das frühere Verhältnis der aufrührerischen Stämme wieder her.

Nur an zwei Stellen sind unter Vespasian die Grenzen des Reiches berichtigt worden. Er schob den römischen Machtbereich bis an den oberen Neckar vor und verband die Donaulinie durch eine Straße mit den Kastellen am Rhein. Ebenso erweiterte er durch *Cn. Julius Agricola,* den Schwiegervater des Tacitus, das römische Gebiet in Britannien bis zum schottischen Hochland. Durch hervorragende staatsmännische Klugheit wußte Agricola Britannien der römischen Kultur zu erschließen, so daß dieses Land fast vier Jahrhunderte unter römischer Herrschaft blieb.

Innenpolitik

Aber auch im Innern des Reiches wirkte sich Vespasians Regierung segensreich aus. Zunächst hatte er sich mit dem Senat über eine gesetzliche Formulierung seiner Regierungsgewalt verständigt. Die sinnlose Verschwendung der meisten seiner Vorgänger hatte die Staatskasse geleert, die halbe Stadt lag noch seit dem großen Brand in Trümmern. Er selbst berechnete die Summe, die er zur Bestreitung der Staatsbedürfnisse brauchte, auf 40 Milliarden Sesterzen. Daß er unter diesen Umständen neue Steuern auferlegte, die Tribute der Provinzen erhöhte und ohne große Skrupel das Geld hernahm, wo er es mit leidlichem Anstand konnte, daß er die Tagediebe in der Hauptstadt und die vornehmen Kostgänger des Hofes nicht ganz so freigebig unterhielt, wie diese es erwarteten, das trug ihm mit Unrecht den Vorwurf der Geldgier und des Geizes ein. Doch setzte er sich mit Humor über solche Einwürfe hinweg, und Sueton erzählt, daß er seinem Sohn Titus, als ihm dieser die Besteuerung der römischen Bedürfnisanstalten vorhielt, geantwortet haben soll: »Non olet = Es (das Geld) stinkt nicht.«

Bauten

Doch hinderte ihn seine Sparsamkeit nicht, für bedeutende Zwecke auch große Mittel zur Verfügung zu stellen. So nahm er auf dem Kapitol beträchtliche Umbauten vor. Das Goldene Haus Neros, die größte Palastanlage der Welt, ließ er zum Teil niederreißen, das 36 m hohe Kolossalstandbild des früheren Kaisers verwandelte er in eine Statue des Sonnengottes. Die Kunstwerke aus Neros Sammlung widmete er für den von ihm erbauten Tempel der Friedensgöttin, *Templum Pacis.*

Amphitheatrum Flavium

An der tiefsten Talsenkung zwischen Palatin und Esquilin, wo Nero einen See hatte anlegen lassen, errichtete Vespasian das riesige *Amphitheatrum Flavium.* Das Halbrund des römischen Theaters schloß sich beim Amphitheater zur Ellipsenform der Arena, die ringsum von Sitzreihen umgeben war. Das Amphitheater des Vespasian hat unten eine axiale Ausdehnung von 77×46 m und steigt in drei Rängen auf. Der äußere Umfang beträgt 527 m. Die Umfassungsmauern sind 48 m hoch. Vespasian ließ drei Geschosse aufführen aus grauem Travertin; das heute noch sich deutlich ab-

hebende vierte oberste Geschoß aus gelblichem Travertin ist ein Erweiterungsbau des Titus. Die axialen Außenmaße sind 188×156 m.
Die Außenwand des Erdgeschosses öffnet sich mit 80 Arkadenbogen, geziert durch eine dorische Halbsäulenordnung an den Pfeilern. Das nächste Geschoß hat eine ionische, das weitere eine korinthische Säulenordnung. Das vierte Geschoß des Titus gliedert die von Fenstern durchbrochene Wandfläche durch korinthische Pilaster. In den Arkaden des zweiten und dritten Geschosses standen Statuen als Schmuck. Aus dem oberen Abschlußrand ragten die Konsolen für die Holzmasten. Diese dienten zur Anbringung der Segel, die von der kaiserlichen Marine über das Oval als Sonnenschutz für die Zuschauer gespannt wurden.
Die zunächst als Bauträger dienenden Gewölbebogen der Umgänge wurden durch viele zweiläufige Treppen als Aufgänge gestaltet. Rasch konnte jeder der ungefähr 50.000 Zuschauer nach den im unteren Arkadengang angebrachten Wegweisern zu seinem Platz gelangen. Der ganze Bau sieht heute sehr zernarbt aus. Die Metallnot des Mittelalters veranlaßte den Raub der Metalldübel, die die ohne Mörtel gefügten Travertinquadern zusammenhielten. Das Amphitheater bekam erst im Mittelalter den heute geläufigen Namen *Kolosseum* nach der in der Nähe aufgestellten Kolossalstatue Neros. Das Amphitheater diente zu Gladiatorenkämpfen, Tierhetzen und nach Füllung der Arena mit Wasser auch zu Seeschlachten. Der letzte Tierkampf, von dem uns berichtet ist, hat 523 unter Theoderich dem Großen im Kolosseum stattgefunden. Der gewaltige Bau ist nicht nur durch den Zahn der Zeit zur Ruine geworden. Er litt am meisten dadurch, daß man sein Material als Steinbruch benützte für den Dom von Orvieto, für den Palazzo di Venezia, den Palazzo Farnese u. a.
Der Schwerpunkt für Vespasians Tätigkeit lag auf dem Gebiet der Verwaltung. Als Zensor säuberte Vespasian die herrschenden Stände von ungeeigneten Elementen und ergänzte sie durch die angesehensten Männer Italiens und der Provinzen. Vor Senat und Gesetz bewahrte er zeitlebens Achtung, leugnete nie, daß er aus dem sabinischen Kleinbürgertum stammte, wo noch uralte biedere Sitten zu Hause waren. Er bereitete mit seiner Ordnung der zerrütteten Verhältnisse jene Friedenszeit vor, die das folgende Jahrhundert mit wenigen Unterbrechungen zu den glücklichsten der römischen Kaiserzeit machte.
Als ihm in seinem 69. Jahre der Tod nahte, stellte er sich fest auf die Füße mit den Worten: »Ein Imperator muß stehend sterben.« Er hinterließ zwei Söhne, Titus und Domitian. Von keinem der beiden erwartete man viel Gutes. Titus war zwar mit trefflichen Gaben des Körpers und des Geistes ausgestattet, ein gewandter Fechter und Reiter, ein schlagfertiger Redner und Versemacher, schon bei der Thronbesteigung des Vaters in den Werken des Krieges und des Friedens wohlerfahren; aber von seiner Schwelgerei, Habsucht und schlimmeren Leidenschaften wußte man sich arge Dinge zu

erzählen. Der zehn Jahre jüngere Domitian hatte sich während der Abwesenheit des Vaters die größte Willkür gestattet und war drauf und dran gewesen, sich selbst auf den Thron zu setzen, als der heimkehrende Vespasian den unreifen Jüngling unter seine unmittelbare Aufsicht nahm.

Titus 79—81

Titus Flavius Sabinus Vespasianus bestieg 79 den Thron, ohne Widerspruch zu finden, und ließ es sich in den zwei Jahren seiner Regierung angelegen sein, durch Güte und wahrhaft landesväterliche Fürsorge alles Mißtrauen zu zerstreuen. Bald war er den Römern »die Liebe und Wonne des Menschengeschlechts = amor et deliciae generis humani«. Ihm, der jederzeit ein offenes Ohr für die Notleidenden hatte, war, wie er einst sagte, der Tag verloren, an dem er niemandem eine Wohltat erwiesen hatte. Die Erinnerung an ihn verklärt die Glorie des Edelsinns und wahrer Humanität. Gern kam er bei der Feier von Spielen den Wünschen des Publikums nach und bewegte sich furchtlos unter seinem Volke. Seine Liebenswürdigkeit entwaffnete selbst überführte Empörer.

Seine Freude am Wohltun fand reiche Gelegenheit zur Betätigung. Er begnügte sich nicht damit, das von seinem Vater begonnene Amphitheater zu vollenden und mit hunderttägigen Festspielen einzuweihen, sondern er errichtete auch diesem gegenüber auf gewölbten Unterbauten des nicht fertig gewordenen Neronischen Riesenpalastes für die Gesundheit seines Volkes ein umfangreiches Warmbad *(Thermae Titianae)*, das jedermann aus dem Volke unentgeltlich offenstand und in dem Titus gelegentlich selbst inmitten des Volkes badete.

Ausbruch des Vesuvs 79

Zwei schwere Unglücksfälle suchten während der Regierungszeit des Kaisers Italien heim und gaben ihm im großen Maße Gelegenheit, seinen Wohltätigkeitssinn zu erweisen. Am 24. August 79 wurden durch einen Ausbruch des Vesuvs die blühenden Städte Pompeji und Herculaneum vollständig, Stabiae (jetzt Castellammare) teilweise verschüttet und eine Menge Menschenleben dahingerafft. *Plinius Secundus,* der Neffe und Adoptivsohn des älteren Plinius, des Naturforschers und Kommandanten der kaiserlichen Flotte des westlichen Mittelmeers zu Misenum, beschreibt uns als Augenzeuge das furchtbare Ereignis, bei dem sein Onkel den Tod gefunden hat:

»Der jüngere Plinius weilte mit seiner Mutter und seinem Onkel in *Misenum,* als man plötzlich durch Geschrei ins Freie gerufen wurde. Eine ganz ungewöhnliche Wolke stieg über dem Vesuv auf und verbreitete sich, einer Riesenpinie gleich, über den Himmel. Der Onkel fuhr an Bord eines Kriegsschiffes nach dem Schauplatz des seltsamen Naturereignisses ab, der Neffe blieb bei der Mutter. Bald erbebte die Erde in unaufhörlichen Schwingungen, worauf alles aus den Häusern stürzte. Zugleich senkte sich die unheilschwangere Wolke herab, alles in schwarze Nacht hüllend, die die hie und da zuckenden Flammen nicht zu erhellen vermochten, und ein Aschenregen vermehrte die Angst der auf den Feldern umherirrenden Menschen. Inzwischen war der Admiral auf die Sarnusmündung zugesteuert, doch als Bimssteine und Aschenregen dichter fielen, seitwärts nach Stabiae abgebogen. Hier hatte er inmitten der allgemeinen Flucht der Bewohner ruhig ausgehalten, bis die immer höher steigende Schicht der Lapilli jeden Ausweg zu versperren, die schwankenden Mauern einzustürzen drohten. Auf dem von den Fackeln der Sklaven nur dürftig erleuchteten Wege zum Hafen war er mitten im Tosen der Elemente plötzlich niedergestürzt, vom Dampfe erstickt. Seinen Leichnam fand man erst am dritten Tage, denn so lange dauerte die Finsternis.«

Aber nicht bloß die vernichteten Städte, ganz Kampanien hatte durch das Erdbeben und den Aschenregen zu leiden gehabt. Titus ernannte einen aus Konsularen bestehenden Notstandsausschuß für die Landschaft und bestimmte die Güter der zahlreichen Toten, die keine Erben hatten, zur Unterstützung der notleidenden Gemeinden, abgesehen von dem, was er selbst für sie tat.

Brand Roms

Wenige Monate später wütete eine dreitägige Feuersbrunst in der Hauptstadt, in der nochmals das Kapitol und auch das berühmte Pantheon Agrippas vernichtet wurden. Dazu kam noch eine mörderische Seuche. Auch diese Heimsuchungen boten dem Kaiser reichlichen Anlaß, Verluste zu ersetzen und Schäden zu heilen.

Als Titus mit nur 42 Jahren sein Ende nahen fühlte, trieb es ihn hinaus in seine sabinische Heimat. Heftiges Fieber schüttelte ihn auf der Reise. Am 13. September 81 hatte ihn eine schnelle Krankheit in demselben Landhaus dahingerafft, wo sein Vater die Augen geschlossen hatte, im dritten Jahre seiner Regierung.

Domitian 81—96

Auf den milden, im Sinne des Senates regierenden Titus folgte sein anders gearteter Bruder *Titus Flavius Domitianus.* Auch er war ein sorgsamer, gerechter und sparsamer Verwalter des Staates, aber zugleich ein ausgesprochener Herrenmensch. Er hatte unter der Zurücksetzung durch Vater und Bruder schwer gelitten, die ihm nicht die heißersehnte Mitarbeit an der Regierung eingeräumt hatten. Dadurch hatte sich sein Stolz zu hemmungslosem Hochmut gewandelt, und die vermittelnde Richtung, die der Prinzipat nach Augustus' Vorbild eingeschlagen hatte, war ihm widerwärtig. Als der Senat seinem absolutistischen Streben widerstand, nahm er sich mit der lebenslänglichen Zensur das Recht, den Senat nach seinem Gutdünken zusammenzusetzen, und beseitigte seine Widersacher durch eine skrupellos geübte Kabinettsjustiz. Er stützte sich auf die Ritter, das Heer und das Volk, das er durch Geldspenden und prunkvolle Spiele verwöhnte und durch den Glanz der Triumphe berauschte. Er trug dafür den Haß der gesamten Aristokratie, und die aus diesen Kreisen stammenden Geschichtsschreiber (wie z. B. Tacitus) haben nicht nur seine Fehler gebrandmarkt, sondern auch die guten Züge seiner auswärtigen Politik grundsätzlich verkannt.

In der Außenpolitik setzte er die vorsichtig-zielbewußte Richtung seines Vaters fort. In *Britannien* schob sein Feldherr *Julius Agricola* die Reichsgrenzen weiter nach Norden bis zu einer Linie vor, die vom Firth of Clyde bis zum Firth of Forth verlief. An der Eroberung der ganzen Insel wurde er durch den Kaiser gehindert, dem der zu erwartende Erfolg nicht in einem lohnenden Verhältnis zu den aufzubringenden Opfern zu stehen schien und der wohl auch die Truppen des Agricola notwendiger an der Donau und am Rhein brauchte.
Von *Obergermanien* aus machte er in dem Dreieck zwischen Rhein und Donau einen erfolgreichen Vorstoß, der die heutigen Gebiete von Baden und Teile von Hessen, Württemberg und Bayern an das Römische Reich brachte, und begann die Grenzlinie, die nunmehr vom Taunus über den Main nach Regensburg verlief, zu befestigen. Das war der Anfang zur Romanisierung der sogenannten *agri decumates* und zur Anlage des germanischen *Limes,* jenes berühmten Walles.
An der unteren Donau saßen die *Daker,* ein großer thrakischer Stamm, westlich davon zwischen Donau und Theiß die Jazygen, ein sarmatisches Hirten- und Reitervolk. Bei den Dakern waren Einheitsbestrebungen schon seit Cäsar im Gange, und seit dieser Zeit nahm König *Dekebalos* das Werk aufs neue in Angriff. Ein Großdakien schloß aber die an die Römer verlorenen Gebiete südlich der Donau ein und machte den Krieg mit Rom unvermeidlich. Dekebalos griff das römische Mösien an. Als der Statthalter der Provinz im Kampfe fiel, kam Domitian selbst mit einer Armee herbei. Aber der Kaiser erlitt von den Markomannen eine Niederlage. Es blieb Domitian nichts anderes übrig, als Frieden zu schließen. Dekebalos verzichtete auf das rechte Donauufer, erhielt aber ein Jahresgeld. Nur mit Mühe verschleierte man die Schmach dieses Friedens in Rom. Der Aufstand der obergermanischen Legionen unter Antonius Saturnius war die Antwort der Grenzheere auf die kaiserlichen Fehlschläge. Der Aufruhr wurde allerdings bald unterdrückt, da der angeschwollene Rhein die Chatten, die Verbündeten der Aufständischen, am jenseitigen Ufer zurückhielt und das treue niedergermanische Heer bei Andernach zugunsten Domitians entschied.
Im Innern sorgte er für eine gute Verwaltung und eine vorbildliche Rechtsprechung, schützte seine Bürger vor Übergriffen habgieriger und pflichtvergessener Beamter und förderte die Bautätigkeit in der Hauptstadt und in den Ländern des Reiches.
Trotzdem sah Domitian seine Stellung erschüttert und spürte die Gegnerschaft des Senates. Dadurch verlor sich Domitian aus ewiger Angst vor Verrat und Anschlägen in Grausamkeit. Die umfangreichen Bauten hatten die Staatskasse erschöpft, und der Kaiser suchte sie durch Gütereinziehungen wieder zu füllen. Als der Druck immer unerträglicher wurde, bildete sich eine von seiner eigenen Gemahlin Domitia geführte Verschwörung, der er am 18. September 96 zum Opfer fiel.

Die Kultur im Zeitalter der Claudier und Flavier

Die Anfänge des Christentums

Als *Jesus Christus* geboren wurde (7 v. Chr.), gehörte Palästina zum Römischen Reiche und unterstand dem Kaiser Augustus.

Jesus ist zwischen 26 und 36 n. Chr. den Kreuzestod gestorben. Nachher begann unter seiner unsichtbaren Führung eine machtvolle Bewegung, die durch alle Länder der alten Kulturwelt führt. Sie war nicht aufgebaut auf einer menschlichen Organisation, auf einer Missionsgesellschaft, jeder einzelne, der von Christi Wort ergriffen war, kündete die neue Lehre und verbreitete sie. Zuerst wurde Jerusalem der Mittelpunkt, dann folgte Antiochia, und spätestens in den vierziger Jahren wurde Rom von der neuen Lehre erreicht. Das Christentum traf auf eine fertige, hochentwickelte Kultur, die ihm innerlich fremd war und fremd blieb. Die Kirche bildete in dieser Frühzeit die Grundformen ihres eigenen Lebens aus, legte den Umkreis und die Eigenart ihrer Betätigung fest und trat predigend und bekennend für ihre Ideale ein. Solange die Apostel und ihre Schüler lebten, wirkte die Lehre noch unmittelbar auf die Gemeinde, empfing das christliche Leben noch fast allein aus der Offenbarung seine Kraft, war getragen von einer religiösen Begeisterung sowie von der werktätigen Nächstenliebe und brauchte keine Fühlungnahme mit der umgebenden Kultur.

Als nach dem Tode der Apostelschüler nur mehr eine mittelbare Verbindung bestand, kam die Notwendigkeit, die Lehre Jesu unverrückbar festzulegen und vor Entstellung zu sichern. Denn das Christentum trat der heidnischen Welt als etwas völlig Neues entgegen. Rom war vor allem der Mittelpunkt der Gesetzgebung, des politischen und militärischen Lebens. Die Religion verlor sich in Äußerlichkeiten. Zwar gab es genug Tempel, viele Götter. Aber die Tempel waren nur Hüter der Götterbilder, nicht Stätten der Andacht. Die Menschen richteten ihr Handeln nicht nach religiösen Grundsätzen aus. Luxus, Schwelgerei und niederer Genuß triumphierten, das Volk drängte in die Amphitheater zu aufregenden, grausamen Spielen und opferte seiner Schaulust das Leben vieler armer Menschen. Es fehlten die umgestaltenden Kräfte der Nächstenliebe, der Barmherzigkeit, die sich um Arme, Sklaven, Kranke sorgten. Wenn auch edle und hohe Ideen immer wieder auftauchten, so fanden sie keinen Widerhall im Leben. Demgegenüber schreitet die christliche Lehre von der Erkenntnis des Guten zur tugend-

haften Tat. Der Begriff der Religion wurde neu geboren. Der Wert des Menschen liegt in seiner unsterblichen Seele, alle Menschen, auch die Sklaven, sind Brüder einer großen Gemeinschaft, sie empfangen ihren Wert nicht von äußeren vergänglichen Würden, sondern durch ihr sündenreines Leben. Den Christen sind Ehe und Familie heilig, die Arbeit wird zur Ehre und Pflicht.
Rom verlangte die genaue Verrichtung einer äußeren Kulthandlung, das Herz mußte nicht dabeisein. Neben den römischen Göttern fanden die griechischen Aufnahme in Rom, aber auch ägyptische und persische, der Isis- und Mithraskult. Man hätte annehmen können, daß auch das Christentum eine Heimstätte in Rom erlangen würde. Lag doch in der damaligen Zeit eine wirkliche religiöse Sehnsucht. Denn der Glaube an die ererbten Götter war erschüttert, man sah keinen Inhalt mehr in den äußeren Formen der alten Opfer, der Orakel; die Gebildeten verfielen in Skeptizismus oder verlangten nach einem einzigen allmächtigen Gott und nach Verinnerlichung. Daher fanden die einströmenden Mysterien williges Gehör, man erhoffte, in ihren geheimnisvollen Riten die erlösende Vereinigung mit der Gottheit zu erlangen.
Rom gab auch äußerlich einen günstigen Boden für die Ausbreitung des Christentums: die anfängliche Duldung der neuen Religion, die guten Verbindungswege im ganzen Reich, die Freizügigkeit der Bürger innerhalb des Staates, die Einheitlichkeit der Sprache und der schon längst wirksame Ausgleich zwischen westlicher und östlicher Kultur. Von großer Bedeutung für die christliche Kirche war das Wirken und Predigen der Apostelfürsten Petrus und Paulus in der Hauptstadt und ihr Martyrium.
Trotz dieser Vorteile, die die Verbreitung des Christentums im Römerreich förderten, bestand zwischen Christentum und Heidentum doch eine große Kluft, die die Gefahr eines ernstlichen Zusammenstoßes in sich barg. Die erste schwere Auseinandersetzung erfolgte unter Nero. Sie beruhte aber nicht auf staatsrechtlichen Überlegungen: Nero brauchte bloß eine Minderheit, der er den Brand Roms anlasten konnte.
Für die weitere Zeit war der Umstand wesentlich, daß der römische Staat aufs engste mit der römischen Staatsreligion verbunden war. Jede Abweisung der heidnischen Götter war also für den Römer auch ein Angriff auf Staat und Kaiser. Weiter war die christliche Lehre darauf gerichtet, die ganze Welt zu umspannen. Dieser universalistische Expansionsdrang bedeutete also das Streben, das Volk von seinen alten Göttern und von der heidnischen Staatsform abzuziehen. Sahen die Römer in diesen Erwägungen einen Anlaß, gegen die Christen vorzugehen, so mußten sie doch auch erkennen, daß die Christen friedliche Bürger waren, die pünktlich ihre Steuern zahlten, für das Wohl des Kaisers und des Staates beteten und sich keiner tadelnswerten Handlung schuldig machten. Es war daher die Einstellung Roms zu den Christen eine schwankende und unbestimmte.

Erst Trajan entschloß sich, die Rechtsprechung gegenüber diesen merkwürdigen »Staatsfeinden« in eine Form zu bringen, die das bisherige Gewohnheitsrecht aufhob. Er verfügte: Die Christen sind nicht aufzuspüren. Kein Beamter ist verpflichtet, jemandem deswegen einen Prozeß zu machen, weil er davon Kenntnis erhielt, daß dieser ein Christ sei. Dagegen muß er den Prozeß einleiten, wenn ein Staatsbürger angezeigt und überführt wird. Straflos gehen alle die aus, die als Christen angeklagt sind, sich aber bereit erklären, den alten Göttern zu opfern. Anonymen Anklagen dürfe nicht stattgegeben werden; denn das gäbe ein sehr schlimmes Beispiel und entspräche nicht mehr der Zeit.
Die Christen lebten im römischen Staat als Handwerker oder Händler oder betrieben einen anderen Beruf. Sie bemühten sich, der Vielgötterei und der Unsittlichkeit aus dem Wege zu gehen. Wenn Verfolgung drohte, brachten sie sich in Sicherheit, Flucht galt nicht als schimpflich, ja man lehnte sogar das Unterlassen von Vorsichtsmaßregeln als vermessen ab.
Die Christenverfolgungen waren örtlich beschränkt. Die ihr religiöses Bekenntnis auch unter Folterqualen aufrechterhielten und mit dem Tod besiegelten, galten als *Märtyrer*. Ihr Tod bedeutete den Sieg über die Welt, über alle Bosheit und über die Dämonen der Hölle, ihr Martyrium die unbedingte Sicherung des Anteiles an der ewigen Seligkeit. Die Märtyrer erhielten in den Augen ihrer Gemeinde den Glanz der Heiligkeit. Man verehrte ihre Gräber, bewahrte die Erinnerung an ihren Opfertod und rief ihre Fürbitte an. Der Besitz ihrer Reliquien galt als Unterpfand für ihr hilfreiches Eingreifen in den Gang der Welt. Alljährlich feierte man den Todestag der Märtyrer mit einer Messe an ihrem Grab. So wurden die gemeinsamen unterirdischen Begräbnisstätten, die *Katakomben*, in denen meist weniger Blutzeugen als sonstige Christen ruhten, zu Kultstätten. Im Gegensaz zu den Heiden begruben die Christen ihre Toten. Diese unterirdischen Grabstätten dienten aber nicht für den regelmäßigen Gottesdienst, dafür wären die engen Räume ungeeignet gewesen. Nur in Zeiten der Verfolgung flüchtete man in die Katakomben und vollbrachte dort die heiligen Handlungen.
In der ersten Zeit versah den Gottesdienst nicht ein zu diesem Amt bestimmter Priester, sondern wer sich jedesmal durch die Gnade berufen fühlte. Das war in der Regel einer der Ältesten, ein *Presbyter*. An die Spitze der Gemeinde stellte sich ein Leiter, ein *Episkopos*, der Bischof, die Presbyter wurden seine Gehilfen. Die Ausdehnung der Gemeinden und die Erfahrungen führten von selbst zur Gründung eines Priesterstandes und die Verschiedenheit der Lehrmeinungen zu einer strafferen Gestaltung von Kirche und Lehre. Seitdem war keine kirchliche Handlung (Predigt, Taufe, Buße, Gottesdienst, Aufnahme und Ausschluß) gültig, die nicht im Auftrag und mit der Billigung des Bischofs geschah. In den ältesten Zeiten hatte jede Gemeinde ihren Bischof, die Einrichtung der Pfarreien, die nur von

Priestern geleitet wurden, bestand erst seit dem 4. Jahrhundert. Die Einheit der Gesamtkirche wurde gepflegt durch die Beratungen der Bischöfe. Dabei vertrat von Anfang an der Bischof von Rom als Nachfolger Petri den Anspruch auf den Vorrang Roms vor allen anderen Kirchen.
Es war allgemein üblich, daß Bischöfe und Priester nicht heirateten, doch konnte ursprünglich einer seine Ehe weiterführen, wenn er als Verheirateter zum kirchlichen Amt berufen wurde. Die Kleidung der Geistlichkeit beim Gottesdienst unterschied sich noch nicht durch Schnitt und Farbe von der im profanen Leben gebräuchlichen, sondern nur durch erhöhte Schönheit und sorgsame Reinheit.
Um als Christ in die Gemeinschaft aufgenommen zu werden, war eine Vorbereitungszeit *(Katechumenat)* von zwei bis drei Jahren nötig. Die Katechumenen durften nur dem ersten Teil des Gottesdienstes beiwohnen. Nach Ablegung ihres Glaubensbekenntnisses wurden sie durch die Taufe in der Oster- oder Pfingstnacht feierlich in die Kirche aufgenommen. Die Taufe erfolgte durch Untertauchen oder durch Benetzen des Hauptes. Die Getauften empfingen das Altarsakrament und die Firmung. Das Abendmahl wurde in beiden Gestalten, des Brotes und des Weines, gereicht. Der Priester legte dem Gläubigen die Hostie in die Hand, der sie in Zeiten der Verfolgung mit nach Hause nahm. Die Feier fand abends, später am Morgen statt. Im Wochenverlauf wurden der Mittwoch und Freitag als Fasttage, der Sonntag als Festtag gefeiert.

Die Dichtung

Valerius Flaccus

Papinius Statius

Unter Vespasian schrieb *Valerius Flaccus,* gestorben vor 92 n. Chr., ein Epos: »Argonautica«, die Argonautenfahrt. Der aus Neapel stammende *T. Papinius Statius,* der um 96 n. Chr. gestorben ist, nahm gleichfalls die griechische Heldendichtung zum Vorwurf für sein uns erhaltenes Epos »Thebais, Der Zug der Sieben gegen Theben«, worin er den Kampf der Ödipussöhne Polyneikes und Eteokles um ihre Vaterstadt Theben erzählt. Ebenfalls auf uns gekommen ist seine unvollendete Achilleis, die vor allem die Kinderjahre Achills schildert. Seine Vielseitigkeit zeigte Statius in den »Silvae«, einer Sammlung von Gelegenheitsgedichten, die uns in die hohe römische Gesellschaft einführen.

Silius Italicus 26—101

Das geschichtliche Epos ist durch den Konsular und Kunstfreund *Silius Italicus* vertreten, der in siebzehn Gesängen der »Punica« das Thema des Zweiten Punischen Krieges behandelt. Das Werk lehnt sich inhaltlich an Livius und Polybios an, formal an Vergil.

Lucanus 39—65

In die gleiche Richtung gehört der zu Corduba geborene Neffe des Philosophen Seneca, *M. Annaeus Lucanus,* der jung nach Rom kam und anfangs hoch in Neros Gunst stand. Er verfocht in der unvollendeten Schilderung des Bürgerkrieges zwischen Cäsar und Pompejus, Belli civilis libri X, gewöhnlich »Pharsalia« genannt, in unverhohlener Begeisterung die republikanische Sache. Dieses freimütige Bekenntnis entfremdete den Dichter bald dem Kaiser Nero, der ihn an seinen Hof berufen hatte. Als sich Lucanus schließlich an der Verschwörung Pisos beteiligte, büßte er dieses Wagnis mit dem Tode.

Die bei den Römern stets beliebte Gattung der *Satire* taucht auch in dieser Zeit wieder auf. Nach dem Vorbild des Horaz schrieb *A. Persius Flaccus* sechs Satiren, in denen er vom Standpunkt des stoischen Tugendideals die Fehler der Menschen geißelt.

Persius Flaccus 34—62

Die ältere Satire, die mit der des kynischen Popularphilosophen Menippos verwandt ist, mit ihrer bunten Mannigfaltigkeit des Inhaltes und der Mischung von Prosa und Vers ahmte *T. Petronius* nach. Er fand Zugang zum Hofe Neros und war in amtlicher Stellung in Bithynien tätig. Tacitus nennt ihn den *elegantiae arbiter,* den Schiedsrichter in Dingen des feinen Geschmacks. 66 n. Chr. wurde er der Teilnahme an der Verschwörung Pisos beschuldigt und zum Freitod gezwungen. Er erwartete den Tod im Beisein seiner Freunde, indem er sich die Pulsadern mehrmals öffnete und auf Stunden wieder verband, gab auf diese Weise sein letztes Gastmahl und führte ausgedehnte geistreiche Gespräche.

Petronius

Sein Werk *»Saturae«*, von dem Bruchstücke erhalten sind, ist ein Reiseroman. Ein gewisser Encolpius erzählt von seinen Fahrten, auf denen er bald als Weltmann, bald als Soldat, bald als Rhetor auftritt, und verbindet mit dem Bericht seiner wunderbaren Abenteuer Sittenschilderungen aus allen Kreisen. Sie sind von unmittelbarer Lebensnähe, ohne moralisierenden Beigeschmack, ohne rhetorische Verstiegenheit. Die Personen sind genial charakterisiert, auch in ihrer Sprache, die aufschlußreiche Quellen für das Vulgärlatein bringt. Das anziehende Glanzstück ist die Schilderung des Gastmahles bei dem reichen, eitlen und dummen Emporkömmling Trimalchio (Cena Trimalchionis), bei dem Encolpius mit seinen Gefährten eingeladen ist.

Martial um 40—102

Die Satire erlebte ihre höchste Blüte in *M. Valerius Martialis,* aus Bilbilis (Bilbáo) in Spanien. Er kam als junger Mann nach Rom und trat verhältnismäßig spät vor die große Öffentlichkeit. Anläßlich der von Titus bei Eröffnung des Flavischen Amphitheaters veranstalteten Spiele verfaßte er ein Bändchen Epigramme, worin er die Kämpfe in der Arena besang. Dazu kamen später zwei Sammlungen von Zweizeilern, gleichsam poetische Begleitkarten zu Gastgeschenken, die man am Saturnalienfest übersandte, sogenannte *Xenia,* oder mitbekam, *Apophoreta.* Waren diese Verse nur bescheidene Gelegenheitsgedichtchen, so erwarb er sich seinen eigentlichen Ruhm mit seinen zwölf Büchern satirischer Epigramme. Er lehnte sich an Catull an und übertraf ihn noch an feinem Schliff seiner leicht hingeworfenen Verse. Mit scharfem Blick durchschaute er die unscheinbarsten Züge in den Menschen und wußte sie spielend in seinen Versen festzuhalten, bald heiter scherzend, bald scharf spottend. Beifällig lauschten die Zuhörer, ob hoch oder niedrig, seinen Vorlesungen, oft wurde er von Gönnern zu Tisch geladen. Allerdings sah er sich hin und wieder zu Schmeicheleien gezwungen, um die Gunst reicher Patrone zu gewinnen. Dies war besonders gegenüber dem Kaiser Domitian der Fall, dessen Ruhm er zu seinen Lebzeiten laut verkündete, ihn aber nach seinem Tode mit übler Nachrede verfolgte, ohne sich damit die Gunst Nervas oder Trajans erkaufen zu können. Deshalb kehrte Martial im Jahre 98 in seine Heimatstadt zurück.

Juvenal um 60—140

Ein Freund Martials war *D. Iunius Iuvenalis* (geb. um 60 n. Chr.), der aus dem Volskerstädtchen Aquinum stammte und seit seinem 30. Lebensjahr in Rom als Deklamator tätig war. Unter Trajan und Hadrian dichtete er sechzehn Satiren in fünf Büchern. In ihnen greift er in empörten Worten die Lasterhaftigkeit der Großstadt, die Kriecherei, den Geiz, die Vordringlichkeit fremden Wesens, die geringe Wertung geistiger Tätigkeit und vieles andere an. Seine Verse umdüstert die verbitterte, hoffnungslose Stimmung, die keinen Lichtschimmer erlösenden Humors zeigt. Aber die Sprache verrät einen ungewöhnlich kunstvollen und treffenden Schliff, und manche seiner scharfen Sentenzen sind als geflügelte Worte in die Weltliteratur eingegangen.

Phädrus

Mit der Satire verwandt ist auch die Fabeldichtung des *Phädrus,* sofern die Moral der Fabeln die Schwächen der Menschen rügt. Er war ein griechischer Sklave, der früh nach Italien kam und von Kaiser Augustus freigelassen wurde. Unter Tiberius' Regierung wurde er wegen einiger Stellen in seinen Gedichten schwer verfolgt, konnte sich aber später wieder seinen schriftstellerischen Arbeiten widmen. Er ist in hohem Greisenalter gestorben.

Im Gegensatz zu seinem Vorbild Äsop, der seine Fabeln in Prosa schrieb, hat er sich der Versform bedient und damit bei seinen deutschen, englischen und romanischen Nachfolgern Schule gemacht. Wir haben fünf Bücher Fabeln von ihm, deren Stoffe er anfangs von Äsop übernommen hatte, später aber aus eigener Erfindung gestaltete.

Seneca 4 v. bis 65 n. Chr.

Der bedeutendste Schriftsteller der Neronischen Zeit war der als Dichter, Redner, Philosoph und Staatsmann bekannte jüngere *L. Annaeus Seneca* aus Corduba in Spanien. Er kam früh nach Rom und fand Zutritt zum Hofe. Unter Claudius wurde er auf Betreiben Messalinas nach Korsika verbannt, nach deren Tode aber von Agrippina zurückgeholt und als Lehrer Neros berufen. Er leitete auch die ersten Schritte des jugendlichen Kaisers und war der einflußreichste Mann Roms. Doch sosehr Seneca die strenge Sittenlehre der alten Stoa mit begeisterten Worten feierte, sowenig handelte er selbst danach. Er hatte Nero zuliebe in der Parodie auf die Vergötterung des verstorbenen Kaisers Claudius, die er »Apocolocynthosis« (Verkürbissung) nannte, denselben Monarchen verspottet, dem er vorher in den Briefen aus seiner Verbannung in der überschwenglichsten Weise geschmeichelt hatte. Er überwand nicht die Versuchungen von Geld und Macht und half mit, Neros Schandtat an der Mutter zu vertuschen. Aber trotz seiner großen Nachsicht löste sich die Freundschaft mit dem Kaiser, Seneca mußte sich vom Hofe zurückziehen, wurde im Jahre 65 n. Chr. bei Gelegenheit der Pisonischen Verschwörung gezwungen, durch Öffnen der Adern aus dem Leben zu scheiden. Tacitus schildert ausführlich sein Ende.

Unter Senecas Namen sind neun Tragödien erhalten (zum Beispiel Phädra, Ödipus, Medea). Sie haben das klassische französische Drama (Corneille und Racine) beeinflußt. Seine philosophischen Schriften beruhen auf der späteren Stoa und behandeln einzelne Gebiete der Sittenlehre. Den Hauptinhalt der Schriften, die zu einer aus zwölf Büchern bestehenden, »Dialoge« betitelten Sammlung vereinigt sind, künden meist schon die Titel, wie: De providentia (Von der Vorsehung), De constantia sapientis (Von der Standhaftigkeit des Weisen), De vita beata (Vom glückseligen Leben), De tranquillitate animi (Von der Gemütsruhe). Mit seinen Gedanken über Weltflucht und Verinnerlichung, seiner Auffassung des Todes als Geburtsstunde der Ewigkeit, mit seinen Ansichten von der Seligkeit des jenseitigen Lebens nähert er sich christlichen Anschauungen.

Demselben Seneca verdanken wir das erste umfassende lateinische Werk über Physik, sieben Bücher Naturales quaestiones (Naturwissenschaftliche Untersuchungen), das uns lehrreiche Einblicke in die naturwissenschaftlichen Kenntnisse der damaligen Zeit gibt. Die »quaestiones« wurden bis ins späte Mittelalter als physikalisches Lehrbuch benützt.

Plinius der Ältere 23—79

Auf diesem Wissensgebiet folgte ihm der ältere *Plinius* aus Comum (jetzt Como), der als Flottenkommandant von Misenum beim Vesuvausbruch den Tod fand. Erhalten ist uns seine Historia naturalis (eine Naturgeschichte in 37 Büchern), ein großes Sammelwerk alles naturwissenschaftlichen Wissens mit Exkursen über Medizin, Kultur- und Kunstgeschichte. Den Stoff zu diesem Riesenwerk hat der Schriftsteller nach seiner eigenen Angabe aus mehr als 2.000 Bänden exzerpiert und systematisch zusammengestellt, ohne allerdings das gewaltige Material kritisch zu überprüfen. Diese Naturgeschichte wurde die Hauptfundgrube des realen Wissens nicht bloß für den Ausgang des Römertums, sondern auch für das ganze Mittelalter und ist noch heute die Grundlage für die Geschichte der antiken Kunst.

In der Prosa der nachaugusteischen Zeit nehmen vor allem die Schulwissenschaften einen breiten Raum ein. Auf dem Gebiete der Rhetorik steht am Anfang dieser Periode der ältere *Annaeus Seneca,* des Philosophen Vater, der am Ende seiner Lehrtätigkeit für seine Söhne ein Buch der Schulberedsamkeit schrieb. Der durch ihn eingeführte figurenreiche Stil artete mit der Zeit immer mehr in Unnatur und leeres Wortgeklingel aus, bis

Quintilian 35—95

unter den Flaviern *Fabius Quintilianus* aus Calagurris (jetzt Calahorra) in Spanien dagegen auftrat und seine Schüler wieder auf Cicero als klassisches Muster der römischen Beredsamkeit hinwies. Von Vespasian als erster staatlich besoldeter Lehrer der Rhetorik an die Spitze einer öffentlichen Schule gestellt, von Domitian mit dem Unterricht seiner Neffen betraut, legte Quintilian am Ende seiner Laufbahn seine Grundsätze in zwölf Büchern »De institutione oratoria = Über den Unterricht in der Redekunst« nieder, worin außer der Technik vor allem sittliche Würde und gründliche Bildung verlangt werden. Das zehnte Buch ist wegen seiner wertvollen Urteile über die dem Redner empfohlenen Schriftsteller besonders wichtig geworden.

Pompeji

Pompeji ist eine Gründung der oskischen Ausoner, eines italischen, den Samniten verwandten Stammes. Oskisch ist auch der Name, der mit dem Worte »pompe« (griech. pente, lat. quinque = fünf) zusammenhängt; Pompeji ist also die Stadt des Geschlechtes der Pompejer (lat. Quinctier). Sie entstand an bevorzugter Stelle ein wenig landeinwärts von der Mündung des Sarno auf einem in grauer Vorzeit gegen das Meer geflossenen Lavastrom spätestens im 6. Jahrhundert v. Chr. Denn bis in diese Zeit führen uns der dorische Tempel auf dem Forum triangulare und die Stadtmauern zurück. Wahrscheinlich im zweiten Samnitenkrieg mußten die Pompejaner die Oberhoheit Roms anerkennen; ihre Stadt wurde ein Glied des römisch-italischen Bundesstaates, ohne daß sich in der Verfassung der Stadt oder im Charakter der Bevölkerung etwas änderte.
Die erste entscheidende Einmischung in die Geschichte Roms fand im Bundesgenossenkrieg (90—88) statt. Pompeji hat in diesem Kampfe zum letztenmal seine Kräfte zur Verteidigung seiner Freiheit eingesetzt. Im Jahre 89 erschien L. Sulla und belagerte die Stadt. Nach langem Widerstand mußte sie ihre Tore öffnen. Zur Strafe siedelte der Diktator eine große Zahl römischer Veteranen in Pompeji an, und im Zuge der Eingliederung in das Römische Reich hielten neue Sitten, Bauformen, dazu die lateinische Sprache ihren Einzug in Pompeji. Die einst oskische Ansiedlung, die von Neapel her griechische Lebensweise übernommen hatte, war eine römische Stadt geworden. Ein Amphitheater und größere Handelshäuser entstanden, römischer Backsteinbau drang vor, Thermen und Basiliken wurden aufgeführt, der reiche Bürger schmückte sein Heim mit Wandmalereien, die durch ihre Farbenfülle und phantasievolle Gliederung der Flächen von großer dekorativer Wirkung waren.
Im Jahre 63 n. Chr. kam die erste schwere Katastrophe über Pompeji durch ein Erdbeben, das den Einsturz zahlreicher öffentlicher und privater Gebäude herbeiführte. Die wohlhabende, rührige Bürgerschaft begann sofort die Wiederherstellungsarbeiten, es entstanden Neubauten, die Häuser wurden mit prunkvollen Wänden und Fußböden ausgestattet. Die griechische Kultur, die schon frühzeitig in Kampanien eingedrungen war, hatte den

Pompejanern den Geschmack an einem maßvollen Luxus und eine heitere Lebensart verliehen. Aber noch waren nicht alle Arbeiten beendet, als 16 Jahre nach der ersten Katastrophe im August 79 der völlige Untergang über die Stadt hereinbrach. Der Vesuv mit seinen Wäldern und üppigen Weingärten, die den bevorzugten Wein lieferten, galt als ein harmloser, stiller, wohlvertrauter Nachbar. Da brach aus seinem Gipfel eine furchtbare Wolke von Asche, Steinen und Schlacken hervor, ein glühender Lavastrom wälzte sich in die Ebenen, vergrub Siedlungen und überraschte Menschen und Tiere. Mitten in ihrer täglichen Arbeit sanken die Bewohner nieder; was nicht verschüttet wurde, erstickte in den giftigen Dämpfen. Die in allen Teilen der Stadt aufgefundenen Skelette zeigen den verzweifelten Todeskampf. Nur wenige retteten das nackte Leben.

Ausbruch des Vesuvs 79

Befunde lehren, daß die geretteten Bewohner nach dem Ende des Ausbruches auf der Trümmerstätte nach ihrem Hab und Gut suchten und noch einiges retten konnten oder daß Räuber in das Innere eindrangen und alles Erreichbare fortschleppten. Aber die Stadt selbst blieb unter der 6 m tiefen Aschen- und Steinschicht begraben, versunken, vergessen. Sogar ihr Name wurde ausgelöscht, das Mittelalter nannte den Stadthügel nur »La Civita«.

Erst um 1600 führte der Bau eines Kanals zur Entdeckung von Pompeji, ohne daß es aber zu Ausgrabungen kam. 1709 stieß man bei Bohrung eines Brunnens auf eine Mauer der Bühne des Theaters von Herculaneum und fand bei weiteren Grabungen eine Anzahl von Statuen, darunter die berühmten Frauengestalten, die zuerst in den Besitz des Prinzen Eugen kamen und nach dessen Tode für das Museum in Dresden angekauft wurden. Unter *Karl von Bourbon* setzten 1738 die planmäßigen Ausgrabungen in Herculaneum ein, das unter einer Schlammschicht von 12–25 m verdeckt liegt. Die völlig undurchlässige Schicht hat die Überreste vor Zerstörung und Plünderung geschützt.

Ausgrabungen

Nach dem Beginn der Grabungen in Herculaneum setzte man den Spaten auch in Pompeji an. Die systematischen Ausgrabungen begannen 1860 unter der Leitung von *Giuseppe Fiorelli,* dem späteren Generaldirektor der italienischen Museen, und werden bis heute mit immer verbesserten Methoden fortgeführt. Wandgemälde und Fußbodenmosaik werden an Ort und Stelle belassen, mit dem nötigen Schutz versehen, Fundgegenstände verbleiben in dem betreffenden Haus. Dadurch wird das Bild lebendiger, und dem phantasiebegabten Wanderer ersteht wieder die alte Stadt und weckt in seinem Geiste das Leben und Treiben seiner früheren Bewohner.

Die alte Ringmauer hütet die Stadt noch heute in einer Länge von ungefähr 3 km. Tore führen von allen Seiten in ihr Inneres, Tortürme sichern die Eingänge. Zwei lange Straßen laufen von Westen nach Osten, die Via dell'Abbondanza und nördlich davon die Via di Nola. Die Archäologen haben die Häusergruppen zu Regionen zusammengefaßt und numeriert, die Regionen wieder in Häuserblocks (Insulae) unterteilt und die einzelnen

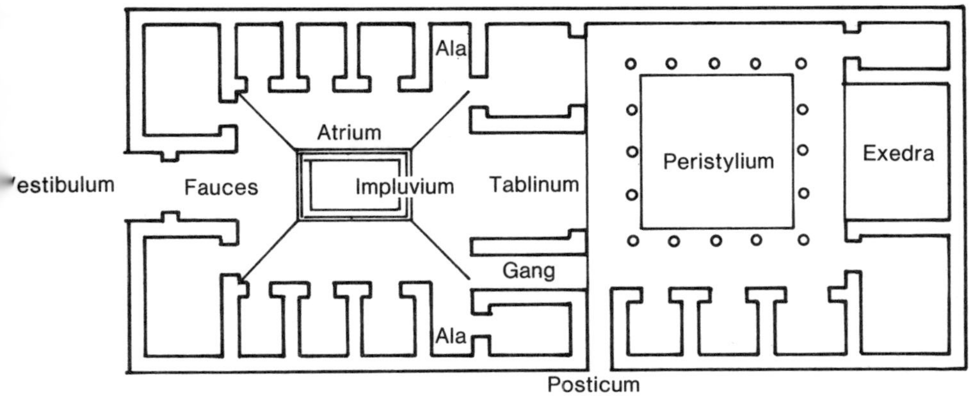

Normalgrundriß eines pompejanischen Hauses

Villen fortlaufend mit Zahlen versehen. Somit wurde in der unübersichtlichen Trümmerstätte eine genaue Orientierung durch drei Nummern, die der Region, der Insula und des Hauses, ermöglicht. Die Straßen waren mit polygonalen Platten aus Vesuvlava gepflastert, von erhöhten Gehsteigen eingefaßt. Von Zeit zu Zeit sind in der Fahrbahn Trittsteine angebracht, die das Überschreiten der Straßen erleichtern und doch mit ihren Zwischenräumen die Durchfahrt der Wagen ermöglichen. Brunnen stehen an allen Straßenkreuzungen. Die wichtigsten Villen haben neben ihren Hausnummern noch besondere Namen, die auf verschiedene Veranlassungen zurückgehen. So konnten beim Haus der Vettier die Besitzer Aulus Vettius Restitutus und Aulus Vettius Conviva durch ihre bei der Ausgrabung zum Vorschein gekommenen Petschafte festgestellt werden, die Villa des Pansa ist nach einem dort angeschriebenen Wahlprogramm, in dem der Name Pansa vorkommt, benannt. Die Casa delle Nozze d'Argento, das Haus der Silberhochzeit, wurde anläßlich der silbernen Hochzeit des italienischen Königspaares ausgegraben, die Villa des Faun trägt ihre Bezeichnung nach der dort gefundenen Bronzefigur, eines tanzenden Fauns, der das Impluvium schmückt. Dem Haus des Chirurgen gab der bedeutende Fund chirurgischer Instrumente den Namen, die Casa del Centenario erinnert daran, daß sie 18 Jahrhunderte nach dem Vesuvausbruch, also 1879, ausgegraben wurde.

Das pompejanische Haus

Das pompejanische Haus bestand im Gegensatz zum altitalischen aus zwei Teilen, dem ersten, dessen Mittelpunkt das Atrium bildete, und dem zweiten, der sich um das Peristylium gruppiert. Den altitalischen Haustypus finden wir in Pompeji noch im Haus des Chirurgen. Der kleine Garten, der sich an die Hinterwand des Atriums anschloß, erweiterte sich unter griechischem Einfluß zum Peristylium. Die fremde Herkunft erweisen die Namen der einzelnen Räume. Zeigen im altitalischen Haus die Bezeichnungen der Räume (fauces, atrium, alae, tablinum) auf lateinische Ausdrücke, so sind die Teile des neuen Zubaues griechischen Ursprungs (peristylium, triclinium, oecus, exedra). Das Peristylium ist ein vergrößerter Garten, rings von Säulen umgeben, von denen man auf allen Seiten in Räume von verschiedener Größe gelangt. Die größten, die *exedra* und das *triclinium,* sind an der Hinterseite. Die *exedra* war eine Art Veranda, nach einer Seite hin offen, zum Sitzen eingerichtet, meist halbrund, mit vorgelegter Säulenhalle. Der *oecus* war ein Gesellschaftssaal. Vielfach war auch das pompejanische Haus gegen die Straße nicht abgeschlossen, sondern öffnete zur Straßenfront seine Räume, die als Läden (tabernae) benützt wurden. Größere Häuser hatten außer dem Haupteingang noch eine seitliche Nebentür, das *posticum,* für die Sklaven und die Boten, die die Küche belieferten. Der Garten hatte oft in der Mitte ein Becken mit Wasserspielen und darum schön gepflegte Rasenbeete mit leuchtenden Blumen, vor allem Rosen und Lilien; auch kleine Marmortischchen, Statuetten und Säulchen schmückten das Peristylium. Reichten die Räume nicht aus, so wurde ein weiteres Atriumhaus mit Peristylium angebaut, manche Villen wiesen auch zwei oder drei Peristylanlagen hintereinander auf.

Gewöhnlich betritt man Pompeji von der Meeresseite her durch das lange dunkle Stadttor (die *Porta Marina)* und erreicht, eine kurze Straße ansteigend, den Hauptplatz der Stadt, das Forum. Zur rechten Hand kommt man an dem *Antiquarium* vorüber. Es enthält allerlei Fundgegenstände von den Ausgrabungen, Bruchstücke der Tempel und profanen Gebäude, Gerätschaften und Gipsabgüsse der Leichen. Die Toten waren von den Lapilli, den kleinen Steinen, gänzlich zugedeckt worden. Wenn der Körper im Laufe der Jahrhunderte verweste, so hinterließ er in der verhärteten Aschenschicht einen Hohlraum. Stieß nun die grabende Hacke auf einen solchen, so goß man in die aufgerissene Öffnung flüssigen Gips und füllte damit den leeren Raum völlig aus. Beim Bloßlegen erhielt man den Gipskörper, der die den Toten umschließende Gesteinshülle abgeformt hatte.

Forum und öffentliche Bauten

Knapp vor dem Eingang ins Forum steht rechts die *Basilica,* der prächtigste Profanbau Pompejis. Sie war eine rechteckige Halle mit zweistöckigem Säulengang und wurde erst kürzlich teilweise restauriert. In ihr spielten sich der Geschäftsverkehr und die Gerichtsverhandlungen ab. Gegenüber erstreckt sich der *Apollotempel,* von einem Säulengang umgeben.

Mit dem Apollotempel haben wir das *Forum* erreicht, jenen Platz (38×142 m), der, umgeben von den wichtigsten Gebäuden, das Zentrum des religiösen, politischen und wirtschaftlichen Lebens war. Um ihn lief ein zweistöckiger, säulengetragener Umgang. Auf seiner Nordseite ragte auf hohem Sockel der *Jupitertempel* mit dem Vesuv im Hintergrund. Zwei Treppen führten hinauf zum Pronaos, an den sich die dreischiffige Zella schließt, wohl für die Göttertrias Jupiter, Juno und Minerva bestimmt. Auf der Ostseite lag das *Macellum,* die große Markthalle. Das anschließende Gebäude mit großer Apsis war das *Larenheiligtum,* daneben der *Tempel des*

Genius des Augustus und endlich das weitläufige *Gebäude der Priesterin Eumachia,* der Schützerin der Tuchwalkerzunft (fullones). Hier hatten die Tuchwalker und Wollstoffhändler ihren Sitz und ihre Verkaufshalle. Den Südrand des Forums säumen drei Gebäude, in der Mitte die *Curia* und die *Amtsgebäude der Duumvirn,* der Bürgermeister der Stadt, und der *Ädilen.*

Von der Via dell'Abbondanza zweigt der Weg ab zum *forum triangulare,* dem dreieckigen Marktplatz, so benannt nach seiner eigentümlichen Gestalt. Er war von 95 dorischen Säulen umgeben, von denen ein Drittel wiederaufgestellt ist. Daneben am Hügelabhang ein großes Freilichttheater, *teatro scoperto,* für 5.000 Zuschauer. Südlich anschließend die *Gladiatorenkaserne* mit der viereckigen Palaestra, dem Sportplatz. In nächster Nachbarschaft erhebt sich das kleine überdachte Theater, *teatro coperto,* es faßte 1.500 Zuschauer und war für Konzerte und Pantomimen bestimmt.

Vom Ostende der Via dell'Abbondanza gelangt man zum *Amphitheater,* wo Gladiatorenkämpfe und Tierhetzen (venationes) abgehalten wurden. Es hat eine axiale Ausdehnung von 136×104 m. Sein Fassungsraum diente für 10.000 bis 12.000 Zuschauer. Daneben legte man erst 1936 eine *Palaestra* frei. Sie ist eine ungefähr 130×140 m große Fläche mit einem prächtigen Schwimmbecken (natatio) in der Mitte.

Die Pompejaner waren begeisterte Besucher des Amphitheaters und folgten mit mehr als südlicher Leidenschaft dem Verlauf der Spiele. Als im Jahre 59 n. Chr. bei einem Wettkampf Bewohner aus Pompeji und aus dem benachbarten Nucéria anwesend waren, ergriffen die einen für dieses und die anderen für jenes Gladiatorenpaar Partei mit einer solchen Begeisterung, daß es zwischen den beiden Städten zu einem blutigen Streit kam. Auf eine Anzeige in Rom wurde das Amphitheater für zehn Jahre geschlossen.

Außer den vielen Privatbädern in den Villen hatte Pompeji auch öffentliche *Badeanstalten,* von denen drei ausgegraben sind, die Stabianer Thermen, Forumsthermen und Zentralthermen. Damit wäre der Gang zu den großen öffenlichen Bauten abgeschlossen.

Privathäuser

Für die vielen freigelegten und jetzt zugänglichen Wohnbauten beispielhaft ist einer, der mit seinen in situ erhaltenen herrlichen Malereien, seinem ziemlich unversehrten, malerischen Peristyl und seinen wiederhergestellten und überdachten Räumen das lehrreichste Beispiel einer pompejanischen Villa bietet, nämlich die *Casa dei Vettii.*

Die Besitzer, die Freigelassenen Aulus Vettius Restitutus und Aulus Vettius Conviva, waren sehr reiche Kaufleute. Der Eintritt in das überdeckte Atrium läßt uns die eigentümlich-wohlige Wirkung des durch das *compluvium* eindringenden Lichtes erkennen, die bei den übrigen ihrer Dächer beraubten Häuser nicht beachtet werden kann. Das Haus besteht aus zwei Teilen. Der Hauptteil breitet sich um ein großes Atrium und großes Peristyl aus, der zweite Teil ordnet sich um ein kleineres Atrium, die Küche und die Wirtschaftsräume. Das vornehmste Gemach des Hauses ist das Speise- und Gesellschaftszimmer, und dort wieder ist das Schönste die auf schwarzem Grund in leuchtenden Farben ausgeführte Malerei. Sie zeigt zierliche Amoretten als Wagenlenker in der Rennbahn und als Goldschmiede bei ihrer Arbeit. Die bewegten Szenen sind voll Leben und Humor. Aber mindestens ebenso lebendig wie aus diesen Bildern spricht das Altertum zu uns im Garten des Peristyls. Man hat bei den Ausgrabungen alle Gegenstände an ihrem Platz belassen. Zwölf Statuetten entsandten einst ihre Wasserstrahlen in die eckigen und runden Marmorbecken, die den Raum umgeben. Neun davon sind noch da, ebenso die Röhren der Wasserleitung. Man hat sie wiederhergestellt, auch hat man die Beete mit Blumen bepflanzt.

Von dem gewerblichen Leben, das einst in Pompeji herrschte, geben uns wiedergefundene Werkstätten, Niederlagen, vor allem aber auch Inschriften Kunde. Wir begegnen den Tuchwalkereien (fullonica), den Mühlen (pistrinum) und den anschließenden Backstuben, gehen an Fleischer-, Obst- und Ölläden vorüber. In den Mosaiken der Hausflure begegnet uns öfters der Hund, angekettet, mit der Warnung: Cave Canem = Achtung, bissiger Hund! Auf einen stärkeren Fremdenzustrom deuten die vielen Weinschenken. Die Wirtshäuser hießen entweder nach dem Wirt, z. B. »Gasthaus des Hermes«, oder nach einem Tier, das sie als Wahrzeichen führen, z. B. »Wirtshaus zum Elefanten«. Die Schanktische hatten kreisrunde Vertiefungen für das Einsetzen der spitzen Weinamphoren.

Wandinschriften

Gelegenheitsinschriften sind mit roter Farbe auf die weißen Hauswände geschrieben. In ihnen erleben wir die Tagesfreuden und Tagessorgen der Bewohner. Vor allem lesen wir Wahlaufrufe. Mit großen Buchstaben wird der Name des Kandidaten geschrieben, dazu das Amt, um das er sich bewirbt, und endlich die Empfehlung eines anderen:

L. Pop(idium) Secund(um)
aed(ilem) d(ignum) r(e) p(ublica) Tiburtinus rogat

Tiburtinus bittet, den Lucius Popidius Secundus zum Ädilen zu wählen, der würdig ist für ein öffentliches Amt.

Auch Ankündigungen von Spielen kann man an den Mauern lesen, entsprechend unseren heutigen Plakaten:

A Ssuettii Cerii
Aedilis Familia Gladiatoria
Pugnabit Pompeis Pr. K. Iunias
Venatio Et Vela Erunt

Die Gladiatorengruppe des Ädilen Aulus Suetius Cerius wird in Pompeji am Vortag der Kalenden des Juni (31. Mai) kämpfen. Eine Tierhetze wird stattfinden, und Schutztücher (gegen die Sonne) werden aufgespannt sein.

Besonders zahlreich sind die Wandinschriften in den Wirtshäusern. Da spottet einer über den Wirt, der den Wein tauft:

Talia te fallant utinam mendacia, copo!
Tu vendis acuam, et bibis ipse merum.
Möchtest du doch, o Wirt, an deinen Lügen ersticken,
Wasser schenkst du uns ein, selbst säufst du den Wein.

Verkäufer notieren Rechnungen und die Schulden ihrer Kunden an die Wände, Verliebte schicken dem fernen Mädchen Grüße, Schulkinder freuen sich an ihren ersten Schreibversuchen und kritzeln lustige Figürchen auf die Mauern.

Gräberstraße

Landschaftlich der schönste Punkt der wiederausgegrabenen Stadt ist die *Via Herculana,* die nach Herculaneum führende Straße vor dem Herculanertor. Auf beiden Seiten zieren sie Gräber mit architektonischem Aufbau, einem Altar oder einem Tempel, einem Triumphbogen oder auch nur mit einer Nische als Sitzbank. Zwei Zypressen eines alten Römergrabes ragen dunkel in die sommerwarme Luft, und hinter ihnen liegt wie eine Fata Morgana die stille geheimnisvolle Stadt.

Die Spiele

Die Kaiser bedienten sich zur Festigung und Erhaltung ihrer Herrschaft über das Volk von Rom der monatlichen Getreideverteilungen und der Festspiele. Auch in Zeiten, wo die Staatskasse leer war, feierte man mit allem Prunk die Spiele und sicherte damit die Zufriedenheit und Ordnung in der übervölkerten Großstadt.

Im Mittelpunkt der Beliebtheit standen die *ludi circenses,* die Zirkusspiele. Für ihre Vorführung waren eigene Gebäude errichtet worden. Als die bekanntesten werden erwähnt der Circus Flaminius auf dem Marsfeld, 221 erbaut, der Circus Gai, von Caligula auf dem vatikanischen Hügel aufgeführt, dessen Unterbauten später die Grundmauern der alten Peterskirche überdeckten, das Stadion des Domitian, dessen Raum jetzt die Piazza Navona einnimmt, und schließlich der älteste und größte von allen, der Circus Maximus.

Circus Maximus

Der *Circus Maximus,* der weltberühmte Stolz der Römer, war gleichsam schon von der Natur in der Talsenkung der *vallis Murcia* vorgebildet, die sich zwischen den parallelen Abhängen des Palatin und Aventin erstreckt. Der Zirkus wurde im Laufe der Jahrhunderte aus einer einfachen natürlichen Anlage zu einem der prächtigsten Bauwerke ausgestaltet. Anfangs hatte sich das Volk auf dem Rasen der Hügelhänge gelagert. Als sich jedoch die Zahl der Spiele mehrte, machte sich das Bedürfnis nach bequemeren Sitzgelegenheiten geltend. Die hölzernen Konstruktionen wurden in steinerne umgewandelt. Das Material wurde immer kostbarer: An die Stelle des Tuffsteins, den Julius Cäsar verwendet hatte, trat in der Kaiserzeit Marmor, zum farbigen Anstrich diente Bronzeverzierung und Vergoldung.

Die *Arena* hat etwa die Gestalt eines liegenden romanischen Rundbogenfensters. An den beiden Langseiten und an dem Rundbogen stiegen die amphitheatralischen Sitzreihen empor, während die nach Nordwesten gerichtete Basis von den Ablaufständen (carceres) besetzt war. Die Arena war in der Richtung ihrer Längsachse durch einen gemauerten Wall (*spina* = Rückgrat) in zwei gleiche Hälften geteilt. Die *spina* war jedoch kürzer als die Längsachse. Ihren Enden gegenüber lag je ein großes Tor.
Die Arena, ein sandiger Platz, wie der Name besagt, war vollständig eben. Der Sand hatte vornehmlich den Zweck, den Aufschlag der hufeisenlosen Pferde zu mildern. Um besondere Farbenwirkungen zu erzielen, ließen die Festgeber den Platz mit rotem Mennig, mit Kupfergrün oder mit Marienglasschuppen überstreuen. Rings um die 650 m lange Bahn lief mit Ausnahme der Schmalseite, an der sich die *carceres* befanden, ein 3 m breiter und ebenso tiefer Wassergraben (euripus), der den Zweck hatte, die Gefährdung der Zuschauer zu verhüten und erfrischende Kühlung zu spenden. Als unter Nero im Jahre 64 der Brand Roms den Zirkus fast gänzlich in Schutt gelegt hatte, wurde beim Neubau der Graben zugeworfen und der dadurch gewonnene Raum zur Vermehrung der Sitzplätze verwendet.
Die *spina* hatte den Zweck, die Arena in zwei nebeneinander herlaufende Bahnen zu trennen und zu verhüten, daß Gespanne aus der einen Bahn in die andere ausbrächen. Ihre Höhe betrug etwa 1$^{1}/_{2}$ m, ihre Breite 6 m. Ihr Mauerwerk bestand aus Marmorquadern, Götterbilder wurden auf ihr errichtet, so das Bild der auf einem Löwen sitzenden »großen Mutter« Kybele, und ähnlich wie in dem großen Hippodrom zu Olympia schwebte an beiden Enden des Walles je eine beschwingte Victoria auf hoher Säule. Neben ihnen war eine sinnreiche Vorrichtung angebracht, die es den Rennfahrern wie den Zuschauern ermöglichte, leicht zu erkennen, wie viele von den sieben Umfahrten bereits zurückgelegt seien: gegenüber den *carceres* 7 Delphine, auf dem anderen Ende der *spina* 7 riesige Eier. Sooft das vorderste Gespann eine Umfahrung vollendet hatte, wurden ein Ei und ein Delphin herabgenommen. Den Hauptschmuck der *spina* bildete der Obelisk von Ramses II., den Augustus aus Heliopolis mitgebracht hatte und der jetzt die Piazza del Popolo ziert.
Jedem der beiden Enden der *spina* war, wenige Schritte davon entfernt, ein massiv gemauertes Halbrund vorgelagert. Um diese Halbrundteile fuhren die Gespanne in möglichst kurzem Bogen herum. Der Zwischenraum zwischen dem Ende der *spina* und dem Halbrundteil bot denen, die hier Schiffbruch erlitten hatten, eine vorläufige Zufluchtsstätte vor den hinter ihnen hersausenden Wagen. Hier waren sicherlich auch Leute aufgestellt, die ihnen Erste Hilfe brachten und die Trümmer des Gefährtes bergen konnten. Wie auf die *spina* selbst, so führten auch auf diese Vorbaue von innen Treppen. Jeder der beiden Vorbaue war mit drei konisch zugespitzten Säulen geziert. Diese Säulen, ursprünglich aus Holz, seit Claudius aus ver-

goldeter Bronze, ließen die Wagenlenker schon von weitem das gefahrvolle Ziel erkennen, um das sie herumsteuern mußten. Die halbkreisförmige Basis samt den Säulen nannten die Römer *meta* (von metiri = messen); denn die Entfernung dieser beiden Punkte voneinander bestimmte das Maß der Bahnlänge.

carceres

Die *carceres* (Schranken, Ablaufstände) waren früher aus Tuffstein, später aber bei dem Neubau unter Kaiser Claudius aus Marmor gebaute Schuppen mit gewölbten Decken. Da man nicht selten sieben oder noch mehr Pferde nebeneinanderspannte, so müssen die Schuppen ziemlich breit gewesen sein. Sie waren durch Wände voneinander getrennt. Doppelflügelige eiserne Gittertüren verschlossen die Ausgänge nach der Bahn zu. Eine sinnreiche Vorrichtung ermöglichte die gleichzeitige Öffnung dieser Türen in der Weise, daß durch die Anspannung eines einzigen Taues sämtliche Riegel (repagula) in ein und demselben Augenblick weggezogen wurden. Die Zahl der Stände belief sich auf acht, später auf zwölf. Die *carceres* lagen nicht auf einer geraden Linie, sondern auf einem nach außen zu gekrümmten Kreisbogen, der sich nach der rechten Bahn hin öffnete; denn in dieser begann die Wettfahrt. Eine Folge davon war, daß die Bedingungen für den Start ausgeglichen waren.

Über dem Haupteingang erhob sich der von einem Baldachin überdachte Ehrenplatz des Spielvorstehers.

Zuschauerraum

Für einen, der, in der Arena stehend, seine Augen in die Runde schweifen ließ, mußten die langgestreckten, in amphitheatralischer Anordnung bis zu bedeutender Höhe ansteigenden Sitzreihen des Zuschauerraumes einen geradezu überwältigenden Eindruck machen. Die untersten, dicht an der Arena gelegenen Reihen waren den Senatoren, die darüber befindlichen den Rittern vorbehalten. Das zweite Stockwerk, von den Plätzen der bevorzugten Stände durch einen ringsherum laufenden breiten Gürtel getrennt, war für die schaulustige Menge der übrigen Bürger bestimmt. Das dritte Stockwerk, in dem sich die ärmste Bevölkerung drängte, war von Holz und wurde deshalb zu wiederholten Malen ein Raub der Flammen. Auch Einstürze infolge zu starker Belastung kamen vor; unter Diokletian sollen dabei 13.000 Menschen ihr Leben eingebüßt haben. Da der Zuschauerraum unter den Kaisern immer mehr erweitert wurde, wuchs auch die Menschenzahl, die er zu fassen vermochte, ins ungeheure. Zu Cäsars Zeit betrug sein Gesamtumfang $1^1/_2$ km. 150.000 Menschen fanden darin Platz. Diese Zahl stieg bereits unter Vespasian auf 250.000, im 4. Jahrhundert auf 385.000.

Der Platz für den Kaiser und seine Familie befand sich auf der Senatorengalerie. Augustus und nach ihm noch andere Kaiser ließen sich dort eine Loge (pulvinar) errichten, um sich den lästigen Blicken des Publikums zu entziehen. Trajan wurde von dem jüngeren Plinius gelobt, weil er diese Loge wieder beseitigen ließ.

Einen besonderen Platz hatten auch die Preisrichter. Von der den *carceres* nächsten *meta* war auf der linken Langseite eine weiße Linie (creta = Kreide) über den Boden gezogen. Dort, wo diese Linie auf den Zuschauerraum stieß, war das »tribunal iudicum, qui praesident ad cretam«.
Die Sitze wurden von einem dreifachen Stockwerk regelmäßig gegliederter Bogenwölbungen getragen. Jedes dritte Gewölbe diente als Eingang und enthielt die Treppen zu den Stockwerken. Die Römer nannten die Zugänge sehr bezeichnend »vomitoria« (vomere = speien), weil es bei der Entleerung des Zirkus aussah, als würde die dichtgedrängte Zuschauermenge aus einem dunklen Rachen ausgespien.
In der alten Zeit hatten es römische Bürger für eine Ehre gehalten, am Festtage der kapitolinischen Götter den Rennwagen zu besteigen. Das Zwölftafelgesetz bestimmte, daß ein bei solcher Wettfahrt errungener Siegeskranz dem Toten auf die Bahre gelegt werden solle. Damals hatte man auch die Wagenrennen auf die Zeit einer Stunde beschränkt. Das änderte sich am Ende der Republik. Die Spiele verweltlichten immer mehr. Damit hörte das Auftreten in der Rennbahn auf, eine Ehre zu sein. Der Bürger überließ das Geschäft des Wagenlenkens Sklaven und Freigelassenen. Die Zeit, die den Rennen eingeräumt wurde, wuchs: Zehn bis zwölf Rennen (missus) mit einem Zeitaufwand von sechs bis acht Stunden waren in der Kaiserzeit etwas ganz Gewöhnliches. Caligula hat an einem Tage vierundzwanzigmal rennen lassen. Die Festgeber mußten, um sich die Gunst der Menge zu sichern, darauf bedacht sein, durch immer neue Überraschungen das Dagewesene zu überbieten. Wehe dem Kaiser, der sein Ohr dem Pöbelrufe: »Panem et circenses!« verschließen wollte! Außer Tiberius hat es keiner gewagt.
Das Wagenlenken mit all seinen Kniffen war eine Kunst, die von früher Jugend an eifrig geübt sein wollte; es war aber auch ein Gewerbe, das dem Virtuosen reichen Gewinn einbrachte. Für die Rennen war ein so großes Aufgebot an Leuten, Pferden und Wagen notwendig, daß ein Festgeber nicht mehr in der Lage war, dies alles zu bestreiten. Es hatten sich deshalb

Renngesellschaften

schon in republikanischer Zeit Gesellschaften gebildet, die über große Sklavenfamilien, edle Gestüte und alle sonstigen Rennerfordernisse verfügten. Wollte nun ein Beamter Wagenrennen veranstalten, setzte er sich mit diesen Gesellschaften in Verbindung. Der Wettbewerb, in dem die Renngesellschaften untereinander standen, gab dazu Anlaß, daß jede mit einer besonderen Farbe ihre Gespanne kennzeichnete. Die Gesellschaften wurden als Parteien (factiones) bezeichnet. Die Leiter (domini factionum) gehörten in der Regel dem Ritterstande an. Anfänglich gab es nur die weiße und rote Partei (factio albata und factio russata). Zu Beginn der Kaiserzeit überflügelten die Grünen (factio prasina) und die Blauen (factio veneta) die älteren Parteien, bis sich diese schließlich mit ihnen verbanden.
Die Parteiung teilte sich nach Einführung der Farben den Zirkusbesuchern,

ja schließlich der ganzen Bevölkerung Roms mit, diese vom Kaiser bis zum niedrigsten Sklaven in viele Lager spaltend. Nichts wirft ein so klares Licht auf die sittliche Entartung jener Jahrhunderte als diese im Leben der Völker einzig dastehende Erscheinung. Der Sieg eines Rennfahrers wurde zur ernsthaftesten Haupt- und Staatsaktion aufgebauscht. Ungeachtet der wüsten, ja blutigen Ausschreitungen nährten die Kaiser, selbst die besten, diese niedrigen Leidenschaften, froh, daß sie einen für sie ungefährlichen Tummelplatz gefunden hatten. In der heutigen Zeit bietet die Fußballeidenschaft der »Fans« für ihre Lieblingsmannschaften gewisse Parallelen.

Rennfahrer

Es mußte den Renngesellschaften daran gelegen sein, die erfolgreichsten Wagenlenker in ihren Dienst zu bekommen. Es war eine ganz gewöhnliche Tatsache, daß die Rennfahrer die Farben wechselten. Das Gewerbe der Wagenlenker (aurigae) galt nicht wie das der Schauspieler und Gladiatoren für ehrlos. Waren sie mit einem Zweigespann erfolgreich aufgetreten, so machten sie sich an immer schwierigere Aufgaben und spannten drei, vier und mehr Pferde vor ihren Wagen. Sie waren nur mit einer Tunika in der Farbe der Partei bekleidet. Darüber waren um Brust und Bauch die Leitriemen der Pferde geschnürt. Zwischen den Riemen stak ein Messer, mit dem im Notfall die Zügel durchgeschnitten wurden. Für die Gefährlichkeit ihres Berufes wurden die Fahrer reich entschädigt. Geschickte Wagenlenker konnten es zu einem Vermögen bringen. Der ideale Siegespreis (brabeum) bestand aus einem Palmenzweig oder grünen Kranz. Die Helden der Rennbahn wurden von ihrer Partei vergöttert, von Dichtern verherrlicht, auf Bildsäulen verewigt; für ganz Rom bildeten sie und ihre Pferde den Gegenstand eifrigster Unterhaltung.

Pferde

Da der Bedarf an Rennpferden für Rom und die Rennplätze vieler anderer Städte außerordentlich groß war, nahm die Pferdezucht einen gewaltigen Aufschwung. In Italien entsprachen die ausgedehnten Weidestätten Kalabriens und Apuliens diesem Zwecke vortrefflich. Aber das Mutterland vermochte den Bedarf nicht zu decken; man bezog die Rennpferde auch aus den Provinzen. Sizilien verwandelte schon bei Beginn der Kaiserzeit seine fruchtbaren Äcker in Tummelplätze für hochgeschätzte Renner. In Griechenland stand die Thessalische Ebene von alters her in dem Rufe ausgezeichneter Pferdezucht. Berberhengste von der Nordküste Afrikas hatten schon in Griechenland häufig die olympische Palme erstritten. Im 3. und 4. Jh. n. Chr. gab man der kappadokischen und spanischen Zucht den Vorzug. Der passionierte Zirkusbesucher wußte außer den Namen der Pferde ihr Alter, ihren Stammbaum und ihre Siege aufzuzählen.

Ein Rennpferd wurde mit drei Jahren ins Training und mit fünf Jahren zum erstenmal in die Rennbahn gebracht. Die Namen der berühmten Sieger gingen von Mund zu Mund und waren auch in den Provinzen bekannt. Wie wir aus Inschriften wissen, hat das Pferd Tuscus 386mal gesiegt, das Pferd Victor lief 429mal als erstes durchs Ziel.

Die Rennwagen benannte man nach der Zahl der vorgespannten Pferde. Es gab Zweigespanne (bigae), Dreigespanne (trigae), Viergespanne (quadrigae), Gespanne zu sechs Pferden (seiuges) usw. Die Wagen waren klein und immer zweiräderig. Die Pferde wurden nicht hintereinander, sondern nebeneinander gespannt.

Rennen Das römische Volk nahm mit Leidenschaft Anteil an den Vorführungen. Schon vor Beginn war man in erregter Stimmung: der riesige Raum mit den vielen, vielen Menschen, mitten unter ihnen der Kaiser mit seinem Hof, vor den Schranken die Gespanne mit ihren Lenkern. In fieberhafter Spannung tauschte man lebhaft Vorhersagen, alles glühte von Leidenschaft und Ungewißheit. Die Stimmung mag etwa der vor einem modernen Grand Prix geglichen haben.

Da endlich fällt das weiße Tuch (mappa) des Festgebers: das Zeichen zum Beginn. Schon springen die Flügeltüren auf, unter Trompetenklängen stürzen die Renner aus den *carceres,* hochaufgerichtet stehen die Lenker, fest umklammert die Linke die Zügel. Mit flüchtigen Hufen sausen die Pferde über die Bahn, Staub folgt dem bunten Knäuel der Gespanne, da naht die *meta,* es gilt, in kleinster Kurve herumzufahren, dabei die Mitfahrer im Auge zu behalten, die Pferde völlig in der Gewalt zu haben. Von ihrer Lenksamkeit hängt alles ab, besonders von dem linken Tier am inneren Flügel, dem *equus funalis.* Denn es ist nicht an den Wagen gespannt, sondern nur mit einem Seil (funis) an die anderen gekoppelt. Mit wildem Schreien begleiten die Zuschauer die glückliche Wendung. Und schon kommt die andere *meta* in Sicht, immer wieder die gleichen Rufe des Schreckens, der gleiche Freudenrausch des Gelingens. Endlich naht das Ziel. Tobender Beifall braust durch das Stadion und grüßt den Sieger, der allen Tücken der Rennbahn, allen Angriffen der Konkurrenten mit kühnem Geschick glücklich entkommen ist. Unter jauchzendem Jubel der Menge lenkt der Sieger seine mit Schaum und Staub bedeckten Pferde in verlangsamtem Lauf zur Loge des Festgebers und empfängt, sich verneigend, die Siegespalme.

Sieger Inschriften, auf denen die Rennfahrer ihre Sieger verewigten, bezeugen Zahl und Art der siegreichen Rennen. So heißt es einmal: »Erupit et vicit.« Er brach noch im letzten Augenblick, wo schon alles verloren schien, aus der Reihe und siegte. Diese kühnen *aurigae* waren der Stolz der Römer, immer wieder haben sie den Sieg davongetragen, *Scorpus* 1.043mal, *Pompeius Musclosus* gar 3.559mal. Immer wieder haben sie ihr Leben eingesetzt, stürmten sie von Sieg zu Sieg, häuften sie Gewinne von Millionen Sesterzen. Kein Wunder, daß die Spielleidenschaft auch die höchsten Gesellschaftskreise ergriff, daß Caligula stundenlang bei den Pferden und den Wagenlenkern in den Ställen verweilte, daß sogar Nero in seiner krankhaften Eitelkeit sich als Wagenlenker dem Volke zeigte.

Auf ihre Partei setzten die Reichen ein Vermögen, die Armen die ganze

Spende ihres Patrons. Daher dieser lärmende Ausbruch der Freude oder der Enttäuschung bei Verkündigung des siegreichen Fahrers. Nur wenige ernste Geister mahnten zur Einkehr, wie der jüngere Plinius oder der weise Philosophenkaiser Mark Aurel. Aber für die breite Masse waren die Spiele Ablenkung von dem Aufruhr, Sicherung des allgemeinen Friedens, und daher haben sie staatskluge Kaiser, auch wenn sie persönlich anderer Meinung waren, mit allen Mitteln gefördert.

Fechterspiele des Amphitheaters

Hatten die Wettkämpfe im Zirkus, wo trotz allen Gefahren doch noch Kraft, Übung und Gewandtheit Aussicht auf ehrenden Sieg boten, ihr Vorbild in den Wagenrennen des griechischen Hippodroms, so sind die blutigen Schauspiele des *Amphitheaters* auf italischem Boden entsprungen und von den Etruskern über Kampanien nach Latium eingedrungen. Die Gladiatorenkämpfe *(munera gladiatoria)* waren ursprünglich Leichenspiele, die zu Ehren des Toten an dessen Scheiterhaufen abgehalten wurden. In Rom sah man sie zum erstenmal im Jahre 264 v. Chr.; 105 v. Chr. wurden die Gladiatorenspiele zum erstenmal durch die beiden Konsuln des Jahres von Amts wegen, vermutlich zu militärischen Zwecken, veranstaltet. Von da an bilden sie einen fast regelmäßigen Bestandteil des römischen Festprogramms. 29 v. Chr. erbaute *Statilius Taurus* in Rom das erste ständige Amphitheater aus Stein nach dem Muster gleicher Anlagen in Kampanien. Bei der Beliebtheit dieser Spiele erhielt fast jede bedeutende Stadt in den Provinzen ihr Amphitheater. Zahlreiche Ruinen sind erhalten, namentlich die sogenannte Arena in Verona und in mehreren Städten Südfrankreichs, z. B. in Nîmes. Alle aber übertraf das von den Kaisern des flavischen Hauses angelegte sogenannte *Kolosseum* in Rom.

Gladiatoren

Die *Gladiatoren* waren Verbrecher, Kriegsgefangene, Sklaven oder angeworbene Freie. Sie waren in Kasernen, den Gladiatorenschulen, eingeschlossen. In den Schulen herrschte eine harte Zucht. Auch für geringfügige Vergehen wurden schwere Strafen verhängt. Durch gesunde, geregelte Lebensweise und reichliche Kost wurde für leibliches Wohlbefinden gesorgt. Dazu gab es ausgiebige Bewegung. Die größte Sorgfalt wurde auf die Ausbildung im kunstmäßigen Fechten unter Anleitung erprobter Fechtmeister (lanistae) verwandt. Am Vortag der Spiele wurde den Kämpfern ein Festschmaus bereitet, und das Volk konnte sie bei dieser Mahlzeit (libera cena) besuchen.

Kämpfe

Das Fechterspiel wurde mit einer *pompa,* einem Umzuge der festlich geschmückten Gladiatoren, eröffnet. Mit dem Rufe: »Ave Caesar, morituri te salutant!« hielten sie unter der kaiserlichen Loge. Nach einem Scheingefecht mit stumpfen Waffen als Vorspiel (prolusio) schritt man unter dem zündenden Schalle von Blasinstrumenten zum Ernstkampf. Es wurde paarweise (paria) oder truppweise (catervatim) gekämpft. Die lebhaften Zuschauer tadelten zornig den Zagen und fällten Todesurteile. War ein Fechter bis zur Kampfunfähigkeit verwundet, so legte er seinen Schild ab und streckte einen Finger der linken Hand empor. Wenn ihm das Publikum hold war, so zeigte es durch Tücherschwenken und gehobenen Daumen an, daß er aus dem Kampfe entlassen werden sollte, und schrie: »Mitte = laß ihn laufen«; anderenfalls wurde mit dem nach unten gewendeten Daumen (pollice verso) die Gebärde des Tötens gemacht: der Besiegte empfing den Todesstoß. Sklaven in der Maske des etruskischen Charon schafften die Leiche durch das Tor der Todesgöttin Libitina in die Leichenkammer (spoliarium), während der Sieger strahlend den ihm überreichten Palmenzweig schwenkte.

Die Gladiatoren waren nicht gleich bewaffnet, sondern es wurden die mannigfaltigsten Ausrüstungen erfunden oder solche besiegter Völker nachgeahmt. Die älteste Art waren die Samniten. Diese trugen einen reichverzierten Visierhelm; am linken Arme einen mächtigen, gebogenen Langschild (scutum), am rechten einen gepolsterten Fechtärmel (manica) und am linken Bein eine eherne Schiene. Der Unterleib war durch einen Schurz geschützt, die Brust unbedeckt. Als Stoßwaffe führten sie ein kurzes Schwert.

Eine merkwürdige Gattung waren die *retiarii*. Ihre Hauptwaffe bestand aus einem Netz (rete), das sie nach Art eines Lassos dem meist anders bewaffneten Gegner über den Kopf warfen. War ihnen das gelungen, so versetzten sie dem also Gefangenen mit ihrem Dreizack (fuscina) den Stoß. Ihnen wurden gewöhnlich die *murmillones* gegenübergestellt, auf deren Helm ein kleiner Fisch, *mormýlos,* abgebildet war. So stellt sich die Kampfart als ein Fischfang dar. Die *murmillones* waren schwer bewaffnet und hießen früher Galli.

Aber auch berittene Kämpfer fehlten nicht. Die Reiter (equites) sprengten mit eingelegter Lanze aufeinander los. Am beliebtesten waren die *essedarii,* die, die von Cäsar beschriebene britannische Kampfweise nachahmend, von dem Streitwagen (essedum) aus kämpften.

Tierhetzen

Auch an den Schaustellungen seltener fremder Tiere, zu denen die Triumphzüge frühzeitig Gelegenheit boten, fanden die Römer großen Gefallen. Aber man wollte die Tiere auch untereinander kämpfen sehen. Die erste derartige Tierhetze (venatio) veranstaltete in Rom 186 v. Chr. der Überwinder Ätoliens, *M. Fulvius Nobilior.* Diese Art von Schauspielen erreichte den Gipfel der Pracht namentlich durch den Ädilen M. Aemilius Scaurus (58), durch Cn. Pompejus Magnus (55) und C. Julius Cäsar (46).

In der ersten Zeit beschränkte man sich auf die Vorführung solcher Tiere, wie sie der italische Boden und die Provinz Africa trugen. Mit der gewaltigen Ausdehnung des Reiches wuchs aber die Gier, die tierischen Bewohner aus den fernsten Gegenden miteinander in blutigem Kampfe zu sehen. Elefanten, Nilpferde, Nashörner und Auerochsen schaffte man nach Rom, Löwen, Tiger, Panther, Leoparden, Bären und Eber waren schon etwas ganz Gewöhnliches. Auch an sich friedliche Tiere, wie Hirsche, Rehe,

Affen, Giraffen und Strauße, mischte man in den Kampf. In allen Teilen des Reiches waren Leute mit dem Fang, der Abrichtung und dem Transport solcher Tiere beschäftigt.
Aber auch der Mensch trat in die Schranken, um seine Kraft, Gewandtheit und List mit den Tieren zu messen. Solange dies Leute taten, die hieraus ein Gewerbe machten und hinlänglich geübt und bewaffnet die Tiere erlegten, war das ihre Sache. Wenn aber Todesurteile an Verbrechern oder gar an Unschuldigen, wie Kriegsgefangenen und Christen, auf diese Weise vollstreckt wurden, daß sie entweder angepfählt und völlig wehrlos oder zur Verlängerung ihrer Qual bewaffnet in die mit wilden Tieren bevölkerte Arena gesperrt wurden, so offenbarte sich hierin eine ganz unerhörte Grausamkeit.

Seeschlachten

Auch in den Seeschlachten (naumachiae), die mit möglichster Wirklichkeitstreue auf ausgehobenen Wasserbecken aufgeführt wurden, war das Wasser von Strömen Menschenblutes gerötet. Denn die Treue der Nachahmung ging so weit, daß nicht nur kostspielige Schiffe unbedenklich in den Grund gebohrt, sondern auch die Bemannung schonungslos niedergemetzelt wurde. Der erste, der auf diesen Gedanken kam, war C. Julius Cäsar, der bei seinen Triumphspielen 46 v. Chr. auf dem Marsfelde einen See ausgraben und darauf eine ägyptische und phönikische Flotte, mit tausend Seesoldaten und zweitausend Ruderern bemannt, gegeneinander fechten ließ.
Aber auch unsere Zeit kennt genug derartige Veranstaltungen: die bereits erwähnten Autorennen und Fußballspiele, ferner die Boxkämpfe und – als einzige (von Tierfreunden!) umstritten – die berühmten Stierkämpfe.

Die Adoptivkaiser 96—192 n. Chr.

Mit Domitians Tod war die erste Periode der Kaiserzeit zu Ende gegangen. Als Neuerung hatten in dieser Epoche frische Kräfte in die weitere Entwicklung des Staates eingegriffen: die Prätorianer und die Grenzheere, die die Thronfolge bestimmten. Mögen auch diese Männer in vieler Hinsicht versagt haben, so blieb doch der Friede bewahrt, das Reich durch eine Grenzbefestigung (limes) vor einem überraschenden Überfall geschützt. Durch ein weitverzweigtes Straßennetz war das Riesenreich zu einer großen Einheit zusammengeschlossen.

Da kein Thronerbe da war, so griff der Senat, der sich mit der Erblichkeit der Herrschaft nie abgefunden hatte, sofort ein. Er stellte den Ranghöchsten unter den Senatoren, den kränklichen *M. Cocceius Nerva,* an die Spitze des Staates, einen Mann aus einer angesehenen Juristenfamilie, der selbst ein Rechtsgelehrter war und auf dem Boden jenes neuen sittlichen Ideals stand, dem Herrschen vor allem Dienen bedeutet.

Nerva 96—98

Nerva machte sich zum Grundsatz, in allen politischen Dingen den Rat des Senates einzuholen. Er warf große Summen aus, um Italien neue Bauerngüter zu schaffen und die Abwanderung der italischen Bevölkerung aufzuhalten. Außerdem schuf Nerva eine großartige Stiftung für die Kindererziehung in den ärmeren Familien. Dadurch wollte er dem Geburtenrückgang entgegenwirken, der sich auch schon in den unteren Schichten bemerkbar machte. Die Kosten dieser Maßregeln hoffte er durch äußerste Sparsamkeit zu bestreiten. Aber den Getreideempfängern und den Soldaten gefielen die kaiserlichen Einschränkungen keineswegs. Sie zogen in hellen Haufen gegen den »alten Knauser« und verlangten die Auslieferung der Mörder Domitians. Auch bei den Grenzheeren gärte es. Der Senat war nicht imstande, seinen Parteigänger zu schützen. Da faßte der greise Herrscher einen Entschluß, der von den heilsamsten Folgen war. Er benutzte eine eben eingetroffene Siegesnachricht, stieg in glänzendem Aufzuge auf das Kapitol und verkündete dem Volke, er habe sich einen Sohn und Nachfolger gewählt, Ulpius Trajanus, den Heerführer der Legionen am Niederrhein. Diese Nachricht wirkte gleich einem Zauberschlag. Die Meuterei verstummte, Gehorsam, Vertrauen kehrten zurück. Der neue Regent, geboren 53 zu Italica (bei Sevilla in Spanien), der erste Provinziale auf dem Kaiserthron, hatte schon wie sein Vater die höchsten Ehrenstellen bekleidet und sich allgemeine Achtung erworben. Nerva konnte jetzt friedlich sein

Amt verwalten, starb aber schon drei Monate nach der Ausrufung Trajans.

Mit *M. Ulpius Traianus* kam das vom Senat bekämpfte Adoptionsprinzip wieder zur Geltung. Jeder Kaiser konnte, wenn er sich der Regierung nicht gewachsen fühlte, den geeignetsten Mann zum Nachfolger bestimmen. Tatsächlich hatten die weiteren Nachfolger keine männlichen Erben, schenkten durch ihre Adoption sehr wertvolle Männer dem römischen Thron und führten in der Folge eine segensreiche und friedvolle Zeit für Rom herauf. *Trajan 98—117*

Trajan erhielt die Nachricht von seiner Thronerhebung in Köln. Es war kennzeichnend für seinen Charakter, daß er erst seine Aufgabe an der Reichsgrenze, die seit dem Legionsaufstand unter Domitian (88/89) gefährdet schien, zu Ende führte und den Einzug in Rom trotz der Nachricht von Nervas Tod um nahezu zwei Jahre aufschob. In Rom angekommen, suchte der Kaiser sowohl eine enge Anlehnung an den Senat als auch eine feste Verbindung mit den Legionen, durch die er emporgekommen war. Das Volk sah in ihm den tapferen, milden und frommen Herrscher, der Senat den Menschen mit majestätischer Würde und einem gemäßigten, heiteren Sinn. Er kümmerte sich um das allgemeine Wohlergehen und sicherte die Freiheit des Reiches. Bald erfreute er sich des Rufes eines *optimus princeps.* Alle verehrten ihn, die Bürger, die in ihm den schützenden Vater sahen, die Soldaten, die ihn als treuen, tapferen, stets hilfsbereiten Kameraden kannten.

Er führte alle wichtigen Verhandlungen im Einvernehmen mit dem Senat und wendete sein besonderes Augenmerk einer sparsam geführten Finanzgebarung zu, um Geld für die gewaltigen Bauten im ganzen Reich freizubekommen.

Rom blieb für ihn der Mittelpunkt des Reiches. Hier schuf er zur Verewigung dieses Gedankens das gewaltige *Forum Traiani,* das noch heute in seinen Ruinen als der größte unter den kaiserlichen Marktplätzen erscheint. Der weitläufige Bau stammte von dem berühmten griechischen Architekten *Apollodoros* aus Damaskus, der durch den genialen, 1 km langen Bau der Donaubrücke unterhalb des Eisernen Tores den endgültigen Sieg über die Daker ermöglicht hatte. Er erhielt nun den Auftrag, ein Forum von solchem Glanze aufzuführen, daß man es unter die Sieben Weltwunder einreihen sollte. *Trajansforum*

Die sehr kostspieligen Baumittel standen zur Verfügung. Das *Trajansforum* sollte beim Kapitol liegen, aber dort war schon der ganze Umkreis mit Bauten besetzt. So blieb für eine Anlage von den geplanten riesigen Dimensionen nur der Ausweg, den vom Quirinal gegen das Kapitol vorgeschobenen Bergrücken von ungefähr 30 m Höhe abzutragen, eine bei den damaligen technischen Hilfsmitteln ganz erstaunliche Leistung. Die Anlage, die uns die im Jahre 1932 durchgeführten Ausgrabungen Corrado Riccis zugänglich gemacht haben, besteht aus drei Teilen. Zuerst betrat man das neue Forum mit einer von *Marmorfliesen* gedeckten Fläche von 116×95 m. Ein Triumphbogen bildete den Eingang. Den Bogen krönte ein Sechsgespann mit dem Kaiser im Triumphwagen. In der Mitte des Forumsplatzes stand das Bronzereitermonument des Kaisers. Die Nordseite des großen Hofes schlossen die Marktanlagen ab. Noch heute hebt sich das ziegelrote, mächtige Halbrund in sechs Stockwerken, eingebaut in den Abhang des Quirinals, das über Stiegen und Straßen durchwandert werden kann. Es war ein Riesenkaufhaus mit 150 Verkaufsläden (tabernae).

An die Westseite des Hofes schloß sich die 130×25 m große fünfschiffige *Basilica Ulpia* mit 96 Säulen. Durch sie hindurch gelangte man auf einen kleinen Platz, in dessen Mitte sich die anläßlich der Siege des Kaisers in Dakien errichtete *Ehrensäule* erhebt. Die Säulenhöhe, die mit der Basis zusammen 38 m beträgt, sollte nach der Sockelinschrift »ad declarandum quantae altitudinis mons et locus tantis operibus sit egestus« (um darzutun, bis zu welcher Höhe Berg und Platz durch solch ein Unternehmen abgetragen wurde) bezeugen, mit wieviel Mühe nur die Anlage entstehen konnte. Die Reliefsäule setzt sich aus 17 kolossalen Trommeln von parischem Marmor zusammen, im Innern führt eine Schneckenstiege von 185 Stufen auf die obere Plattform und wird durch 43 kleine Lichtschlitze erleuchtet. An Stelle der einstigen vergoldeten Bronzestatue Trajans ziert jetzt eine Petrusfigur die Spitze. Der Sockel enthielt die vergoldete Aschenurne des Kaisers.

Die Säule war von je einem mehrstöckigen Bibliotheksgebäude flankiert, das eine für griechische, das andere für lateinische Schriftsteller bestimmt. Von den Stockwerken konnte man das mehr als 200 m lange Reliefband müheloser und besser betrachten als heute von dem Ausgrabungsplatz. Das Spiralband mit den rund 2.500 Figuren erzählt von den zwei dakischen Feldzügen des Kaisers.

Die dakischen Kriege

Trajan war sich bewußt, daß der mächtige Staat der Daker an der unteren Donau eine ständige Gefahr des Zweifrontenkrieges bildete. Daher bereitete er den Angriff durch den Bau von Heeresstraßen und die Verschiebung der Truppen vom Rhein nach dem Osten sorgfältig vor. Im Frühjahr 101 reiste der Kaiser zum Heer. Trotz einigen Teilerfolgen konnte aber der Dakerkönig nicht bezwungen werden. Im darauffolgenden Winter drang er über die Donau tief in die römische Provinz ein. Erst im nächsten Jahre konnten die römischen Truppen den feindlichen Widerstand brechen und die dakische Hauptstadt *Sarmizegetusa* bedrohen. Da ergab sich Dekebalos bedingungslos, mußte alle Überläufer ausliefern und alle Eroberungen abtreten. Dakien wurde römischer Klientelstaat, der Kaiser feierte einen glänzenden Triumph und fügte zu seinem alten Beinamen Germanicus noch den neuen Dacius dazu. Als aber Dekebalos auch jetzt noch nicht ruhte, setzte Trajan bei Turn-Severin auf der von Apollodoros gebauten Brücke über die Donau und besetzte die Hauptstadt. Da gab Dekebalos jeden Widerstand auf und

beging Selbstmord. Dakien wurde römische Provinz. Bald blühte in der ganzen Gegend italisches Leben auf den Trümmern des Dakerstaates, und besonders die Goldgruben im Gebiet des Marosch zogen Einwanderer an. Die Bevölkerung nahm bald römische Kultur und Sprache an und blieb seither bis in unsere Gegenwart romanisch.
In Verbindung mit der Einrichtung der neuen Provinz schob Trajan die Grenzen der Provinz Mösien bis an die Donaumündung vor und nahm auch das jenseitige Küstengebiet bis zur Dnjeprmündung unter römische Oberhoheit, so daß eine Landverbindung bis zu dem Bosporanischen Lehensstaate geschaffen war. Seitdem lag der militärische Schwerpunkt der römischen Machtstellung an der Donau.

Verwaltungsmaßnahmen

Nach dem Dakerkriege kamen sieben ruhige Jahre, in denen Trajan seine friedliche Tätigkeit für das Wohl des Staates fortsetzen konnte. Trotz den Aufwendungen für einen langen Krieg vermochte er bei weiser Sparsamkeit die Steuerlast noch weiter zu ermäßigen. Er erweiterte die von seinem Vorgänger begründete Erziehungsstiftung, aus der er für Knaben bis zum 18., für Mädchen bis zum 14. Lebensjahre Beihilfen gewährte. Die Verarmung suchte er durch verschiedene Maßregeln zu steuern, die besonders den Bauern zugute kamen.

Bauten

Zu dem großen repräsentativen Bau des Trajansforums kamen Nutzbauten aller Art in Italien wie in den Provinzen: Straßen, Brücken, Häfen, Wasserleitungen, von denen die Triumphbogen von Benevent, am Hafen von Ancona und an der Tajobrücke von Alcantara, die Brückenpfeiler von Turn-Severin und Mainz, die Trajanstraße und Trajanstafel bei Orsova, die wieder instand gesetzte *aqua Traiana* in Rom noch heute Zeugnis ablegen, während die neuen Hafenanlagen des etruskischen Centumcellae als *portus Traiani* (Civitavecchia) dem unbekannten Ort rasch Bedeutung verschafften.

Ostia

Ostia, die alte Hafenstadt Roms, 21 km westlich an der Tibermündung gelegen, einst Ausfahrtshafen siegreicher Flotten, mit denen sich die Römer die Herrschaft auf dem Mittelmeer erkämpften, war durch die vom Tiber mitgeschleppte Tuffmasse allmählich versandet. Schließlich hat der Tibersand auch die Straßen und Häuser überdeckt. Aber seit 1880 hat man die Stadt auszugraben begonnen. Mit ersten systematischen Arbeiten fing man 1909 an und erreichte den Höhepunkt zwischen den Jahren 1938 und 1942 im Hinblick auf die beabsichtigte Weltausstellung 1942. Die Wohnhäuser der etwa 50.000 Einwohner zählenden Hafenstadt bieten ein ganz anderes Bild als das, was uns von Pompeji her vertraut ist. Die meisten Häuser zeigen drei Stockwerke mit Holz- oder Steinbalkonen. Demnach ist das Haus von Ostia nicht ein von der Straße abgeschlossener, um einen oder mehrere Lichthöfe geordneter Zentralbau, sondern ein Fassadenhaus mit Ziegelverkleidung und großen, nach der Straße zu liegenden Fenstern und Korridoren.

Ausdehnung des Reiches im Osten

Unter Trajan erlangte das Römische Reich seine größte Ausdehnung. Der Kaiser machte in Asien Eroberungen und gewann die Provinzen Arabien, Armenien, Mesopotamien und Syrien dem Reich. Auf dem Rückzug erkrankte der greise Herrscher, der alle Strapazen, Märsche und Gefahren mit seinen Soldaten geteilt hatte, schwer. Er übergab seinem Neffen Hadrian den Oberbefehl über die römische Hauptarmee in Syrien und ließ sich zur kilikischen Küste hinabtragen, von wo er nach Rom zu fahren gedachte. Der Senat der Hauptstadt bereitete den größten Triumphzug seit Augustus vor. Da wurde Trajan am Gestade Kilikiens in *Selinus* 117 vom Tod ereilt, 64 Jahre alt, nach einer Regierungszeit von 19 Jahren. Seine Asche wurde nach Rom gebracht und im Sockel der großen Säule beigesetzt. Dazu war eine besondere Bewilligung nötig, weil es nach dem Zwölftafelgesetz in Rom nicht gestattet war, einen Toten, wenn er sich auch noch so große Verdienste erworben hatte, innerhalb der Mauern zu bestatten.

Hadrian 117—138

Publius Aelius Hadrianus, geboren im Jahre 76 zu Italica in Spanien, das auch der Geburtsort Trajans gewesen war, wurde als Waise von seinem Verwandten Trajan erzogen und heiratete dessen Großnichte Sabina. Er führte seinen Geschlechtsnamen auf die Stadt Hatria an der adriatischen Küste zurück, von wo, seiner Selbstbiographie zufolge, seine Vorfahren nach Spanien ausgewandert waren. Der Senat zögerte nicht, der Thronübernahme zuzustimmen. Aus Hadrians Munde hatte Trajan die Glückwünsche der pannonischen Legionen zu seiner Adoption durch Nerva und dann die Kunde von seiner Ernennung zum Augustus erhalten. Er hatte ihn auf seinen dakischen Feldzügen als Quästor und Legat bei sich gehabt und dann zum Statthalter und Konsul gemacht. Später war Hadrian mit Syrien betraut worden. Hadrians erste bedeutende Regierungshandlung war der Verzicht auf die von seinem Vorgänger eroberten parthischen Provinzen, die nur mit unsäglichen Opfern an Blut und Geld zu halten waren. Armenien wurde wieder römischer Vasallenstaat unter einem parthischen Prinzen.

War Trajan vor allem Soldat, so lebte Hadrian seit seiner Jugend in der griechischen Bildung und bekam eine so große Zuneigung zur griechischen Literatur, daß der Jüngling den Spitznamen Graeculus erhielt. Er trug als erster den Vollbart der Philosophen, der die natürlichen Mängel seines Gesichtes verbergen sollte. Von da an trugen die Männer in ganz Rom Bärte. Der hochgewachsene, elegante Mensch war von düsterem Wesen, fühlte sich von keinem verstanden, vertraute keinem. Er hatte gern Dichter und Philosophen um sich, betätigte sich in der Malerei und Bildhauerei, verfaßte Gedichte.

Als die asiatischen Verhältnisse geordnet waren, erschien er in Rom. Dort hat er nicht nur das Volk und Heer reich beschenkt und glänzende Spiele gegeben, er erließ auch die Schulden an die Staatskasse und verbrannte die Schuldscheine vor aller Augen auf dem Trajansforum. Er vergrößerte die

Germanien

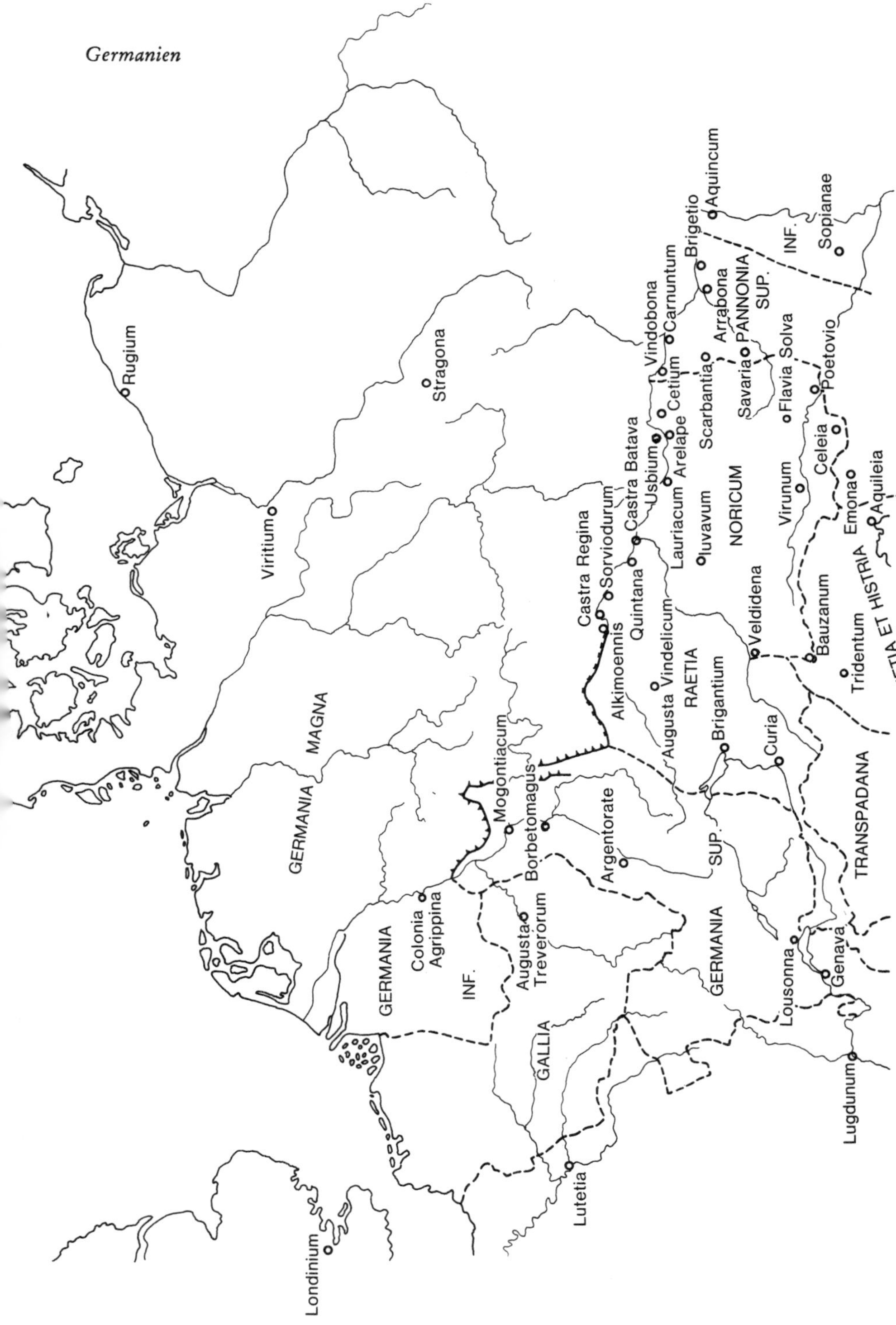

Rugium
Viritium
Stragona
GERMANIA MAGNA
Londinium
Lutetia
GALLIA
GERMANIA INF.
Colonia Agrippina
Augusta Treverorum
Mogontiacum
Borbetomagus
Argentorate
GERMANIA SUP.
Lugdunum
Lousonna
Genava
Curia
Brigantium
RAETIA
Augusta Vindelicum
Alkimoennis
Castra Regina
Sorviodurum
Quintana
Castra Batava
Lauriacum
Usbium
Arelape
Iuvavum
NORICUM
Veldidena
Bauzanum
Tridentum
VENETIA ET HISTRIA
TRANSPADANA
Virunum
Celeia
Emona
Aquileia
Cetium
Vindobona
Carnuntum
Scarbantia
Savaria
Flavia Solva
Poetovio
Arrabona
Brigetio
Aquincum
PANNONIA SUP.
INF.
Sopianae

Erziehungsstiftung, unterstützte verarmte senatorische Familien, milderte das Sklavenrecht. Das Finanzwesen wurde geregelt. Sich als den Hüter der allgemeinen Wohlfahrt betrachtend, verzehrte er sich im Dienste des Staates und wurde zum Segenspender für das ganze Reich. Sein menschenfreundliches Benehmen auch gegen den kleinen Mann, dieser »Genuß der Menschlichkeit«, wie er es nannte, sein ausgezeichnetes Gedächtnis für alle Personen, mit denen er einmal in Berührung gekommen war, seine unverwüstliche Rüstigkeit, mit der er barhaupt Frost und Wetter trotzte, machten ihn bald beliebt.

Sein Pflichteifer bewog ihn, nach und nach sein ganzes Reich zu bereisen. Er studierte die Verhältnisse und Bedürfnisse der Länder und versuchte, Mißstände abzustellen. Sitten, Bräuche, Künste und Religionen der Völker seines Reiches weckten sein Interesse.

In Gallien erleichterte er das Los der Invaliden durch freigebige Schenkungen, in Germanien festigte er die Manneszucht der Legionen. Er verbot allen unnötigen Luxus bei Mannschaften wie bei Offizieren, führte selbst das Leben eines gemeinen Soldaten, aß das gleiche Essen, benützte kein Fahrzeug, sondern marschierte mit den Legionären in voller Ausrüstung und solcher Ausdauer, daß niemand in ihm den Feldherrn und Philosophen vermutet hätte. Niemals war die Armee in einer besseren Verfassung als unter diesem Herrscher des Friedens, der entschlossen war, zu verhindern, daß durch seine Friedensliebe die Schlagkraft der Legionen geschwächt und die Feinde zum Angriff verleitet würden. Den Limes zwischen Rhein und Donau erweiterte und verbesserte er. Der *Limes* bestand aus einem Wall von mäßiger Höhe, dem außen ein Graben vorgelegt und innen in kurzen Abständen Wachttürme eingebaut waren. Dahinter zog sich in Abständen von höchstens 15 km voneinander eine Reihe von Kastellen. Hadrian hat die meisten Erdkastelle durch Steinkastelle ersetzt und vor dem Graben und Wall einen fortlaufenden Palisadenzaun angelegt, der bei plötzlichen Überfällen den römischen Wachtposten eine gewisse Deckung gewährte. Mit dem obergermanischen, etwa bis Cannstatt bei Stuttgart reichenden Limes standen die Befestigungen des oberen Donauufers durch eine Heerstraße und eine Reihe von Kastellen in Verbindung. Das südliche Donauufer war durch Wachttürme und Kastelle befestigt.

In Britannien, wo die kriegerischen Stämme Schottlands in ununterbrochenem Kampfe lebten, errichtete er zwischen Solway-Firth und Tynemündung eine feste Mauer von 120 km Länge, der ein 2½ m tiefer und oben bis 10 m breiter Graben vorgelegt war. Hinter der Mauer lagen in Abständen von 6–7 km große Kohortenlager, dazwischen kleine Kastelle und Wachttürme. Die ganze Anlage ist jetzt noch auf große Strecken erhalten unter dem Namen Hadrianswall oder Piktenwall, weil sie gegen die Pikten gerichtet war.

Als wahrer Weltbürger wurde der Kaiser nicht müde, sein großes Reich zu bereisen. Er besuchte Gallien, Spanien und Mauretanien, überall ordnend und helfend, und kam auch nach Kleinasien und Griechenland. Mit Ehrfurcht betrat der von griechischer Kunst und Wissenschaft begeisterte Monarch Athen. Er richtete Wettspiele aus, disputierte mit den Philosophen in den Hallen der Gymnasien und begann eine Reihe von Bauten, deren Reste zum Teil noch die gewaltige Größe der Planung ahnen lassen. Im Norden der Stadt am Kerameikos errichtete er ein Gymnasion von 122 m Länge und 82 m Breite. Im Osten legte er einen neuen Stadtteil mit Tempeln, einer Bibliothek, einer vielbewunderten Säulenhalle und einer Wasserleitung an; das stolzeste Bauwerk aber war der *Riesentempel des olympischen Zeus,* der in seinem Unterbau bereits von Peisistratos angelegt, endlich nach 650 Jahren vollendet und mit der goldelfenbeinernen Statue des Gottes ausgestattet wurde.

In Sizilien bestieg Hadrian den *Ätna,* eine für die Antike nahezu unerhörte Leistung. Er tat es aber nicht aus naturwissenschaftlichem Interesse, sondern um dort oben die heilige Frühstunde, den Sonnenaufgang, zu erleben. In den Provinzen Alt- und Neuafrica unterstützte er die weitere Ausbreitung der lateinischen Kultur, die hier gegen berberische, phönikische und griechische Sprache und Weise im Kampfe lag. Seitdem trat Africa in den Kreis der Länder lateinischer Zunge ein und stellte der lateinischen Literatur seine ersten Vertreter.

Über Athen brach er nach dem Orient auf, um in den asiatischen Provinzen die Verwaltung zu prüfen. Er besuchte die römischen Garnisonen am Euphrat, kam nach Damaskus und Palmyra, diesen östlichen Hauptstapelplätzen des italisch-griechischen Handels. Dann durchzog er Palästina, wo er auf den Trümmern des zerstörten Jerusalem mit der Anlage der römischen Kolonie *Aelia Capitolina* begann, und gelangte über Arabien nach Pelusium. Dort ließ er Pompejus' Grabmal in neuem Glanze herrichten. Mächtig zog ihn das lebendige Treiben Alexandrias an, der größten Handelsstadt der damaligen Welt. Er fuhr, von der Kaiserin begleitet, den Nil hinauf und besuchte *Memphis,* die alte Pharaonenstadt, besichtigte die Pyramiden und den jüngst gefundenen Apisstier, reiste weiter nach *Theben,* wo er auf die eine der Memnonssäulen Gedenkworte einritzte, die heute noch lesbar sind. Der Tod seines Lieblings *Antinoos,* eines schönen bithynischen Jünglings, in den Wellen des Stromes (130) betrübte den Kaiser tief; er ließ ihn unter die Heroen versetzen, durch Tempel, Spiele und Orakel ehren, gründete am Ufer des Nils die jetzt in Trümmern liegende Stadt Antinoupolis, und der fremdartig schöne Mensch lebt in vielen Marmorstatuen weiter.

Krieg gegen die Juden

Da rief ein schwerer Aufstand der Juden (131–136) den Kaiser aus seinen romantischen Gedanken in die rauhe Wirklichkeit zurück. Hadrian hatte begonnen, das von Titus zerstörte *Jerusalem* als römische Stadt wiederaufzubauen und auf dem Tempelberg, wo das Jehovaheiligtum zerstört war, einen Jupitertempel zu errichten. Das wurde zum Anlaß für neue Unruhen der Juden. Hadrian sah sich gezwungen, gegen dieses Volk, das sich unter dem heldenhaften Vorkämpfer *Bar Kochba* erhoben hatte, einen Vernichtungskampf zu führen. Alle bewohnten Stätten im Land wurden zerstört.

Verwaltungsmaßnahmen

Anfang 134 kehrte er nach dreizehnjährigen Fahrten in die Hauptstadt zurück. Hier führte er eine Reihe wichtiger Reformen in der Reichsverwaltung durch. Selbst kein Römer von Geburt und von Jugend auf im Provinzialdienst, namentlich im griechischen Osten beschäftigt, fühlte sich Hadrian nicht als Kaiser der Römer, sondern des Reiches. Die Provinzen waren ihm gleichberechtigte Glieder des Reiches. Vor allem galt ihm das vom hellenischen Osten. Darum errichtete er in der ganzen römischen Welt seine Schmuck- und Nutzbauten; darum suchte er mehr als irgendeiner seiner Vorgänger das römische Wesen mit der griechischen Geistesbildung zu durchdringen. Er errichtete einen besonderen, dem Ritterstand entnommenen kaiserlichen Zivilbeamtenstand und verwandelte damit die Hofämter in offizielle Staatsämter. Als Vorbedingung für die Aufnahme galt das juridische Studium. Ein Heer von Subalternbeamten und Schreibern vervollständigte diesen Beamtenstaat. Gerichtsbarkeit und Polizeidienst lag in den Provinzen nach wie vor in den Händen des Statthalters; in Italien in den Händen des Stadtpräfekten innerhalb der Hauptstadt und ihres Umkreises bis zum 100. Meilenstein, jenseits davon in denen des Prätorianerpräfekten. Um aber eine feste Grundlage für die Rechtsprechung zu schaffen, ließ Hadrian durch den Juristen *Salvus Julianus* das überlieferte Zivilrecht zu einem Gesetzbuch bearbeiten. Sein wichtigstes Lebenswerk war die Kodifizierung der prätorischen Rechtsbestimmungen, das Edictum perpetuum, die bis zu Justinian Gültigkeit behielten und die Grundlage des späteren Corpus Juris geworden sind.

Dem Ausgleich und der Verbindung zwischen Mutterland und Provinzen diente die Verbesserung des Postwesens (cursus publicus), das in staatliche Verwaltung überging.

Hadrian ist vielleicht der gebildetste der römischen Kaiser gewesen. Er verehrte den Schriftsteller *Plutarch*, den letzten universalen Vertreter griechischer Weltanschauung, den stoischen Philosophen *Epiktetos*, den größten Sittenlehrer jenes Jahrhunderts, und unterstützte hervorragende Gelehrte, indem er sie als Lehrer an die von ihm nach athenischem Muster gegründete Universität zu Rom, *Athenaion* genannt, berief.

Bauten

Der Kaiser entwickelte eine großartige Bautätigkeit. An der Via Sacra ließ er, nachdem er den Neronischen Koloß unter Verwendung von 24 Elefanten nach dem Kolosseum gerückt hatte, den *Doppeltempel der Venus und Roma* errichten. Dazu mußte der kleine Hügel beim Kolosseum durch Unterbauten in eine umfangreiche Plattform erweitert werden. Darauf stellte er durch den Architekten *Decrianus* den größten Tempel Roms aus leuchtendem Carraramarmor. Zwei Zellen hüteten die Weltherrscherin Roma und Venus, die Stammutter der Cäsaren, die unter gemeinsamem Dach Rücken an Rücken thronten. Den Bau umschloß eine Porticus mit einem Wald von 150 Säulen. Dadurch entstand ein umfangreicher heiliger Bezirk, eine Art von Forum Hadriani. Die Apsiden sind noch zum Teil erhalten, von den umfassenden Säulengängen sind mehrere Granitsäulen wieder aufgerichtet, die verlorenen durch geschmackvoll gepflanzte Sträucher ergänzend angedeutet.

Agrippas Pantheon, das von einer zweiten Brandkatastrophe unter Trajan heimgesucht worden war, baute Hadrian von Grund neu auf. Die Höhe des mächtigen Zentralraumes von mehr als 43 m wird auch von den Mittelschiffen der kühnsten, himmelstürmenden gotischen Kathedralen von Amiens, Beauvais und Köln, die bis 48 m steigen, nur geringfügig übertroffen.

Von seinen Reisen zurückgekehrt, baute Hadrian daseinsfreudig und zugleich voll wehmütiger Erinnerung an die durchwanderten Länder seine *Villa bei Tibur* in einem Maße, wie es nur ein allmächtiger Wille vermag. In einem Umkreis von 15 km reihte der Philhellene an die eigentlichen Wohnpaläste Nachbildungen der Stätten, die auf ihn besonders tiefen Eindruck gemacht hatten: aus Athen das Lykeion, die Akademie, das Prytaneion, die bunte Halle (Poikile), ferner das Tempetal, aber auch Anlagen, die ihn an Ägypten gemahnen sollten, wie den Vergnügungsort Kanópos am Nilarm, dazu ägyptische Tempel, weiter zwei prachtvolle Thermen, Nymphäen mit erfinderischen Wasserkünsten, Wohnungen, ein Theater, ein Stadion, einen Hippodrom und weite Gärten mit Statuen und Vasen.

Aber der Kaiser sollte nicht lange den Wunderbau genießen. Als ihn eine Krankheit überfiel, begann er mit der Errichtung seines Grabmals. So entstand jenseits des Tibers auf dem Vatikanischen Feld jenes Riesenmausoleum, das noch jetzt das imposante Wahrzeichen der Ewigen Stadt bildet: die Moles Hadriani, die heutige *Engelsburg,* zu der von der Stadt eine Prachtbrücke führt, die den Namen des Kaisers als Pons Aelius verewigen sollte (heute Ponte S. Angelo, seit 1688 mit zehn Engelstatuen nach Berninis Entwurf geziert). Auf einem quadratischen Unterbau von 104 m Seitenlänge erhob sich der von einem Marmormantel eingehüllte Ziegelzylinder von 73 m Durchmesser und 50 m Höhe, darüber ein Erdkegel, mit Zypressen bepflanzt und mit einer Plattform gekrönt, die auf vergoldeter Quadriga den Sonnengott Helios, den Namensbruder des Kaisers (Helios = Aelius), trug. Die kommenden Jahrhunderte störten immer wieder die Grabesruhe des gewaltigen Rundbaues mit Krieg und Waffenlärm und benützten ihn als Brückenkopf und Hauptbollwerk Roms. Auch als er nach der Vision des Papstes Gregor des Großen zur Engelsburg (Castel S. Angelo) wurde, war er immer wieder Festung und Verlies. Erst im 19. Jahrhundert wurde das rotbraune, verwitterte Grabgewölbe zum Museum. Im Zweiten Weltkrieg diente es schließlich als Luftschutzkeller.

Das Grabmal war noch nicht fertig, als nach jahrelangem Siechtum das körperliche Leiden den Herrscher mit aller Kraft niederwarf. Dazu gesellten sich seelische Qualen des Mißtrauens und des Menschenhasses und machten den für das Allgemeinwohl rastlos tätigen Kaiser zum Gegenstand allgemeiner Abneigung. Die düsteren Züge in ihm gewannen immer mehr Oberhand, einsam in romantischer Rückschau auf die Welt der großen Griechen verbrachte er die letzte Lebenszeit. Da er keine Kinder hinterließ, bestimmte er in freier Wahl, wie Trajan, seinen Nachfolger. Er adoptierte T. Aurelius Antoninus, der seinerseits, weil gleichfalls kinderlos und schon ein Fünfziger, die nachmaligen Kaiser Marcus Aurelius und Lucius Verus adoptieren mußte. Kurz darauf (138) erlöste der Tod den von den entsetzlichsten Qualen gepeinigten Kaiser zu *Baiae*.

Antoninus Pius 138—161

T. Aelius Hadrianus Antoninus Pius regierte im Geiste Hadrians weiter. Er war immer ein gehorsamer Sohn gewesen, darauf bedacht, den guten Namen seines Vaters rein zu halten. Auch jetzt nach seinem Tode bewies er dies. In feierlichem Zuge begleitete er die kaiserliche Leiche nach Rom, setzte bei dem widerstrebenden Senat die Erhebung des Verstorbenen unter die Götter durch, vollendete sein Mausoleum, bestätigte alle von jenem eingesetzten Beamten und erzog die aufgezwungenen Adoptivsöhne als seine wirklichen Kinder für den Thron. Der Senat ehrte dieses pietätvolle Verhalten durch den Beinamen Pius.

Von den ersten Juristen seiner Zeit beraten, hielt Antoninus auf eine tadellose Rechtspflege und schuf neue Gesetze der Humanität, z. B. zum Schutz der Sklaven, die nunmehr wie in Athen nach widerfahrener Mißhandlung ihren Verkauf an einen anderen Herrn beantragen konnten. Auch die Christen schützte er auf Grund eingehender Untersuchungen ihres Lebens und ihrer Lehre vor Verfolgung. Sein gerechtes Regiment verschaffte ihm in der Heimat und im Ausland großes Ansehen.

So waltete Antoninus als ein Vater seines Volkes. Er verwirklichte die vollkommene Verfassung in dem gerechten Ausgleich von demokratischen, aristokratischen und monarchischen Elementen, seine Untertanen und Beamten fügten sich gehorsam in die gesicherte Ordnung. Der glückliche Greis lebte gern in der Ruhe seiner ländlichen Güter, erholte sich bei Jagd und Fischfang oder bei den Darbietungen der mimischen Kunst von den Regierungssorgen, am liebsten aber in zwanglos heiterem Verkehr mit seinen Freunden, mit denen er gerne plaudernd lustwandelte, schmauste, wohl auch in ländlicher Weise Weinlese feierte. In hohem Alter verschied er (161), geliebt und geehrt wie kein zweiter Kaiser; an seinen Fingern, so sagt man, klebe kein Bürgerblut. Nach seinem Tode wurde der Forumtempel, den er seiner Gemahlin Faustina hatte errichten lassen, auch ihm geweiht.

Aber unter dem schwachen Monarchen erlahmte die Spannkraft des Staates, in die Wirtschaft schlichen sich schädliche Mißbräuche ein, die alte Schlagfertigkeit des Heeres ermattete in immer stärkerer Durchsetzung mit Hilfstruppen fremder Völker. Dem Nachfolger erwuchs die schwere Aufgabe, während fast seiner ganzen Regierung Krieg führen zu müssen, um das Imperium zu schützen.

Bis zum Tode des Verus führten die beiden Adoptivsöhne des Antoninus Pius, *M. Aurelius Antoninus* und *L. Verus,* gemeinsam die Regierung, wenngleich der bedeutendere M. Aurel immer im Vordergrund stand. Der Senat stimmte der Thronfolge der beiden freudig zu. Beide Kaiser traten anfangs in gleicher Weise in die Fußstapfen ihres Vorgängers. Aurel gab dem Senat noch größere Vorrechte. Als begeisterter Freund der Philosophie und selbst Philosoph war er sich der Schwere und Verantwortung seiner Herrscherpflichten bewußt. Seine *»Selbstbetrachtungen«,* die er auf den Feldzügen in Deutschland schrieb, legen seine Grundsätze dar. Des Menschen Leben steht in der Götter Hut. Man soll ihre Gunst erwerben, indem man alles Unrecht meidet und sich demütig in sein Schicksal fügt. Er war Stoiker der neuen Richtung, wie sie der Phrygier *Epiktetos* vor mehreren Jahrzehnten begründet hatte. Aus dem Gedankenkreis dieser Lehre heraus wendete er die Grundsätze auf die Rechtspflege und Verwaltung an und schränkte die blutigen und für ein Kulturvolk unwürdigen Gladiatorenkämpfe in Rom und in den Landstädten ein.

Mark Aurel 161—180

Der außenpolitische Himmel umwölkte sich von allen Seiten. Der Partherkönig schlug die asiatischen Legionen. Die Chatten brachen in das römische Germanien und Rätien ein, und auch ein britischer Aufstand drohte. Der Kaiser schickte seine besten Heerführer nach dem Orient, andere Kommandanten gegen die Chatten und Briten. Die Gefahr in Britannien und Germanien war bald bezwungen. Auch gegen die Parther fochten die gut geführten Truppen glücklich und drangen tief in Mesopotamien und Medien ein. Der Friede stellte im Osten die Verhältnisse wieder her. Das westmesopotamische Gebiet wurde zusammen mit den Festungen Edessa und Karrhai als römische Provinz *Mesopotamia* eingerichtet.

Krieg gegen Markomannen und Quaden

Um so stärker war die Donaustellung der Römer fast in ihrer ganzen Länge bedroht. Die Markomannen und Quaden stießen aus Böhmen und Mähren in breiter Front über die Donau und erreichten in schnellem Vormarsch über die Alpen die Stadt Aquileia. Der Kaiser übernahm selbst die Oberleitung des Heeres. Als sein Mitregent Verus im Frühjahr 169 starb, lag die ganze Regierungslast auf Aurels Schultern. Vor dem Hauptheer wichen die locker gefügten Haufen der Barbaren ohne Schwertstreich zurück, ja die Quaden unterwarfen sich im ersten Schreck, fielen allerdings später wieder ab. Während in Rätien, Noricum und Dakien Unterbefehlshaber das Land vom Feinde säuberten, drang der Kaiser über *Carnuntum* in das Herz der feindlichen Stellung ein. In schweren Kämpfen zwang er die Markomannen, dann die Quaden zur Unterwerfung. Die Besiegten mußten Hilfstruppen stellen und einen Streifen am linken Donauufer räumen. Mark Aurel besetzte die Donaulinie mit zwei weiteren Legionen, von denen die eine zur Abwehr der Chatten und anderer westgermanischer Stämme Castra Régina (Regensburg), die andere Lauriacum (Lorch) an der Mündung der Enns in die Donau, den Markomannen gegenüber, als Standquartier erhielt. In dieser Zeit scheint auch der germanisch-rätische Limes vollendet worden zu sein.

Denkmäler

Nach Rom zurückgekehrt, wurde Mark Aurel durch ein bronzenes *Reiterstandbild* geehrt. Ein Mißverständnis hat das Monument vor der Einschmelzung bewahrt. Man hielt den heidnischen Philosophen für Kaiser Constantinus und stellte ihn vor dem Lateran auf. Erst als sich in der Renaissance der Irrtum aufklärte, fand das Denkmal seinen Platz auf dem Kapitol.

Ein zweites Denkmal des Kaisers, die *Mark-Aurel-Säule,* steht auf der Piazza Colonna. Sie bildete mit einem Tempel und einem Rechteck von Säulenhallen den Mittelpunkt einer Art von Kaiserforum, ist eine Nachbildung der Trajanssäule von gleicher Höhe und besteht aus 26 Trommeln von Carraramarmor. Auf ihrer Spitze trägt sie jetzt statt des Kaiserbildes die Bronzestatue des Apostels Paulus. Die Reliefs des Spiralbandes umziehen in 23 Windungen den Säulenschaft und erzählen von den Kämpfen gegen die Markomannen und Quaden mit all ihren Schrecken und Grausamkeiten.

Sobald der Kaiser die Hände frei hatte, eilte er an die Donau, um sein Werk zu vollenden. Jeder Widerstand wurde gebrochen, die bezähmten Widerspenstigen zum Teil im Reiche, namentlich in den Donauländern, als Kolonen angesiedelt, d. h., sie erhielten Grundbesitz, waren aber an diesen gebunden, mußten Kriegsdienste leisten und Abgaben entrichten. Damit begann die Germanisierung der Gebiete südlich der Donau. Mitten in dieser Tätigkeit wurde Mark Aurel von der Pest befallen und starb in Vindobona (Wien) im Jahre 180.

Commodus 180—192

Mark Aurels Sohn *M. Aurelius Commodus* war ein 19jähriger Jüngling, als er den Thron bestieg, und durch den Hof und die Nachsicht seines Vaters verdorben. Eitel, roh und ausschweifend, besaß er für die großen Pläne seines Vorgängers kein Verständnis und suchte sich, wie vorher der Leitung besonnener Erzieher, so jetzt dem Einfluß der tüchtigen Heerführer und Staatsmänner zu entziehen. Er gab die Eroberungen seines Vaters preis und überließ die unterworfenen Völker sich selbst. In der Hauptstadt angekommen, führte er bald die schlimmsten Zeiten Neros wieder herauf. Der Senat, seine eigenen Angehörigen wandten sich mit Abscheu von ihm ab. Günstlinge, die seinen Leidenschaften schmeichelten, führten das Regiment, fielen aber einer nach dem andern seinen Launen zum Opfer. Er nannte sich mit Vorliebe Herkules, weil er in den Amphitheatern aus sicherem Versteck mit großer Kunst wilde Tiere niederschoß; ja er gestattete, daß ihm Statuen mit dem Löwenfell und der Keule des tatenreichen Heroen ge-

Römische Hauskapelle

Rekonstruktion eines Katapults zum Verschießen von schweren Pfeilen (Ampurias-Geschütz)

Rekonstruktionsmodell des römischen Kastells von Veldidena. Um 300 n. Chr.

Römischer Reisewagen

Kamm

Klappmessergriff

Ohrgehänge

Spielsteine

Merkurstatuette, provinzialrömisch

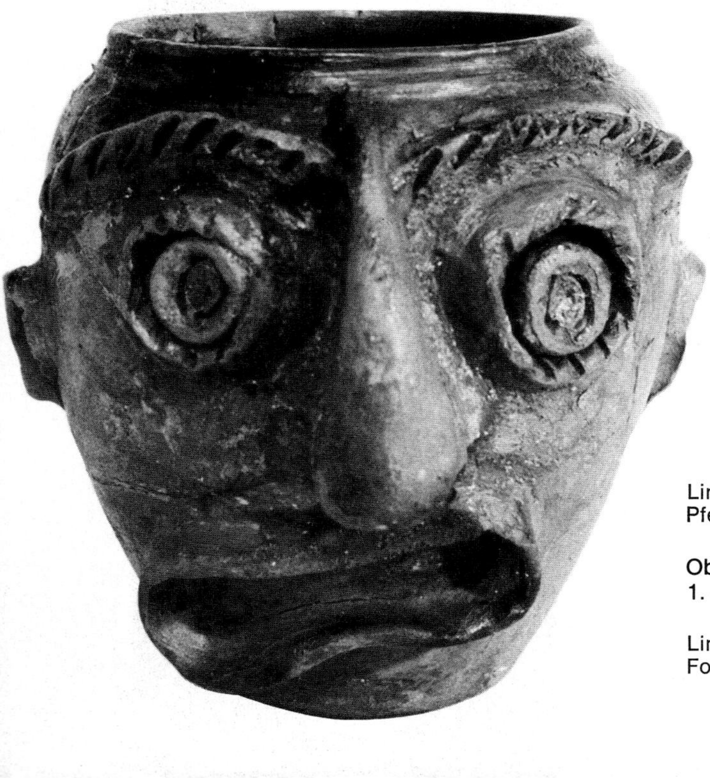

Links oben: sitzender Hund. Pfeifenton. 2. Jh. n. Chr.

Oben: Öllampe. 1. Hälfte d. 1. Jh.s n. Chr.

Links: römisches Tongefäß in Form eines Dämonenkopfes

Pferd als Lampenträger. Ton. 1.–2. Jh. n. Chr.

Fischteller, kampanisch

Rückseite:
»Römerstraße« bei Villach

setzt wurden. Die Fechterspiele waren sein größtes Vergnügen, und er selbst trat vor dem Volke als Kämpfer auf. 192 beim Feste der Saturnalien, wo Redefreiheit herrschte, warfen ihm einige Hofleute und seine Geliebte Marcia vor, daß er ganz zum Gladiator geworden sei. Er beschloß, sie am nächsten Tage hinrichten zu lassen. Aber Marcia erfuhr davon, kam ihm zuvor und vergiftete ihn; als das Gift nicht genug wirkte, ließ sie ihn durch einen Ringer erwürgen. Der Senat erklärte ihn nun für einen Feind des Vaterlandes und hob seine Gesetze auf.

Zum Kaiser wählte der Senat den *P. Helvius Pertinax,* einen der fähigsten Heerführer Mark Aurels, und das Volk jauchzte ihm zu. Er suchte Verbindung mit dem Senat, dem schwächsten Faktor dieser Zeit, und erregte durch seine energischen Maßnahmen die Unzufriedenheit der Prätorianer, deren Revolte er erlag.

Draußen an den Grenzen aber standen Heere in Bereitschaft, ihre besten Kommandanten zum Kaiser auszurufen. Seither ging die Besetzung des Thrones für fast ein Jahrhundert an die Truppenführer über.

Die Kultur im Zeitalter der Adoptivkaiser

Regierung und Volk

Die fast monarchische Verfassung des Prinzipats, die den Kaiser mit der Verteidigung und der Oberaufsicht des Staates betraute, aber auch dem Senat und der früheren Magistratur einen gewissen Einfluß ließ, hatte festen Fuß gefaßt. Mit der Eroberung neuer Gebiete und der Einziehung von Vasallenfürstentümern hatte sich die Zahl der kaiserlichen Provinzen gegenüber denen des Senats dergestalt vermehrt, daß die Machtstellung des

Kaiser

Monarchen in Verbindung mit den reichen Mitteln des Fiskus (der kaiserlichen Einkünfte) das Schwergewicht über den Einfluß des Senates bekam. Aber eine Macht wurde der Senat, wenn der Thron erledigt war, eine Macht, der nur die Legionsheere ein Gegengewicht in die Waagschale werfen konnten. Darum unterhielten die besonnenen Kaiser immer ein gutes Einvernehmen mit dieser angesehenen Körperschaft, verbürgten ihren Mitgliedern die persönliche Sicherheit, übertrugen ihr Entscheidungsgewalt, nahmen an ihren Rats- und Gerichtssitzungen fleißig Anteil und verwendeten geeignete Senatoren für den Verwaltungs- und Heeresdienst.

Das Leben am kaiserlichen Hof, das sich zunächst in den Formen des vornehmen Privathauses bewegte, erhielt allmählich durch die Nachahmung des Zeremoniells der Königshöfe des Ostens einen orientalischen Anstrich. Der Hof beeinflußte auch die Sitte des Privathauses, zunächst des vornehmen, in Tracht, Lieblingsspeisen, in der Erziehung, Lebensführung und Geschmacksrichtung. Der Tafelluxus und die Sittenlosigkeit der letzten Julier wurden ebenso nachgeahmt wie die einfachere, anständigere Lebenshaltung der Flavier und der Adoptivkaiser, auch Neros Vorliebe für rhetorische und musikalische Vorträge, Hadrians und seiner Nachfolger Eifer für Kunst und Wissenschaft ebenso wie die Zirkusleistungen eines Nero und Commodus.

Das Emporkommen neuer Geschlechter hatte die Abgeschlossenheit der Stände ebenso gelockert, wie die sich immer entschiedener vollziehende Umwandlung des Römerreiches in eine Weltmonarchie die Grenzen

Senat

zwischen Römern und Nichtrömern mehr und mehr verwischte. Söhne von Freigelassenen, Bürger gewordene Gallier und Spanier, Griechen, Asiaten und Afrikaner drangen auch in den Senatorenstand ein und bekleideten selbst kurulische Ämter und die Statthalterschaft.

Das stolzeste Standesrecht der Senatoren war, daß aus ihrer Mitte die alten republikanischen Ämter besetzt wurden, die, sosehr sie an tatsächlicher Macht verloren hatten, bis zum Ende des Römischen Reiches als Würden und Titel ihren guten Klang behielten. War doch ihre Verleihung zugleich ein Gradmesser der kaiserlichen Gunst. Denn der Kaiser besetzte nicht bloß das Konsulat selbständig, sondern stellte auch die Liste der Kandidaten auf, aus denen der Senat die erforderlichen Quästoren, Ädilen, Tribunen, Prätoren auswählte.

Ritterstand

Hatte der Senatorenstand lediglich in Rom Heimatrecht, so war der Ritterstand über das ganze Reich verbreitet. Nach wie vor hob ihn der goldene Fingerring, der Purpurstreifen an der Tunika und ein besonderer Platz bei den öffentlichen Festaufführungen von dem Stand der einfachen Bürger ab. Aber die Aufnahme zahlreicher Freigelassener durch die Kaiser und die häufig willkürliche Anmaßung des Ranges durch andere zersetzte den Stand.

Bürger

Die Klasse der einfachen Bürger war die buntscheckigste von allen. In ihr hatte die große Masse der freigelassenen Sklaven aller Nationen sowie der Provinzialbürger Aufnahme gefunden, und für die meisten war Rom das Dorado ihrer Wünsche. Zu den regelmäßigen Getreideverteilungen kamen hier Spenden an Brot, Wein und Öl, ja sogar auch an barem Geld, öffentliche Speisungen und der fast unentgeltliche Zutritt zu den großartigen Thermen.

Bedeutend war auch die Zahl derer, die gegen freie Kost oder kümmerlichen Tagelohn und gelegentliche Gaben als Klienten in die Gefolgschaft eines begüterten Herrn traten. Natürlich arbeitete sich auch mancher kleine Mann zu einer anständigen, behäbigen Existenz hinauf, der nun durch einen übertriebenen Luxus die Mängel seiner Geburt zu verdecken suchte. Eine fortgeschrittene Arbeitsteilung läßt auf hohen Bedarf schließen. Die stark vermehrten Innungen der Handwerker und die Gilden der Händler regulierten die Preise zu ihren Gunsten; auch die Innungsfeste und die mit Darstellungen aus dem Berufsleben ausgeschmückten Grabmäler von Personen dieser Stände legen von dem Wohlstand vieler Zeugnis ab. Eine andere Klasse gesunder Existenzen bildeten bei dem gewaltig gestiegenen Baubedürfnis und Kunstsinn die Baumeister, Maler und Bildhauer; von den übrigen Künstlern wurden Musiker, Schauspieler und Tänzer gut bezahlt. Von den gelehrten Berufen erzielten die Rechtswissenschaft und die Medizin die höchsten Einnahmen.

Die feste Besoldung bewirkte auch einen überaus starken Andrang zu den Stellen der Unterbeamten, vor allem zum Militärstande, dessen zunehmendes Ansehen neben seiner günstigen finanziellen Stellung und der Aussicht auf Beförderung lockte. Besonders die Prätorianerkohorten hatten großen Zulauf.

Die Religion

Die alte Staatsreligion

Augustus und seine Nachfolger hatten alles unternommen, um den alten Glauben zu neuem Leben zu erwecken. Tatsächlich wurden auch in äußeren Formen die ererbten Kulte aufrechterhalten, man feierte die alten Feste der Luperkalien, der Arvalbrüder, man eröffnete die Spiele mit festlichen Prozessionen, die Vestalischen Jungfrauen und die Priester hatten in den Theatern und im Zirkus ihre Ehrenplätze, der Kaiser selbst war der Pontifex maximus der Staatsreligion. Die alte Religion schien immer noch Lebenskraft zu haben, ja sie zeitigte sogar neue Kulte wie den der Roma und Fortuna. Aber trotz diesem äußeren Anschein war der alte Glaube nicht mehr in den Herzen machtvoll. Die alten Götter führten nicht zu Sittlichkeit und Anstand, trösteten nicht und boten keinerlei Hoffnung. Daher verloren sie an Ansehen. Die Kaufleute, zurückkehrende Soldaten, die Kriegsgefangenen brachten ihre Religion aus dem Orient mit, bauten ihre Tempel und huldigten ihrem Ritual. Die römische Regierung nahm die fremdländischen Religionen mit Duldsamkeit in ihrem weiten Reich auf, verlangte aber, daß der neue Glaube den alten Göttern gegenüber die gleiche Duldung übe, daß die fremden Gläubigen als Zeichen ihrer Treue zum römischen Staat dem Genius des Kaisers und der Göttin Roma ihre Verehrung zollten.

Religionen aus dem Orient

So kamen immer neue Kulte nach Italien und in die Hauptstadt. Der Stadtgott von Doliche in Syrien wurde im zweiten und dritten Jahrhundert in allen Garnisonen des römischen Heeres bis nach Britannien als *Jupiter Dolichenus* verehrt. Carnuntum bewahrt noch Tempelreste eines Dolichenus-Heiligtums. Aus dem feindlichen Partherland kam *Mithras,* der altiranische, unbesiegte (invictus) Lichtgott. In seinem Kultraum, dem Mithraeum, stand das Altarrelief, das Mithras darstellte, wie er den Stier tötete. Dieser symbolische Kampf zwischen Licht und Dunkelheit, zwischen Gutem und Bösem sagte den Legionssoldaten im fernen Osten zu. Sie nahmen den kämpferischen Glauben gern in sich auf und errichteten in ihren Lagern Mithraeen. Der Hellenismus vermittelte den Römern den ägyptischen *Isisdienst.* Isis war die Hauptgöttin des Nillandes, Gattin des Osiris und Göttin der Fruchtbarkeit. Mit dem Isiskult waren Geheimdienste verbunden, denen man eine reinigende Kraft für die Seele zuschrieb. Die in den Geheimdienst Eingeweihten blieben auch nach dem Tode mit der Gottheit in Verbindung und führten ein Dasein in sehnsüchtiger Betrachtung unaussprechlicher Schönheit.

Christentum

Die *Christen* schlossen sich in Gemeinden zusammen und nannten diese nach der griechischen Bezeichnung für die Volksversammlungen der Stadtstaaten *ekklesía.* Sie nahmen auch Sklaven auf, bemühten sich zwar nicht um ihre Freilassung, trösteten sie aber mit einem künftigen Leben ewiger Seligkeit. Die Frauen schlossen sich in Schwesternschaften zusammen und widmeten ihre Tätigkeit der Verwaltungsarbeit, der Nächstenliebe und Krankenpflege. Ihre besondere Aufgabe war es, durch ein sehr sittenreines Leben den Unterschied zwischen den christlichen und heidnischen Frauen aller Öffentlichkeit zu zeigen.

Die Christen kamen beim gemeinschaftlichen Mahle, gewöhnlich am Abend des Samstags, zusammen, erbauten sich an Gebet und Lesung der Heiligen Schrift und nahmen das vom Priester gesegnete Brot und den Wein als Liebesmahl. Ihre Hoffnung auf das himmlische Reich verknüpfte sich mit dem Glauben an den großen Richter, vor dem auch die geheimsten Gedanken und Taten nicht verborgen bleiben und der über unser Leben auf Erden sein Urteil sprechen wird. Dieses Bewußtsein weckte die Bereitschaft zu einer fehlerfreien Haltung und steten Hilfe für die Armen, Kranken, Notleidenden und Gefangenen. Die dauernde Überwachung durch die Mitbrüder in der Gemeinde war der Erweckung eines christlichen Lebens förderlich. Daher finden wir immer wieder bei den heidnischen Schriftstellern das Lob, daß diese Christen von dem ernsten Streben nach sittlicher Vervollkommnung beseelt wären und ein friedfertiges und beispielhaftes Leben führten.

Ihre wöchentliche gemeinsame Feier verschoben die Christen im zweiten Jahrhundert auf den Sonntag, den sie als »Tag des Herrn« (dies Domini) mit Zeremonien begingen, die nach und nach die Gestalt der christlichen Messe annahmen. Sie fand ihren Höhepunkt im Opfer des Brotes und Weines, das die blutigen der früheren Religionen ersetzte und die Seele mit der Kraft zur Abwehr der feindlichen Welt stärkte.

Der Leib des Verstorbenen, der in der Auferstehung zu einem neuen verklärten Leben erweckt werden sollte, wurde sorglich in die Grabkammern der *Katakomben* geborgen, die man mit Fresken und Reliefen zierte. Der Name »Katakomben« stammt von einer christlichen Gräberanlage (coemeterium) in Rom an der Via Appia, die »ad catacumbas« (in der Talsenkung) lag. Die Anlage der Katakomben, der gemeinsamen unterirdischen Grabstätten, hatte nicht ihren Grund in den Christenverfolgungen. Die Christen übernahmen den Brauch, die Toten zu begraben, von den Juden. In Verfolgungszeiten wurden die Katakomben sichere Zufluchtsorte für die Feier der heiligen Handlungen. Daß diese engen Gänge regelmäßig als Kultstätten dienten, ist unrichtig und schon wegen der beschränkten Raumverhältnisse ausgeschlossen. In diesen unterirdischen Begräbnisgängen fand man bei Wiederentdeckung die Symbole, die dem Christentum von so großer Bedeutung wurden, die Taube als Darstellung der aus dem Kerker des Leibes entflohenen Seele, den Palmzweig als Zeichen des Sieges, den Ölzweig als Sinnbild des Friedens. Der Fisch kam deswegen in die Symbolreihe, da die Anfangsbuchstaben des Huldigungsspruches *J*esous *Ch*ristos *th*eou h*y*ios sotèr (= Jesus Christus, Gottes Sohn, Heiland) das griechische Wort Ichthys = Fisch ergeben.

Das Christentum fand den Beifall der Menge, weil es alle Menschen für gleich vor Gott erklärte, alle an dem Erlösungswerk Christi Anteil nehmen ließ, den Armen, Unterdrückten Trost, dem Sünder Erlösung durch die Gnadenmittel der Kirche und die Hoffnung auf die ewigwährende Seligkeit des himmlischen Jenseits nach dem Tode brachte. Die christliche Lehre verbreitete sich rasch im Kaiserreich, dem römischen Adler folgte das Kreuz. In natürlicher Entwicklung wurde die von Petrus gegründete Kirche von Rom zum Mittelpunkt des neuen Glaubens. Rom legte den Grund zur Organisation der weltumspannenden christlichen Lehre, und die in allen Teilen des Reiches gebrauchte lateinische Sprache gab der ersten lateinischen Bibelübersetzung des Alten und Neuen Testamentes des *Hieronymus,* der *Vulgata,* den bis in unser Jahrhundert verbindlich anerkannten Wortlaut.

Vulgata

Das Schrifttum

Plinius der Jüngere 61 bis um 113

Die Prosa blieb in dieser Zeit zunächst in den Bahnen, die ihr Quintilian mit dem Hinweis auf Ciceros wohlausgewogenen Stil gezeigt hat. Einer seiner Schüler war der jüngere *C. Plinius Secundus,* in Comum (Como) geboren und ein Schwester- und Adoptivsohn des berühmten Enzyklopädisten C. Plinius Secundus. Er genoß eine ausgezeichnete Bildung, bekleidete eine Reihe von Staatsämtern unter Domitian und Nerva, stand mit Trajan in freundschaftlicher Beziehung, der ihn als kaiserlichen Statthalter (legatus pro praetore consulari potestate) mit der Provinz Bithynien betraute. Er ist wahrscheinlich noch in Kleinasien oder kurz nach seiner Heimkehr vor dem Jahre 114 gestorben. Wir besitzen von ihm eine historisch wichtige Dankrede an Trajan (*Panegyrikos* = Festrede) sowie eine Sammlung von 247 *Briefen* in neun Büchern und den amtlichen Briefwechsel mit Trajan.

Plinius hat aus seiner Privatkorrespondenz eine Auswahl getroffen und in möglichster Abwechslung, aber ohne auffälligen Verstoß gegen die Chronologie gereiht. Er wollte nicht echte, sondern schöne literarische Briefe schreiben und wurde damit der Schöpfer des Feuilletons in Briefform. Die Sammlung hat einen bedeutenden kulturgeschichtlichen Wert, weil sie auch ein Bild seiner eigenen Persönlichkeit, seiner Studien, seines Verkehrs mit Freunden wie Quintilian, Martial, Silius Italicus, Sueton und vor allem Tacitus gibt und uns die schöngeistigen, gesellschaftlichen und staatlichen Verhältnisse zur Zeit Trajans vor Augen führt. Die bekanntesten und wertvollsten Briefe sind die Schilderung vom Ausbruch des Vesuv (VI, 16 und VI, 20) und das Schreiben an Trajan um Auskunft über sein Verhalten gegenüber den Christen in Bithynien und die diesbezügliche Antwort des Kaisers (ad Trai. 96 et 97).

Tacitus

Am Ende der römischen Geschichtsschreibung hohen Stils steht *Cornelius Tacitus.* Ein beklagenswertes Verhängnis hat es gefügt, daß wir von seinem

Leben wenig mehr wissen, als seine Werke uns sagen und wir aus den Briefen des jüngeren Plinius entnehmen können.
Sein Leben begann ungefähr mit Neros Regierungsantritt, sein erstes Amt erhielt er unter Vespasian. Er verheiratete sich mit der Tochter des Konsuls Iulius Agricola, der später als Statthalter nach Britannien ging. Unter Titus wurde er wahrscheinlich Quästor und trat damit aus dem Ritterstand in den der Senatoren ein. Sicher bekleidete er im Jahre 88 das Amt eines Prätors und verließ kurze Zeit darauf Rom, um als Statthalter die Verwaltung einer Provinz zu übernehmen. Als sein Schwiegervater im Jahre 93 starb, kehrte Tacitus in die Hauptstadt zurück und durchlitt die Schrecken der letzten Regierungsjahre Domitians. Es bedurfte einer eisernen Zurückhaltung, um dem empörten Herzen nicht Luft zu machen und sich damit der Verfolgung des grausamen Despoten auszuliefern. Dadurch war er gezwungen, den Plan seiner Geschichtswerke immer wieder hinauszuschieben. Da kam mit dem gewaltsamen Tode des gefürchteten Tyrannen und dem Regierungsantritt Nervas eine frohere Zeit. Unter Nerva bekleidete er das Konsulat. Im Senat galt er als einer der hervorragendsten Sprecher. Unter Trajan ging er als Prokonsul nach Asien. Über sein weiteres Leben wissen wir nichts. Vermutlich ist er im hohen Alter kurz nach Hadrians Regierungsantritt gestorben. Seine Werke entstammen erst den Jahren nach der Schreckenszeit unter Domitian. Sein früherer Ruhm gehörte dem glänzenden Redner und dem tüchtigen Anwalt, noch nicht dem Schriftsteller.
Die wohl erste kurze Schrift *»Dialogus de oratoribus«* behandelt in Gesprächsform die Frage nach den Gründen des Verfalles der wahren Beredsamkeit. Er sieht die Ursachen in der Unterdrückung der Freiheit und beschwört als Lösung und erneuerndes Vorbild den großen Schatten der alten republikanischen Redekunst und ihres Meisters Cicero herauf.
In der Lebensbeschreibung *»De vita et moribus Iulii Agricolae«* führte ihm die Verehrung für seinen Schwiegervater den Griffel. Er schildert voll Stolz die Leistungen Agricolas als Feldherr und Statthalter, der in seiner Zeit, da »aus der Welt die Freiheit verschwunden ist«, schweigend seine Pflicht für die Mehrung des Reiches tut.
Das nächste kleine Werk, die Germania *(»De origine, situ, moribus et populis Germanorum«)*, ist eine kunstvolle ethnographische Schrift, die uns weit vor der eigenen schriftlichen Überlieferung Kenntnis von den germanischen Stämmen und ihrer Kultur bringt und zum Mittelpunkt der gesamten germanischen Altertumskunde geworden ist. Die Entstehung dieses Werkes wird ihren Anlaß darin haben, daß Tacitus bei der Vorbereitung seiner geschichtlichen Schriften viel Stoff über die Germanen gesammelt hatte. Die Ansicht der Renaissance und des deutschen Humanismus, Tacitus habe mit der Germania seinem Volk einen Sittenspiegel vorhalten wollen, fand in späterer Zeit geteilte Meinung. Sicherlich fordern die Schilderungen germanischer Sittlichkeit, der Ehe, Gastlichkeit, Treue, der Jugenderziehung

zu Vergleichen mit der entarteten Überkultur und Verderbtheit der damaligen römischen Verhältnisse heraus, aber Tacitus bringt auch Züge der Germanen, wie die Streitsucht, die Spielleidenschaft u. a., die keine Anregung zu moralischer Vorbildlichkeit geben. Seine Kenntnisse von den Germanen schöpft Tacitus aus verschiedenen Quellen, wie Poseidonios, Plinius d. Ä., aber wohl auch aus persönlichen Erzählungen und schriftlichen Mitteilungen römischer Offiziere aus den Garnisonen am Rhein und an der Donau. Sein Werk ist eine wertvolle Ergänzung der Forschungsergebnisse der Archäologie und der vergleichenden Sprachwissenschaft.
Nach diesen Vorarbeiten wendete er sich seinen großen Werken zu, die seinen Ruf als Historiker und Künstler begründeten.
Zunächst bearbeitete er als etwa Fünfzigjähriger in den Jahren 104–109 die von ihm selbst erlebte Zeit der Jahre 69–96 in den *Historiae.* Diese behandelten in den wohl 14 Büchern die sturmbewegten Geschehnisse des Vierkaiserjahres bis zum Tode Domitians. Erhalten sind uns bloß die Bücher 1–4 und die Hälfte des fünften Buches, also die Darstellung von zwei Jahren (69/70). In dankbarer Erinnerung würdigte er das Kaisertum Vespasians, durch das er hochgekommen war.
Dann machte er sich an die in den Jahren 116 und 117 veröffentlichten 16 Bücher seines reifsten Werkes »*Ab excessu divi Augusti* = (Bücher) vom Tode des vergöttlichten Augustus an« oder gewöhnlich kurz »*Annales*« genannt. Er stellte die geschichtlichen Ereignisse vom Tode des Augustus (14 n. Chr.) bis zum Tode Neros (68) dar. Auch dieses Werk ist uns nur unvollständig erhalten, wir besitzen den Hauptteil der Schilderung der Ereignisse unter Tiberius' und Neros Regierung und die zweite Hälfte von der Darstellung der Zeit des Claudius. Mit den bereits vorher erschienenen Historien sind sie ein einheitliches Werk, das die Kaisergeschichte von Tiberius bis Domitian behandelt.
In seinem Werk steht Tacitus als der größte und bedeutendste Historiker vor uns, den die Geistesgeschichte der Kaiserzeit kennt. Das haben schon die gebildeten Römer und vor allem sein Freund, der jüngere Plinius, öfters zum Ausdruck gebracht. Er hat nicht nur Ereignisse an Ereignisse gereiht, sondern versuchte auch eine Sinndeutung der Geschichte, die so tief und so bitter nur ein genialer Mensch einer untergehenden Welt geben kann. Mit Augustus hat sich die Staatsmacht noch einmal aus den Wirren der Bürgerkriege gerettet und gesichert. Nun empfing sie nicht mehr aus dem Lebensboden der Gesamtheit Kraft und Nahrung, sondern war auf die Willkür eines einzelnen gestellt. Wohin würde das Reich führen, das nur leben konnte bei gefestigtem Vorland und verkürzten natürlichen Grenzen wie Rhein und Donau. Jenseits davon standen die starken Germanenbünde; »nicht der gesamte Orient ist so gefährlich wie dieser Freiheitsdrang der Germanen«, gesteht er selbst.
Großartiges Mittel und vielbewundertes Werkzeug seiner mitreißenden

Darstellung ist seine gewaltige Sprache. Sie drängt in straffster Verdichtung und lapidarer, inschriftgleicher Knappheit die weitesten Gedanken in einen kurzen Satz (brevitas), meidet den herkömmlichen Ausdruck und setzt dafür das dichterisch gehobene, eine Welt von Vorstellungen umspannende Wort. Das schwere, oft neugeprägte, eigenartige Hauptwort tritt an die Stelle des Zeitwortes, das bisher in der römischen Literatur eine große Rolle gespielt hat. Sein tätiger Geist liebt den reichen Wechsel in den sprachlichen Fügungen (varietas), zielt bewußt auf Asymmetrie der Sätze, hebt das von Cicero gepflegte und seither als Ideal aller stilistischen Kunst verwendete Gleichmaß des Satzganzen und der Satzglieder auf. Wie im Leben ist er auch in der Sprache ein Feind des Alltäglichen. Gleich Keulenschlägen wirken seine wuchtigen Worte, rütteln den Hörer aus der kühlen Ruhe historischer Betrachtung und lassen ihn mitschwingen in leidenschaftlichem Miterleben.

C. Velleius Paterculus

Im Gegensatz zu Tacitus zeigt der noch einer früheren Zeit angehörende *C. Velleius Patérculus* eine aufrichtige Bewunderung für Tiberius. Er stammt aus einer Familie, die dem Römischen Reich mehrfach tüchtige Offiziere gestellt hat. Sein Geburtsjahr und Todesjahr sind unbekannt. Er diente als Prätor unter Tiberius in Germanien und Pannonien. Für Velleius ist sein Geschichtswerk *Historia Romana* in zwei Büchern ein Teil der Weltgeschichte. Es hebt mit der Eroberung Trojas an, behandelt ausführlich den Bürgerkrieg zwischen Cäsar und Pompejus und gipfelt in den aus dem persönlichen Erleben schöpfenden Darstellungen der Zeit des Tiberius. Er liebt Charakteristiken bedeutender Männer, die er mit wenigen Zügen zutreffend zeichnet. Seinem Werk verdanken wir eine ausführliche Schilderung der Varusschlacht. Er berücksichtigt auch die Entwicklung der griechischen und römischen Literatur und der Kulturgeschichte. Sein Stil ist geistreich und lebhaft, aber rhetorisch überladen mit gezierten Spitzfindigkeiten, Antithesen und subjektiven Reflexionen.

Sueton um 70—150

Der wichtigste römische Historiker in der Zeit der Adoptivkaiser war *C. Suetonius Tranquillus*. Er war ein Freund des jüngeren Plinius, der an ihn einige Briefe gerichtet hat. Unter Trajan war er Anwalt in Rom, unter Hadrian Geheimschreiber des Kaisers. Als er bei Hadrian in Ungnade fiel, widmete er sich ganz seinen literarischen Arbeiten. Neben der ersten römischen Literaturgeschichte *De viris illustribus* schrieb er acht Bücher *De vita Caesarum,* zwölf Kaiserbiographien von Julius Cäsar bis Domitian. Sie sind nach einem starren, von den Alexandrinern für das literarhistorische Gebiet ausgebildeten, später kanonisch gewordenen Dispositionsschema aufgebaut: Stammbaum, Vorgeschichte bis zum Regierungsantritt, Regierungszeit, Privatleben, Tod, Bestattung. Dieses Schema bewirkte, daß sich das rein Biographische in den Vordergrund drängte, wobei auch der nichtigste Klatsch und anekdotische Züge erwähnt wurden, während das wesentlich Geschichtliche zurücktrat. Sueton hat sich fleißig bemüht, alle ihm erreichbaren Quellen heranzuziehen, aber er hat sie kaum kritisch gesichtet und sie nicht zu einem einheitlichen Bild geformt. Seine Sprache ist schlicht und kunstlos, klar und knapp. Die Kaiserbiographien wurden in der Folgezeit viel gelesen und das Gliederungsschema oft nachgeahmt, sogar noch im frühen Mittelalter von *Einhart* in seiner *Vita Caroli Magni*, die so sehr unter dem Einfluß von Suetons Augustusbiographie steht, daß der große Frankenkaiser die Züge eines römischen Imperators annahm.

Apuleius

Nennenswerte poetische Leistungen hat diese Zeit nicht hervorgebracht, nur der Prosaroman hat eine solche aufzuweisen, nämlich die *Metamorphoseon libri XI* oder *De asino aureo* (Vom goldenen Esel) des *Apuleius*. Der Verfasser war um das Jahr 125 n. Chr. zu Madaura in Nordafrika geboren, erlernte das Griechische und Lateinische, wirkte als hochbegabter und eifriger Anwalt und Rhetor in Rom und später in Karthago. Sein phantastisch-satirischer Sittenroman erzählt von dem Griechen Lucius, der in das Zauberland Thessalien kommt und hier in einen Esel verwandelt wird. Der Held erlebt mancherlei Abenteuer, bis er durch die Gnade der Isis wieder menschliche Gestalt erhält und sein Leben in ihrem Dienst beschließt. Wir hören Räuber- und Liebesgeschichten, Märchen und Schwänke. Die Perle des Ganzen ist das schöne Märchen von Amor und Psyche.

Die Musik

Wie die gesamte römische Kultur in Zusammenhang mit der Griechenlands steht, so zeigt auch die Musik hellenischen Einfluß. Man suchte zwar in ihr nicht den ethischen, charakterbildenden Wert, dem eine große Bedeutung in der Jugenderziehung beigemessen wurde, aber sie diente den Römern als eine unentbehrliche Begleiterin beim Gottesdienst, bei Leichenfeiern und auch bei den Aufführungen im Zirkus und Amphitheater. Die Spielleute bildeten sogar eigene Zenturien.

Streik der Flötenbläser

Welches Ansehen die Musiker bei den Römern hatten, können wir aus einer Anekdote ersehen. Es war alter Brauch, die Flötenspieler (tibicines) an ihrem Jahresfest auf öffentliche Kosten im Jupitertempel mit einem festlichen Schmaus zu bewirten. Sie zogen darauf maskiert und fröhlich lärmend durch die Stadt. Als dies einmal (311) die Zensoren verboten, beschloß die Zunft, nach Tibur auszuwandern, so daß niemand in der Stadt war, der bei den Opfern blasen konnte. Da entstanden Bedenken beim römischen Stadtrat, und man forderte die Spielleute zurück. Die Tiburtiner redeten den Spielleuten zu, aber diese blieben. Da nahm man zu einer List Zuflucht. Man bewirtete sie reichlich mit Speise und Trank, bis sie, voll des süßen Weines, in Schlaf sanken. Die Tiburtiner luden die fest Schlafenden auf Wagen und schafften sie nach Rom zurück. Die Flötenbläser bemerkten es nicht früher, als bis die Fahrzeuge auf dem Markt stehenblieben. Das zusammengelaufene Volk aber erwirkte es, daß die Bläser wie ehedem alle Jahre drei Tage lang mit Musik durch die Stadt ziehen durften und die, die bei den Opfern mitwirkten, im Tempel ihr Festmahl erhielten.

Instrumente

Eines der ältesten Musikinstrumente war die Flöte, aus tierischen Schienbeinknochen gefertigt, daher der Name »tibia« = Schienbein, aber auch aus Holz, Elfenbein oder Metall erzeugt. Gewöhnlich wurde auf zwei Flöten zugleich geblasen, daher der Ausdruck »tibiis cantare«. Von den Griechen übernahmen die Römer die beiden Saiteninstrumente, die *Lyra* und die *Kíthara.* Die Lyra ist das einfachere Instrument gewesen, in schlichter Form und mit geringer Darmbesaitung. Sie diente lediglich zur Begleitung des Gesanges. Im Gegensatz dazu war die Kithara das Soloinstrument für Konzerte.

Unter etruskischem Einfluß fanden bei den Römern verschiedene Blasinstrumente Eingang, die vor allem beim Heer verwendet wurden. Das Signalinstrument der Legionen war die *Tuba.* Ihr Körper ist ein gerades Rohr aus Bronze oder Eisen, das am Ende in eine trichterförmige Öffnung ausläuft. Sie hat ein abnehmbares, knöchernes Mundstück. Ihre Länge dürfte gegen 1,25 m betragen haben. Um das Instrument beim Marsch umhängen zu können, war vor dem Schallstück eine Schnur angebracht. Mit der Tuba gab man die Zeichen zum Angriff und Rückzug. Sie wurde auch beim Gottesdienst von den *tubícines sacrorum* gespielt und fehlte nicht bei Trauerfeierlichkeiten. Ihr Klang wurde von den antiken Schriftstellern nicht hoch eingeschätzt.

Am häufigsten finden wir in militärischen Darstellungen das kreisförmig gewundene *Horn* (cornu). Es war ursprünglich aus Horn, später aus Bronze gefertigt. Zur Versteifung hatte es einen festen Querstab. Es fand zusammen mit der Orgel bei den Spielen im Zirkus Verwendung. Beim Gebrauch ruhte die in vertikaler Richtung gehaltene Querstange auf der Schulter auf, und das Schallstück war über dem Kopf nach vorn gerichtet. Der Klang galt als voll und schmetternd.

Im Gegensatz zu Tuba und Horn, die in älteren Kulturen Parallelen aufwiesen, ist der *Lituus* eine etruskische Sonderform. Sein Körper ist gerade, hat ein angegossenes Mundstück und am Ende eine hakenförmige Abbiegung wie der Krummstab der Auguren, mit dem ihn auch die Namensgemeinschaft — *lituus* — verbindet. Er wurde als Signalhorn bei der Reiterei verwendet.

Die Reitertrompete ist die *Búcina.* Das lateinische »bucina« — zu *bos* (Rind) und *canere* (singen) — bezeichnete ursprünglich das Hirtenhorn. Ihr Name ist mit unserer Posaune verwandt, mit der sie auch die Form gemeinsam hat. Mit der Bucina gab man das Signal zur Ablösung der Nachtwachen.

Dem Altertum war auch schon die *Orgel* (organum) bekannt. Ihre Erfindung schreibt man dem Mechaniker *Ktesibios* zu, der um 170 in Alexandria lebte. Wir können uns von ihr eine gute Vorstellung aus einer Terrakotte aus Karthago, aus römischen Mosaiken, Reliefdarstellungen und Münzen machen. Es gab Wasserorgeln, bei denen das Wasser die in der Windlade aufgespeicherte Luft unter gleichmäßigem Druck zu halten hatte. Von Alexandria kam zu Beginn des ersten Jahrhunderts die Wasserorgel nach Rom. Sie wurde im Zirkus verwendet, wo der Lärm der Vorführung eine besondere Tonstärke erforderte. Neben der Wasserorgel kannte man auch die pneumatische, die ein doppelter Blasebalg unter regelmäßigem Luftdruck hielt. Die Blasebälge wurden mit den Füßen bedient. Die pneumatische Orgel war von geringerer Größe als die hydraulische, später kam auch die kleine Tragorgel auf, das sogenannte *Portativ.* Die Orgel stand bei den Römern in großem Ansehen, Cicero zählte ein Orgelkonzert zu den schönsten Freuden seines Lebens.

Der *Chorgesang* war bei den Römern beliebt, und man konnte sich Hochzeiten, Leichenfeiern und religiöse Zeremonien nicht ohne ihn vorstellen. Jünglinge und Jungfrauen vereinten ihre Stimmen, sangen aber den gleichen Ton, wenn auch in verschiedenen Oktaven. Der mehrstimmige Gesang war offenbar unbekannt.

Als sich die Musik immer mehr bei den Römern durchsetzte, gehörte es in vornehmen Kreisen zum guten Ton, eigene Musiker bei Festlichkeiten spielen zu lassen. Es gab auch öffentliche musikalische Aufführungen und bei manchen Spielen künstlerische Wettbewerbe, also Konzerte im eigentlichen Wortsinn, denn Konzert ist vom lateinischen Wort »concertare« = streiten, abgeleitet.

Vom Wesen der römischen Musik können wir uns keine befriedigende Vorstellung machen, sie war nach antiken Berichten lauter und ungezügelter als die griechische. Dieser lärmende Zug war wohl aus Ägypten und Kleinasien in sie eingedrungen. Den harten, unmusikalischen Ohren der Römer entsprach auch die Vergrößerung der Orchester ins Riesige, an die hundert Trompeten und Saiteninstrumente, dazu Pauken und Schlagwerk und eine noch viel größere Zahl von Chorsängern. Die Römer hüteten als eifrige Schüler der Etrusker und vor allem der Griechen das musikalische Erbe bei ihren religiösen sowie staatlichen Feierlichkeiten und leiteten die errungenen Kenntnisse in der Musiktheorie und in der Technik der Ausführung hinüber zum christlichen Gottesdienst.

Tanz

Im Zusammenhang mit der Musik sei auch noch kurz der *Tanz* gestreift. Er galt in den Zeiten der Republik als etwas Schimpfliches, und Cicero meinte, es tanze wohl niemand, wenn er nüchtern sei, er müßte denn den Verstand verloren haben. Der Tanz war mehr ein Springen, wie es auch in dem Wort »saltatio« zum Ausdruck kommt. Erst durch das griechische Vorbild verfeinerten sich die Tänze, beschränkten sich aber auf Frauen und Kinder. Der antike Tanz war nur Solotanz. Mit einem gesetzten Mann blieb der Tanz auch in der Folgezeit nicht vereinbar. Cornelius Nepos fand einen tiefgehenden Unterschied zwischen römischem und griechischem

Wesen darin, daß der ernste thebanische Feldherr Epaminondas tanzen konnte.
Wenn es zu Rom in der Kaiserzeit unter dem Einfluß des Aufkommens des Pantomimus, in dem man eine dramatische Handlung durch Tanz und stumme Gebärden darstellte, Mode wurde zu tanzen und es in reichen Familien unter dem Hauspersonal gelegentlich auch einen Tanzmeister gab, so verschwand doch das Vorurteil gegen den Tanz nicht, und der Kreis der Tänzer blieb auf weibische Männer beschränkt, die bei tänzerischen Vorführungen ihre Eitelkeit zeigen wollten. Für Römer, die auf ihre männliche Würde hielten, bewahrte des Nepos Wort seine Gültigkeit: saltare nostris moribus in vitiis ponitur (nach römischer Sitte schädigt man durch Tanzen seinen Ruf).

Die Philosophie und Wissenschaft

Das geistige Leben zur Zeit der Adoptivkaiser steht unter dem Einfluß der staatlichen, gesellschaftlichen und wirtschaftlichen Verhältnisse des Hofes. Überall beherrschte die Rhetorik den Unterricht und begünstigte die Form auf Kosten des Inhalts. Als ein Ausfluß der Empfindung, daß das Zeitalter an schöpferischer Kraft abnehme, erscheint gerade bei den bedeutenden Geistern des zweiten Jahrhunderts, wie bei Hadrian, eine gewisse romantische Schwärmerei für die Vergangenheit Griechenlands und Roms.
Nächst der Rhetorik war die Philosophie der wichtigste Gegenstand des höheren Unterrichts. Das Zeitalter der Adoptivkaiser setzte die Königin der Wissenschaften wieder in ihre Rechte ein und zog den Philosophen sogar in die Nähe des Thrones, den er in Mark Aurel selbst bestieg. Freilich, neue philosophische Systeme hat diese Zeit nicht hervorgebracht. Von den älteren Philosophenschulen behauptete der Stoizismus den ersten Rang. Er wurde in der Richtung, die Seneca eingeschlagen hatte, weiter ausgebaut im Geiste der religiösen Sehnsucht nach einer Gemeinschaft des Menschen mit Gott. Die praktische Sittenlehre stand im Vordergrund. Ein jüngerer Zeitgenosse Senecas, *C. Musonius Rufus*, wurde der Lehrer des Sklaven *Epiktetos* aus Hierapolis in Phrygien, der nach seiner Freilassung in Rom vor einem großen Kreis von Hörern über praktische Lebensweisheit Vorträge hielt. Als ihn Domitian (94) verbannt hatte, lehrte er in Nikopolis in Epeiros. *Arrian*, einer seiner Hörer, hat im »Encheiridion« (Handbüchlein) die Kernsätze der Lebensweisheit Epiktets aufgezeichnet. Danach ist gut, was der wahren Natur unseres Geistes entspricht, das Böse beruht auf Irrtum. Die äußeren Güter, Reichtum, Macht, Ruhm haben keinen sittlichen Wert und stören nur die Freiheit des Handelns. Die Tugend besteht darin, daß man alles, was die Vorsehung schickt, geduldig hinnimmt und daß man den Außendingen jeden Einfluß auf den inneren Menschen verwehrt.

Epiktetos um 50—130

Epiktetos wandte sich gegen die Sklaverei und gegen die Todesstrafe, er sah in den Verbrechern nur Kranke, die man behandeln und heilen müßte. Er trat für eine tägliche Prüfung des Gewissens ein und setzte als Richtschnur: »Was du nicht selbst erleiden willst, das laß andere nicht erleiden.« Epiktets Schüler und der letzte große Stoiker des Altertums war Kaiser Mark Aurel, der mit den mitten in den Stürmen des Markomannenkrieges verfaßten *»Betrachtungen an sich selbst«* der abendländischen Menschheit eines der kostbarsten Dokumente innerer Kultur gestiftet hat.

Sophisten

Im Zeitalter Hadrians trat die sogenannte zweite Sophistik auf, die aus der Rhetorik hervorgegangen war. Diese Sophisten waren nur an Form und Stil, an Sprechtechnik und Redegewandtheit interessiert, nicht an den großen Problemen, die den alten Glauben und die sittlichen Grundlagen der Welt erschüttert hatten. Trotz der ins Übertriebene gehenden Beherrschung aller Feinheiten des Vortrages zeigen diese Sophisten in ihren Prunkreden eine bedenkliche Armut an wirklich wertvollem Inhalt, mögen sie nun ihren Reden fingierte historische Situationen zugrunde legen, mögen sie die Großen ihrer Zeit verherrlichen, oder mögen sie sich volkstümlichen philosophischen Erörterungen zuwenden. In abgöttischer Weise verehrte man diese Meister einer Pseudokunst, die Sonne kaiserlicher Huld leuchtete ihnen, ihre Eitelkeit nährend, und das Publikum schwelgte bei ihren Tiraden im Rausch der Begeisterung. Neben diesen Sophisten und zum Teil stark durch sie beeinflußt, stehen die Verfasser einiger gelehrter Werke, die als Quellen unseres historischen Wissens wichtig sind. Schon unter den Flaviern schrieb *Josephus Flavius* in Rom umfangreiche Werke über jüdische Geschichte. Von *Plutarch* aus Chaeronea, dem Vertrauensmann Trajans und Lehrer Hadrians, stammen vergleichende Biographien großer Griechen und Römer sowie zahlreiche einzelne Abhandlungen aus allen möglichen Gebieten.

Einen »antiken Baedeker« hinterließ uns der griechische Schriftsteller des zweiten Jahrhunderts n. Chr., *Pausanias,* mit seinem Reisehandbuch *»Periegesis«,* in dem er die für die Kunstgeschichte, aber auch für die Religionswissenschaft und Landeskunde wichtigen Denkwürdigkeiten der meisten Orte Griechenlands beschrieb.

Medizin

Um die Förderung der *Medizin* erwarb sich große Verdienste *Galénos* aus Pergamon. Er wurde der berühmteste Arzt seiner Zeit. Seine erfolgreichen Kuren in Rom führten ihm viele Patienten zu. Mark Aurel machte ihn zum kaiserlichen Leibarzt und übertrug ihm die Pflege seines Sohnes Commodus (169). Galenos wollte, gestützt auf seine erweiterten anatomischen und physiologischen Forschungen, die Heilung einer Krankheit dadurch fördern, daß »contraria contrariis curantur« (Gegensätzliches durch Gegensätzliches geheilt würde). Er hat sich mit den Werken des Hippokrates aus Kos befaßt und das gesamte medizinische Wissen seiner Zeit in vielen Schriften zu einem großartigen Lehrgebäude vereint. Seine Lehre wurde im Mittelalter

vor allem durch arabische Ärzte verbreitet, war hoch geschätzt, bis sie im 16. Jahrhundert durch Paracelsus erschüttert wurde.
Die *Philologie* vertraten *Pedianus Asconius* als bester Kommentator von Ciceros Reden, *Valerius Probus* als Erklärer der Dichter, besonders des Vergil, später *Aulus Gellius,* der Zeitgenosse Mark Aurels, mit seinen 20 Büchern »Noctes Atticae = Attische Nächte«, in denen eine Fülle sprachlicher und literarhistorischer Notizen aufgespeichert ist.

Rechtswissenschaft

Die *Rechtswissenschaft* gelangte erst in dieser Zeit zur richtigen Entfaltung. Seit die Befugnis, Rechtsbescheide zu erteilen, an die kaiserliche Genehmigung geknüpft war, bildete sich der hochangesehene Stand der Rechtsgelehrten, und ein reger Eifer begann, die Rechtsbestimmungen zu sammeln und zu erläutern. Von den zahlreichen Schriften dieser Art sind die vier Bücher »Institutionum commentarii IV« des römischen Rechtsgelehrten *Gaius* erhalten, der unter Hadrian, Antoninus und Mark Aurel lebte. Er ist um 178 gestorben. Sein Werk wurde in den Rechtsschulen den Vorträgen über das römische Privatrecht zugrunde gelegt, diente dem späteren Lehrbuch der Institutionen zur Vorstufe und wurde zum Teil in das »Corpus Juris« aufgenommen, das Kaiser Justinian (527—565) verfassen ließ.
Literarisch machte sich die Gromatik, die Kunst des Feldmessens oder Absteckens, bemerkbar, die bei Ackerverteilungen an die Veteranensiedler und beim Anlegen der Heereslager zur Anwendung kam. Unter Domitian und Nerva schrieb der frühere Heerführer Vespasians, Julius Frontinus (40—103 n. Chr.), als Leiter der Wasserversorgung der Hauptstadt ein Werk über die Wasserleitungen Roms (»Aquaeductus«) und über Feldvermessung (»Gromatici«). Auch ein gewisser Hyginus verfaßte unter Trajan sein Buch über Ackervermessung.

Bauten und Bild der Hauptstadt

Die Fora

Das alte Bild der Hauptstadt hat sich in der Kaiserzeit stark verändert. Das Forum Romanum hatte manchen Wiederaufbau erlebt und wurde durch den Vespasiantempel, Antoninustempel, Titus- und Severusbogen sowie durch den Kolossalbau der Maxentiusbasilika bereichert.
Eine gänzliche Änderung des Stadtbildes bedeutete die Anlegung des Trajansforums. Da der Platz auf dem Forum Romanum für weitere Bauten nicht mehr reichte, so suchte sich schon Cäsar einen Raum nördlich vom Forum für seinen Ehrenhof. Das gleiche tat Augustus. Trajan mußte für sein Forum einen Hügelzug abgraben lassen, um den nötigen Raum zu gewinnen.
Das antike Rom erstreckte sich auf dem linken Tiberufer, und der Fluß bildete die westliche Grenze. Das erklärt auch die kleine Zahl von Brücken im Altertum. Heute hat Rom 22 Brücken, das antike hatte mit dem *pons*

Milvius nur 9 Brücken. Gegen den Tiber öffneten sich die Märkte. Auf dem Forum Boarium (Fleischmarkt) begegnet uns der einzige fast vollständig erhaltene, noch aus der Zeit der Republik stammende Tempel des Hafengottes Portunus. Es ist ein Pseudoperipteros mit Vorhalle in zierlichen jonischen Formen. Die Halbsäulen an der Zellawand sind nur architektonische Dekoration. Unweit von diesem Tempel mit rechteckigem Grundriß steht der Rundbau des Vestatempels. Obwohl der Name unberechtigt ist, so ist er dem Rundtempel bis heute geblieben. Eine korinthische Säulenhalle von zwanzig Säulen aus Carraramarmor umgibt die kreisrunde Zella.

An den beiden Tempeln vorbei führt die Via del Teatro Marcello zum Marcellustheater. Es ist das einzige, wenigstens noch teilweise erhaltene Steintheater Roms. Gleichzeitig ist es ein Musterbeispiel für die Bauart der

Gewölbebau

Römer. Besonders im Gewölbebau, der die größten Spannungen und Höhendimensionen überwindet, waren sie Meister. Das halbkreisförmige Tonnen- wie das Kreuzgewölbe und das Kuppelgewölbe, das noch jetzt im Pantheon unsere Bewunderung erregt, fanden Verwendung. Im Verein mit dem Gewölbe ermöglichte der Bogen den Stockwerksbau. Die Verteilung der dekorativen Elemente war stets so, daß man in der untersten Arkadenreihe die dorische Ordnung verwendete. Für diese hatte man eine bodenständige Abart gefunden, die tuskanische, eine glatte Säule mit Basis und dorischem Kapitell, wogegen die dorische Säule keine Basis und einen kannelierten Schaft hat. Die ionischen und korinthischen Ordnungen zierten die darüber folgenden Arkadenreihen. Auch beim Kolosseum ist diese Außenwandverkleidung zu sehen.

Die Eigenart der römischen Architekten zeigte sich in Bauten wie den Aquädukten, die über tief eingeschnittene Täler führten, den Thermen mit ihren für Tausende bestimmten Räumen, den Theatern und Amphitheatern, die die rechten Aufgaben für die römische Kunst, zu wölben und zu spannen, zu berechnen und zu stützen, boten. Hingegen gaben die Torbauten, die in die Mauer eingebaut waren, sowie die freistehenden Triumph-, Ehren- und Straßenbogen der Phantasie für die Verwendung architektonischen und plastischen Schmuckes den weitesten Spielraum. Ein Beispiel

Konstantinbogen

dafür ist der *Konstantinbogen* beim Kolosseum. Er ist ein dreitoriger Triumphbogen mit einem hohen Hauptdurchgang und zwei kleineren seitlichen Durchlässen. Der römische Senat widmete ihn 312 n. Chr. dem Kaiser für einen Sieg über Maxentius. Das aus weißem Marmor aufgeführte Bauwerk ist eine einheitliche und in einem Zuge erbaute Triumphpforte. Nur der Reliefschmuck wurde von Bauten des Hadrian und Mark Aurel zusammengetragen.

Einwohnerzahl

Die Gesamtbevölkerung dürfte unter Augustus ungefähr eine Million betragen haben, in der Zeit der Antoninen beziffert man sie auf 1,200.000. Es war also für die damaligen Verhältnisse eine riesige Stadt. Ihren größten Umfang erreichte die Stadt unter Vespasian (20 km). Diese Länge hatte die

Rom umgebende Zollgrenze, das sogenannte Pomerium. Die Einschnürung durch die Stadtmauern machte es unmöglich, den Siedlungsraum in entsprechendem Verhältnis zu seiner Bevölkerungszunahme zu vergrößern. Man mußte in der Stadt zusammenrücken und durch hohe Häuser vermehrten Wohnraum schaffen. Schon im dritten Jahrhundert sah man eine Menge Häuser mit drei Stockwerken. Das Erdgeschoß bildete entweder ein Ganzes, wenn es vom Inhaber benützt wurde, oder es war in eine Anzahl Läden geteilt. Von diesen führte eine Treppe in ein von einem Hängeboden getragenes Zimmer. Das war die Wohnung, in der gearbeitet, gekocht, gegessen und geschlafen wurde. In den oberen Stockwerken waren die Räume ebenso dürftig, das Mauerwerk gebrechlich, Beleuchtung, Beheizung und Hygiene recht mangelhaft. *Wohnhäuser*

Das alte Rom hatte noch ausgedehnte Grünflächen. Zwischen Tiber, Pincius, Quirinal und Kapitol dehnte sich die offene Ebene des Marsfeldes mit grünen Fluren, hier trat man aus der Enge der Winkelgassen in Licht und Sonne. Die Jugend betrieb hier Sport, den Römer führten seine Spaziergänge aus dem Getriebe des Forums in die frische Luft ländlicher Ruhe. Aber die bodenhungrige Bevölkerung suchte bald für ihre Raumnot in der Stadt einen Ausweg. Das Marsfeld wurde verbaut. Neben Wohnhäusern deckten die Thermen und das Pantheon des Agrippa, der Isis- und Serapistempel und das Mausoleum des Augustus, Neros Thermen, Domitians Stadion, zwei Basiliken Hadrians, sein Tempel und endlich die Mark-Aurel-Säule die freie Ebene, und heute führt der Corso und der Corso Vittorio Emanuele durch dichtgedrängte Wohnviertel. *Marsfeld*

Rom hat seine Neubauten mitten zwischen die alten Ruinen geschoben. Vergangenheit und Gegenwart sind in Harmonie zu einer neuen Menschensiedlung verschmolzen.

Das Postwesen und das Reisen

Das Postwesen war schon dem Altertum bekannt. Aber es war nicht ohne weiteres Privaten zugänglich, sondern nur für den amtlichen Verkehr der staatlichen und militärischen Behörden bestimmt. Die ständige Einrichtung eines Postdienstes begegnet uns zuerst bei den Persern, dann in den hellenistischen Staaten.

Die umfangreichste und bestorganisierte postalische Verbindung bestand im Römischen Reich seit der Zeit des Kaisers Augustus und erreichte unter Constantinus ihre höchste Aufgliederung und Bereitschaft. Die Post unterstand den hohen Beamten, in den Provinzen den Statthaltern, denen eine ausschließlich für den Postdienst eingesetzte Behörde beigegeben war (praefectus vetriculorum). Ihre Aufgabe war die Instandhaltung der Straßen und Brücken, Bereitstellung der Kutscher, Postpferde und Wagen. Die Fahrt *Postkurse*

ging rasch vonstatten, da bei jedem zehnten Meilenstein, also in Abständen von 15 km, ein Haltepunkt (statio) die Möglichkeit des Pferdewechsels bot. An jeder dreißigsten Meile (45 km) stand eine *mansio* (Gasthaus und zugleich Verkaufsladen). Man konnte bei Eilfahrten 7 bis 8 km in der Stunde zurücklegen, also im Tag ungefähr 70 km.
Neben den staatlichen Postkursen bestanden in allen größeren Städten auch private Fuhrwerksunternehmen, deren Wagen und Packtiere jedermann gegen ein entsprechendes Entgelt mieten konnte. Denn Privatpersonen erhielten nur mit einer besonderen Genehmigung die Erlaubnis zur Benützung der Staatspost.

Briefe Für die Beförderung der Briefe bedienten sich Privatleute besonderer Sklaven, der *tabellarii,* oder, falls Nachrichten in entfernte Gegenden mit großer Eile befördert werden sollten, der *cursores.* Gelegentlich gab man seine Briefpost auch Bekannten oder den Läufern anderer Auftraggeber mit, die zufällig das gewünschte Ziel anstrebten. Die private Beförderung kostete eine ansehnliche Summe, und man mußte dabei seine Aufmerksamkeit darauf richten, daß die Sklaven treu und verschwiegen waren.
Für die Briefe gebrauchte man kleine Täfelchen aus Holz, die mit einer Wachsschicht (cera) überzogen waren. Die Täfelchen wurden zusammengelegt, mit einem Faden verschnürt (obligare) und dessen Knoten durch ein Wachssiegel verschlossen (signare). Zum Siegeln diente der Siegelring, das Siegel ersetzte die Unterschrift und garantierte die Echtheit und Glaubwürdigkeit der Nachricht. Außer den Tafeln benützte man seit der Zeit Ciceros auch das Papyrusblatt (charta). Auf dieses schrieb man mit Tinte (atramentum), rollte darauf den Brief zusammen und verschloß ihn wie die Holztäfelchen.
Die Form des Briefes unterlag einheitlichen Regeln. Voran stand in der Überschrift der Name des Absenders, dem der des Empfängers folgte. Weglassung der Vornamen galt als Zeichen des vertrauten Umgangs, die Beisetzung dieser und der Amtstitel war bei Fernstehenden und im amtlichen Verkehr notwendig. Den beiden Namen folgte regelmäßig der Zusatz S., Sal. oder S. D. = Salutem oder Salutem dicit = »grüßt« oder »sagt seinen Gruß«. Die Eingangsformel des Briefes war früher stets: S. V. B. E. E. V. = Si vales bene est, ego valeo. = Wenn es Dir gut geht, ist es recht, mir geht es gut. Bei Männern, die als Führer im Felde standen, lautete der Anfang wohl auch so: S. T. E. Q. V. B. E. E. V. = Si tu exercitusque valetis, bene est, ego valeo. = Wenn es Dir und dem Heer gut geht, ist es recht, mir geht es gut. Die gewöhnliche Schlußformel »vale = lebwohl« variiert Cicero je nach Stimmung und Gefühl mit »fac valeas = wohlan, bleibe gesund« oder »cura, ut valeas = sieh zu, daß Du gesund bleibst« u. a. Dann folgt gelegentlich das Datum und die Ortsangabe.
Hohe Amtspersonen und reiche Leute stiegen auf der Fahrt in Staatsgebäuden oder eigenen Villen ab, andere suchten Freunde und Verwandte

auf; wer keine solche Gelegenheit hatte, fragte in Gasthöfen (caupona) nach Nachtquartier und Verköstigung. Freilich waren auch die besseren Herbergen sehr dürftig eingerichtet und wenig sauber.

Reisen

Das Reisen war bei den alten Römern trotz dem Fehlen rascher Verkehrsmittel sehr beliebt. Man fuhr nach Griechenland, um dort seine Studien zu vollenden, besuchte die Provinzen, berühmte Gedenkstätten, oder ging seinen Handelsgeschäften nach. Die schnellste und bequemste Möglichkeit des Reisens bot der Seeweg, den man nur im Winter wegen der gefährlichen Seestürme mied. Auf der Reise kleidete man sich, wenn man nicht im amtlichen Auftrag fuhr und daher die Toga tragen mußte, mit der Tunika und legte über sie einen Umhang mit Kapuze (paenula). Gegen die Sommerhitze setzte man einen Hut mit breiter Krempe auf. Man fuhr mit einem zwei- oder vierrädrigen Wagen oder ritt auf einem Tragtier, dem man auch das Gepäck auflud. Zu Fuß ging man selten.

Nur die Soldaten marschierten auf der Landstraße, sie wurden nie mit Wagen befördert. Die Offiziere hielten gleichen Schritt, sogar die Oberbefehlshaber gingen oft mit ihren Soldaten. So ist Marius zu Fuß gegen die Teutonen gezogen, hat Cäsar teilweise Gallien durchquert. Es galt als Ruhm für den Feldherrn, wenn er die gleiche Marschleistung wie der geringste Mann vollbrachte. So hielt es auch Trajan in Dakien; Mark Aurel war allerdings zu schwächlich, er ritt, als er in das Land der Markomannen eindrang. Sein Reiterstandbild erinnert noch daran. Nur der Troß mit dem Proviant, den Geräten und Wurfmaschinen bewegte sich auf Wagen über die römischen Heeresstraßen.

Die Thermen

Die Bäder waren bei den Römern sehr beliebt. Die Reichen hatten in ihren Stadthäusern und Landvillen Badezimmer mit allem Luxus eingerichtet. Aber man sorgte auch dafür, daß die Armen in den öffentlichen Thermen Gelegenheit zum Baden hatten. Im Jahre 31 zählte Agrippa 170 öffentliche Bäder, und zur Zeit des älteren Plinius war ihre Zahl schon so groß, daß er auf eine Zählung verzichtete.

Die Einrichtung des warmen Bades stammte aus Griechenland und kam gegen Ende des dritten Jahrhunderts auch nach Rom. In alter Zeit pflegten die Römer nach der Arbeit täglich Arme und Beine zu waschen, und nur jede Woche nahmen sie ein Vollbad. Erst im zweiten Jahrhundert wurde es Brauch, Badehäuser zu errichten. Man unterschied private und öffentliche Bäder (Thermen). Der Name ist griechischen Ursprungs (thermos = warm), aber die zweckmäßige Verbindung einer Badeanlage mit großen Sportplätzen war eine ausgesprochen römische Erfindung. Die Bäder unterschieden sich in ihrer Größe und Raumverteilung sehr. Aber folgende Ein-

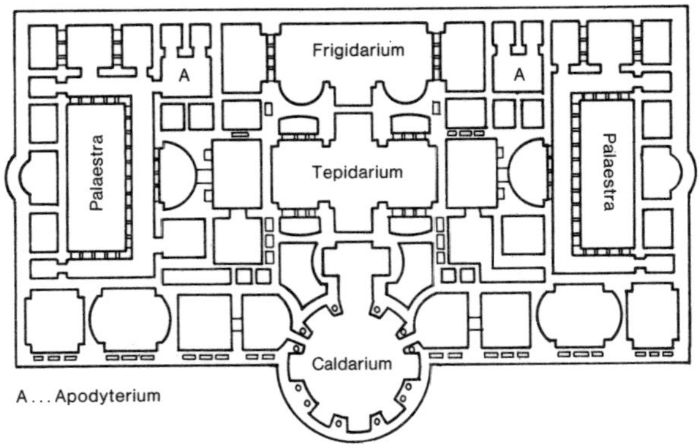

Plan der Caracallathermen

richtungen kehren in allen Bädern wieder: Vom Eingang gelangte man zuerst zum Auskleideraum, *apodyterium.* Er hatte ringsum laufende Steinbänke, in der Rückwand in Kopfhöhe Nischen zur Kleiderablage. Von da trat man ins *tepidarium,* einen großen gewölbten Raum von lauwarmer Temperatur, der den Badenden auf den Wärmeunterschied zwischen Kalt- und Warmbad vorbereiten sollte. Er hatte Marmorbänke. Daran schloß sich das *caldarium,* das Warmbad, das mit Becken und Wannen versehen war. Und endlich das Kaltbad, das *frigidarium,* das wegen seiner Größe meist nicht abgedeckt war und das Schwimmbassin einschloß. Dazu kam noch ein *laconicum,* ein kleinerer, stark erwärmter Raum, ein Rundbau mit halbkugelförmigem Dach, das in seinem Scheitel offen war. Diese Öffnung konnte man durch eine an Ketten hängende Metallscheibe mehr oder weniger verschließen und auf diese Weise die Temperatur im Schwitzraum regeln.

Die riesigen Gebäudekomplexe der Thermen boten auch Gesellschafts- und Vortragsräume, Bibliothekssäle und ringsum eine erhöhte Wandelhalle mit halbkreisförmigen Exedren für Turnsäle und Unterhaltungsräume. Den Körperspielen dienten die weiten Sportplätze.

Die Thermen waren im Besitze des Staates, der sie aber meist gegen eine bestimmte Summe verpachtete. Der Pächter (conductor) hob ein äußerst geringes Eintrittsgeld ein, das auch noch entfallen konnte, wenn ein reicher Gönner oder ein Magistrat für eine gewisse Zeit dem *conductor* das Eintrittsgeld bezahlte. So übernahm z. B. Agrippa als Ädil im Jahre 33 v. Chr. die Zahlung sämtlicher Eintrittsgelder, so daß für dieses Jahr alle Bäder Roms unentgeltlich zugänglich waren.

Die Bäder wurden zur Mittagszeit geöffnet und gewöhnlich bei Sonnenuntergang geschlossen. Sie boten ein lustiges, lärmendes Treiben. Leutselig mischten sich Vornehme unter die einfachen Bürger, auch Kaiser Titus und später Hadrian legten Wert darauf, mit dem Volk zu baden. Viele Läden boten ihre Waren feil, Gaststätten hielten Speise und Trank bereit. Es gab getrennte Abteilungen für Männer und Frauen. Wo dies der Raummangel nicht zuließ, wurde an einem Teil des Tages das Bad für die Männer, am anderen für die Frauen offengehalten.

Zum Baden brachte man Ampullen mit Öl, Salbentiegel und Tücher zum Abtrocknen des Gesichtes (faciale), des Körpers (lintea) und der Füße (pedale) mit; weiter die Striegel (strigilis), gebogene Schabeisen, mit denen man sich nach den athletischen Übungen Sand und Salbe von der Haut abstreifte. Dabei brauchte man auch die Hilfe von Sklaven. Hadrian beobachtete eines Tages einen ihm bekannten Veteranen, der sich an einer Marmorwand den Rücken rieb. Als er ihn fragte, warum er dies täte, antwortete der alte Soldat, er hätte kein Geld, um einen Sklaven bezahlen zu können. Da schickte ihm der Kaiser Geld und Sklaven. Am nächsten Tag sah der Herrscher mehrere Greise den Rücken am Marmor abreiben. Als ihm die Männer auf seine abermalige Frage die gleiche Antwort gaben wie der Veteran, empfahl er ihnen launig, sich gegenseitig den Rücken abzureiben.

Die Thermen waren in ihrer strahlenden Marmorpracht eine Augenweide für das Volk. Bilderreiche, farbenstrahlende Mosaiken schmückten die Apsiden in der Höhe, bunte, figurenreiche Mosaiken die Fußböden, die kassettierten Decken zeigten Goldschmuck. Rote und grüne Säulen aus ägyptischem Granit, Badewannen aus Basalt und Porphyr, Götternischen muß sich der heutige Besucher hinzudenken, um sich die luxuriöse Urgestalt der Thermen vor Augen zu rufen. Berühmte Kunstwerke zierten die Innenräume. So grub man aus den Trajansthermen die berühmte Laokoongruppe, fand in den Caracallathermen die Kolossalgruppe des Farnesischen Stiers, die Flora, den riesigen Herkules Farnese und den berühmten Torso des Belvedere; die wundervollen Rosse aus den Konstantinthermen schmücken heute die Piazza del Quirinale. Agrippa hatte den Schaber, den Apoxyomenos des Lysippos, vor seinen Thermen aufgestellt. Titus, besorgt um das wunderbare Werk, ließ es in seinen Palast schaffen. Das römische Volk aber erhob sich, demonstrierte und zwang den Kaiser, das Standbild wieder an den alten Platz zu stellen.

Wie haben aber die Römer ihre riesigen Badeanlagen beheizt? Sie taten es mit Heizvorrichtungen, deren Erfindung auf den Römer *C. Sergius Orata*, einen Zeitgenossen Ciceros, zurückgeführt wird. Ein mit Holzkohle geheizter Ofen, der die griechische Bezeichnung *hypokausis* führte und in einem besonderen Raum (praefurnium) untergebracht war, strahlte warme Luft aus und leitete sie durch eine große Röhre (vaporarium) durch die Hohlräume der Fußböden (suspensurae) und durch Hohlziegel in die Öffnungen der Wände (parietes tubulati). Der Hohlraum unter dem Fußboden war ungefähr 75 cm hoch und ruhte auf Ziegelpfeilern. In diesem

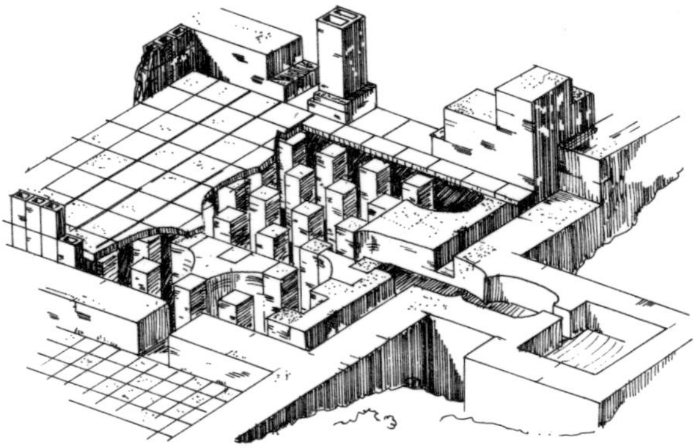

Warmluftheizung unter dem Fußboden. Rechts die Heizanlage

freien Raum unter dem Boden konnte die warme Luft hinstreichen und die Zimmer und Säle warm halten. Diese geistvolle Vorrichtung gab eine ideale Beheizungsmöglichkeit auch für Villen und Stadthäuser.

Die wichtigsten Thermen des alten Rom waren die des Agrippa, die *thermae Neronianae,* die des Titus nahe dem Kolosseum, die des Trajan auf dem Aventin, des Konstantin auf dem Quirinal. Die größten waren die Thermen des Caracalla und des Diokletian, die heute noch in ihren kolossalen Bauresten eine Vorstellung ihres einstigen Riesenumfanges geben. Das *tepidarium* der Caracallathermen bietet heute mit den noch stehenden Wänden und zwei gewaltigen Pfeilern eine ideale Schaubühne für Opernaufführungen.

Die Kaiser haben mit den Volksbädern in der Bevölkerung den Sinn für die Schönheit und Pracht der Ausstattung der Anlagen geweckt, sie zur Freude an solchen Kunstwerken erzogen und ihnen im täglichen Anblick innere Befriedigung und Erbauung geschenkt. Aber sie bedeuteten auch einen reichen Quell der Erziehung zur Körperflege, Sauberkeit, sportlicher Betätigung und zur Erhaltung der Volksgesundheit.

Österreich in der Römerzeit

Der österreichische Alpenraum kam zur Zeit des Kaisers Augustus unter römische Herrschaft. Seit 400 war er das Siedlungsgebiet der Kelten und erfuhr von Aquileia her seine erste wirtschaftliche und kulturelle Erschließung. Die reichen Bodenschätze von Eisen, Blei, Kupfer und Gold lockten italische Unternehmer an. Als erste von den keltischen Stämmen traten die Noriker staatenbildend auf und errichteten ein Königreich, dessen Hauptstadt Noreia aller Wahrscheinlichkeit nach im Raum des steirischen Neumarkt lag. Bei dieser Stadt wurde ein römisches Heer unter Cn. Papirius

Carbo von den Zimbern im Jahre 113 geschlagen, und nur ein plötzlich ausgebrochenes Unwetter rettete die Legionssoldaten vor ihrer gänzlichen Vernichtung.

Im Jahre 15 besetzten Tiberius und Drusus in schweren Kämpfen die Gebiete von Nordtirol und Vorarlberg und brachten sie als erste der Alpenländer in römischen Besitz. Kurze Zeit darauf erlebte das norische Königreich ohne großen Widerstand dasselbe Schicksal.

Österreich wurde in drei kaiserliche Provinzen geteilt: *Rätien* (Vorarlberg und Westtirol), *Norikum* (ein Streifen im Osten Tirols, Salzburg, Ober- und Niederösterreich südlich der Donau, Kärnten, Steiermark) und *Pannonien* (Wiener Becken mit Vindobona und Carnuntum und das Burgenland). Rätien und Norikum wurden von Prokuratoren, Pannonien von einem »legatus Augusti pro praetore« verwaltet. Die Statthalter übten die militärischen, zivilen und richterlichen Funktionen aus.

Zur Sicherung der Nordgrenze errichteten die Römer ein Verteidigungssystem und bauten Carnuntum (bei Deutsch Altenburg in Niederösterreich) zum stärksten Legionslager aus, weil es an einer strategisch sehr empfindsamen Kreuzung des Donautales mit der vom Süden (Aquileia – Cilli – Pettau – Ödenburg) kommenden und zur Marchmündung und Ostsee führenden Bernsteinstraße lag. Dieses Lager hielt seit Tiberius die aus Emona (Laibach) herbeigeholte »legio XV Apollinaris«. Weiter westwärts wurden längs der Donau bis zur Innmündung kleine Lager (castella) angelegt. Von diesen Kastellen wurde Vindobona (Wien), wo mit Rücksicht auf die Wichtigkeit des Ortes die »legio XIII Gemina« lag, die doppelte aus dem Grunde genannt, weil sie aus den Resten zweier älterer Legionen gebildet worden war, am Ende des 1. Jahrhunderts nach Christus zu einem Legionslager erweitert. Diese Legion verließ während des dakischen Krieges unter Kaiser Trajan Vindobona, und an ihre Stelle rückte um 105 n. Chr. die X. Legion (pia fidelis), ein Truppenkörper, der für Vindobona dadurch eine Bedeutung gewann, daß er seit dieser Zeit daselbst durch mehr als 300 Jahre verblieb und mithin die Hauptaufgabe der Verschmelzung der keltischen Überreste und der Germanen mit römischen Elementen zustande brachte. In Carnuntum wurde die XV. Legion am Anfang des 2. Jahrhunderts von der »legio XIV Gemina Martia victrix« abgelöst, die hier für die ganze weitere Zeit ihre Garnison hatte. Zwischen Carnuntum und Vindobona lag Alva nova (Schwechat), weiter westwärts, hauptsächlich an den Mündungen von Nebenflüssen der Donau Comagena (Tulln), Faviana (Mautern), Arelape (Pöchlarn), Lauriacum (Lorch). Jenseits der Donau wohnten von Westen nach Osten die Hermunduren, Naristen, Markomannen und Quaden, die Rom durch militärische Beistandsverträge und Einsetzung von gefügigen Herrschern zu ungefährlichen Nachbarn machte. Österreich erlebte bis in die Zeit Mark Aurels einen segensreichen Frieden und einen großen kulturellen Aufschwung. Infolgedessen erblühte auch im Innern des Landes im

Anschluß an bestehende Siedlungen eine Reihe von Munizipien wie Virunum (auf dem Zollfelde in Kärnten), die Residenz des Prokurators von Norikum, Teurnia (St. Peter im Holz, oberhalb Spittal an der Drau), Aguntum (bei Lienz) und Juvavum (Salzburg), Brigantium (Bregenz), Flavia Solva (bei Leibnitz, südlich von Graz), Ovilava (Wels), Cetium (St. Pölten), Vindobona (Zivilsiedlung) und Carnuntum (Zivilsiedlung). Das Wiener Munizipium wurde im 3. Bezirk um den Aspangbahnhof festgestellt. Die Städte boten mit ihren Amphitheatern, Thermen und Foren, ihren viereckigen Häusergruppen und sich rechtwinkelig kreuzenden Straßen Abbilder italischer Siedlungen und erfüllten verwaltungstechnische und wirtschaftliche Aufgaben.

Drei Hauptstraßen verbanden Rom mit den Städten am Limes. Zwei gingen von Aquileia aus: Die norische führte über Villach (Santicum) — Zollfeld — Neumarkt — Rottenmanner Tauern — Pyhrnpaß — Ovilava nach Lauriacum an die Donau, die pannonische über Laibach (Emona) — Cilli (Celeia) — Pettau (Poetovium) — Steinamanger (Savaria) — Ödenburg (Scarabantia) nach Carnuntum zum Anschluß an die Bernsteinstraße, und von Ödenburg abzweigend nach Wien. Die westliche Hauptverkehrsader geht in ihrer ersten Anlage auf Drusus zurück. Sie wies über Meran — Reschenpaß — Fernpaß — Füssen — Augsburg zur Donau und erfuhr unter Septimius Severus eine teilweise Änderung über Brenner — Seefelder Sattel — Garmisch. Von Semlin (Taurunum) lief eine Uferstraße entlang der österreichischen Donaustrecke.

Die lange Friedenszeit des 1. und 2. Jahrhunderts n. Chr. brachte den Alpenprovinzen einen großen kulturellen Aufschwung. Dies bestätigen Bodenfunde besonders aus jenen Orten, die durch mittelalterliche Bauten nicht zerstört wurden (vor allem Carnuntum mit seinem sehenswerten Ruinenfeld). Die Ausgrabungen förderten Fundamente von Tempeln, Wohnbauten mit Mosaiken und Heizanlagen (Hypokausten), z. B. in Carnuntum und in Wien auf dem Hohen Markt, Skulpturen und kunstgewerbliche Gegenstände zutage. Ziegel mit den Stempeln der XIII. und X. Legion bezeugen, daß die Römer als erste auf Wiener Boden Ziegel brannten. Einzelne Lagerpläne konnte die Archäologie genau rekonstruieren. So verliefen die Ummauerungen des Wiener Lagers über Graben — Naglergasse — Tiefer Graben — Salzgries — Rot- und Kramergasse. Die Hauptquerstraße, Via principalis, von der Hohen Brücke (Kreuzung der Wipplingerstraße mit dem Tiefen Graben) zur Ertlgasse.

Neben der Verehrung römischer Götter wurden von Kaufleuten und den aus dem Osten überstellten Legionen orientalische Kulte eingeführt, worauf z. B. in Carnuntum ein gut erhaltenes Mithraeum und ein Jupiter-Dolichenus-Relief hinweisen. Auf dieser Steinplatte steht der Gott, angetan mit Panzer und phrygischer Mütze, auf einem Stier und hält Blitz und Doppelaxt in den Händen. In Carnuntum wurden zwei, in Flavia Solva ein Amphitheater, in Virunum ein Theater aufgedeckt.

Aus den Funden ersteht ein prächtiges Bild der wehrhaften Lager mit ihren Mauern, zweibogigen Toren, flankiert von zwei Türmen, der Städte mit ihren Foren und Tempeln der kapitolinischen Trias, der geraden Straßen, der Gutshöfe, Weingärten, Wiesen und Wälder.
Die Blüte römischer Kultur erlitt durch den Markomanneneinfall am Ende des 2. Jahrhunderts einen argen Rückschlag, wozu noch eine aus dem Orient eingeschleppte Pestseuche kam. Markomannen und Quaden überrannten das Wiener Becken auf ihrem Zuge gegen Aquileia. Mark Aurel schlug die Feinde zurück und ging von Carnuntum zur Offensive über. Aber als er am 17. März 180 in Vindobona starb, hörte Rom auf, erobernd über die Donau zu gehen. Weitere Unruhen veranlaßten die Verstärkung der Truppen, Lauriacum wurde das dritte Legionslager. 193 riefen die pannonischen Legionen in Carnuntum den oberpannonischen Konsularlegaten Septimius Severus zum Nachfolger des Kaisers Commodus aus.
Aus den letzten Jahren des Kaisers Diokletian erhalten wir die erste sichere Kunde von dem Christentum in Österreich. 304 erlitt Florianus, ein ehemaliger höherer Beamter des Statthalters in Lauriacum, den Märtyrertod, indem man ihn in den Fluten der Enns ertränkte. Die Christianisierung war von der Erzdiözese Aquileia aus erfolgt.
Durch fortgesetzte Einfälle der Markomannen und Quaden wurde die römische Herrschaft immer mehr geschwächt, bis nach dem Tode des Kaisers Theodosius (gestorben 395) die Lager verödeten und die Alpenprovinzen zum Durchzugsland der Goten und Hunnen wurden. Aus der späteren Zeit haben wir Berichte über das politische, wirtschaftliche und kirchliche Leben aus dem Donaugebiet in der von Eugippius, einem Schüler des heiligen Severin, verfaßten »vita sancti Severini«. Severin gründete um 460 bei Faviana ein Kloster und widmete sich durch zwei Jahrzehnte in segensreicher Weise seinen religiösen und sozialen Aufgaben zu einer Zeit, wo die römische Macht jeden Einfluß verloren hatte. Unter dem Skiren Odovakar erstand in Italien das erste germanische Reich. Die römische Bevölkerung wurde zur Abwanderung nach Süden gezwungen, die Städte verödeten und verschwanden in den Stürmen der Völkerwanderung für Jahrhunderte aus der Geschichte.

Die Soldatenkaiser 193—285 n. Chr.

Nach der Ermordung des Pertinax ging aus dem Streit einiger Bewerber um den Thron *Septimius Severus* hervor, der Begründer des Herrscherhauses der afrikanischen Kaiser. Er war die tatkräftigste Persönlichkeit unter allen und in Carnuntum, wo er zum Kaiser ausgerufen wurde, der Hauptstadt am nächsten.

Septimius Severus 193—211

L. Septimius Severus wurde 146 n. Chr. als Sohn römischer Eltern zu Leptis Magna in der Provinz Africa geboren. Er war eine Soldatennatur, von stattlicher Größe und gebieterischem Aussehen, das ein langer Bart und sein grauer Kopf noch unterstrichen. Als Rächer des Pertinax löste er das Prätorianerkorps auf und trat seinen Widersachern mit aller Härte entgegen. Um seinen Thron zu sichern, verknüpfte der kluge Kaiser seine Familie mit der des letzten regierenden Hauses. Er ließ sich in die Familie der Antoninen adoptieren und gab auch seinen beiden Söhnen diesen Beinamen. Dann bildete er aus den besten Mannschaften aller Legionen eine neue Garde von etwa 50.000 Mann, erhöhte den Sold und ordnete die Offizierslaufbahn neu. Der Prätorianeroberst erhielt als Chef der Militär- und Zivilverwaltung und Stellvertreter des Kaisers unter Severus eine unerhörte Macht.

Die Folge der feindseligen Haltung des Senats am Beginn der Regierung des Kaisers war eine beträchtliche Verringerung seines Einflusses. Noch mehr aber verloren die senatorischen Ämter an Bedeutung, als auch für die Straßen und Anlagen der Hauptstadt kaiserliche Prokuratoren ernannt wurden und das bisher von senatorischen Beamten verwaltete Ärar (Staatsvermögen) ganz in dem kaiserlichen Fiskus aufging. Durch die Berufung tüchtiger Männer, wie der großen Juristen Papinianus, Paulus und Ulpianus, in den Staatsrat und die höchsten Beamtenstellen konnte Severus die Verwaltung und Rechtspflege bedeutend verbessern. Sobald der Kaiser die Verhältnisse im Westen geordnet hatte, eilte er nach dem Osten und machte in einem erfolgreichen Feldzug Mesopotamien zur römischen Provinz. Nach seiner Heimkehr wurde dem Sieger an der Nordweststrecke des Forums der Triumphbogen errichtet. Wohl in dieselbe Zeit fallen die übrigen großen Bauten des Herrschers: auf der Südseite des Palatinus sein mächtiger Palast, dessen Trümmer noch imponierend auf den Beschauer wirken, am Fuße das vielgerühmte Septizonium, ein dreistöckiger, dekorativer Bau; das Ganze bildet den Abschluß der Appischen Straße. Von anderen Schöpfungen ist bemerkenswert ein auf Marmorplatten gezeichneter Stadtplan (im

Maßstab von etwa 1 : 250) »der heiligen Stadt«; die noch erhaltenen Bruchstücke genügen, um eine Anzahl wertvoller Einzelheiten bestimmen zu können. Severus war kein ungebildeter Monarch, und namentlich seine Rechtskenntnisse werden hervorgehoben.
Aber der Schutz des Reiches nach innen und außen blieb seine Hauptaufgabe. Schon ein kranker Greis, unternahm er noch einen Feldzug nach Britannien und trug sich mit dem Gedanken, auch die schottischen Bergstämme zu unterwerfen. Da verhinderte ihn 211 in Eboracum (York) der Tod an der Verwirklichung seiner Pläne.

Die beiden Söhne, die Septimius Severus hinterließ, *Bassianus* Antoninus, geboren 176 n. Chr. in Lyon, und *Geta* Antoninus, waren noch Jünglinge. Der ältere von ihnen war ruchloser und darum der Sieger in dem Intrigenkampf, mit dem die Regierung begann.

Caracalla 211—217

M. Aurelius Antoninus Caracalla — so nannte man ihn gewöhnlich nach seinem langen gallischen Kapuzenmantel, den er zu tragen pflegte — ermordete den Bruder Geta in den Armen der Mutter und 20.000 Menschen, die zu ihm gehalten, und beschwichtigte die murrenden Prätorianer mit Geld. Alexander, Sulla und Tiberius waren seine Vorbilder. Wie er, eine verworfene Gestalt rohen Barbarentums, mit zügelloser Willkür und entsetzlichem Wüten die letzteren zu erreichen glaubte, so mit ungeheuren Plänen den ersteren. Seine großartigen Thermen mit ihren Riesenspannungen und ihrer einmaligen Pracht, die alles Ähnliche übertrafen, zeugen noch heute davon; wohl auch der Gedanke, sämtlichen Bewohnern des weiten Reiches das Bürgerrecht zu verleihen, der in der »constitutio Antoniniana« (212) seinen Ausdruck fand; endlich auch seine Eroberungspläne. Das Vordringen des neuen germanischen Völkerbundes der *Alemannen* von der Elbe und der Oder nach dem Südwesten Deutschlands und eine Erhebung der Chatten riefen ihn an die bedrohte Nordgrenze. Sein Drang aber ging nach dem Osten, dem Schauplatz der Heldentaten Alexanders. Er wollte nichts Geringeres als das parthische Reich gewinnen. Die ungünstige Jahreszeit nötigte ihn zur Rückkehr nach Syrien, und der Parther gewann Zeit, ein ungeheures Heer zusammenzuziehen. Aber ein zweiter Feldzug sollte die Entscheidung bringen. Da wurde der Kaiser auf Weisung des Gardepräfekten Macrinus bei Karrhai ermordet. Nach der vierjährigen Zwischenregierung eines Verwandten des Caracalla, des jugendlichen *Elagabal*, den die Soldaten wegen seines orientalisch sittenlosen Lebenswandels erschlugen, kam dessen Vetter Alexander auf den Thron.

Elagabal 218—222

Alexander Severus 222—235

M. Aurelius Alexander, der von den Soldaten wegen seiner strengen Manneszucht den Beinamen *Severus* erhielt, 208 zu Arca in Phönikien geboren, war beim Regierungsantritt noch nicht vierzehn Jahre alt. Daher führte ein Kronrat, in Wirklichkeit seine Mutter *Mamaea*, die Regierung.

Sein erster Berater war der Gardepräfekt und berühmte Jurist Ulpianus. Der Senat gewann unter dem schwächlichen Regiment wieder eine politische Bedeutung. Das Verhängnis des energielosen Kaisers war es, daß er nach einigen Friedensjahren plötzlich vor eine neue Auseinandersetzung mit dem Osten gestellt wurde.

Der Thron der parthischen Könige war zusammengebrochen, und mit Artaxares (Ardaschir) gelangte die persische Dynastie der Sasaniden 224 zur Herrschaft. Der Perser verlangte sofort die Herausgabe aller Länder, die je zum Reiche des Dareios und Xerxes gehört hatten, und fiel mit einem gewaltigen Heer in Mesopotamien und Syrien ein. Alexander zog selbst ins Feld, doch konnte er mit seinen zwar zahlreichen, aber zuchtlosen Soldaten keinen Erfolg erringen. Immerhin wichen die Perser schließlich vor der Übermacht zurück, und Alexander feierte einen Triumph. Da die Legionen für diesen Krieg von der Rheingrenze abgezogen worden waren, benützten die Germanen die Gelegenheit, in Gallien einzufallen. Der Herrscher erschien selbst am Rhein und wollte den Frieden in Unterhandlungen erkaufen. Aber die Truppen meuterten und erschlugen ihren Kaiser samt seiner Mutter (235). Mit Alexander starb das Haus der Severer aus.

Nach dem Erlöschen der Dynastie der Severer, die trotz schweren Familiengreueln und trotz dem gewaltsamen Tod dieser Kaiser der römischen Welt doch noch eine Zeit befriedeten Daseins geschenkt hatte, brach an drei sehr wichtigen Grenzstrecken schwere und dauernde Not herein. Die Alemannen überrannten den Limes auf ganzer Front zwischen Rhein und Donau, die Franken drangen zwischen den Flüssen Lahn und Sieg vor. An der unteren Donau tauchten die Goten auf, am Euphrat die Perser. Der Zusammenhalt des Reiches wurde dadurch schwer erschüttert, und mehrmals schien es, als sei das Ende gekommen. Aber ein in so langem und großartigem Walten staatsbildender Kräfte entstandener Organismus stirbt nicht so schnell. Wir sehen am Ende der fünfzig Jahre, wie eine neue Ordnung begründet wird, die dem Römerreich noch weit über ein Jahrhundert hinaus Bestand gibt.

Die Zeit vom Tode des Alexander Severus bis zur Thronbesteigung Diokletians ist eine Übergangsperiode zum vollendeten Absolutismus.

Sie stand vorwiegend im Zeichen der Abwehrkämpfe gegen die Germanen. Das Verdienst, die Reichsgrenzen geschützt zu haben, gebührt den illyrischen Kaisern. Der erste unter ihnen war *M. Aurelius Claudius* (268—270), der den Alemannen und Goten mit Erfolg entgegentrat und deshalb mit dem Beinamen »Goticus« geehrt wurde. Sein Nachfolger *L. Domitius Aurelianus* stellte die innere Ordnung und den Grenzschutz wieder her. Die über die Donau zurückgetriebenen Goten nahm er unter römische Schutzherrschaft. Um Rom gegen Barbareneinfälle zu sichern, ließ er die berühmte, fast 19 km lange *»Aurelianische Mauer«* aufführen, die, im Gang der Jahrhunderte vielfach zerstört und wieder ausgebessert, doch im ganzen noch als ziemlich geschlossener Ring das jetzige Rom umarmt. Es ist ein

Aurelianus 270—275

Aurelianische Mauer

7,80 m hoher und gegen 4 m starker Ziegelbau, im unteren Teil sehr massiv, während der obere Teil nur ein Drittel der Mauerstärke aufweist. Dahinter laufen Bogengänge für die Verteidiger. In die Mauern waren Schießscharten gebrochen, ebenso in die ehemals 383 quadratischen Türme. 14 Tore, von Rundbogen überwölbt und von Türmen flankiert, unterbrachen ihren Zug. Zinnen krönten das ganze, die Stadt samt dem Prätorianerlager umschließende Werk.

Im Osten besiegte Aurelianus die Königin *Zenobia,* die während der Schwäche der römischen Herrschaft im Orient ein großes Reich mit der Hauptstadt *Palmyra* begründet hatte. Die noch jetzt gut erhaltenen Ruinen zeugen von dem Glanz der antiken Stadt in der Syrischen Wüste. Den orientalischen Sonnengott (Sol invictus) erhob der Kaiser 274 zum obersten Staatsgott. Nachdem er auch Gallien und Ägypten zurückgewonnen hatte, wurde er in einem Triumphzug als Wiederhersteller der Reichseinheit (restitutor orbis) gefeiert. Auf dem Feldzug gegen die Perser wurde er bei Byzanz infolge einer Offiziersverschwörung ermordet (275).

Probus 276—282

Als Nachfolger riefen die Soldaten 276 *M. Aurelius Probus* aus. Er drängte die Germanen siegreich zurück und stellte die alte Limesgrenze wieder her. Dem Volk versprach er, es werde bald keine Kriege mehr geben und auf der ganzen Erde werde das Gesetz die Herrschaft führen. Daher müßte sich der Mensch auf die Aufgaben des Friedens besinnen. Er ließ von seinen Truppen Weinberge anlegen, Ödland bearbeiten, Sümpfe durch Kanalisation bewässern. Dieser Verfügung des Kaiser verdanken Spanien, Frankreich, die Rhein- und Mosellandschaft, das Wiener Becken und Ungarn ihre blühenden Rebengelände. Das Heer aber war mit diesen Arbeiten nicht zufrieden, es empfand sie als eine Erniedrigung. In seinem Unwillen wandte es sich gegen den Auftraggeber und erschlug ihn (282).

Wieder schien eine Zeit der Verwirrung über das durch Aurelian und Probus einigermaßen gefestigte Reich hereinzubrechen, da stand ein anderer großer Illyrier bereit, den Staat zu ordnen: das war Diokletian, der schon in seinem Namen (er bezeichnet »den von Gott Gerufenen«), den Hinweis auf seine Sendung zu tragen schien.

Von Diokletian bis zum Tode Theodosius' des Großen 286—395 n. Chr.

Diokletian, als Knabe Diokles genannt, war als eines Sklaven oder Freigelassenen Sohn in einem Dorf der dalmatinischen Küste geboren. Er genoß vermutlich in Salona eine gute Schulbildung. Das Meer weckte seinen Unternehmungsgeist, die wilde Natur des Landes seinen kriegerischen Sinn. Bei seinem Eintritt ins Heer fühlte er sich früh zu Großem berufen und stieg bald zum Befehlshaber der kaiserlichen Palastwache empor.

Diokletian 284—305

Als ihn die Offiziere zum Kaiser ausriefen, betrachtete sich der neue Herrscher *C. Aurelius Valerius Diocletianus* als ein Werkzeug Jupiters und nannte sich Iovius. Er wartete nicht auf die Genehmigung des Senats und erließ aus eigener Machtvollkommenheit durch kaiserliches Edikt Gesetze. Der Senat sank zu einem bedeutungslosen Stadtrat von Rom herab.

Um die Verwaltung und Verteidigung des Riesenreiches zu erleichtern, ernannte er seinen Jugendfreund *Maximianus* mit dem Titel Augustus zum Mitregenten für den Westen. Beide Augusti adoptierten je einen Unterkaiser (Cäsar), Diokletian den *Galerius*, Maximian den *Constantius*. Nach 20 Jahren sollten die Augusti zurücktreten, die beiden Cäsaren nachrücken und neue Unterkaiser ernennen. Diokletian erhoffte, dadurch die jüngeren Regenten, die in der Hauptsache die Kriege zu führen hatten, zu befriedigen und so das Reich vor neuen Unruhen zu bewahren.

Maximian schlug einen Aufstand der Baganden, der hörigen Kleinbauern in Gallien, gegen die Großgrundbesitzer nieder und sicherte das linke Rheinufer durch Ansiedlung vieler Germanen, Constantius gewann Britannien zurück. Im Osten hatten Diokletian und Galerius die Grenzen gefestigt.

Die friedliche Periode, die jetzt eintrat, benutzte Diokletian zur weiteren Organisation des Staates. Um einem gefährlichen Übergewicht einzelner Reichsteile und deren Statthalter vorzubeugen, löste er die großen Einheiten der alten Provinzen auf und teilte das ganze Reich in 12 Diözesen mit 101 Provinzen. Jeder der vier Herrscher erhielt einen Reichsteil zur selbständigen Verwaltung mit einer Reichshauptstadt. Es waren dies folgende vier Teile: 1. der Orient mit der Hauptstadt Nikomedien unter Diokletian, 2. Italien und Africa mit der Hauptstadt Mailand unter Maximian, 3. Illyricum und Griechenland mit der Hauptstadt Sirmium unter Galerius, 4. Gallien, Spanien und Britannien mit der Hauptstadt Trier unter Constantius, der ihre Schmuck- und Nutzbauten wie die Marktanlage, das Amphitheater, die Mauern samt der Porta Nigra wiederherstellte.

Die Militärgewalt wurde von der Zivilgewalt völlig getrennt. Rom trat seinen Rang als Hauptstadt an Mailand ab. Die alten senatorischen Ämter verschwanden. Bloß das Konsulat wurde als Ehrentitel beibehalten und nach ihm weiterhin das Jahr benannt. Die Stadt verlor damals bedeutend an Einwohnerzahl.

Orientalisches Hofzeremoniell

Entsprechend der geänderten Stellung des Kaisers führte Diokletian ein dem orientalischen Despotismus entlehntes Hofzeremoniell ein. Die Person der Majestät galt als geheiligt, ebenso alles, was sie umgab. Er erschien in der Öffentlichkeit mit orientalischem Gepränge, in seidenen Gewändern, mit edelsteinbesetztem Stirnband und Perlenschuhen, umgeben von Nobelgarden, unnahbar, in Ehrfurcht gebietender Einsamkeit. Wer Audienz erhielt, mußte vor dem geweihten Angesicht des Jupitersohnes die Erde küssen. Diese *Proskynese* war einst Griechen und Römern als Sinnbild asiatischer Knechtschaft erschienen. Diokletians Absolutismus hat dem zerfallenden Römischen Reich wohl noch längere Zeit festen Halt gegeben, aber das Absterben des inneren Lebens nur gefördert. Seine gewalttätigen Eingriffe in das wirtschaftliche und geistige Leben scheiterten. Der Lohn- und Warentarif, den er in Zeiten der Teuerung aufstellte, vergrößerte die Not und mußte zurückgenommen werden. Durch seinen Unterkaiser Galerius, einen fanatischen Christenhasser, ließ er sich zum Angriff gegen die Katholiken bewegen, die Kirchen sollten zerstört, die heiligen Bücher ausgeliefert, die Kleriker eingekerkert und zum Opfer vor dem Bildnis des Kaisers gezwungen werden. Endlich setzte eine allgemeine Verfolgung (306) gegen die sichtlich erstarkten Christengemeinden ein. Jakob Burckhardt nimmt allerdings an, daß sich die Christen »im Gefühl der wachsenden Ausdehnung des Kaisertums bemächtigen wollten«, also auf einen Umsturz hinarbeiteten; dafür spricht, daß die Verfolgung in Hof- und Heereskreisen begann. Aber der Widerstand gegen die Anerkennung des Gottmonarchen konnte nicht gebrochen werden, der Kampf blieb vergeblich. Auf dem Totenbett erließ Galerius ein Toleranzedikt.

Christenverfolgung

Die Regierungszeit Diokletians und Maximians war nach der neuen Thronfolgeordnung am 1. Mai 305 zu Ende. Ehe die beiden Großkaiser abdankten, besuchten sie Rom, wo sie die gemeinsam erbauten *»Thermen des Diokletian«* einweihten.

Diokletian-Thermen

Diokletian hatte 298 den Bau einer neuen Thermenanlage auf dem Viminal begonnen, um den Bewohnern dieses nördlichen Stadtteils Gelegenheit zum Baden zu geben. Die Caracallathermen, die als Vorbild gedient hatten, wurden an Umfang (356×316 m) und an künstlerischem Aufwand von dem Neubau übertroffen. Die umgebende Mauer war gegen die Stadt hin zu einer mächtigen Apsis ausgeweitet, deren Rund heute noch die Piazza dell'Esedra nachzieht. Die Badeanlage bot 3.000 Besuchern Raum. Der Hauptsaal, das sogenannte Frigidarium, wurde von Michelangelo in seinem letzten Lebensjahr in die Kirche S. Maria degli Angeli umgewandelt.

In weiteren sieben Thermensälen sind jetzt die Sammlungen des Museo Nazionale Romano ausgestellt.

Am 1. Mai 305 legten die beiden Kaiser in feierlichem Akt ihre Herrschaft nieder und zogen sich ins Privatleben zurück. Diokletian ging nach Salona in seine dalmatinische Heimat. Von seinem Riesenpalaste aus, der die heutige Stadt Split in sich faßt, gedachte er ungestört der weiteren Entwicklung seiner Schöpfungen zusehen zu können. *Galerius* trat an seine Stelle (305 bis 311 n. Chr.) und ernannte Constantius zum Augustus. Nach Constantius' Tode erhob das Heer in Britannien Constantius' zweiunddreißigjährigen Sohn *Konstantin* zum Augustus, und gleichzeitig das Prätorianerkorps in Rom mit der dortigen Stadtbevölkerung Maximians Sohn *Maxentius.* Zwischen beiden Thronanwärtern kam es zum Krieg. In der entscheidenden Schlacht am 28. Oktober 312 an der Milvischen Brücke über den Tiber nördlich von Rom verlor Maxentius sein Leben, und die Hauptstadt öffnete dem siegreichen Konstantin ihre Tore.

Konstantin der Große 312—337

Mit der Schlacht an der Milvischen Brücke begann eine neue Epoche der Weltgeschichte. Schon vom Elternhause her hatte Konstantin eine hohe Meinung vom Christentum. Er hatte vor Beginn des Feldzuges seinen Soldaten gestattet, das Kreuzzeichen auf die Schilde zu malen. Von der entscheidenden Schlacht wußte man Wunder zu erzählen; man habe ein glänzendes Kreuz am Himmel gesehen mit der Inschrift: »Damit siege!« Seitdem führte Konstantins Heer das Kreuzzeichen auf Schilden und Feldzeichen, die man »Lábarum« nannte.

Edikt von Mailand 313

Schon ein Jahr später erließ Konstantin das berühmte *Toleranzedikt von Mailand,* das das Christentum samt seiner Organisation als zu Recht bestehende Religionsgemeinschaft anerkannte, der Kirche allen Besitz zurückgab und sie unter kaiserlichen Schutz stellte. Zugleich wurde in den Städten mit dem Bau monumentaler Gotteshäuser begonnen: Konstantin errichtete eine Kirche in Byzanz, an deren Stelle später Justinian die Hagia Sophia erbaute, und die alte Petersbasilika auf dem Platz und aus dem Baumaterial des Neronianischen Zirkus, die bis ins 16. Jahrhundert bestand. Der Sonntag wurde dem Gottesdienst geweiht. Hand in Hand damit gingen Neuerungen im Rechtswesen, die dem milden Geiste der Christusreligion entsprachen: Verbrecher durften nicht mehr im Gesicht gebrandmarkt werden, Züchtigung der Sklaven und Kinderverkauf wurden beschränkt.

Durch Beseitigung seines Mitkaisers erreichte Konstantin das Ziel seiner Wünsche, die Alleinherrschaft (323). Er blieb bei aller Begünstigung des Christengottes, dem er eine abergläubische Verehrung entgegenbrachte, für seine Person äußerlich wie innerlich ein Heide. Zeit seines Lebens bekleidete er das Amt des Pontifex maximus, und erst kurz vor seinem Tode ließ er sich taufen. Keine christliche Moral hinderte ihn, wenn es die Staatsräson zu gebieten schien, selbst über seine nächsten Verwandten Todesurteile zu fällen wie über seinen Sohn Crispus und seine zweite Gemahlin Fausta.

Das politische Interesse war es auch, das ihn bewog, sich an den inneren Streitigkeiten der christlichen Kirche zu beteiligen. Mehr als einmal hat er zum Frieden gemahnt oder seine Bischöfe einberufen, um ihn herzustellen. Durch den Kaiser kam auch das erste »Ökumenische« Konzil der christlichen Kirche im Kaiserpalast zu *Nikäa* in Bithynien (325) zustande. Der Lehrstreit zweier alexandrinischer Priester drohte die christliche Welt in zwei Lager zu trennen: Arius erklärte Christus für ein Mittelwesen zwischen Gott und Mensch, Athanasius für wesensgleich mit Gott und Vater. Der Papst *Silvester I.* war durch Legaten vertreten, der Kaiser war selbst zugegen, hörte beide Teile und wies auf das Einigende und Gemeinsame der Christenlehre hin. Das Konzil war von ungefähr 300 Bischöfen besucht und verkündete feierlich seine Entscheidung über das Verhältnis der Gottheit des Vaters und des Sohnes. Christus ist »Gott von Gott, Licht vom Licht, wahrer Gott vom wahren Gott, gezeugt, nicht erschaffen, gleicher Wesenheit mit dem Vater«. Arius wurde mit einigen Bischöfen, die ihm anhingen, verbannt.

Konzil von Nikäa 325

Damals und später wurde auch der Ausbau der Verfassung der Kirche weiter gefördert. Die Kirche vervollständigte ihre von Christus empfangene Organisation auf Grund der Verfassungsformen des Reiches. Somit wurde das Stadtgebiet (civitas) zur *Diözese* des Bischofs, das umliegende Land unterstand seinem Machtbereich. Der staatlichen Provinz mit dem Statthalter an der Spitze entsprach die Kirchenprovinz. Der Bischof einer solchen Hauptstadt (Metropole) wurde *Metropolit* und hatte das Aufsichtsrecht über die Bischöfe seiner Kirchenprovinz. Endlich bildeten sich in der morgenländischen Kirche, entsprechend den kaiserlichen Reichsdiözesen, die *Patriarchate*. Es waren Kirchen, deren althergebrachte Machtstellung über andere Bischofssitze weit hinausragte. Solche Patriarchate waren Antiochia, Alexandria, Konstantinopel, Jerusalem. Im Abendland fehlten Patriarchate, dort galt der Papst als Patriarch des Abendlandes. Neben ihm wurde der Patriarch von Konstantinopel der mächtigste Geistliche des Reiches.

Denn diese Stadt, der Schlüssel zum Eingang zweier Erdteile, zweier Meere, an einer der meistbefahrenen Wasserstraßen der Welt gelegen, das Zentrum der militärisch wichtigsten Osthälfte, von einer dichten christlichen Bevölkerung umwohnt, war von dem Kaiser zu seiner Residenz bestimmt worden. Schon das alte *Byzantion* – so hieß die Stadt bisher – war eine blühende, volkreiche Handelsstadt gewesen; jetzt aber, am 4. November 326, wurde die neue Reichshauptstadt würdig ausgeschmückt. Ein Kaiserpalast am Meer, in der Nähe der große Hippodrom, nördlich davon eine prächtige Marktanlage, Kirchen, Tempel, Hallen, Bäder, Wasserleitungen stiegen in die Höhe. Ganze Fabriken waren tätig, diese Bauten mit Kunstwerken zu füllen; aber die besten wurden aus Rom und den Griechenstädten geraubt. Am 11. Mai 330 wurde die Konstantinstadt offiziell eingeweiht, und von nun an genoß sie die gleichen Vorteile und Ehren wie die alte Reichshauptstadt.

Konstantin hatte die Grenzen des Reiches machtvoll geschützt; er war mit Rüstungen gegen die Perser beschäftigt, als er zu Pfingsten 337 starb. Er hat die Gegensätze in den Bekenntnissen seiner Völker zwischen der ihrem natürlichen Ende entgegengehenden antiken Religion und dem neuen Glauben durch seine ausgleichende Haltung überbrückt, hat als erster Kaiser erkannt, welche Stütze für das neue Reich aus der Einheit der katholischen Kirche erwachse. Er förderte Kunst und Wissenschaft. Durch die Erhebung Konstantinopels zum Mittelpunkt des Reiches schuf er der müde gewordenen Antike an Stelle des von den Stürmen der Völkerwanderung heimgesuchten Roms eine Stätte der Bewahrung während des Mittelalters. Durch all dies erfüllte er eine hohe welthistorische Sendung und rechtfertigte damit den Beinamen des Großen, durch den ihn die Geschichte erhöht hat.

In die Herrschaft teilten sich seine Söhne *Konstantin II.*, *Constantius* und *Konstans*. Constantius erhielt den Orient und übernahm den Perserkrieg, Konstantin II. herrschte im Westen und Konstans in Italien und Africa. Gebietsstreitigkeiten zwischen diesen beiden Brüdern veranlaßten Constantius, den Perserkrieg zu unterbrechen. Er wandte sich gegen seine Miterben und errang den Sieg.

Flavius Iulius Constantius 337—361

Nun war Constantius Alleinherrscher. Aber seine Kraft reichte nicht aus, um überall seine Autorität zur Geltung zu bringen, wo es nötig war. Im Osten drohte der Perser, im Westen hatten die Germanen Gallien wieder überschwemmt, und an der ganzen Donaulinie waren Germanen und Sarmaten im Begriff, über das Reich herzufallen.

Constantius glaubte zunächst seine Herrschaft im Inneren dadurch stützen zu müssen, daß er das Christentum zur allein berechtigten Staatsreligion machte, die heidnischen Tempel schloß und die Ausübung der Magie verbot (353). Da der alte Streit zwischen Athanasianern und Arianern noch immer fortdauerte und der ganze Osten wie er selbst arianisch war, ließ er, um die Einigkeit der Kirche besorgt, Athanasius absetzen und auf den Kirchenversammlungen von Ariminum und Seleukia in Isaurien das Arianische Glaubensbekenntnis annehmen. Um diese Zeit hat der westgotische Bischof, mit dem gotischen Namen Wulfila (311—383), d. h. Wölflein, genannt, griechisch Ulfilas, als eifriger Verfechter der arianischen Lehre unter seinen Landsleuten eine fruchtbare Missionstätigkeit entfaltet. Er hat auch die Bibel aus dem Griechischen in die Sprache seines Volkes übersetzt. Ihre in dem Codex argenteus zu Uppsala erhaltenen Fragmente sind für uns die wichtigste Quelle für die Kenntnis der gotischen Sprache.

Da wegen der Kämpfe im Donaugebiet gegen die Germanen und Sarmaten und ebenso gegen die Perser die Anwesenheit des Kaisers im Osten dringend nötig war, so schickte Constantius seinen Vetter Julian als Cäsar nach Gallien.

Der Befehl erreichte *Flavius Claudius Iulianus*, mit dem Beinamen *Apóstata* (»der Abtrünnige«, wegen seines Abfalls vom Christentum), 355 in Athen, wo in dem christlich erzogenen jungen Mann die Begeisterung für griechische Weltweisheit und heidnische Kultur erwacht war. Aus seinen Schwärmereien für den heidnischen Neuplatonismus wurde er durch den Auftrag, Gallien zu befreien, in den Sturm des Lebens hineingerissen. Der grübelnde Philosoph entpuppte sich als ein Genie, von dem ein erfrischender Hauch ausging. Im ersten Feldzug schlug er vereinzelte Haufen der Barbaren und eroberte Köln sowie andere Städte zurück. Im zweiten (357) trat ihm der vereinigte Heerbann der Alemannen bei Argentoratum (Straßburg) unter ihrem gemeinsamen König *Chnodomar* entgegen. Trotz ihrer Übermacht erlagen sie der römischen Kriegskunst. Nun durfte Julian umkehren, um das nördliche Gallien zu befreien. Hier hatten sich an der unteren Maas und Schelde die *salischen Franken* festgesetzt. Auch diese unterwarf er im nächsten Jahre; die Rheinlinie war in ihrer ganzen Länge wiedergewonnen, die Schiffahrt nach Britannien wieder frei, so daß das Heer wie das verödete Gallien mit Getreide versorgt werden konnten. Die Forderung des Kaisers Constantius, ihm gegen Persien Legionen abzutreten, führte zum Bruch; aber es kam zu keiner Auseinandersetzung mit den Waffen, weil der Kaiser während der Kriegsvorbereitungen starb (361). Julian aber wurde allgemein als Alleinherrscher anerkannt.

Flavius Claudius Iulianus Apostata 361—363

Straßburg 357

Der neue Kaiser bekannte sich offen zu seinen religiösen Idealen und entzog dem Christentum seine bevorzugte Stellung als Staatsreligion. Zugleich zogen er und mit ihm gleichgesinnte Männer in Flugschriften gegen das Christentum zu Felde und priesen die Philosophie der Alten. Er war allen ein Vorbild an Mäßigung und Enthaltsamkeit und ersparte durch Beseitigung des überflüssigen Hoftrosses so viel, daß er seinen Untertanen ein Drittel der Steuern erlassen konnte. Er trat für Gerechtigkeit und Sachlichkeit in Verwaltung und Gesetzgebung des Reiches ein. So hoffte er, die Größe des alten Römertums wiederherzustellen. 363 zog Julian gegen den Perserkönig Schapur II. und gelangte siegreich bis vor die Mauern *Ktesiphons* am Tigris. Aber die Rückkehr war dem Kaiser versagt, ihn traf ein tödlicher Pfeil.

Mit Julian erlosch die Dynastie Konstantins. Sein zweiter Nachfolger war der tapfere Pannonier *Valentinian I.* (364—375). Er teilte das Reich und übergab seinem Bruder *Valens* (364—378) den Osten. Immer mehr bedrängten germanische Völkerschaften im Westen die Grenzen des Imperiums. Valentinian suchte durch Wiederherstellung der alten Kastelle die Rheinlinie zu halten. Der Tod des Kaisers (375) bezeichnet den Beginn der großen Wanderung der Ostgermanen.

Den Anstoß zu dieser *Völkerwanderung* gaben die Hunnen, ein wildes, nomadisches Reitervolk. Als ihr Reich in der Mongolei und in Ostturkestan von den Chinesen zerstört worden war, zogen sie Ende des 1. nach-

Hunnen

christlichen Jahrhunderts nach Westen und kamen endlich an die Grenzen Europas. Sie trafen auf die Germanen, zuerst auf die Ostgoten, die sie 375 besiegten. Dann wandten sie sich gegen die Westgoten. Diese drängten gegen Ostrom und baten um Aufnahme. Als aber die Bedingungen des mit Kaiser Valens abgeschlossenen Bündnisses von römischer Seite nicht eingehalten

Adrianopel 378

wurden, kam es zur Schlacht bei *Adrianopel* (378), wo Kaiser Valens Sieg und Leben verlor.

Erst seinem Nachfolger *Theodosius dem Großen* (379–395) gelang es, die Westgoten mit viel Geschick in sein Imperium einzugliedern, indem er sie auf der Balkanhalbinsel ansiedelte und zum Grenzschutz verpflichtete. Seitdem hatten die Goten am Hof und im Heer Ostroms eine besondere Stellung.

Theodosius stellte auch im Inneren seines Reiches die Ordnung wieder her und machte das Christentum zur Reichsreligion, obwohl noch zu dieser Zeit die Hälfte der Bevölkerung Heiden waren. Auch erließ er ein allgemeines Opferverbot. Im Kampf zwischen Westrom und Ostrom trug Theodosius in der Entscheidungsschlacht bei Aquileia (394) den Sieg davon. Dadurch vereinigte er zum letztenmal das Reich in *einer* Hand. Die Olympischen Spiele wurden 394 zum letztenmal gefeiert, auch das heilige Feuer der Vesta verlosch. Doch bereits im nächsten Jahre (395) starb der Kaiser.

Schon im 2. Jahrhundert hatten die aus dem Orient eingedrungenen Laster der Ausschweifung und Genußsucht einen allgemeinen Verfall der geistigen Schaffenskraft zur Folge gehabt. Im 3. Jahrhundert kamen zu den alten Ursachen fortgesetzte Aufstände, Thronkämpfe sowie schwere Verteidigungskriege, verheerende Barbareneinfälle in die Provinzen wie in das Hauptland, Verarmung und wirtschaftliche Not in weiten Kreisen und zu dem allen die Pest. Da trat natürlich alles zurück, was nicht zu den Lebensnotwendigkeiten gehörte: vor allem der Sinn und Geschmack für die hohe Kunst und die echte Wissenschaft. Wohl trieb man noch die alten Schulwissenschaften, und diese gewannen sogar nach allen Himmelsrichtungen an Boden. Aber für die künstlerische Gestaltung der Literatur fehlten mehr denn je die Freiheit, die Kraft der Originalität, die Welt der Ideale.

Die dürftigen poetischen Erzeugnisse dieser Zeit beweisen dies am deutlichsten. Die römische Dichtung entstand nur zum geringsten Teil auf italischem Boden. Dafür regten sich in den latinisierten Provinzen Dichter-

D. Magnus Ausonius 310—390

talente. So verband der gefeierte Rhetoriker und Konsul *Decimus Magnus Ausonius* aus Burdígala (Bordeaux) mit einer trefflichen Bildung eine reiche poetische Tätigkeit. Wir haben von ihm außer anderem Epigramme, poetische Briefe und Idyllen. In seiner *»Mosella«* gibt er eine dichterische Schilderung einer Rhein- und Moselfahrt von Bingen bis Trier. Ein anderer Liederkranz gilt dem Preis eines schwäbischen Mädchens namens *»Bissula«* das der Dichter aus dem Alemannenfeldzug im Jahre 368 mitgebracht hat

Bissula ist das erste deutsche Mädchen, das in lateinischen Versen gepriesen wurde.

In der Geschichtsschreibung ragt *Ammianus Marcellinus* hervor. Ein geborener Grieche aus Antiochia und gebildet, kämpfte er unter Julian gegen Alemannen und Perser und nahm an dessen Versuch, das Heidentum wieder zu beleben, warmen Anteil. Danach kehrte er ins Privatleben zurück und lebte seit 376 in Rom, wo er seine römische Geschichte, *Res gestae*, von Nerva bis auf seine Zeit geschrieben hat. Die letzten achtzehn Bücher des Werkes sind uns noch erhalten, in denen die Ereignisse von 353 bis 378, die Art der ringenden Personen und Völker und der Boden, auf dem sie kämpften, mit Unparteilichkeit, verständigem Urteil und innerer Anteilnahme, aber in einem derben, schwerfälligen Stil geschildert werden. Man merkt, daß Ammian in einer Sprache schreibt, die nicht seine Muttersprache ist. Wie dieser lateinisch schreibende Grieche, so ist mancher unter den griechisch schreibenden Historikern erwähnenswert. *Cassius Dion Cocceianus* (150 bis nach 230) zog sich nach seinem zweiten Konsulat ins Privatleben zurück und verfaßte in sorgfältiger Darstellung eine römische Geschichte von Äneas bis Alexander Severus in 80 Büchern, wovon die Bücher 36 bis 60 vollständig, vom Rest nur Fragmente und Auszüge erhalten sind. *Eusebios* (260—340), seit 313 Bischof von Kaisareia in Palästina, der gelehrte Kirchenhistoriker, wurde der Vater der christlichen Kirchengeschichte.

Ammianus Marcellinus 330—400

Die *Rechtswissenschaft* erreichte im 3. Jahrhundert, begünstigt durch die auf Fixierung des Rechts gerichteten Bestrebungen der Regierung und den lebhaften Betrieb der juristischen Studien, ihre höchste Blüte. Unter Alexander Severus verfaßten der große Papinianus und Ulpianus Kommentare zu Gesetzen und älteren juristischen Schriften, Auszüge, Sammlungen von Rechtsgutachten, Rechtsfällen und Rechtsregeln, endlich »Institutionen«, das sind systematische Einführungen in das Rechtsstudium.

Am regsten war das geistige Leben auf *religiösem* Gebiete, wo die neue Weltanschauung des Christentums ihren Siegeszug fortsetzte. Alexandria, der Hauptsitz der altheidnischen Gelehrsamkeit, wurde der Mittelpunkt der Schriftstellerei wenigstens der ältesten Kirchenväter, die Sprache war zum guten Teil die griechische, wie denn auch im Abendlande das Griechische erst im Laufe des 3. Jahrhunderts aus dem christlichen Gottesdienste durch das Lateinische verdrängt wurde. An der Spitze der *lateinischen* Schriftsteller dieser Gattung steht der Karthager Q. *Septimius Florens Tertullianus* (155—220), der unter Septimius Severus und Caracalla seine Blütezeit erlebte. Als Heide geboren, für den Antwaltberuf erzogen, wurde er ein feuriger Bekenner des neuen Glaubens von ungewöhnlicher rednerischer Begabung. Unermüdlich forderte er in seinen Schriften in einem leidenschaftlich-kämpferischen Stil von dem römischen Volke und seinen Statthaltern, daß sie erst das Wesen des Christentums kennenlernen möchten, ehe sie es verurteilten, und stellte es ihnen dar; immer wieder mahnte er

Tertullianus

die Glaubensgenossen zur Abkehr vom Heidentum, tröstete die Verfolgten, erörterte praktische Fragen des Gemeindelebens wie Taufe, Gebet, Buße, Ehe und lag in unversöhnlicher Fehde mit der griechisch-römischen Geisteswelt; um 210 verspottete er sogar die Toga, was einer Herausforderung Roms gleichkam. Die späteren großen Kirchenväter lassen hingegen eine steigende Schätzung der hohen Bildungswerte der antiken Literatur erkennen. So hat der stilgewandte christliche Schriftsteller afrikanischer Herkunft, *L. Caecilius Firmianus Lactantius,* seine überzeugte Anhängerschaft an dem neuen Glauben mit der ehrlichen Bewunderung für die griechischen und römischen Denker wie Platon, Cicero und Seneca verbunden. Er wirkte später in Nikomedien als Lehrer der Beredsamkeit. Hier dürfte er unter Diokletian zum Christentum übergetreten sein, hier erlebte er auch die furchtbare Zeit der Diokletianischen Christenverfolgung. Im hohen Alter kam er nach Gallien als Erzieher des Sohnes des Kaisers Konstantin, Crispus. Sein Todesjahr ist unbekannt. Sein Hauptwerk sind die *Divinae Institutiones.* Er wendet sich darin gegen die heidnische Vielgötterei und sucht die Einheit Gottes erkenntnismäßig aus der Idee des höchsten Wesens und geschichtlich aus den Zeugnissen früherer Dichter und Denker ohne Berufung auf die Bibel zu erweisen.

Lactantius

Architektur

Auf dem Gebiete der Kunst vermochte sich nur die *Architektur,* die von den Kaisern noch immer großartige Aufträge erhielt, auf einer gewissen Höhe zu behaupten. Die Bauten des Septimius Severus wie die seines Sohnes Caracalla und diejenigen Diokletians, Maxentius' Basilika mit den mächtigen Wölbungen, die Konstantin vollenden ließ, die immer umfangreicher werdenden Triumphbogen in Rom und den Provinzen, die Staatsbauten in den neuen Residenzen Mailand, Trier, Nikomedia, Konstantinopel beweisen, daß die Kaiser ihr Vorrecht, durch Bauwerke ihren Namen zu verewigen, nicht aufgaben. Zugleich erhoben sich, seit das Christentum staatlich anerkannt war, in den Bischofstädten monumentale *Kirchenbauten.* Man nannte die Kirchen dieser Zeit Basiliken; hinter dem Altare fügte man eine halbkreisförmige Nische (Apsis) für die Geistlichkeit hinzu und sonderte sie durch Schranken (cancelli) ab, während vor dem Altar ein Raum für den Sängerchor abgeteilt wurde.

Die Reichsspaltung und das Ende Westroms 396—476 n. Chr.

Theodosius der Große hinterließ zwei Söhne, den achtzehnjährigen *Arcadius* und den elfjährigen *Honorius*. Jenem sollte nach dem Willen des verstorbenen Herrschers das *Ostreich*, diesem das *Westreich* zufallen, doch sollte der Wandale *Stilicho* über beide zunächst eine Art Vormundschaft ausüben. *Stilicho*
Stilicho, ein Mann von königlicher Erscheinung und römischer Bildung, war trotz seiner germanischen Abstammung durch seine Tüchtigkeit zum »Heermeister« (magister militum) emporgestiegen und galt schon längst als die stärkste Stütze des Thrones. Doch wurde es ihm nicht leicht, sich als erster Minister beider Augusti zu behaupten. Der Gegensatz zwischen West- und Ostreich verschärfte sich. Dazu drohte beiden Staaten eine neue Gefahr.

Die Westgoten, die Theodosius mit großem staatsmännischen Geschick in dem verödeten Mösien und in Thrakien angesiedelt hatte, wurden nach seinem Tode immer unruhiger und scharten sich um den tapferen König *Alarich*, der in römischer Sitte und Kriegskunst wohl erfahren war. Im *Alarich*
Frühjahr 396 brach Alarich mit einem gewaltigen Heerhaufen von seinem Sitze an der Donau in südlicher Richtung auf, aber nirgends trat ihm ein planvoller Widerstand entgegen: der Hof wußte sich in Byzanz hinter seinen uneinnehmbar scheinenden Mauern sicher und überließ die regierten Länder sich selbst. So ging der gotische Plünderungszug ungestört durch die Thermopylen nach Phokis, Böotia und Attika hinein. Nur vor Athen begnügte sich der rauhe Sieger mit einem Lösegeld. Dann ging es weiter in die Peloponnes hinein: Korinth, Argos, Sparta wurden ihrer letzten Zierden beraubt und versanken in Schutt und Asche. Nun endlich erbarmte sich Stilicho des geschändeten Griechenland; er erschien, nachdem er in Achaia gelandet war, mit großer Macht in Arkadien und begann, gegen Alarich Stellung zu beziehen. Ehe es aber zu einer ernsten Auseinandersetzung kam, hatte Byzanz mit Alarich Frieden geschlossen, indem es ihm den ganzen oströmischen Anteil der Präfektur Illyricum, das ist die Westhälfte der Balkanhalbinsel bis gegen Belgrad nordwärts, zu eigen gab. Jauchzend empfingen die nordischen Krieger diese Botschaft, während Stilicho unwillig nach Italien zurückkehrte, dessen Grenzschutz ihm nunmehr schwere Sorge bereitete.

Wenige Jahre genügten Alarich zu neuen Rüstungen. Gotische Scharen und Heerhaufen anderer Germanenstämme, die an der unteren Donau hausten, wurden herbeigezogen, und 401 begann die Heerfahrt geradewegs nach

Italien. Die Westgoten bestürmten das feste *Aquileia,* ebenso *Verona.* Das nächste Ziel war *Mailand,* der glänzende Sitz des Kaisers Honorius. Dieser floh, um in Gallien Schutz zu suchen. Da kam Stilicho rettend herbeigeeilt.

An der Spitze eines buntgemischten Heeres überfiel er 403 das Lager der Goten bei Pollentia. Das heiße Ringen verlief ohne entscheidenden Ausgang. Doch gelang es Stilicho, den Westgotenkönig zum Rückzug nach Illyrien zu zwingen. Italien jubelte über seine Befreiung, und der Ruhm Stilichos, des »neuen Marius«, war auf aller Lippen. Der Sieg wurde durch einen prunkvollen Triumphzug des Honorius in Rom gefeiert. Neben ihm stand der eigentliche Held des Tages, sein Feldherr und Schwiegervater Stilicho. Es war das letzte Schauspiel dieser Art, das Rom gesehen hat. Danach bezog Honorius den Cäsarenpalast auf dem Palatin, dessen sonst verödete Marmorhallen noch einmal von kaiserlichem Gepränge erstrahlten.

Etwa ein Jahr residierte Honorius in Rom; aber als er Kunde erhielt, daß sich neue Barbarenstämme gegen Italien in Bewegung gesetzt hätten, verlegte er den Sitz des Hofes nach Ravenna, das damals noch am Meere gelegen war und, da es weite Sumpfstrecken gegen das Festland deckten, dem Kaiser sicherer schien als die alte Welthauptstadt. In jener Zeit flutete ein Gemisch aus fast allen Völkern zwischen Donau und Karpaten, zwischen

Radagais

Weichsel und Elbe unter der Führung des Ostgoten *Radagais* über die mittlere Donau und nach Oberitalien. Als sich die Masse der Feinde geteilt hatte und die Hauptmacht vergeblich gegen das feste Florenz im Arnotale anstürmte, kam Stilicho herbei und schlug bei Faesulae (Fiesole) gewaltig zu, so daß Radagais selbst gefangen wurde und seine ganze Gefolgschaft, 12.000 streitbare Männer, in die Dienste des Siegers trat. Die anderen Scharen aber zogen über die Alpenpässe zurück. Noch einmal waren Rom und Italien gerettet. Man errichtete dem Sieger auf der längst verödeten Rednerbühne des Forums in Rom eine Bildsäule aus Erz und Silber.

Doch bald erschienen neue Germanenvölker und durchzogen Gallien bis nach Spanien. In dieser notvollen Zeit fiel der einzige Mann, der das Weströmische Reich noch hätte retten können, den Ränken verleumderischer Feinde zum Opfer. Sie überzeugten den schwachen Honorius davon, Stilicho strebe für seinen Sohn Eucherius den Thron Ostroms an, wo Kaiser Arcadius eben gestorben war. So wurde Stilicho 408 zu Ravenna auf hinterhältige Weise aus dem Wege geräumt.

Aber dem ermordeten Helden erstand bald ein Rächer: Alarich, dessen Ersuchen um Anweisung fester Wohnplätze von Honorius abgewiesen wurde, zog gegen Rom, das seit Hannibal keinen auswärtigen Feind vor seinen Toren gesehen hatte. Im Jahre 410 wurde die stolze, noch immer unermeßlich reiche Stadt eine Beute der Westgoten. Nach drei Tagen, wie es sich Alarich vorgenommen hatte, verließ er die Stadt und wendete sich in das reiche und fruchtbare Kampanien. Aber die kurze Zeit hatte genügt,

nicht nur eine unermeßlich kostbare Beute, sondern auch die angesehensten Gefangenen zusammenzubringen. Unter ihnen war Galla Placidia, die Tochter des großen Theodosius und zugleich die Schwester des Honorius. Hierauf beschäftigte den König ein neuer Plan: Er wollte Africa, die Kornkammer Italiens, erobern. Aber bald darauf starb Alarich, erst 34 Jahre alt. In der Nähe von Consentia (Cosenza), im Bette des abgeleiteten Flusses Busento, begruben ihn seine Krieger mit vielen Schätzen und töteten dann alle Sklaven, die die Stätte kannten. Zum Nachfolger wählten sie seinen Schwager *Athaulf.* Nach langen Verhandlungen mit Honorius erklärte er sich bereit, in den Sold des Kaisers einzutreten und in seinem Auftrage Gallien für das Westreich zurückzuerobern. So zog er im Frühling 412 aus Italien nach dem südlichen Gallien ab, als Unterpfand des Vertrages aber nahm er die Schwester des Honorius, *Placidia,* die noch immer als Gefangene im Gotenlager weilte, aber mit fürstlichen Ehren behandelt wurde, mit sich und vermählte sich mit ihr 414 zu Narbo nach römischer Sitte.
Athaulf stellte die Ruhe in dem schwergeprüften Gallien wieder her, überschritt 414 die Pyrenäen, besetzte *Tarraconensis,* das Land am Ebro, und eroberte Barcelona. Dort wurde er 415 ermordet, ein Opfer germanischer Blutrache. Sein Nachfolger *Wallia* (415—418) lieferte Placidia an Honorius aus, erhielt durch Vertrag mit dem Kaiser drei Provinzen im südwestlichen Gallien als Wohnsitze für seine Westgoten und gründete so das Tolosanische Reich mit der Hauptstadt *Tolosa* (Toulouse), den ersten germanischen Staat auf römischem Boden. Hier lebten die Westgoten zwar dem Namen nach unter römischer Oberhoheit, aber in Wirklichkeit als selbständige Herren des Landes unter ihren Königen nach eigenem westgotischen Recht.

Gründung des Tolosanischen Reiches

Kaiser Honorius hatte seine Schwester Placidia, Athaulfs Witwe, nach ihrer Rückkehr aus Gallien gezwungen, seinen Feldherrn *Constantius* zu ehelichen. Nach dem Tode des Kaisers (423) empfing der erst fünfjährige Sohn Placidias, *Valentinian III.,* als Augustus des Westens die Abzeichen seiner Stellung aus den Händen eines Bevollmächtigten des oströmischen Kaisers *Theodosius II.* Für den Knaben führte seine Mutter, die zur »Augusta« ernannt wurde, die vormundschaftliche Regierung. Unter ihrer Herrschaft kämpften zwei bedeutende Männer um den Einfluß am kaiserlichen Hofe, *Bonifatius,* der Statthalter von Africa, und *Aëtius,* »der letzte Römer«, der allen germanischen Einfluß in Heer und Verwaltung zurückdrängte. Diesen Gegensatz, der auch die Widerstandskraft in Africa schwächte, nützte *Geiserich,* der König der Wandalen, führte sein Volk 429 nach Africa und eroberte schließlich auch Karthago (439). Damit war das Schicksal des römischen Africa entschieden. Valentinian mußte das Wandalenreich anerkennen. Aber noch eine zweite Provinz ging während seiner Regierung verloren, nämlich Britannien, aus dem etwa 418 die letzten römischen Truppen abgezogen wurden. Die Insel besetzten niedersächsische Stämme, *Sachsen, Angeln* und *Jüten.*

Aëtius bemühte sich, wenigstens Gallien, soweit es vertragsmäßig den Westgoten gehörte, dem Reich zu erhalten. Mit hunnischer Hilfe gelang ihm ein erfolgreicher Feldzug gegen die Burgunden unter ihrem König *Gundahari*, so daß die Reste dieses Volkes ihre Sitze um Worms freiwillig aufgaben und sich mit des Aëtius Genehmigung in *Sapaudia* (Savoyen), südlich des Genfer Sees, ansiedelten. Dieses große historische Ereignis hält die Nibelungensage fest.

Hunnen

Dem großen Feldherrntalente des Aëtius verdankte Valentinian die Abwendung der Hunnengefahr. Dieses Volk war aus der Mongolei westwärts aufgebrochen, traf in Europa 375 zuerst auf die Ostgoten und besiegte sie. Über ein halbes Jahrhundert saßen die Hunnen an der unteren Donau, bis sie unter ihrem kriegsgewaltigen König *Attila* ihre schreckenerregenden Angriffe gegen das byzantinische Reich richteten. Um 450 rüstete der Hunnenkönig zur Heerfahrt gegen das Westreich. Der Vorstoß ging durch Gallien bis nach Aurelianum (Orléans). Aber Aëtius, der ein Bündnis mit dem westgotischen König Theoderich zustande gebracht hatte, zwang Attila zum Rückzug. Er folgte ihm, und in der Ebene von Troyes und Chalônssur-Marne *(Catalaunum)*, auf den Katalaunischen Feldern, 451, wurde Attila geschlagen und zog sich nach Ungarn zurück. Aber schon im folgenden Jahre brach er in Italien ein und verwüstete Aquileia. Bald war die Poebene in seiner Gewalt. Viele Bewohner der Städte flüchteten damals auf die Inseln der Westküste der Adria und gaben damit im späteren Verlauf der Zeiten den Anlaß zur Gründung der Seemacht Venedig.

Von einem Zuge nach Rom nahm Attila Abstand, nach der Überlieferung durch die Redekunst des Papstes Leo I. bewogen. Es haben aber auch manche andere Erwägungen dabei eine Rolle gespielt. Mit ansehnlichen Raubgütern beladen, kehrte er nach Pannonien zurück. Sein Tod im nächsten Jahr, 453, führte bald zur Auflösung des Hunnenreiches, und Westrom war von einem sehr gefährlichen Gegner befreit.

Der große Gegenspieler Attilas, Aëtius, die letzte Stütze Westroms, sollte sich nicht lange seines Erfolges erfreuen. Er wurde beschuldigt, daß er, da Valentinian III. selbst keine männliche Nachkommenschaft besaß, für seinen Sohn Gaudentius nach dem Purpur strebe. Der Kaiser machte ihm eines Tages darüber Vorwürfe, und als sich Aëtius im Bewußtsein seiner Unentbehrlichkeit mannhaft dagegen verwahrte, stieß ihm Valentinian (454) mit eigener Hand das Schwert in die Brust. Aber der Kaiser selbst erlag 455 während einer Truppenparade auf dem Marsfelde der Blutrache zweier Germanen, die zur Gefolgschaft des Aëtius gehört hatten. Valentinians Nachfolger wurde *Petronius Maximus*, der die Ermordung des Kaisers mit veranlaßt hatte.

Das Ende des Aëtius und die Ermordung des Kaisers gaben dem Wandalenkönig Geiserich ein neues Ziel. Er landete mit seinen Scharen an der Tibermündung und rückte in Rom ein (455). Vierzehn Tage lang wurde die Stadt geplündert und viel kostbares Gut nach Africa verfrachtet. Nur von Mord und Brand enthielten sich die Barbaren, wie es Geiserich dem Papst Leo I. versprochen hatte. Tausende von Männern wurden in die Sklaverei nach Karthago gebracht, man schonte weder Stand noch Alter, auch nicht die Kaiserinwitwe *Eudóxia* und ihre beiden Töchter. Die Befürchtungen, die Scipio vor mehr als sechshundert Jahren auf den rauchenden Trümmern Karthagos ausgesprochen hatte, waren in Erfüllung gegangen.

Vorübergehend schien es, als sollte bei der allgemeinen Verwirrung und dem gewaltsamen Tode des Kaisers Maximus der weströmische Thron abgetan sein. Aber der Westgote *Theoderich II.* beredete den Heermeister des Maximus, *Flavius Eparchius Avítus,* den Purpur zu nehmen (455). Der neue Kaiser veranlaßte die Westgoten, im Bunde mit den Burgunden die Sueben in Spanien zu bekriegen, und gegen Geiserich rüstete er den Sueben *Flavius Ricimer,* den Enkel des Westgotenkönigs Wallia, als Heermeister, der die Wandalen zum erstenmal in der Nähe von Sizilien schlug und einen Teil ihrer Galeeren zerstörte. Durch diesen Sieg wuchs aber die Geltung des Heermeisters über die des Kaisers. Ricimer versagte dem Avitus den Gehorsam, schlug ihn im Oktober 456 bei Placentia und nötigte ihn zur Abdankung.

Avitus 455—456

Ricimer

Im Westreich war Ricimer der gewaltige Krieger und rücksichtslose Staatsmann; und doch wagte er es wegen seiner germanischen Abkunft nicht, selbst den Purpur zu tragen. Deshalb erhob er mit Zustimmung des oströmischen Kaisers den Heermeister *Maiorianus* (457—461) zum Kaiser des Westens. Wie ein verklärendes Abendrot glänzt seine kurze Regierung am Nachthimmel des untergehenden Reiches. Er erließ Edikte, um den Steuerdruck zu mäßigen und die Bestechlichkeit der Beamten zu beseitigen. Er schlug 458 die Wandalen zurück, die an der Tibermündung landen wollten, erschien am Ende desselben Jahres mit achtunggebietender Heeresmacht in Gallien und stellte hier noch einmal die kaiserliche Autorität gegen Burgunden und Westgoten her. Im Mai 459 zog er siegreich nach Spanien und rüstete im Hafen zu Cartagena eine große Flotte wider die wandalischen Seeräuber. Aber hier erlosch sein Glücksstern. Geiserich eilte herbei und vernichtete beinahe die ganze Armada, so daß Maiorian mit ihm einen Waffenstillstand schließen mußte. Aber das schadete seinem Ansehen. Auf dem Marsche nach Italien beraubte ihn Ricimer des Purpurs und ließ ihn hinrichten.

Iulius Maiorianus 457—461

Unter den späteren Schattenkaisern, die Ricimer mit der Herrscherwürde bekleidete, faßten die germanischen Reichsgründungen auf römischem Gebiete nach und nach festeren Boden und wurden dem Reiche immer gefährlicher. Eine pestartige Krankheit, die bei der Belagerung Roms ausgebrochen war, raffte Tausende von Menschen hinweg, unter ihnen Ricimer (472) und bald darauf auch *Olybrius,* den letzten von Ricimer eingesetzten Kaiser.

Seitdem betrachtete sich Kaiser Leon I. von Ostrom auch als Herrn des Westreiches und sandte den Dalmatiner *Julius Nepos,* den Gemahl seiner Nichte, als Kaiser nach Ravenna. Diesem gelang es zunächst auch, seine Nebenbuhler zu überwältigen (474). Aber sein Heermeister *Orestes* verjagte ihn im folgenden Jahre (475) und erhob seinen eigenen, kaum dem Knabenalter entwachsenen Sohn *Romulus* zum Augustus. Man nannte ihn wegen seiner Jugend *Augustulus.* So vereinigte sich bei dem letzten Romanen, der das Diadem des Westreiches trug, wie ein Hohn des Schicksals, der Name des Gründers der ewigen Roma mit dem des ersten Kaisers. Doch gegen sein schwächliches Regiment erhoben sich im August 476 die germanischen Söldnerscharen unter Führung des Skiren Odovakar. Sie verlangten neben dem Dritteil des Hauses, das nach der Ordnung des Honorius jedem einquartierten Germanen in Italien zustand, auch das Dritteil der Ackerflur als festen Landbesitz. Als Orestes diese Forderung nicht gewährte, nahm ihn Odovakar gefangen und ließ ihn hinrichten. Seinen Sohn aber, den Kaiser Romulus Augustulus, begnadigte er und schenkte ihm gegen den Verzicht auf den Thron die üppige Villa des Lucullus in Kampanien mit ansehnlichen Jahrgeldern.

Romulus Augustulus

Odovakar (diese Namensform ist urkundlich belegt) war der Sohn des Skirenkönigs Ediko, 433 geboren. Nachdem der Vater im Kampfe gegen die Ostgoten gefallen war, zog Odovakar mit einer Schar von Flüchtlingen nach Italien.

Odovakar 476—493

Als seinen Kaiser betrachtete er *Zenon* von Byzanz (474—491) und erbat sich von ihm, um der römischen Bevölkerung Italiens gebieten zu können, den Titel eines Patricius von Rom, den er auch erhielt. Er herrschte über Italien mit fester Hand, verteilte ein Drittel des Grundbesitzes unter seine Heerscharen, achtete die Gesetze Roms, überließ die Verwaltung des Reiches dem Senat und den römischen Beamten und war auch, obwohl selbst Arianer, gegen die katholische Geistlichkeit sehr duldsam. Als der Kaiser des Oströmischen Reiches (489) seinen Feldherrn Theoderich gegen ihn schickte, wurde der König im Felde geschlagen, zog sich aber nach Ravenna zurück und hielt sich hier drei Jahre lang. Endlich kam es zwischen den beiden Gegnern zu einem Vertrag. Als aber Theoderich in Ravenna eingezogen war, stieß er den König Odovakar bei einem Festmahl unter dem Vorwand der Blutrache nieder (493).

Seit Odovakar erlosch das weströmische Kaisertum. Denn die Byzantiner gaben zwar ihre Ansprüche auf die Länder des Westreiches nicht auf, doch haben sie nie wieder einen Kaiser von Rom eingesetzt. Der Kaiser in Ostrom galt jetzt als der alleinberechtigte Herrscher. Für die Zeitgenossen bedeutete die Absetzung des Romulus Augustulus kein Ende einer weltgeschichtlichen Periode: das Römische Reich bestand in ihren Augen weiter mit Byzanz als Hauptstadt und dem dortigen Kaiser als Oberhaupt. Allerdings entfernte sich das Ostreich, je mehr es den Zusammenhang mit Rom und

Italien verlor, um so weiter von römischer Sprache, römischer Sitte und römischem Recht, da griechische und orientalische Elemente in seiner Kultur überwogen. Das große Mittelmeergebiet spätantiker Prägung verschmolz aber zu einer neuen, eigentümlichen Synthese.

Die Bildung, die den vornehmen Kreisen des Römischen Reiches noch immer übermittelt wurde, war längst keine eigentlich nationale mehr, da es keine römische Nation mehr gab. Das geistige Leben empfing vielfach Anregung durch das Christentum. Länger erhielten sich die äußeren Formen des römischen Lebens in der Landwirtschaft, im Haus- und Villenbau, ja sogar eine zwar handwerksmäßige, aber doch recht achtenswerte Übung der Bildhauerkunst, und zwar nicht nur in Italien, sondern auch in den Grenzlanden an der Donau, am Rhein und an der Mosel. Typische Beispiele sind die Grabdenkmäler aus dem 4. Jahrhundert, besonders die in *Igel* bei Trier noch erhaltene Säule, ein 21½ m hohes Grabdenkmal der reichen Familie der Secundinier, das aus rötlichem Sandstein errichtet und mit vielen Reliefs verziert ist. In der Dichtung gibt die anmutige »Mosella« des im Jahre 390 verstorbenen *Ausonius* einen Beweis für die Fortdauer der römischen Kultur im Moselland.

Dichtung

Die Poesie erlebte gegen Ende des 4. Jahrhunderts durch provinziale Talente und zu Anfang des 5. Jahrhunderts durch das frischere Leben, das germanische Heerführer dem verlöschenden Staatskörper einzuhauchen wußten, eine kleine Nachblüte. Höheren Schwung atmen die Dichtungen des *Claudius Claudianus*. Er kam 395 aus seiner Heimat Alexandria nach Rom, trat, wie einst Ennius zu Scipio, durch sein dichterisches Talent Hofdichter, zu Stilicho und auch zu Honorius in Beziehung und wurde durch eine in Neapel errichtete Statue von Staats wegen geehrt. Er dichtete in seiner griechischen Muttersprache, aber weit reichlicher flossen ihm lateinische Verse.

Neben Claudian ist der vornehme Gallier *Rutilius Claudius Namatianus* zu nennen, der in Rom das Amt eines »praefectus urbi« bekleidet hatte, dann aber (416) in sein von den Goten bedrängtes Vaterland heimkehrte. Die Eindrücke dieser Seereise beschreibt er in elegischen Distichen »De reditu suo« in zwei Büchern. Darin findet er herrliche Worte zum Lobpreis der Stadt Rom.

Neben diesen Talenten, die beide noch dem Heidentum anhingen, ist der bedeutendste christliche Dichter lateinischer Zunge, *Aurelius Prudentius*, zu nennen (348–410). Seine dichterische Muse betätigte sich auf epischem und lyrischem Gebiet. In der allegorischen Dichtung »Der Kampf um die Seele, *Psychomáchia*« schildert er das Ringen der heidnischen Laster und der christlichen Tugenden um die Seele des Menschen.

Der Sieg des Christentums über das Heidentum offenbarte sich auch darin, daß die bedeutendsten Gestalten unter den Schriftstellern des 4. und 5. Jahrhunderts entschieden die *Kirchenväter* sind.

Ambrosius Unter diesen ist vor allem zu nennen *Ambrosius,* der Erzbischof von Mailand (340–397), Sohn eines »praefectus praetorio« vermutlich aus Trier, der erste abendländische »Kirchenfürst«, der mit vollem Bewußtsein sein kirchliches Ansehen gebrauchte, um auch in weltlichen Dingen Einfluß auszuüben. Er wagte es, Theodosius dem Großen, der sich mit einer Bluttat befleckt hatte, den Eintritt in die Kirche zu verbieten, bevor er sich durch Kirchenbuße gereinigt hätte. Berühmt ist sein Buch »De officiis ministrorum libri III = Über die Pflichten der Kirchendiener«, vor allem aber seine Sorge für die feierliche Ausgestaltung des Gottesdienstes, für den er zahlreiche Hymnen dichtete.

Hieronymus um 345–420 Neben Ambrosius steht der edle Dalmatiner *Sophronius Eusebius Hieronymus,* der in Rom, Trier und Aquileia seine Bildung erhielt. In Antiochia von heftiger Reue über die Sünden seiner Jugend gepackt, lebte er von 374 bis 379 als Einsiedler in der syrischen Wüste. Später revidierte er in Rom die altlateinische Bibelübersetzung und brachte sie in die noch heute anerkannte Gestalt der *Vulgata.* Nach vergeblichen Versuchen, die verweltlichte römische Geistlichkeit zu einem christlich-beschaulichen Leben zu bekehren, gründete er 386 in Bethlehem ein Mönchskloster, wo er durch 34 Jahre bis zu seinem Tode verblieb. Als Mönch setzte er seine historische und exegetische Schriftstellerei fort. Charakteristisch für ihn und seine Nachfolger ist es, daß er sich auch als überzeugter Christ nicht von dem Zauber befreien konnte, den die guten Schriften des römischen Heidentums, namentlich *Ciceros,* auf ihn ausübten. Stärker als Ambrosius knüpfte er die christliche Ethik an Ciceros philosophische Schriften.

Als größter kirchlicher Redner jener Zeit gilt mit Recht *Johannes Chrysostomus* (»Goldmund«, 347–407), der eine Zeitlang Patriarch von Antiochia war, dann aber wegen seines Rufes als unübertroffener Kanzelredner vom Hof nach Konstantinopel geholt wurde. Seine unerschrockene Kritik an dem unwürdigen Treiben des Hofes führte zur Verbannung des großen Mannes an das Schwarze Meer, wo er als Verfechter einer sittenstrengen Reform gestorben ist. Seine durch christliche Liebe, aber auch durch christlichen Ernst ausgezeichneten Predigten füllen 13 Foliobände.

Aurelius Augustinus 354–430 Die packendste und gewaltigste Persönlichkeit unter den Kirchenvätern war *Augustinus.* Geboren im Jahre 354 zu Thagaste in Numidien als Sohn eines vornehmen Römers und einer christlichen Mutter Monika, genoß er in Karthago alle Vorteile einer heidnisch-klassischen Bildung, aber auch alle Verführung und Üppigkeit der glänzenden Weltstadt. Doch blieb der Trieb zur Wahrheit und zu Gott in ihm lebendig. Seine Bildung wurde gefördert durch die Lektüre Ciceros. Sein äußerer Studienweg führte ihn zu dem Berufe eines Rhetoriklehrers, sein innerer Entwicklungsgang aber vereinte die gesamte bis dahin von der Kirche geleistete Arbeit mit der antiken griechisch-römischen Kulturwelt, die er sich in seiner überragenden Persönlichkeit lebendig aneignete und schöpferisch zur Gestaltung einer neuen Lebensform verarbeitete. In der Osternacht des Jahres 387, als er in Mailand weilte, kam eine plötzliche Erleuchtung über ihn, und er ließ sich von Ambrosius taufen. Danach legte er vor Gott eine rückhaltlose Beichte von seinem Leben bis zu diesem Zeitpunkt ab, das sind seine berühmten »Bekenntnisse« (Confessiones). Nach dreijähriger Einsamkeit auf seinem Heimatgute, wo er sich ganz dem Gebet und Studium widmete, wurde er 391 zum Priester geweiht. 395 wurde er Bischof von Hippo Regius in Africa. Als solcher ist er im Jahre 430 während der Belagerung der Stadt durch den Wandalenkönig Geiserich gestorben. Sein wichtigstes Werk ist das Buch »Vom Gottesstaate« (De civitate Dei). Darin stellt er den Satz auf, es gebe zwei Gemeinschaften auf Erden, den weltlichen Staat (civitas terrena) und den Gottesstaat (civitas caelestis). Der weltliche Staat ist das Römische Reich, das als Verkörperung der Sünde untergehen soll und muß; nach seinem Untergang wird das Reich Gottes, d. h. die Herrschaft der Kirche anheben. Auf diese Schrift insbesondere haben später die Päpste den Anspruch gegründet, daß jede weltliche Macht der geistlichen untertan sein und von ihr gelenkt werden müsse.

ZEITTAFEL

ROMS KÖNIGSHERRSCHAFT UND AUSDEHNUNG ÜBER ITALIEN

753	Gründung Roms
510	Sturz der Königsherrschaft
451	Das Zwölftafelgesetz
387	Galliereinfall
366	Ende des Ständekampfes
343—341	Erster Samnitenkrieg
327—304	Zweiter Samnitenkrieg
298—290	Dritter Samnitenkrieg

ROMS WEG ZUR WELTHERRSCHAFT

264—241	Erster Punischer Krieg
218—201	Zweiter Punischer Krieg
149—146	Dritter Punischer Krieg

DAS ZEITALTER DER BÜRGERKRIEGE

133	Ermordung des Tiberius Gracchus
121	Ermordung des Gaius Gracchus
113—101	Krieg gegen die Zimbern und Teutonen
111—105	Krieg gegen Jugurtha
91— 88	Der Bundesgenossenkrieg
88— 84	Erster Mithridatischer Krieg
88— 82	Bürgerkrieg
83— 81	Zweiter Mithridatischer Krieg
82— 79	Sulla als Diktator
74— 64	Dritter Mithridatischer Krieg
73— 71	Sklavenkrieg unter Spartakus
63	Verschwörung des Catilina
60	Erstes Triumvirat (Pompejus, Cäsar und Crassus)
44	Cäsar wird an den Iden des März ermordet
43	Zweites Triumvirat (Antonius, Octavianus, Aemilius Lepidus)

DIE ZEIT DES PRINZIPATES

31— 14	Cäsar Octavianus Augustus

NACH CHRISTI GEBURT

14— 37	Tiberius
37— 41	Caligula
41— 54	Claudius
54— 68	Nero
69	Das Vierkaiserjahr
69— 79	Vespasian
79— 81	Titus
81— 96	Domitian
96— 98	Nerva
98—117	Trajan
117—138	Hadrian
138—161	Antonius Pius
161—180	Mark Aurel
180—192	Commodus

DIE ZEIT DES DOMINATES (193—395 n. Chr.)

193—211	Septimius Severus
211—217	Caracalla
222—235	Alexander Severus
270—275	Aurelianus
276—282	Aurelius Probus
284—305	Diokletian
312—337	Constantinus der Große
379—395	Theodosius der Große

DIE REICHSSPALTUNG UND WESTROMS ENDE (396—476 n. Chr.)

395—423	Honorius, erster weströmischer Kaiser
410	Alarich zieht in Rom ein
455	Die Wandalen plündern Rom
476	Ende des Weströmischen Reiches

Namen- und Sachregister

BILDNACHWEIS

Krieger, umbrisch: Kunsthistorisches Museum, Wien.
Chimäre, etruskisch: Anderson, Rom.
Tonsarkophag, etruskisch: Bildarchiv Foto Marburg.
Schwertkämpfer, etruskisch: Kunsthistorisches Museum, Wien.
Etruskische Gräber, Orvieto: Anderson, Rom.
Etruskische Grabhügel, Cerveteri: Alinari, Florenz.
Augustustor, Perugia: Alinari, Florenz.
Tempel des Castor und Pollux: Anderson, Rom.
Stabianer Thermen, Palästra: Alinari, Florenz.
Grabmal der Caecilia Metella: Fotocielo, Rom.
Halle der Dei consentes: Alinari, Florenz.
Tempel des Antonius Pius: Bildarchiv Foto Marburg.
Titusbogen: Anderson, Rom.
Theater des Marcellus: Alinari, Florenz.
Aquädukt, Nimes: Bildarchiv Foto Marburg.
Traiansforum: Anderson, Rom.
Theater in Aspendos: Otálora, Wien.
Basilika des Maxentius und Constantinus: Bildarchiv Foto Marburg.
Pantheon: Anderson, Rom.
Pyramide des Cestius: Alinari, Florenz.
Grabmal des Hadrian (Engelsburg): Fotocielo, Rom.
Grabmal des Theoderich: Anderson, Rom.
Grabmal der cäsarischen Freiheitskämpfer: Alinari, Florenz.
»Tribunal« der Basilika, Pompeji: Seifert, Wien.
Porta Nigra, Trier: Bildarchiv Foto Marburg.
Colosseum: Fotocielo, Rom.
Ostia, Via della Fontana: Alinari, Florenz.
Jupiter von Otricoli: Anderson, Rom.
Juno Ludovisi: Verlagsarchiv.
Kopf des Apollo von Veii: Bildarchiv Foto Marburg.
Vestalin: Anderson, Rom.
Togatus mit Ahnenbüste: Anderson, Rom.
Männer in der Toga, Marmorrelief: Alinari, Florenz.
Augustus: Anderson, Rom.
Redner: Verlagsarchiv.

Arringatore: Verlagsarchiv.
Pompeius: Anderson, Rom.
Opferrelief (Suovetaurilia): Bildarchiv Foto Marburg.
Löwenrelief, Schafrelief: Kunsthistorisches Museum, Wien.
Wölfin: Verlagsarchiv.
Relief am Titusbogen (Siebenarmiger Leuchter): Alinari, Florenz.
Pyrrhos: Anderson, Rom.
Hannibal: Alinari, Florenz.
Scipio Africanus: Anderson, Rom.
Cicero, Nero, Vespasian, Traian, Hadrian: Alinari, Florenz.
Constantinus, Caracalla: Anderson, Rom.
Mosaik, einen nicht gekehrten Fußboden nach einem Gastmahl darstellend: Anderson, Rom.
Bronzeleuchter: Alinari, Florenz.
Mosaik eines pompejanischen Hauses: Alinari, Florenz.
Römische Hauskapelle: Anderson, Rom.
Ampurias-Geschütz: Saalburgmuseum, Bad Homburg.
Kastell von Veldidena (Modell): Archäologisches Institut der Universität Innsbruck.
Römischer Reisewagen: Bildarchiv der Österreichischen Nationalbibliothek.
Kamm, Klappmessergriff, Ohrgehänge, Spielsteine, Merkurstatuette, Hund, Öllampe: Kunsthistorisches Museum, Wien.
Tongefäß in Form eines Dämonenkopfes: Landesmuseum Klagenfurt.
Pferd als Lampenträger: Burgenländisches Landesmuseum, Eisenstadt.
Fischteller: Kunsthistorisches Museum, Wien.
»Römerstraße« bei Villach: Bildarchiv der Österreichischen Nationalbibliothek.